KB215452

토포필리아

Topophilia: A Study of Environmental Perception, Attitudes, and Values
by Yi-Fu Tuan
Copyright©1974 Prentice Hall Inc., Morningside edition with new preface Copyright©1990
Columbia University Press.
All rights reserved.

Korean Translation Copyright©2011 by ECO-LIVRES Publishing Co.
Korean edition is published by arrangement with Columbia University Press, New York, USA
through Bestun Korea Agency, Seoul, Korea.
All rights reserved.

토포필리아
환경 지각, 태도, 가치의 연구

초판 1쇄 인쇄일 2011년 11월 22일   초판 1쇄 발행일 2011년 11월 25일

지은이 이-푸 투안 | 옮긴이 이옥진
펴낸이 박재환 | 편집 유은재 이정아 | 관리 조영란
펴낸곳 에코리브르 | 주소 서울시 마포구 서교동 468-15 3층(121-842) | 전화 702-2530 | 팩스 702-2532
이메일 ecolivres@hanmail.net | 출판등록 2001년 5월 7일 제10-2147호
종이 세종페이퍼 | 인쇄·제본 상지사

ISBN 978-89-6263-059-6 94300
ISBN 978-89-6263-033-6 (세트)

부산대학교 한국민족문화연구소
로컬리티 번역총서 L6

환 경 지 각 , 태 도 , 가 치 의 연 구

토포필리아

이-푸 투안 지음 | 이옥진 옮김

Topophilia: A Study of Environmental Perception, Attitudes, and Values

에코
리브르

이 번역 총서는 2007년도 정부 재원(교육과학기술부 인문학진흥방안 인문한국지원 사업비)으로 한국연구재단의 지원을 받아 연구되었음(NRF-2007-361-AL0001).

모든 학문은 학술적이어야 하지만 학식이 모두 엄밀하게 과학적일 수는 없다. (……) 경계 지역의 '미지의 땅'에는 인문학의 정신과 도구로 개간되기를 기다리는 비옥한 토지가 포함돼 있다.

—존 커틀랜드 라이트

세계지리는 인간의 논리와 광학, 인위적인 빛과 색채, 장식적인 배치 그리고 진선미라는 이념을 통해서만 통합될 수 있다.

—데이비드 로웬탈

인문주의자든 수량계산가든 아무개든, 당신만의 전선을 꽂으면 오류는 없다. 타자를 계산에서 삭제할 때 반드시 오류가 생기게 마련이다.

—O. H. K. 스페이트

고등학교 때 읽은 《갈리아 전쟁기》에서, 카이사르가 언제나 '사건의 중심으로' 진입했다는 내용은 여전히 뇌리에 남아 있다. 이후에는 카이사르에 대한 책을 읽지 않아 사실 여부를 가려낼 수는 없지만, 카이사르처럼 우리도 문제의 핵심으로 파고드는 중이다.

—클래런스 J. 글래컨

감사의 글

지적인 빚에 감사의 말을 전하기란 불가능하나, 이런 사실을 깨닫지 못한다면 그것은 더할 나위 없는 즐거움이리라. 지적인 빚은 끝도 없고 헤아릴 수도 없다. 누군가 서로 다른 주제의 광범위한 영역을 종합하려는 포부로 책을 쓸 만큼 경솔하다면 특히나 더 그렇다. 그렇지만《토포필리아》가 나만의 환상에 머무르지 않도록 도운 사람들과 갖가지 혜택에 깊은 감사를 표하련다. 우선 지난 1951년부터 1956년까지 대학원 공부를 했던 버클리의 자유로우면서도 강렬한 지식 탐구 분위기, 존 브링커호프 잭슨의 모범 사례와 격려, 뉴멕시코 주의 아름다움, 교수진에게 일반적으로 인가된 학문 훈련의 일부 정보를 소유한 '지식 제공자'가 아니라 교수가 되기를, 다시 말해 실제 관심사를 '선언'하도록 북돋우는 미네소타 대학 지리학과의 자유로운 풍토에 감사를 표한다.

오스트레일리아의 사막에서 여가를 보내면서 환경에 대한 태도를 반성하도록 연구비를 제공한 존 사이먼 구겐하임 재단에도 감사를 전하고 싶다.

저작권이 있는 자료에서 짤막하게 인용하거나 다시 서술하도록 허가

한 이들에게 감사한다.《백마》(더 존 데이 컴퍼니, Inc., 1947)의 로버트 페인,
《숲속 사람들》(1961)의 콜린 턴불과 사이먼 앤드 슈스터 사,《아란다 전통
(Aranda Tradition)》(멜버른대학출판부, 1947)의 T. G. H. 스트렐로,〈인간과 자
연(Man and Nature)〉(인용 호수, 1971년 10호)의 전미지리학자연합,《톨스토이
냐 도스토옙스키냐》(1959)의 조지 슈타이너와 랜덤 하우스 사, 버지니아
울프《등대로》의 하코트 브레이스 요바노비치 사, 프랭크 콘로이《멈춘
시간(Stop-Time)》(1967)의 바이킹 출판사, T. E. 로런스《지혜의 일곱 기둥》
(1936)의 더블데이 앤드 컴퍼니 사, 허버트 J. 갠스《레비타운 사람들》(1967)
의 랜덤 하우스 사, 어빙 할로웰《문화와 경험》(1955)의 펜실베니이니아대
학출판부, 클로드 브라운《약속의 땅에 인간의 아이(Manchild in the Promised
Land)》(1965)의 맥밀란 컴퍼니, 제롬 카르코피노《고대 로마의 삶》(1940)의
예일대학출판부,《나의 민족은 적(My People is the Enemy)》(1964)의 저자 윌
리엄 스트링펠로와 홀트, 출판사 라인하트 앤드 윈스턴, Inc., 케네스 클
라크《암흑의 게토》(1965)의 하퍼 앤드 로 출판사, 윌리엄 M. 도브리너
《변두리의 계급》(1963)의 프렌티스 홀 사,《도시 이미지》의 케빈 린치와
MIT대학출판부에 감사한다.

차례

모닝사이드 판 서문

지난 1952년에 캘리포니아주립대 대학원(버클리 소재)을 다니던 중국인 친구들과 나는 야영을 갔다. 풋내기 야영객이었던 우리는 새벽 3시경에 데스 밸리 국립공원에 도착했지만, 장시간 운전과 어둠 속에서 강풍에 부대끼며 텐트를 치느라 녹초가 되었다. 텐트 치는 데 실패한 우리는 야외에 침낭을 깔고 잠들었다. 잠에서 깨 보니 해는 중천에 떠서 계곡을 가로질러 산맥까지 환히 비출 정도였고, 눈앞에 생전 처음 보는 광경이 펼쳐져 있었다. 지상의 것이라고 믿기 어려운 아름다움에, 마치 승천하는 느낌이었지만 이상하게도 오랜만에 고향에 돌아온 양 친숙하기도 했다.

불모지를 포함한 사막, (심지어 이렇게 말하겠다) 무엇보다 그 불모지가 내 마음을 움직였다. 사막에서 나는 순수함과 영원함, 정신과 영혼의 관대함을 보았다. 하얗게 탈색된 두개골은 죽음을 환기시키기는커녕 깨끗하고도 고귀하며, 부서져서 먼지가 되더라도 썩어가는 치욕적인 상황을 면한 무언가를 연상케 한다. 한때 내가 살았던 필리핀과 파나마 제도에는 다양하고 풍족한 삶이 펼쳐져 있었지만, 내게는 부패와 죽음의 냄새만 풍길 뿐이었다. 열대우림은 나에게 맞지 않는 곳이다.

사실 당연한 일이겠지만, 사막에 사는 사람들(오아시스 인근의 정착 농민 뿐 아니라 유목민들도)은 자기네 고향을 사랑한다. 사람은 누구나 고향 땅에 정붙이고 산다. 설사 외부인들은 버려진 땅 보듯 해도 말이다. 하지만 사막이란 곳은 불모성에도 불구하고 외부인들이 대대로 숭배해온 땅이다. 특히 영국인들이 사막을 사랑했다. 18세기와 19세기에 영국인은 북아프리카와 중동으로 모험을 떠나 사막의 황홀한 매력을 발견했다. T. E. 로런스의 위업에 변함없는 관심을 보이는 데서 확인할 수 있듯이, 오늘날까지 살아남은 열정과 문학적 재능을 발휘하여 보고서로 기록해두었다. 그렇다면 어째서 영국인들은 사막에 매료될까? 답은 간단치 않겠지만, 나는 지리심리학의 요인을 제시하겠다. 바로 정반대 환경의 호소력이다. 특유의 안개와 압도적인 초록빛 속에서 살아온 어떤 영국인들은 사막의 기후와 경관에서 정반대의 색다른 특징을 발견한 듯하다.

지리학자로서 나는 세계 곳곳의 여러 민족이 살아가는 방식에 호기심을 느꼈다. 하지만 동료 학자들하고는 달리, 타협하지 않는 청교도적인 삶을 시사하는 '생존'과 '적응'에만 관심을 두진 않는다. 어디에 살든 누구든 인간은 만족과 기쁨을 열망한다. 모든 민족에게 환경은 단순한 자원을 넘어 깊은 정과 사랑의 대상이자 기쁨과 확실성의 원천이다. 요컨대 또 하나의 키워드는 살림살이에 대한 수많은 언급에서 결여된 '토포필리아'(이-푸 투안의 신조어로 삶의 터전에 대한 사람의 정과 사랑을 뜻하는 개념. '장소애'로 번역되기도 했다—옮긴이)다.

지난 1974년에 출간된 이 책은 뜻밖의 성공을 거뒀다. 호의적인 평문이 다수 발표되었고 판매도 호조를 보였다. 《홀 어스 카탈로그》(사진과 문헌을 오려붙여 만든 대항문화 잡지로 일종의 세계 풍물 도서—옮긴이)가 베스트셀러이던 시절이니 《토포필리아》의 성공은 어쩌면 예견할 수도 있는 일이었다. 60년대와 70년대 초반 미국인들은 환경을 새롭게 인식하기 시작했다. 미국의 경관에서 아름다움보다는 (자주) 경기 호황을 보았고, 장소에 대한 애착과 사랑에 관심을 기울이는 대신 도시 재개발과 빛나는 마천루를 보았다. 사실, '애착'과 '사랑'이라는 단어는 사회과학 담론에 어울리지 않고 시처럼 들리는 터라 엄격한 조건을 단 예산안을 결정하는 도시계획협의회나 정치 단체의 주장을 진지하게 뒷받침하기는 어렵다. 야생지만이 아니라 (이를테면) 불도저의 위협을 받는 오래된 근린까지도 보존해야 한다고 믿는 우리는 이러한 상황을 대중들과 정치인들에게 알리고 설득할 언어가 없다. 그리된다면야 참으로 좋겠지만,《토포필리아》는 그런 언어가 아니다. 하지만 '토포필리아'가 (아마도 처음으로) 인간이 장소애를 키워나가는 온갖 방식에 대한 토의에 일반적인 틀을 제공한 것은 사실이다.

1980년대가 지나는 동안 미국인과 유럽인뿐 아니라 전 세계의 사려 깊은 사람들이 환경보호에 진지하게 관심을 갖게 되었다. 사람들은 위협받는 지구를 도처에서 직접 확인했다. 사람들이 다녀가면서 남극도 오염되기 시작한 것이다. 이제 환경운동은 전 세계를 포괄하는 정치운동이 되었다. 더불어 우리 문화에도 친숙한 일부가 되어, 이를테면 환경단체 시위를 뛰어넘어, 이웃들의 이야깃거리가 되었다. 하지만 서글프게도 돌이킬 수 없는 잘못에 초점을 맞춘 연구와 강연이 산더미 같다. '서글프다'라고 표현한 까닭은, 오염된 지구가 어떤 지경에 이를지 알아차린 데다(대다수 인간들에게 비극이다), 자연을 보존하려는 열정 탓에 염세적으로 흐르면 기술 진보와 도시문화를 도외시하기 십상이기 때문이다.

인간을 혐오하는 우리의 경향과 인간 종을 우호적으로 보려는 나 자신의 성향을 한꺼번에 드러내는 두 가지 사례를 들어보겠다. 유럽과 미국의 교양인들이 선호하는 경관은 18세기 영국의 교외 지역이다. 자케타 호크스는 18세기 중엽을 '인간과 땅'이 가장 친밀하고 섬세하게 관계 맺은 시기이자, 인간이 선호하는 풍경의 척도가 산업혁명으로 운 나쁘게 뒤집히기 이전의 소중한 균형의 시기로 이해한다. 다른 영국 작가 존 웨인은 새뮤얼 존슨의 전기에서, 존슨이 살던 시절에 영국 풍경에 어려 있던 전원의 매력을 찬미한다. 오늘날의 풍경에서 느껴지는 혐오스러움과 비교하면서. 하지만 웨인은 이제는 사라져버린 장엄한 아름다움이 깃든 세계 속에 부조화의 요소, 즉 병들고 상처 입은 인간과 동물이 숱하게 많았음을 인정해야 한다. 아름다움과 고통은 확실히 양립할 수 있으며, 과거를 아련히 그리워하는 우리는 죽음과 질병, 기형 또한 옛 '에덴'의 일부였으며, 오늘날 위생과 의학의 진보로 두려움이 해소되거나 적어도 대단히 줄었다는 사실을 망각하곤 한다.

두 번째로 더 개인적인 사례를 들겠다. 당시 미 대륙을 가로지르는 비행기를 탄 나는 고도 3만 피트 상공에서 갓 나온 음식을 보조 식탁에 두고 있었다. 나는 음식과 씨름했고 이걸 삼킬 때마다 창밖의 밝은 태양과 창공, 푹신한 카펫 같은 구름으로 이루어진 태고의 아름다운 풍경에 찬탄의 눈길을 보냈다. 한쪽에는 장엄한 자연이, 다른 한쪽에는 질긴 닭고기, 미지근한 커피, 번득거리는 사진과 맥없는 글로 가득한 기내용 잡지, 옆자리 승객의 팔꿈치가 환기하는 사람 사는 세상이 있었다. 대조가 너무나 선연하다는 생각이 들었다. 갑자기, 내 관점의 균형이 바뀌었다. 조그만 창유리 한 장이 없다면 나는 즉시 죽을 목숨이라는 사실을 괴로우리만치 절감한 것이다. 자연의 아름다움은 인간이 구성한 세계의 안전함 속에서만 감탄할 수 있다. 3만 피트 상공이라는 곳은 내게는 너무나 이질적인 환경이다. 내게 자양분을 주는 것은 지상의 삶에 그토록 이질적인 희박하고 차가운 공기가 아니고 차라리, 그 질긴 닭고기다. 갑자기 전자레인지용 음식이 들어 있는 호일 접시와 잡지, 옆자리 승객의 팔꿈치에 친근한 분위기가 깃드는 것이었다. 나는 동료 인간들의 진가를 더 인정하는 법, 안락하고 즐거운 고향을 스스로 만들려는 (늘 성공적이지만은 않은 노력과) 용기의 가치를 인정하는 법을 배운다.

밀물 같은 환경운동이 희망의 근거다. 어리석음과 탐욕에 완전히 눈 멀지는 않았음을 우리는 보여주었다. 즉 행동하려는 의지를 이따금 내 보인 것이다. 하지만 (분노하고 무언가에 열중하는) 환경운동에는 맹점이 여럿 있다. 특히나 두드러진 점은, 이처럼 강렬하게 인간의 손길이 거쳐간 세계에도 나름의 생태적 풍성함과 아름다움이 깃들었다는 사실을 인정하기를 꺼린다는 점이다. 지구상의 여러 곳 가운데 특히 서유럽과 지중해 인근, 동유럽과 동남아시아는, '태곳적' 선사시대보다 지금이 더 생태학적으로 훨씬 풍성하다. 히스테리컬한 환경 관련 문헌들의 주장과는 상반되게도, 사람이 있다고 해서 세상이 줄곧 황폐해지지는 않았다. 아름다움이라면, 로마의 달빛 아래 바로크 성당과 광장에서 "도시가 이토록 통렬하리만치 아름답고, 돌이 이토록 육감적이며, 건축가가 인간의 희곡에 이토록 숭고한 무대를 설치했고, 공간이 실로 강렬한 감동을 불러일으켜 건축물이 인간을 실제보다 이만큼 큰 존재로 만들 수 있다는 사실을 비로소 깨달았다"던 에이다 루이스 헉스터블과 더불어 말할 수 있어야 천박하지 않을 것이다.

《토포필리아》는 환경운동 초창기에 구상하고 썼다. 당시는 지구상의 천연자원을 보존해야 한다는 지각이 (한편으로는 환경적 태도와 가치의 본성을 계발하는 방법이며 문화권마다 상이한 계발 방식을 이해하려는 소망과 더불어, 다른 한편으로 풍성한 시골의 대지와 풍경, 더 인간적인 근린을 일구고 기운을 북돋우는 도시를 건축하려는 소망으로) 한층 균형을 잡아가던 때였다. 1990년대에 다시금 이 문제의 두 측면을 모두 아우르기를 바랄지도 모르겠다. 그렇다면, 이를 더 포괄적으로 이해하는 좋은 책이 출간되기 전까지 《토포필리아》가 젊은 세대의 교육에 나름의 역할을 할 것이다. 그런 책이 조만간 나오길 바란다.

1990년 2월 19일

위스콘신 주 매디슨에서

이-푸 투안

서론

자연적이든 인위적이든 물리적 환경에서 우리는 무엇을 보는가? 환경을 어떻게 지각하고 구성하며 평가하는가? 우리의 이상향은 어떤 환경이었고 지금은 어떠한가? 경제와 삶의 양식, 물질적인 배경은 환경을 대하는 태도와 가치에 어떤 영향을 미치는가? 환경과 세계관의 연결 고리는 무엇인가?

나는 대략 이런 질문들을 탐구하려 한다. 질문의 폭은 넓지만 포괄적이지는 않다. 환경오염과 생태학이라는, 우리 세계에 관련된 아주 중요한 두 가지 주제는 이 책의 범위를 넘어선다. 여기서 다루는 지각과 태도, 가치라는 주제에 맞선 우리는 먼저 자신을 이해할 필요성을 느낀다. 이걸 제쳐두고 결국은 사람의 일인 환경문제의 지속가능한 해결책을 얻기를 바랄 수는 없기 때문이다. 게다가 경제, 정치, 사회 어느 영역이든 사람의 문제는 동기 부여라는 심리적 축, 목표에 집중하는 가치와 태도에 달려 있다. 1960년대 중반 이후 환경생태 운동의 물결은 두 방향에서 밀려왔다. 첫째는 응용으로, 쥐가 끓는 주택과 오염된 물에 취해야 할 조치이고, 둘째는 이론과 과학의 문제로, 자연 세계를 보존하는 복잡한 힘들을 이해하려는 시도다. 두 가지 접근법 모두 태도와 가치의 형성에 직접 관여하진 않는다. 위협적이고, 건강에 해로울 만큼 나쁜 환경에 대해서는 즉각 행동이 필요하다. 과학자와 이론가의 경우 비인간의 세계에서 연관 관계를 확립하는 너무나 복잡한 임무를 떠안은 터라 사람의 다양함과 주체성을 간과하는 경향이 있다. 하지만 넓게 보면, 환경 부문에서는 아무리 고등 계산법이라 해도 수식을 통해 사람의 열정을 인지하는 쪽이 실용적이어서 실천적인 접근법에도 태도와 신념은 배제될 수 없다. 게다가 사람은 생태적으로 우성이며 사람의 행위는 백가쟁명하는 이론에서의 위치뿐 아니라 깊이로도 이해해야 하기에 마찬가지로 태도와 신념은 배제될 수 없다.

환경을 대하는 태도와 가치에 대한 일반적인 개관은 아직 제시된 바 없고, 나는 특수하고 제한된 범위의 연구들만을 접했을 뿐이다. 이 분야 연구들은 서로 다른 목적으로 실행되었기 때문에 결과물을 제시하는 방식이나 내용이 매우 이질적이다. 결과물은 대체로 다섯 가지 유형에 해당한다. (1) 인간은 어떻게 자신의 세계를 지각하고 구성하는가. 보편적인 사람의 특징 찾기. (2) 문화 혹은 문화와 환경의 상호작용 차원에서 환경에 대한 지각과 태도. 문맹인 민족과 소규모 공동체를 얼마간 세부적으로 검토하며, 전체론적인 틀에서도 검토. (3) 조사, 설문지, 심리 검사를 통해 환경을 대하는 태도와 가치를 추출해내려는 시도. (4) 사상사나 문화사 연구의 일부로서 환경에 대한 가치평가의 변화. (5) 도시, 교외, 시골, 야생지 같은 환경의 의미와 역사.

목표와 방법, 철학적 가정, 시공간 척도의 이질성은 당혹스러울 정도다. 미국 아이오와 주의 에이미스에 거주하는 주부들의 쇼핑 행위를 자세히 분석하는 일과 자연에 대한 기독교 교리를 대대적으로 조사하는 일은 서로 어떤 토대를 공유하는가? 또는 보편적인 특징으로서 색채 상징 연구와 풍경화의 역사에 대한 연구는 어떠한가? 이런 것들 속에 인간이 자연환경에 반응하는 방식, 그리고 어떤 형태로든 자연환경을 지각하고 거기에 부여한 가치가 들어 있다고 답할 수 있겠다. 하지만 자세한 사례를 제시하지 않기 때문에 불충분한 대답인 듯하다. 이 분야를 두루 살펴보고 싶어 하는 이들이 많다면, 상이한 세부 전공에서 내용을 추려내 선집을 출간하려는 유혹을 받을 것이다. 새롭고 시급한 관심사가 부각되는데 현재로서는 그것의 정체며 나아갈 방향이 불확실할 경우 선집이 시장에서 호응을 얻기 때문이다. 선집에는 스모가스보드(서서 먹는 북유럽의 모듬 요리―옮긴이)가 선사하는 매력이 있어서, 얼른 코스를 마치려고 서두르다가는 소화불량에 걸리게 마련이다. 이상적으로는 한 사람이 이질적인 원재료를 선별해 통일된 관점을 제시해야 한다. 전체를 아우르는 개념들이 빈약한 상황을 고려하면 그런 노력은 틀림없이 실패로 끝날 것이다. 그래도 우리 분야의 구조적인 약점을 마냥 방치할 수는 없기에 누군가 시도해볼 가치는 있겠다. 이질적인 지식의 흐름은 포용력 있는 정신이라는 기반 위에서 결실이 풍부한 결혼을 끌어낼 수도 있으나, 자칫 제본과 인쇄 기술의 공통점만 남을지도 모른다. 이런 스펙트럼으로 분류한다면 이 글은 기껏해야 콜라주와 통합된 전망 사이의 어중간한 자리에 놓일 것이다. 이런 약점 때문에라도 다른 이들에게 도움을 주는 자극제가 되기를 바란다.

길안내를 해줄 모든 것을 아우르는 개념은 없다. 최선은 제한된 개념들로 토포필리아라는 주제를 구성해내는 것이다. 그래서 다음과 같이 시도해보았다. (1) 구분된 층위, 즉 인간 종, 집단, 개인이 각각 환경을 어떻게 지각하고 평가하는지 검토하고 (2) 문화와 환경, 토포필리아와 환경을 구분해서 묶은 다음 가치를 형성하는 데 서로 어떻게 기여하는지 보여주려 했으며 (3) 변화라는 개념을 도입해 유럽 중세의 세계관이 과학 모형에 입각한 세계관으로 대체된 상황을 그린 후에 이것이 환경에 보인 태도를 개략적으로 기술하며 (4) 도시, 교외; 시골, 야생지에서 환경을 찾는다는 생각을 변증법적 관점에서 검토하며 (5) 환경을 경험하는 여러 유형을 구분하고 특징을 묘사하려 했다.

연구 방법은 제시하지 않았다. 환경과 행동을 다루는 대다수 출판물에서는 연구 절차를 상세히 설명한다. 사회과학자로서 우리는 수많은 기교를 보유하고 있지만 (사회적으로 시급한 것과는 구분되는) 결정적인 문제는 종종 우리의 손끝을 벗어난다. 문제를 틀 짓는 정교한 개념이 없기 때문이다. 자연과학에서는 단순한 법칙으로도 상식에 도전할 수 있다. 사회과학에서는 엄정한 전문성을 대단히 과시하면서 상식을 거듭 강조한다. 결과를 성취하는 데 필요한 수단이 결과 자체보다 인상적인 경우도 흔하다. 그럼에도 불구하고 체계화하여 발견하는 방법은 상식이라는 육감에 정확성을 부여하여 때로 견해에 불과한 것에 도전해 이를 전복하기 때문에 더없이 귀하다.[1]

특히 지리학자들이 맡은 연구에서는 자연의 위험에 직면한 인간의 대응에 관한 연구가 매우 활발하다.[2] 결국 이런 유형의 작업은 자연에서 일어나는 불확실한 사건에 사람이 어떻게 반응하는지 설명할 수 있어야 한다. 이런 작업은 환경심리학에 기여하고 어떤 계획의 입안에서 중요한 의미가 있다. 이 책에서는 유감스럽게도 위험 연구의 성과들을 생략했는데 이는 토포필리아와 직접 관련돼 있진 않다. 비슷한 이유로 황폐해진 환경을 12~14장에 걸쳐 가볍게 건드리는 데 그쳤다. 왜냐하면 나는 긍정적인 태도와 가치의 형성, 성격에 주로 관심을 갖기 때문이다.

지각, 태도, 가치, 세계관은 이 작업의 핵심 용어에 속한다. 이 용어들의 의미는 서로 겹치는데, 본문에서 해당 문맥에 따라 명료하게 파악할 수 있을 것이다. 여기서는 간단히 용어의 정의를 제시하겠다. '지각'은 외부 자극에 대한 감각의 반응이자, 어떤 현상은 분명히 기입하면서 다른 현상은 그림자를 드리우거나 막아버리는 의도된 행위다. 우리가 지각하는 것들은 생존에 도움이 되고 문화에 근거를 둔 일정한 만족감을 제공하기에 가치가 있다. '태도'는 무엇보다 하나의 문화적 자세로서 세상을 마주 대하며 취하는 입장이다. 지각보다는 훨씬 안정돼 있으며 오랫동안 이어진 지각, 즉 경험의 결과물이다. 아기는 지각을 하지만 생물학적으로 주어진 것 말고는 일정한 태도를 갖고 있지 않다. 태도에는 경험이 내포돼 있고, 이는 관심과 가치가 일정한 형태로 굳어졌음을 함축한다.[3] 아기는 어떤 환경에서 살아가지만, 아기에게 세계란 명료하지 않으며 세계관은 없다. 세계'관'은 개념화한 경험이다. 부분적으로는 개인적이지만 대체로 사회적인 성격을 띠며 태도나 신념 체계에 해당한다. 체계라는 말은 비개인적인 (객관적인) 입각점으로부터—연관들이 아무리 자의적인 듯해도—태도와 신념이 구축되었음을 의미한다.[4]

'토포필리아'는 사람과 장소 또는 배경의 정서적 유대다. 개념처럼 확산되는 경향이 있고 사사로운 경험처럼 생생하며 구체적인 토포필리아가 바로 이 책에서 반복되는 주제다.

지각의 공통 특징: 오감

지표는 매우 다양하다. 지표의 자연 지리와 풍부한 생물상은, 무심코 훑어만 보아도 우리가 보는 만큼의 이야기를 들려준다. 하지만 사람들이 지표면을 지각하고 가치를 평가하는 방식은 훨씬 다양하다. 두 사람이 동일한 실재를 보거나 두 사회 집단이 환경에 대해 정확히 똑같은 가치 평가를 내리는 일도 없다. 과학적인 전망도 문화의 자장 안에서 이뤄진다. 다시 말해 대상을 바라보는 여러 시각 가운데 하나다. 이 연구를 계속하다 보면 당혹스러울 만큼 관점이 풍부하다는 사실이 명백해진다. 그러므로 다음 사실을 시야에서 놓칠 우려가 있다. 환경을 제아무리 다양하게 지각한다 해도 동일한 인간 종으로서 우리는 일정한 방식으로 사물을 바라볼 수밖에 없다는 사실 말이다. 모든 인간은 비슷한 신체 기관을 갖춘 덕에 공통 지각, 즉 하나의 세계를 공유한다. 사람의 실재가 동물의 실재와 얼마나 다른가를 잠시 궁리해보면 사람의 시각이 독특하다는 사실을 알 수 있다. 겉보기와 달리 사람은 자기 개의 삶을 상상할 수 없다. 갯과의 감각기관은 사람과는 아주 다르게 갈라져서 우리는 개가 맡는 냄새, 듣는 소리, 보는 세계로 뛰어들 수 없다. 하지만 나이와 기질, 문화적 차이가 분명해도 호의만 있다면 한 사람은 다른 한 사람의 세계로 들어갈 수 있다. 2장에서는 사람의 오감이 다른 동물들의 감각과 비교해 범위와 예리함에서 어떻게 다른지 주목하고 인간 세계의 독특함을 정확히 묘사할 터인데, 이는 세계가 지각기관에서 파생한다는 점을 전제로 한다.

시각

인간이 세계에 대응하는 방식은 아리스토텔레스 시대에 분화된 것으로 알려진 보기, 듣기, 냄새 맡기, 맛보기, 만지기의 다섯 가지 감각보다 많다. 예컨대 어떤 이들은 습도와 기압의 미세한 변화에 놀랄 만큼 섬세하다. 다른 이들은 비범하게 예리한 방향감각을 부여받은 듯하다. 방향감각이 타고나는 것인지는 의문이지만 말이다. 세상에 나아가려는 사람은 전통적인 오감 가운데 시각에 더 의존한다. 사람은 압도적으로 시각적인 동물이다. 〔눈에 익은 것보다〕 넓은 세계 하나가 열리니, 공간적으로 특수한 정보들이 청각, 후각, 미각, 촉각의 감각 체계보다 눈을 통해 훨씬 더 많이 입수된다. 대다수 사람들도 시력을 가장 가치 있는 능력으로 간주하여, 시각을 희생하느니 차라리 사지 일부 혹은 청각이나 말을 잃는 편이 낫다고 여길 것이다.

　사람의 시각은 다른 영장류와 마찬가지로 수목 환경에서 진화했다. 열대우림이라는 빽빽하고 우거진 세계에서는 예리한 후각을 계발하기보다 잘 보는 것이 중요하다. 오랜 진화과정에서 영장류의 일원은 더욱 큰 눈을 획득한 반면 큰 코는 전망을 방해하지 않도록 주저앉았다. 포유류 가운데 사람과 일부 영장류만이 색채를 볼 수 있는 축복을 누린다. 붉은 깃발은 황소에게는 검은색 깃발이다. 말은 단색 세계에서 살아간다. 사실 가시광선은 전자기 스펙트럼을 통틀어 아주 좁은 영역만 차지할 뿐이다. 반면 사람에겐 보이지 않는 자외선에 개미와 꿀벌은 민감하다. 사람은 방울뱀과 달라서 0.7마이크론 이상의 파장에 대응하는 수용기관이 없으므로 적외선을 직접 지각하지 못한다. 만일 사람의 눈이 적외선 복사에 감응한다면 세상은 오싹하리만치 달라 보일 것이다. 그럴 경우 우리는 한밤에도 칠흑 같은 어둠 대신 갖가지 강도로 발광하는 대상들이 모여 있는 그림자 없는 세상 속에서 수월하게 움직일 수 있다. 사람의 눈은 색채의 명암을 놀랄 정도로 분별해내기 때문이다. 정상 시력일 때 사람 눈의 색채 민감성은 분광 광도계(빛의 세기를 파장별로 재는 장치—옮긴이)에 비견할 만큼의 정확도를 자랑한다.[1]

사람은 입체적인 시야를 확보한다. 사람의 양 눈은 정면에, 즉 제한된 시각장을 형성하는 위치에 있다. 예컨대 토끼와 달리 사람은 양 눈으로 머리 뒤에 놓인 것을 볼 수 없다. 대신 정면 양안 덕에 정보에 이중으로 확실성을 더했고 사물을 3차원 입방체로 정확히 볼 수 있다. 갓난아기가 사람 얼굴의 둥근 형태를 지각할 때 선형원근법과 시차 같은 시각 단서를 받아들이는 법을 금세 익힌다는 사실로 보아 이는 본래 지닌 능력이다. 생후 8주의 아기는 경험주의자라면 예측할 법한 정도보다 더 나은 능력을 보여준다. 가령 깊이와 방위를 분간하는 능력, 크기와 형태의 불변성을 염두에 두는 능력도 예상을 뛰어넘는 수준으로 갖추고 있으며 행위의 완성도도 우수하다.[2] 하지만 3차원 시야를 충분히 계발하려면 시간이 걸리고 경험이 익어야 한다. 우리는 대상을 심도로 보는 데 익숙해진 나머지 갖가지 요령을 학습해야만 그런 시야를 얻을 수 있다는 사실에 놀랄 것이다. 선천적 백내장으로 나면서부터 맹인이었다가 나중에 수술로 시력을 얻은 사람은 3차원으로 보기는 고사하고 대상을 인지하기조차 어렵다. 입체와 굴곡, 양각을 인지하려면 분배된 빛과 그림자의 의미를 학습해야 한다.

손과 촉각

영장류는 다른 포유류에 비해 정적인 세목을 구분하는 능력이 뛰어나다. 숲에 사는 영장류의 식량은 대개 붙박여 있어 영장류로서는 미묘한 움직임보다는 형태와 색채, 질감으로 과일과 씨앗, 새싹 등을 지각하는 것이 더 중요하다. 사람과 마찬가지로 유인원과 원숭이는 환경을 단순한 무늬가 아니라 대상의 집합으로 볼 것이다. 이런 능력을 얻는 데는 악력과 손재주 등 손 기능을 계발하는 것이 3차원 시야의 진화에 버금갈 정도로 중요하다. 원숭이와 유인원, 사람 정도가 물건을 만지작거리다 집어 들고 사방으로 살펴볼 수 있는 유일한 동물일 것이다. 앞발은 양손보다 효율이 훨씬 떨어지며, 영장류 중에서 인간의 손은 비길 데 없는 정확성과 힘을 가지고 있다.[3]

접촉, 즉 촉각이야말로 세상에 관여하여 인간에게 엄청난 양의 정보를 제공한다. 매끄러운 판유리와 에칭 처리를 하여 2500분의 1인치 깊이로 홈이 파인 유리의 차이를 촉지하려는 사람에게는 별다른 기술이 필요하지 않다. 눈가리개를 씌우고 귀마개로 청각 단서를 차단한다 해도, 사람은 손톱으로 표면을 가볍게 두드려봐서 플라스틱인지 금속이나 종이 혹은 나무인지 분간해낼 수 있다. 연습하면 감각은 섬세해진다. 직물 상점의 전문 옷감 감촉사는 직물의 미묘한 차이를 경탄할 정도로 예리하게 판단해낸다.[4] 옛날에 느꼈던 감촉을 되새겨보면 촉각의 뿌리 깊은 본성을 피부로 느낄 수 있다. 시력이 없어도 사람은 효율적으로 살아나갈 수 있지만 촉각을 잃으면 살아남기조차 어렵다. 우리는 늘 '접촉 중'인 것이다. 예를 들어 지금 의자 등받이를 느끼고 손에 쥔 펜의 감촉을 느낀다. 촉감은 직접적인 마찰력을 경험하는 것, 즉 우리의 상상과는 무관한 실재가 존재한다고 알려주는 마찰과 압박감의 체계로 세상을 직접 경험하는 것이다. 보는 것은 아직 믿는 것이 아니다. 그래서 부활한 예수는 의심하는 사도에게 만져보라고 했던 것이다. 지식에서도 촉감은 중요하다. 영어 표현 가운데 '연락하다'(to keep in touch)나 '연락 끊다'(to be out of touch) 등의 표현이 사람과 관련해서만이 아니라 학습 분야에 쓰이는 데서 짐작할 수 있다.

청각

사람의 청각은 그다지 민감하지 않다. 청각은 사람을 포함한 전체 영장류보다 사냥감을 뒤쫓는 육식동물에게 더 중요하다. 포식자의 귀와 비교한다면 영장류의 귀는 크기도 작을뿐더러 쫑긋 세워지지 않고 고정된 형태다. 청년기 사람의 평균 가청주파수 대역은 대략 16~2만 헤르츠다. 사람이 16헤르츠 이하의 소리에 감응한다면, 자신의 심장 고동소리가 들려서 괴로울 것이다. 사람의 가청주파수 대역의 상한선은 고양이나 박쥐와 비교하면 적절한데, 이들 포유류는 각각 5만에서 12만 헤르츠의 소리에까지 감응한다. 사람의 귀는 아이나 여성의 외침소리에 해당하는 음높이에 가장 민감한 듯하다. 개별적으로는 인간 종의 생존을 돕기 위해 일반적으로는 청각 단서로 세상과 접촉을 유지하려고 순응한 결과이다.

눈은 귀보다 훨씬 정확하고 자세히 환경 정보를 확보하지만 우리는 대개 눈으로 본 것보다는 귀로 들은 것에 더 감동을 받는다. 나뭇잎을 세차게 적시는 빗소리, 천둥소리, 웃자란 풀을 스치는 바람 소리, 비통한 울음소리로 격정에 사로잡히는데 시각적 이미지는 이에 필적할 수조차 없을 정도다. 사실 음악은 그림이나 풍경을 보는 것보다 강렬한 감흥을 안겨준다. 이유가 뭘까? 눈을 감을 수는 있지만 귀를 닫을 수는 없다는 이유도 일부 작용할 것이다. 인간은 소리에 더 상처받기 쉬운 듯하다.[5] '듣기'는 '보기'에 없는 수동성(수용성)을 수반한다. 사람의 아기에게, 아니 어쩌면 심지어 배아 단계에서부터 가장 중요한 감각 작용 가운데 하나가 어머니의 심장박동이라는 것도 이유 중 하나일지 모른다. 예컨대 데즈먼드 모리스는 어머니가 (심지어 왼손잡이라 해도) 보통 아기 머리를 왼쪽 가슴에 닿도록 안는 이유를 이와 연관 지어 설명한다.[6] 아기는 시각적인 미묘함을 분별하기 훨씬 이전부터 기분 좋은 소리, 가라앉히는 소리, 어지럽히는 소리를 구분해낼 만큼 소리에 민감한 듯하다.

사람이 실재를 파악하는 데 듣기가 얼마나 중요한지는 갑자기 청력을 잃은 사람이 느끼는 깊은 상실감으로 더욱 뚜렷해진다. 갑작스러운 청력 상실은 갑작스러운 시력 상실만큼이나 심리 쇠약을 초래할 수 있다. 예컨대 깊은 우울, 고독감, 망상에 사로잡힐지도 모른다. 귀가 멀면 인생이 얼어붙고 시간이 흐르지 않는 것만 같다. 공간 자체도 수축하는데, 우리의 듣는 감각이 시각장 너머의 세계에 대한 정보를 제공하기에 공간도 대단히 확장되기 때문이다. 처음에는 역동성을 잃은 듯한 세계가 부담이 적고 걱정이 덜할 것이다. 그런 세계는 초연하고 평화로운 느낌을 불러일으킨다. 보슬비 내리거나 눈에 뒤덮여 고요해진 도시에서 풍기는 기분 좋은 느낌. 하지만 이내 침묵, 즉 정보의 냉혹한 상실은 귀 먹은 이에게 불안과 해리감, 위축감을 유발한다.[7]

후각

사람과 개라는 두 생물종의 후각 민감성은 큰 차이가 있다. 이런 이유만으로도 사람은 개의 세계에 자신을 투영할 수 없다. 개의 후각은 사람에 비해 최소한 100배는 민감하다. 육식동물과 일부 유제류는 시각이 예리하지만 세상에서 생존하는 데는 영장류에 비해 후각 수용기에 더 많이 의존한다. 당연히 후각은 영장류에게도 중요한데, 이는 섭식과 짝짓기라는 근본 과정에서 큰 몫을 담당한다. 하지만 현대인은 후각을 홀대하는 편이다. 현대인에게 이상적인 환경은 무슨 '냄새'(smell)건 없애야 하는 곳일 터이다. '냄새'(odor)라는 단어 자체는 악취와 연관되기 마련이다. 이런 경향이 유감인 이유는 사람의 코가 정보를 감지하는 데 사실은 놀랄 만큼 효율적인 신체 기관이기 때문이다. 연습만 하면 사람은 파마늘 냄새, 거룩한 향, 박하향, 방향(芳香), 천상의 향, 구린내, 향긋함, 산양취, 메스꺼움 같은 향의 범주로 세계를 분류할 수 있다.

냄새에는 생생하면서 정서적으로 충만한 과거의 사건과 장면들을 환기시키는 힘이 있다. 세이지 향이 확 풍기면 복잡한 감각 작용 전체가 상기될지 모른다. 세이지브러시 꽃들이 점점이 수놓인 드넓은 풀밭에 환한 햇살과 열기, 울퉁불퉁한 길까지 모두. 이런 힘은 어디서 나올까? 여러 요인들이 작용한다. 우선 우리를 과거로 끌어다 놓는 냄새의 힘은, 광대한 기억 저장소가 있는 대뇌피질이 원래 냄새와 유관한 부위에서 진화했다는 사실과 관련이 있을 것이다. 또 하나는 아이 적에 우리의 코가 더 예민할 뿐 아니라 땅과 꽃밭, 키 큰 풀, 냄새를 발산하는 축축한 흙에 더 가까이 있기 때문이다. 어른이 되어 건초향을 우연히 맡으면 우리의 기억은 향수 어린 옛날로 재빨리 시간 이동을 한다. 우리는 선별해서 보고 여기에는 경험이 반영된다는 점을 덧붙이자. 어린 시절의 바로 그 장면으로 돌아가 보면, 경관 자체가 바뀌었을뿐더러 우리가 경관을 보는 법도 이미 바뀌어 있다. 가령 썩어가는 해조류의 코를 찌르는 냄새를 포착할 때처럼 변치 않은 감각 경험의 도움 없이는 과거에 속한 특정 시각 세계가 본래 어떤 느낌이었는지를 알 수 없다.

오감으로 지각하기

시야를 통해 세상에 반응하는 일은 몇 가지 중요한 측면에서 다른 감각으로 세상에 반응하는 것과 다르다. 예를 들어 보는 것은 '객관적'이다. 흔한 표현처럼 백문이 불여일견이라 우리는 귀로 얻은 정보를 불신하기쉽다. 예컨대 '풍문'이나 '유언비어'인 것이다. '보기'에는 정서가 깊이 연관돼 있지 않다. 에어컨을 틀어놓아 시원한 버스 창밖으로 훑어볼 때 빈민가는 그저 흉할 뿐이지만, 창문을 열면 훅 끼치는 하수구 악취를 맡을 때 비로소 불쾌한 느낌이 자극적인 힘에 실려 우리에게 다가온다. '보기만' 하는 사람은 구경꾼에 관광객이자 스쳐 지나가는 이에 그친다. 눈을 통해 감지된 세계는 다른 감각을 통해 우리에게 알려지는 세계에 비해서 추상적이다. 눈은 시각장을 탐사하면서 특정 대상들이나 초점을 맞출 지점들, 전망을 추상화한다. 하지만 레몬맛과 따뜻한 피부의 질감, 부스럭거리는 나뭇잎 소리는 오로지 이들 감각 작용으로만 우리에게 다가온다. 시각장은 다른 감각장에 비해 훨씬 넓다. 먼 대상은 단지 '보일'

뿐이다. 그래서 우리는 '보이는' 대상을 '멀다'고 여기는 경향이 있다. 그 이유는 강렬한 정서를 불러일으키지 않기 때문이며, 심지어 대상이 가까이 있을 경우에도 그렇다.

사람은 오감을 동원해 세계를 지각한다. 가용할 수 있는 잠재 정보량은 엄청나다. 하지만 일상에서는 그중 일부만 활성화해서 사용할 뿐이다. 어떤 감각기관이 특별한 수완을 발휘하는지는 개인에 따라 (그가 속한) 문화에 따라 다르다. 오늘날 사람들은 점차 시각에 의존하게 되었다. 현대인에게 공간은 경계선이 있고 고정되어 있으며 어떤 대상의 틀이나 매트릭스다. 대상과 경계가 없다면 공간은 비어 있다. 바람이 분다 한들 아무것도 보이지 않기 때문에 비어 있다는 얘기다. 이런 태도를 사우스햄튼 아일랜드에 거주하는 아이빌릭 에스키모인의 태도와 비교해보자. 에스키모인에게 공간은 그림 같거나 뭔가 들어갈 수 있는 장소가 아니라, 순간순간 고유한 차원을 창조해내면서 언제나 유동적인 실체다. 인디언은 오감을 바싹 긴장해서 사태를 파악하는 법을 배운다. 이것은 겨울이 오고 하늘과 땅이 통합되어 동일한 물질로 만들어진 것처럼 보이는 특정 시기에 특히나 필요한 기능이다. 그때는 "바람에 흩날려 땅 위를 구르는 수천의 눈기둥을 제외하면 중간 거리나 멀고 가까움, 지형의 윤곽을 가늠할 수 없으며 시선을 둘 곳도" 없다. "바닥도 가장자리도 없는 땅"이다.[8] 그런 조건이기에 에스키모인은 확고한 경계 표지가 되는 참조 지점들에 의지할 수 없다. 눈발의 윤곽과 눈의 유형, 바람, 짠 공기, 얼음의 갈라진 틈처럼 수시로 변하는 관계에 의지해야 하는 것이다. 바람의 방향과 냄새는 발아래 얼음과 눈의 느낌이 더해져 길잡이가 된다. 눈에 보이지 않는 바람이 아이빌릭 에스키모인의 삶에는 큰 역할을 한다. 에스키모에게는 바람을 표현하는 열두 가지 용어가 있다. 에스키모인은 열두 바람에 맞추어 자신의 위치를 가늠하는 법을 학습한다. 지평선이 보이지 않는 시기에 에스키모인은 음향과 후각의 공간에서 살아간다.

중세 성당이 현대의 관광객을 매혹시키는 이유는 다양하지만, 한 가지 거의 언급되지 않는 이유가 있다. 성당이라는 환경이 관광객에게 서너 가지 감각 수용기관을 동시에 사용하도록 자극한다는 점이다. 강철과 유리로 만든 오늘날의 마천루가 중세 성당에 비견되는 구조물이라고들 한다. 사실상 수직성 말고는 두 건물에는 공통점이 거의 없다. 둘은 동일한 건축 원리를 구현하지 않으며 동일한 용도로 이용되지도 않을뿐더러 상징적인 의미는 전혀 다르다. 다시 한번 말하자면 수직성 외에 두 건축물이 제공하는 육감적이고 미학적인 경험은 서로 대척점에 있다. 다양한 유형의 바닥재가 촉각을 자극하긴 하지만 현대의 마천루는 대개 시각적인 감각에 부응한다. 소리라고는, 귀를 스칠 뿐 들어도 그만 안 들어도 그만인 '뮤작'(사무실, 공공장소, 여객기에서 전화나 라디오로 전달되는 배경음악—옮긴이)만 흘러나올 것이다. 이와 대조적으로 성당 내부의 경험은 광경과 소리, 감촉과 냄새를 수반한다.[9] 하나의 감각은 저마다 다른 감각을 강화하며 조화를 이룬 감각들로 건축물 전체의 구조와 실체는 명료해지고 본질이 발현된다.

지각과 행위

지각은 바깥으로 뻗어나가려는 활동의 하나다. 감각기관은 활발하게 쓰지 않으면 최소한으로만 작동한다. 우리의 촉각은 아주 섬세하지만 질감이나 표면의 견고함을 분별하려면 손가락을 얹는 것만으로는 충분치 않다. 움직여 문질러야 한다. 눈이 있지만 보지 않고 귀가 있어도 듣지 않을 수는 있다.

어린 포유류, 특히 사람의 아기들은 장난기가 많다. 유아들의 놀이에는 목적이 없다. 팽개친 공이며 쌓았다가 허물어버린 블록은 대개 야성의 충동을 증거한다. 이렇듯 목적 없는 유희를 하면서 아기는 세계를 학습한다. 아기는 신체의 조정력과 균형을 계발한다. 여기저기 돌아다니며 만지고 조작하면서 대상의 실재와 공간의 구성을 익힌다. 하지만 유인원과 달리 사람의 아기는 성장 단계 초기(서너 살 무렵)에 일정한 주제를 설정해 놀이하기 시작한다. 아이가 혼자서 웅얼거리던 이야기의 맥락에서 주제가 나타난다. 이는 어른이 지배하는 세계에서 아이들이 했던 경험, 어른들이 들려준 이야기와 아이가 엿들은 대화의 조각을 다른 유형으로 변형하는 것이다. 아이의 행위와 탐사는 이윽고 점차 문화적인 가치를 지향한다. 모든 인간은 유사한 감각기관을 지녔으나 능력을 발휘하고 계발하는 방법은 어린 시절에 분화되기 시작한다. 결과적으로 환경을 대하는 태도뿐만 아니라 실현된 감각 역량도 달라서, 어느 문화권 사람들이 후각을 발달시키는 반면 다른 문화권 사람들은 심도 있는 입체적 시각을 획득하는 것이다. 두 세계에서 공히 시각이 우선시된다. 다만 한쪽이 향기 덕분에 풍성해진다면 다른 쪽은 대상과 공간을 인식하는 예민한 삼차원 감각으로 풍성해질 것이다.

공통된 심리 구조와 반응

인간의 뇌는 유달리 크다. 인간에게는 정신이 있는 것이다. 철학자들은 지난 1000년에 걸쳐 신체와 정신의 관계를 두고 논쟁을 벌였다. 신경생리학자와 심리학자는 사람의 뇌가 다른 영장류와 다르게 작동하는 방식을 이해하려고 노력했다. 현대의 연구에 따르면 사람과 동물의 정신작용의 간격은 점차 좁혀지는 경향이 있다. 간극이 유지되는 까닭은 인간에게는 상징적 행위 역량이 매우 발달해 있기 때문이다. 기호와 상징이라는 추상언어는 인간 종만의 특색이다. 추상언어로 인간은 자신과 외부의 실재를 매개하는 정신세계를 구축했다. 인간이 구축한 인위적 환경은 정신작용의 산물이며, 신화와 전설, 분류학, 과학도 이와 유사하다. 이 모든 성취가 마음 편히 지내려고 사람이 자연 속에 직조한 고치처럼 보일지도 모른다. 사람은 시대와 장소에 따라 세계를 매우 상이하게 구축했다는 사실을 우리는 잘 알고 있다. 문화의 복합성은 사회과학에서 줄기차게 다루어온 주제이기 때문이다. 여기서 나는 앞에서도 그랬듯이 근본적인 유사성에 초점을 맞추려 한다.

합리화

합리적이라는 말이 논리적 규칙을 의식적으로 적용한다는 뜻이라면, 사람들의 삶에서 합리적인 영역은 매우 좁다. 인간은 합리적이라기보다는 합리화하는 동물이라고들 한다. 이 말에는 절반의 진실이 있다. 감각 자료를 조직해내고 우리를 다른 동물과 구분해주는 복잡한 뇌의 전 영역이 동일하지 않다는 사실을 염두에 두면 말이다. 사람의 뇌는 구조와 화학작용이 매우 상이한 세 가지 유형으로 나뉘지만, 이들 세 부분은 상호 연결되어 함께 기능해야 한다. 뇌에서 가장 오래된 유산은 기본적으로 파충류의 것이다. 이 부위는 주로 영역을 확정하고 안식처를 찾고 사냥을 하고 가족을 이루어 번식하고 사회적 위계를 형성하는 등 본능적인 판단을 하는 기능을 맡는 듯하다. 그다음으로 발달한 부위는 포유류의 원시 (대뇌 변연계) 피질로 정서와 내분비, 내장 및 신체 기능에 중요한 역할을 한다. 마지막으로 진화 후반부에 고도로 차별화된 대뇌피질이 나타난다. 이 부위는 고등 포유류임을 보증하며, 계산하고 상징적으로 사고하는 합리적인 기능을 수행하여 다른 무엇보다 인간 뇌에서 정점에 이른다. 인간의 욕구, 충동, 열망은 대부분 비합리적이지만, 대뇌 신피질은 하부 뇌가 부추긴 행동에 거의 무한한 '이유'를 제공할 만한 역량을 가진 부위다.[1] 정치와 환경의 이상형에는 소망을 충족하려는 사유와 망상이 스며 있다. 이는 모든 개념과 계획에 복잡하기 이를 데 없이 침투해 행동을 명령할 정도의 정서적인 힘을 발생시킨다. 합리적인 두뇌는 사람의 열망을 현실에서 구현하는 데 마음껏 활용할 수 있는 1차 동력이다.

사람의 지각 척도

우리가 지각하는 대상은 우리 몸의 크기, 지각기관의 예리함과 범위, 목적에 상응한다. 에스파냐 사람들이 거주할 수 없었던 캘리포니아 주 남부의 사막이 인디언들에게는 충분히 고향으로 삼을 만한 곳이었다. 부시먼은 모래에 찍힌 발자국의 미묘한 족적을 읽어내는 법과 식생이 드문 칼라하리 평야에서 개별 식물들의 위치를 인지하는 법을 익힌다. 지각 대상의 크기는 문화마다 엄청나게 차이가 나지만, 그래도 범위는 확실한 편이다. 아주 작거나 아주 크면 하루하루 생활하는 우리의 이해 범위에 들어오지 않는다. 우리는 관목숲과 나무들, 목초에 주목하지만 나뭇잎과 풀잎 하나하나에 주목하지는 않으며, 모래밭은 보지만 모래알을 하나하나 들여다보진 않는다. 사람과 일정한 크기 이하의 동물의 정서적인 유대는 유지되기 어렵다. 어항 속의 금붕어나 아이들이 데리고 놀 만한 작은 거북 정도가 하한선일 것이다. 박테리아와 벌레라면 평범한 사람의 지각 범위를 넘어서며, 동정을 느끼는 사람의 능력을 초월하는 셈이다. 척도의 다른 쪽 끝으로 가면 우리는 별을 볼 수 있지만, 그건 적당한 높이의 천장에 점점이 박힌 빛을 발하는 물체일 뿐이다. 우리의 정신은 천문학 차원의 대상을 추상적인 실체로 계산할 수 있다. 하지만 수백만 마일은 고사하고 1000마일의 거리도 상상할 수 없다. 미국의 동서를 아무리 자주 횡단했다 하더라도 소축적 지도에 나타난 형태를 볼 수 있을 따름이고 '마음의 눈'으로 미국을 보기란 불가능하다.

분할

3차원 시야와 솜씨 좋은 양손 덕분에 인간은 환경을 단지 무늬로 감지하지 않고 초점을 맞추지 않은 배경을 둔 대상들의 집합으로 지각할 수 있게 됐다. 자연의 일부는 과일, 나무, 관목숲, 동물, 인간, 암석, 산봉우리, 별처럼 개별 대상으로 이루어졌고, 또 일부는 공기, 빛, 온도, 공간처럼 감싸주고 배경을 이루는 연속체로 이루어졌다. 인간은 자연의 연속체를 분할하는 경향이 있다. 예를 들어 사람 눈에 보이는 빛의 연속체는 보라, 파랑, 초록, 노랑, 주황, 빨강의 색채 띠로 나뉘어 지각된다. 중위도 지역의 기온은 한 해 내내 끊임없이 변하지만 사람들은 보통 계절을 네댓 개로 나누며, 한 계절에서 다른 계절로 바뀌는 시기에 축제를 연다. 한 점에서 방향은 무한대로 뻗어나가지만, 수많은 문화권에서는 넷이나 다섯, 혹은 여섯 개의 방향에 특별한 의미를 부여한다. 지구 표면은 어느 정도 분명히 구분돼 있다. 예를 들어 육지와 물, 산과 평야, 숲과 사바나가 서로 나뉘어 있지만, 이런 구분선이 없는 곳에서조차 사람들은 성과 속, 중심과 변경, 사유지와 공유지를 나누며 공간을 자기 집단 중심으로 분할하는 특징이 있다. 또 세계 각지에서 사람들은 공간을 구분하려고 기본 방위를 활용했다. 중국에서는 호수나 강의 남쪽이나 북쪽, 산의 동쪽이나 서쪽이라는 뜻으로 지명을 짓는다. 영국에서는 노포크와 서포크, 웨식스와 에식스라는 지명을 찾아볼 수 있다. 혹은 독일 남부의 프랑코니아를 하부 단위로 나누듯이 지역을 상중하로 구분할 수도 있다. 공간을 나누는 과학적인 절차는 비슷한 편이다. 지리학자에게 지역은 다양하고 복잡하겠지만, 다습함과 건조함, 페도칼(건조성 석회 토양—옮긴이)과 페달퍼(습윤성 철 알루미나 토양—옮긴이)처럼 단순히 둘로 나눈 경우가 많다. 쾨펜의 기후 분류는 '열대'와 '한대'라는 양극이 있는 온도 연속체에서 잘라낸 다섯 가지 기본 단위에서 비롯되었다.

이항 대립

사람의 정신은 현상을 분할할 뿐 아니라 대립하는 한 쌍으로 배치하고 싶어 하는 듯하다. 우리는 색채 연속체를 쪼개 낱낱의 띠들로 나누고 '빨강'을 '초록'의 대립색으로 본다. 빨강은 위험 신호를 알리고 초록은 안전을 상징한다. 전언을 즉시 해독하도록 신호등에도 이 색채를 이용한다.[2] 문화권이 다르면 색채와 연관된 정서가 다소 달라질 수 있어도 일반적인 핵심은 유효하다. 즉 인간 정신이 자연의 연속체에서 지각해낸 분할들 가운데 한 쌍을 골라내 각 짝패에 대립 의미를 부여하는 것이다. 이런 경향은—인간의 정신 구조를 반영할지 몰라도—양극적 이율배반의 정서적인 힘이 총체적 인간 경험의 모든 층위에 관련돼 있음을 시사한다. 누구나 경험을 통해 근본적인 상반성을 숙고할 수 있으며 삶과 죽음, 남과 여, '우리'(혹은 '나')와 '그들'은 가장 중요하다. 다음 표에서 보듯, 이러한 경험의 대립성은 이윽고 우리를 에워싸는 물질적 실재로 바뀐다.

기본적인 양극성

생물학적 · 사회적	지리학적	우주적
삶-죽음	땅-물	하늘-땅
남-여	산-계곡	높음-낮음
우리-그들	북-남	빛-어둠
	중심-주변	

모순의 해소

대립은 제3의 용어로 매개되곤 한다. 그래서 신호등의 빨강과 초록이 지닌 양극성 의미에 하나를 더하기 위해 우리는 '멈춤'도 '가다'도 아닌 '주의'를 의미하는 노랑을 선택한다. 이 경우에 노랑은 색채 연속체에서 선택한 색일 뿐 아니라 빨강과 초록을 매개하는 파장의 띠다. 우주 도식에서 땅은 상층과 하층 세계의 힘을 매개한다. 중심이라는 관념은 방위의 양극성을 서로 화해시킨다.

신화와, 상징적 힘을 나타낸 기하학 형상은 사람이 살아가면서 마주치는 모순들을 해소하려는 노력으로 볼 수도 있다. 사람의 경험 중에서 가장 근본적이고 고통스러운 한 쌍의 이율배반은 삶과 죽음이다. 신화는 이런 딜레마를 해소하려는 시도에서 발생한다. 예를 들어 신화에서 한 사람이 죽었지만 살아 있는 상태나, 죽었지만 삶으로 돌아오게 될 상태를 떠올릴 수 있다.[3] 죽음을 이해하고 받아들이려는 무수한 노력의 결정체가 세계 각지의 신화와 전설, 설화인 것이다. 어느 유형의 신화는 죽음을 유사 맬서스의 틀로 바라본다. 자원은 한정돼 있는데 사람의 재생산 가능성은 엄청난 세계에서 인류는 질서나 균형의 중요성을 일찍이 인지했다. 신화적인 사고는, 도저히 피할 수 없기에 두렵기만 한 죽음을 변형하여 너무 무거운 짐을 진 땅에 안식을 선사하는 자비의 대리인(천사)을 만들어냈다.[4]

인생의 모순은 서사를 통하면 대체로 해소된다. 기하학 형상 역시 대립을 해소하는 임무를 수행할 것이다. 이 가운데 가장 중요한 형상은 원 혹은 만다라다.[5] 원, 즉 온전함과 조화의 상징은 고대 동양 문명의 예술품과 고대 그리스의 사유, 기독교 예술, 중세 연금술 그리고 문맹인들의 치유 의식에서 반복되는 모티프다. 융 학파의 분석심리학자들은 원이 대립을 화해시키는 원형 이미지로 인류 공통의 상징이라고 본다. 만다라는 나타나는 맥락뿐만 아니라 형태도 대단히 다양하다. 연꽃잎이나 태양에서 뻗어나가는 햇빛, 나바호 인디언의 치유하는 원, 대성당의 장미창, 기독교 성자의 후광이라는 형태 등을 취할 수 있다. 완전함의 상징으로서 원은 서구 세계에서 우주를 개념화하는 데 강력한 영향을 미쳤다. 행성은 천상의 영역에서 조화라는 역할을 수행해야 하므로 원을 그리며 움직여야 한다. 행성의 타원형 경로는 마지못해 인정되었고, 지표면의 울퉁불퉁한 성질 역시 설명해서 풀어내야 하는 결점으로 여겨졌다. 건축 분야에서 만다라 무늬는 전통적이고 이상적인 도시의 도안뿐 아니라 인도와 중국의 특정 사원의 배치에서도 나타난다. 최초로 도회지의 면모를 보인 중심지에서는 경제와 상업의 성장에 발맞추고 우주를 본뜬 성스러운 공간의 확립에 대한 요청에 부응하여 '도시'가 성장했다. 이 도시들은 기본 방위나 매개 지점들, 혹은 일출의 위치로 정향하는 정연한 기하학적 외양을 보이는 경향이 있다. 융 학파라면 종교 건물이든 세속 건물이든 만다라(혹은 등축적인 것)를 평면도로 삼은 모든 건축물은 사람의 무의식에서 비롯된 원형 이미지를 외부 세계로 투사한 사례라고 말할 것이다. 도시나 사원, 심지어 주거지도 심리적 온전함의 상징이자, 거기에 들어가거나 살고 있는 인간에게 유익한 영향을 행사할 수 있는 소우주를 상징할 것이다.

실체와 우주 도식

자연의 내용물은 엄청나게 다양하다. 문화가 다른 인간 집단들은 다양성 속에서 길을 잃지 않기 위해 자신들만의 체계적인 명명법을 마련해두었다. 또 한편 사람들은 눈에 보이는 다양성의 기초가 되는 두세 가지 기본 실체나 요소를 인식했다. 바로 흙과 물, 나무와 공기, 금속과 불이다. 실체나 요소 하나하나는 변별성을 띤다. 예를 들면 흙은 세속성, 금속은 단단함과 차가움을 상징한다. 각 요소는 하나의 과정이거나 행위 원칙의 체현이다. 그래서 축축함과 아래쪽으로 이동한다는 관념은 물과 연관되며, 변화, 열, 위쪽으로 이동한다는 관념은 불과 연관된다. 세련된 과학 지식을 습득한 현대인도 겉치레를 살짝 들추면 이러한 요소에 따른 범주로 자연을 파악하는 경향이 있음을 알 수 있다. 더욱이 현대인은 그런 요소를 마치 사람인 양 표현한다. 가령 나무는 따스하고 친근하며 금속은 차갑다.

자연과 사람의 세계를 일관된 체계로 엮으려는 욕망은 어디서나 볼 수 있다. 세계 어디든 방위나 색채, 동물, 제도, 그리고 개인의 특징과 동일시되는 실체나 요소는 하나같이 네 개에서 여섯 개다. 일부 우주적 도식은 정교한 반면 나머지는 상대적으로 단순하다. 우리가 익히 아는 문화권에서는 연관들이 자연스럽거나 적절해 보인다. 생경한 문화에서는 연관들이 순전히 자의적으로 보인다. 우주 도식의 전체를 파악하지 못하는 원주민들도 자신들이 알고 있는 부분들은 의미 깊고 사리에 맞다고 여긴다. 사람들은 저마다 당혹스러울 정도로 풍부한 현상에 직면해 의미 있는 연관성을 확립하고 질서를 부여할 필요성을 느낀다. 그리하여 이러한 연관성의 망이 처음으로 직조되기 시작한다. 아래에 우주적 대응 체계 네 가지를 소개한다.

1. 중국

목(木)	봄	동	소양	녹	분노
화(火)	여름	남	태양	적	기쁨
토(土)	—	중심	균형	황	욕망
금(金)	가을	서	소음	백	슬픔

수(水)	겨울	북	태음	흑	두려움

2. 인도네시아

불		북	흑	불굴
흙		중심	다색 혹은 회색	
알코올(황금)		서	황	사치
산		남	적	탐욕
물, 바람		동	백	이해

3. 케레스 푸에블로 족 인디언(미국 남서부)

북	노랑	샤카크(겨울과 눈의 신)	푸마
동	하양	쉬루위지그야마(새 형상의 신)	늑대
남	빨강	마이요치나(뒤쥐 형상의 신으로, 곡물과 과일을 여물게 한다)	스라소니
서	파랑	쉬루위티라(사람 형상의 신)	곰
천정	갈색	—— (여우 형상의 신)	오소리
천저	검정	—— (두더지 형상의 신) (중간계)	

4. 오글라라 수 족(대평원)

북	하양	거세게 불어서 씻어주는 흰 바람
서	검정	비를 부르는 천둥
세계의 중심		
남	노랑	여름, 성장
동	빨강	빛, 새벽별, 지혜

위의 우주 도식들의 공통점은 무엇인가? 우선 색채 스펙트럼, 계절의 순환 같은 자연적 연속체와 한 지점에서 출발하는 벡터처럼, 자의적인 몇 가지 범주로 세분했다는 점이다. 둘째로 네 가지 도식 모두 방향과 색채를 관련짓는다. 셋째, 행동의 원칙 혹은 행위의 특질들이 담겨 있거나 명시적으로 언급된다. 중국은 도식을 분노·기쁨에, 인도네시아는 불굴·탐욕·이해에, 푸에블로 족 인디언은 동물신과 동물들에, 수족은 '씻어주는 바람', '비를 부르는 천둥'처럼 자연의 움직임에 관련지었다는 점이다. 넷째, '중심'이라는 개념이 네 가지 세계관에 모두 존재한다. 이런 요소들이 방위와 중심을 둘러싸고 구성되었다면 우리는 표가 무엇을 가리키는지 알게 될 것이다. 즉 이러한 세계관의 '닫힌' 혹은 순환적 본성이다. 우주의 변화무쌍한 요소들은 중심에 의해 매개된다.[6]

조화로운 전체, 이항 대립, 우주 도식

실체, 방향, 색채 등의 우주 도식과 양극성 대립이라는 더 단순한 범주는 (또 원초적인 '물질'이나 힘의 개념과는) 어떤 관계일까? 이항 대립에 근거한 단순한 범주와 도식을 매개하는 제3항이 들어가면서 복잡해지는 진화적 과정 그리고 분할된 자연을 구성해가려는 노력에는 원초적 합일과 조화라는 이념이 있다고 보기 십상이다. 세계를 구성해가는 일정한 단계에서는 이러한 정교화 과정이 나타날 법도 하다. 반면, 더 단순한 범주들은 초기 구조의 미성숙함을 설명하려는 이후의 철학적 시도라는 말도 일리가 있다. 중국에서는 음양이 전체를 상호 보완하는 원칙이라는 관념이 앞서 언급한 5대 요소와 대응 체계라는 관념보다 앞서 나타난 듯하다. 고대 이집트와 바빌로니아, 그리스에서는 세계의 실체가 본질적으로 하나, 즉 물이라고 여겼다. 최초의 물에서 땅이 솟아났다. 본원적 물질은 둘로 나뉘었다가, '하늘의 아버지'와 '대지의 어머니'의 결합으로 흔히 나타나듯이 부분의 합일을 통해 생명이 탄생했다. 흙, 불, 공기, 물이라는 그리스의 4원소 관념은 기원전 5세기에 나타났고 이는 중국에서 5원소 관념이 부상하던 시기와 엇비슷하다.

사회와 자연을 이원적 질서와 5층 배열, 두 가지로 표현한 곳이 인도네시아다. 반 데어 크뢰프는 이 둘의 관계를 보여주려 했다.[7] 우선, 잠재적으로 인도네시아 군도의 전 영역을 대상으로 삼아, 문화의 다양성에도 불구하고 지속적인 구조적 모티프는 하나임에 주목한다. 이는 사회 집단의 기능적 반정립이다. 이런 반정립은 사회체제를 초월해 예술, 종교, 자연에까지 이른다. 예를 들어 암본 지역(몰루카 제도 남부)의 어느 마을은 두 부분으로 나뉘어 있다. 이것은 마을 사람들의 삶과 연관된 모든 대상과 사건을 포함하는 우주적 범주이다. 두 분야와 연관되는 모든 대상과 성격의 목록을 작성할 수 있을 정도다.

왼쪽	오른쪽
여성	남성
해안 혹은 바닷가	육지 혹은 산악 지역
아래	위
땅	천국 혹은 하늘
영계(靈溪)	속계(俗界)
하향	상향
껍질	구멍
외부	내부

뒤쪽	앞쪽
서쪽	동쪽
동생	형
신	구

　인도네시아의 이원론에서 언급해야 하는 것은 세 가지다. 첫째, 원주민들이 이를 깨닫지 못할 수도 있다는 사실이다. 예를 들어 암본 지역 원주민은 세계가 둘이 아닌 세 부분으로 나뉘어 있다고 보는 듯하다. 원주민의 관념으로 짝을 이루는 대립에는 둘 사이를 매개하는 제3항이 언제나 동반되기 때문이다. 둘째, 이원성의 양측이 상호 보완하는 것처럼 보여도 둘은 결코 동등하지 않다. 그래서 사회를 흔히 '성'(지도자)과 '속'(추종자)으로 나누는 것이다. 셋째는 전설과 제의에 깃들어 있는 생각, 즉 이원성이 다원성의 조짐이라는 것이다. 자바와 수마트라 섬 주민들은 가령 결혼이란 모든 일이 비롯된 '천상'('왕'으로서의 신랑)과 '지상'('여왕'으로서의 신부)의 고대적이고 신비로운 결혼을 재상연하는 것이라고 믿었다.

　사회와 자연의 질서가 조화로운 전체 또는 양극성, 3자 체제, 그리고 5겹 질서를 이룬다는 개념들의 관계는 자바인과 발리인의 세계관을 표현한 다음 그림에서 시사된다.

　자바인과 발리인의 세계관은 아주 비슷하다. 그중 단순한 발리인의 도식을 검토해보자. 산을 지상계와, 바다를 지하계와 동일시하니 분명 이원론이다. 양극 대립은 이렇다. 산에서 생명을 상징하는 생수가 나오는 반면 바다는 재난과 질병, 죽음의 방향이다. 두 극단을 매개할 뿐 아니라 양쪽의 영향을 받는 장소가 '마디아파'로서 사람이 사는 중간계다. 세로축 위의 산과 아래의 바다라는 이율배반적인 한 쌍은 가로축 범위에

자바인

지상계

조화시키는
'중심'과 인간계

지하계

발리인

산: 지상계—물, 생명의 상징
마디아파: 인간의 중간계
바다: 지하계—재난, 질병, 죽음
산과 바다의 대결, 이는 대립되는 두 방향의 대결로 해석된다.

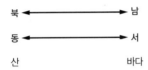

산

바다

중부 발리

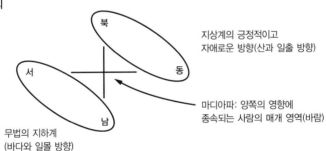

지상계의 긍정적이고
자애로운 방향(산과 일출 방향)

마디아파: 양쪽의 영향에
종속되는 사람의 매개 영역(바람)

무법의 지하계
(바다와 일몰 방향)

북부 발리

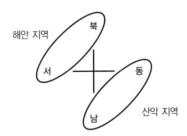

해안 지역

산악 지역

서는 대립하는 남과 북, 동과 서에 해당된다. 중부 발리에서 북쪽과 동쪽 (산과 일출 방향)은 지상계의 긍정적이고 자애로운 영향을 상징한다. 서쪽 과 남쪽(바다와 일몰 방향)은 지하계의 무법(無法)한 결과를 의미한다. 중심 은 '마디아파'로서, 양 근원에서 비롯되는 '바람'에 부대끼는 사람의 영 역이다. 그러므로 발리에서는 산과 바다의 이원성이 사람이 사는 중간 영역을 통해 매개되면서 3부 체제가 완성된다. 게다가 수평면으로 본다 면 3부 체제는 네 방위와 중심으로 이루어진 5겹 도식이 된다. 자바와 발 리 양측의 사회와 자연은 5겹 도식으로 구성되고 계층을 형성하는 경향 을 보인다.

상징과 우주 도식

상징은 전체를 연상시키는 힘을 지닌 한 부분이다. 예를 들어 십자가에 서는 기독교가, 왕관에서는 왕권이, 원에서는 조화와 완벽함이 상기된 다. 어떤 대상이 의미의 그림자를 드리울 때, 유추나 은유를 통해 관련된 연속적인 현상을 환기시킬 때 이는 하나의 상징으로 받아들여진다. 실 체, 색채, 방향, 동물, 사람의 특질로 세계를 구성하는 관행은 상징적인 세계관을 촉진시킨다. 우주 도식에서 어떤 실체는 직접 특정 색채를 시사하고 더 나아가 방향이며 방위를 상징하는 동물, 어쩌면 사람의 개 성이나 분위기까지 시사할 것이다. 그렇게 두터운 상징 세계에서 대상 과 사건은 이방인에게는 자의적이라고 여겨질 법한 의미를 획득한다. 원주민에게 이 연관과 유추는 사물의 본성에 속해서 합리적인 정당화가 필요치 않다. 가령 중국인에게 목(木), 춘(春), 동(東), 녹(綠)은 서로 서로 연관되어 있다. 상징의 의미는 대부분 문화에서 우러나온다. 이를테면 인간은 제한된 몇 가지 범주, 흔히 실체·색채·방향 등을 포함하는 몇 가지 범주로 자기 세계를 구축하지만, 이들 구성요소의 세부 질서는 문화에 따라 판이하게 다르다고 할 수 있겠다.

하지만 어떤 실체에는 널리 통용되는 의미가 부착된다. 불과 물이 그렇다. 중국인의 도식에서 불은 '양'이자 남성, 상향, 기쁨, 남근이며, 물은 '음'이자 여성, 수동성이다. 이런 해석은 전혀 독특할 게 없다. 이는 프로이트와 융의 저작을 통해 현대 구비 전설의 일부가 되었다. 프로이트와 융의 통찰은 부분적으로 원시 민담과 고대 문학을 분석하면서 비롯되었다. 정신분석학에서 불은 분투하는 의식의 기표들이다.[8] 물은 무의식의 이미지이다. 물은 형태가 없지만 비옥하게 만드는 잠재적 힘의 원천이다. 물은 여성성을 상징한다. 물에 잠기는 것은 불과 의식의 소멸을 뜻한다. 죽는다는 뜻이다. 중국인의 체계에서 물과 관련된 정서가 두려움인 까닭을 이런 식으로 설명해볼 수도 있겠다. 여성적 원리로서 물은 지혜와 재생의 기표이기도 하다. 분투하는 의식적 자아는 되살아나 온전해지려면 두렵더라도 침례와 죽음을 수용해야 한다. 이런 해석은 유라시아 대륙의 차원 높은 문명과는 거리가 먼 콩고 피그미의 의식으로도 뒷받침된다. 열대우림에 사는 피그미는 숲, 불, 흙, 물, 공기의 다섯 가지 요소를 인식한다. 숲이 지배적인 요소인데 이는 자연스럽다. 놀라운 것은 불이 피그미의 경제적이고 의례적인 생활에서 중요한 역할을 담당하는데, 정작 그들은 불 지피는 법을 모른다는 점이다! 그들은 항상 불을 가지고 다닌다. '몰리모'(장례식의 명칭이자 제의에 쓰이는 피리의 명칭이다—옮긴이)라는 애도 기간에 여성들은 귀중한 불꽃을 밟아 끄려 하는 반면 남성은 거칠고 관능적인 춤으로 불씨를 되살리려 애쓴다.[9]

색채심리학과 상징

사람의 색채 민감성은 생애 초기에 나타난다. 심지어 생후 석 달 된 갓난아기도 색채를 분간할 수 있는 듯하다. 색채는 인간 정서에서 중요한 역할을 하므로 이로써 최초의 상징을 형성해낼 수도 있을 것이다. 하지만 색채 연속체에서 하나의 색채 띠를 특정 정서와 관련지어 일반화하려 들면 혼란스러워진다. 보편적인 규칙이란 특이하지 않으면 결국 문화의 구속을 받기 때문이다. 폭넓게 적용되는 것처럼 보이는 일반화를 하나 들어보자면 '팽창'과 '수축'의 구분이다. 빨강, 주황, 노랑은 팽창색으로 분류되는데 다른 색조에 비해 관찰자에게 더 가깝게 여겨지기 때문이다. 빨강, 혹은 적황색은 특히 '뻗어나간다'. 신경계를 자극해서 온기를 연상시키는 것이다. 붉은색은 대상을 실제보다 무거워 보이게 한다. 초록, 파랑, 청록은 수축색으로 알려졌다. 서늘함을 연상시키는 것이다.[10] 파랑은 빨강에 대립한다. 청색으로 칠한 대상은 흔히 원래 무게보다 가볍게 느껴진다. 우리의 무게 감각에 영향을 주는 색채들은 상하 감각에도 마찬가지 작용을 한다. 엘리베이터에서도 적색 화살표는 어김없이 하강을, 청색은 상승을 지시한다.

원색은 강한 정서를 가리킨다. 어린아이가 혼합색이나 탁색에 관심을 보이지 않는 이유는 이런 색이 아이들이 경험하지 못한 애매함을 나타내기 때문일 것이다. 유채색 가운데 붉은색은 가장 지배적이며 그 의미는 다양한 문화권에서 가장 널리 공유된다. 적색은 피, 생명, 활기를 뜻한다. 신석기시대 이후로 적황갈색(red ocher)은 매장 시에 쓰였다. 그리스, 에트루리아, 로마의 석관 내부에는 붉은색 도료의 흔적이 남아 있고 붉은색 수의가 매장되어 전해진다. 오늘날에는 이런 관습은 교황의 장례에서나 통용된다. 중국에서 붉은색은 삶과 기쁨을 상징하므로 결혼식에서 쓰인다. 반면 붉은 하늘은 재앙과 전쟁을 뜻한다. 여기에 모순은 없다. 빨강은 활력과 행동도 상징하는데, 결국 죽을지도 모르지만 어쨌거나 삶을 목적으로 하는 행위이기 때문이다. 붉은 깃발은 혁명적 열렬함의 깃발이다.

어떤 민족이든 '흑'과 '백' 혹은 '어둠'과 '빛'을 구분한다. 어디서건 이 색채들은 상징적으로 강력한 반향을 일으키는데, 유채색 가운데는 빨강 정도만이 이런 색채의 중요성에 비길 만하다. 검은색과 흰색은 긍정적인 의미와 부정적인 의미를 동시에 지니는데 그 내용은 다음과 같다.

흑: (긍정적) 지혜, 잠재성, 배태성(胚胎性), 모성, 어머니 대지.
　　(부정적) 악, 저주, 모독, 죽음.
백: (긍정적) 빛, 순결, 영성, 영원성, 신성.
　　(부정적) 애도, 죽음.

그럼에도 불구하고 흰색은 주로 긍정적인 것을 검은색은 주로 부정적인 것을 연상케 한다. 두 색채는 대립하지만 상호 보완하는 우주의 원칙을 상징한다. 유사한 짝패로 빛과 어둠, 생성과 소멸, 삶과 죽음을 들 수 있다. 이런 이율배반은 동일한 것을 달리 말하는 방식이다. 하나의 총체적 실재를 구성하는 한 쌍인 것이다. 공간에서 하나는 다른 하나에 합쳐지고, 시간이 가면 하나가 다른 하나에서 펼쳐져 나온다. 의식, 신화, 철학적 종합에서는 흑백의 상호 보완성이 강조된다. 하지만 고립되면 이들 낱말은 화해할 수 없는 가치를 재현한 것으로 보인다. 서구 전통에서 검은색은 저주, 악, 모독, 죽음이라는 온갖 부정적인 가치를 상징하는 반면 흰색은 기쁨, 순수, 선함을 의미한다. 비서구 문화의 여러 나라에서도 비슷하게 해석된다. 예를 들어 서아프리카의 흑인 부족인 밤바라 족에게 흰색은 지혜와 영혼의 순수를 대변하는 제왕적 색채다. 반면에 어두운 남색은 슬픔과 불순함을 의미한다. 나이지리아의 누페 족에게 검은색은 마법, 악, 소름 끼치는 전망에 해당한다. 마다가스카르 사람들 사이에 '검다'는 단어는 열등감, 악, 의심, 불쾌함과 연관되고 '희다'는 빛, 희망, 기쁨, 순수와 연관된다. 사례는 얼마든지 들 수 있다. 검은색에 부정적 반응이 나타나는 이유는 아이가 밤을 두려워하기 때문일 것이다. 밤은 친숙한 것들이 사라지면서 공상이 난무하도록 부추기는 고립과 어지러운 꿈, 악몽의 시간이기 때문이다. 더불어 눈이 멀게 될까 두려워하는 심리도 한몫한다.[11]

그래서 백색, 흑색, 적색은 보편적인 의미를 지닌 색채들로 보인다. 빅터 터너에 따르면 이런 색채들은 인류 최초의 상징들에 속한다. 정서의 고양과 관련된 방출, 흘림, 생산이라는 인간 육체의 산물을 대변하기에 사람에게 중요하다는 것이다. 그래서 상징, 즉 유기체를 초월한 문화 생산물은 인생 초기의 유기적인 신체 경험과 밀접하게 연결된다.[12] 백색, 흑색, 적색과 연관되는 생리학적 사건은 일정한 사회적 관계를 경험하는 것이기도 하다.

백 = 정액(남성과 여성의 결합).

= 우유(어머니와 아이의 결합).

적 = 피의 분출(전쟁, 원한, 사회적 단절).

= 육식 재료 구하기와 마련하기(생산에서 남성 역할, 노동의 남녀 배분).

= 세대를 이어가는 핏줄(공동 집단의 일원이라는 표시).

흑 = 배설물(신체 용해물, 한 상태에서 다른 상태로의 변화—죽음의 신비).

= 비구름, 비옥한 토지(생존에 유용한 것의 공유).

거의 대부분의 언어에는 흑과 백에 해당하는 특별한 단어가 있다. 유채색에서 적색은 특수한 지위를 차지한다. 어떤 언어든 대개 빨강에 해당하는 용어는 가장 오래된 색채어에 속하며 대체로 토착어이다. 노랑은 여러 측면에서 빨강의 전례를 따른다. 빨강처럼, 노랑에 해당하는 특수어는 오래전에 계발된 색채 어휘에 속한다. 다음으로 초록과 파랑이 나온다. 피를 즉각 연상시키는 빨강과는 달리 노랑이나 초록, 파랑은 자연에 편재하는 현상으로 두드러지는 색채가 아니다. 중국에서는 황색이 지배적인데 노랑은 땅의 색이자 중심의 색으로 지각되기 때문이다. 하지만 이런 속성이 폭넓게 나타나지는 않는다. 초록에 비견할 만한 뚜렷한 대상은 식물에 있으며 대다수 언어에서 초록을 가리키는 용어는 식물 및 성장과 연관이 있다. 영어에서 '초록'(green)과 '성장'(growth), '풀'(grass)은 게르만어 어근 '그로'(grō)에서 비롯되는데 '자라다'는 의미일 것이다. 파랑이라는 색채를 하늘과 연관 지으면 자연스러워 보이지만 사실 하늘의 영향은 그리 대단하지 않다.[13] 세계 공통이라 해도 좋을 정도로 파랑은 원색 중에 마지막에야 특수어로 지칭된 색채다. 수많은 언어권에는 파랑을 가리키는 단어가 아예 없다. 브렌트 베를린과 폴 키는 기본 색채 용어가 단계를 거치며 진화한다고 믿는다. 우선 검은색에 어두운 대다수의 색조가 잇따르고 흰색에 이어 밝은 색조가 등장한다. 다음에 빨강, 주황, 노랑이 이어지고 이후 초록과 파랑이, 이어서 갈색이 나온다는 것이다.[14]

공간심리학과 상징

공간 조직에서 '중심'과 '주변'이라는 관념은 보편적으로 찾아볼 수 있다. 사람들은 지상의 공간이든 우주공간이든 어디서나 자신을 중심에

놓고 파장처럼 멀리 퍼져나갈수록 가치가 줄어드는 동심원 지대(대체로 경계가 뚜렷한)를 구성하는 경향이 있다. 이 주제는 다음 장에서 다룰 것이다. 개별 문화를 초월하는 공간의 가치는 사람의 생김새에 어느 정도 근거하는 듯하다. 예를 들어 사람 몸에는 등(뒤)과 얼굴(앞)이 있다. 이 비대칭의 함의는 무엇일까? '코 끝을 따라가라'(Follow your nose)는 길 잃은 사람에게 제시할 명쾌한 방향이다. 앞(얼굴)으로 가기는 쉽다. (등) 돌리기는 그렇지 않다. 더욱이 '등 돌리기'는 심리적으로 불쾌하다. 실수와 패배를 시사하기 때문이다. '얼굴'과 '등'의 사회적인 가치는 동등하지 않다. 어떤 문화에서는 다른 사람에게 등을 돌리는 것이 온당치 않은 행위며, 특히 상대의 지위가 우월하면 더욱 그렇다. 흔히 사람들의 모임은 위계질서를 따라 조직된다. 중요한 인사는 마주보는 자리가 주어지는 반면 무명인은 돌려놓곤 한다. 육체적, 심리적 비대칭은 공간에도 투사되어, 앞과 뒤는 나름의 가치와 의미를 획득한다. 이런 비대칭적 공간 할당은 규모가 달라도 일어난다. 대부분 방에는 앞문이 있고 가구는 앞문에 맞추어 배치된다. 공공건물과 개인 주택, 특히 상류층과 중류층 가정집에서는 앞과 뒤라는 영역을 분명히 나누어놓았다. 옛 도시는 대부분 앞에 관문이 있었다. 단 왕족 전용 통로는 하나뿐이었고 거기에는 장엄한 관문이 세워졌다.[15]

'열림'과 '닫힘'은 많은 이들에게 의미 깊은 공간 범주다. 광장공포증(아고라포비아)과 폐소공포증(클로스트로포비아)은 병적인 상태를 가리키지만, 열린 공간과 닫힌 공간은 토포필리아의 느낌을 자극할 수 있다. 열린 공간은 자유와 모험, 빛, 공적인 영역, 정돈되고 변치 않는 아름다움을 뜻한다. 닫힌 공간은 자궁, 은거, 어둠, 생물학적 삶이라는 아늑하고 무사한 것을 뜻한다. 이런 느낌들을, 계통발생적이고 개체발생적으로 고찰하여 신뢰할 만한 사람의 경험과 연관 지어 숙고하면 편리하다. 한 종으로서 사람의 영장류 조상들은 열대우림이라는 자궁 같은 안식처에서 이주해 나와 사바나라는 개방되고 예측할 수 없는 환경으로 옮겨갔다. 한 사람에게 탄생은, 보호해주던 어두운 자궁에서 처음에는 적응조차 어려워 보이는 밝은 세계로 옮겨가는 것이다. 문화적 진화라는 시간 척도에서는, 도시화가 개시되고 이에 수반한 초월성의 관념이 전개되었다. 그리하여 한정된 공간에서 생명을 보육하던 신석기적 공동체라는 껍데기는 깨지고 말았다. 도시의 호소력은 대개 아늑함과 웅대함, 어둠과 빛, 친밀함과 공공성의 병존에 있다. '메가라'(그리스 남부의 도시—옮긴이)와 '아트리움'(고대 로마 건축물의 중앙홀—옮긴이)은 둘 다 어둠을 포함한다. 개인의 집은 부서지기 쉬운 일상, 그 생리적인 과정을 보호하는 반면, 개방된 '아고라'와 '포룸'에서 사람은 자유인으로서 잠재력을 꽃피운다. 유럽의 옛 도시들은 혼잡한 주거 구역(어두컴컴한 생명의 번식지)과 넉넉한 공공 광장이 나란히 있어 매력적이다. 어떤 자연 경관은 유달리 호소력을 발휘한다. 폴 셰퍼드는 이를 사람의 해부학과 관련짓는다. 풍경의 매력은 흔히 좁은 길(식도—옮긴이)과 협곡(위주머니—옮긴이), 수극(횡단 계곡의 일종. 여기서는 인체의 방광—옮긴이), 햇살이 환하게 쏟아지고 평지까지 훤히 트인 계곡(항문과 비뇨기—옮긴이)에서 비롯된다. 성배 전설과 탄호이저 서사시에서 경관이라는 주제는 틈이 벌어진 암석 혹은 도원경에 나오는 산에서 발원하는 강으로 나타난다. 애드가 앨런 포의 시 〈아넴의 영토〉에서 화자는 머리 위로 나뭇잎이 무성한 퇴적 분지를 통과해 실로 아름답고 넓은 웅덩이로 흘러가는 계류를 묘사한다. 셰퍼드는 미국인을 매혹시키는 원초적인 풍경 중에 뉴잉글랜드와 애팔래치아의 수극과 골짜기가 있다는 사실에 주목한다. 서부의 변경에서도 협곡이며 깊은 골짜기가 여행객들의 마음을 빼앗았으며, 심지어 여행길이 고역이기 십상이던 19세기에도 그랬다. 예컨대 와이오밍 주 남동부의 데블스 게이트는 오리건 주 산길에 있다. 수월한 우회로가 있었기 때문에 마차들은 굳이 그곳을 통과하지 않아도 되었다. 그래도 수많은 여행자들은 일부러 그라나이트 레인지를 통과하면서 계곡을 탐사하며 외경심을 느꼈다.[16]

널리 공유되는 정서를 자극할 만한 다른 공간 특성들은 무엇인가? 수직 차원 대 수평 차원이 그러한가? 우리는 두 가지 차원을 상징적으로 이해한다. 즉 초월성과 내재성, 혹은 구체성에서 벗어난 의식(하늘을 향하는 영혼성)이라는 관념과 대지에 속박된 신분 증명이라는 관념의 대립으로 말이다. 경관에서 수직적 요소들은 분투와 중력에 대한 도전을 불러일으키는 반면 수평적 요소는 수용과 휴식을 환기시킨다. 건축 공간은 일정한 정서를 환기시킬 수 있다. 모스 페컴에 따르면 우리는 닫힌 입방체와 약한 가소성(shallow plasticity)에서 고정과 거주의 느낌을, 열린 방형(方形) 지붕과 강한 가소성(deep plasticity)에서 가변성과 확장의 느낌을 받는다. 또 심층축(deep axis)은 힘의 방출을, 표층축(shallow axis)은 힘의 보존을 연관 짓는다.[17] 특정한 물질 형태와 사람의 느낌에 운동감각이 관련돼 있다는 사실은 우리가 묘사할 때 사용하는 동사에서 드러난다. 예를 들어 산봉우리와 인공 첨탑은 '솟구치고', 건축물의 원개(圓蓋)뿐 아니라 바다의 파도도 '부풀어오르며', 홍예(虹蜺)는 '솟아 있고' 풍경은 '펼쳐진다'. 또 그리스 사원은 '고요하며' 바로크식 파사드는 '활동적'이다.[18] 더욱이 건축 형태는 크기에 대한 우리의 인상, 즉 자연 지형에서 찾아보기 어려울 정도로 공간이 확장하고 수축하는 방식에 대한 우리의 인상에 영향을 주는 듯하다. 수전 K. 랭어가 썼듯이 "언덕이나 해안선으로 인해 제한받지 않는 개방된 야외 공간은 대저택보다 몇 배나 크지만, 광대하다는 감각은 어떤 건물에 들어가는 순간 사람을 엄습하는 경향이 있다. 그러므로 그것은 순수 형태의 효과임이 분명하다".[19] 로마의 성 베드로 성당 내부처럼 완벽하리만치 단호한 비율의 건축 공간은 거대한 크기를 축소하는 효과를 낳지만, 바로크 양식의 내부 공간은 이런 비율이 적용되지 않아 팽창하는 느낌을 준다.[20]

자민족중심주의, 대칭, 공간

04

개인이든 집단이든 인간은 '자기'를 중심에 두고 세계를 지각하는 경향이 있다. 자아중심주의와 자민족중심주의는 사람 혹은 사회 집단마다 폭넓게 나타나는데 이는 보편적인 인간성인 듯하다. 개인에겐 의식이 있어서 자아중심적인 세계 구성은 피할 수 없다. 더군다나 자의식으로 인해 사람은 자기 자신을 바라볼 수 있어 개인에게 그런 관점이 내재해 있다는 사실을 부정하지도 않는다. 자아중심주의는 세계를 질서 지우는 버릇이어서 자아에서 멀어질수록 세계를 구성하는 요소들의 가치가 급격히 줄어든다. 또 인간 본성에 뿌리 깊게 박혀 있지만 온전히 충족되는 경우는 드물다. 사람은 생존과 심리적 안정을 위해서 타자에게 의존하기 때문이다. 또 자아가 편향되어 있기 때문이기도 하다. '앞에' 놓인 것은 '뒤에' 놓인 것과 등가물이 아니다. 자아중심주의는 나날의 경험이라는 도전에서 어떻게든 살아남는 환상이다.

반대로 자민족중심주의(집단자아중심주의)는 충분히 실현될 수 있다. 개인과는 달리 집단은 자급자족할 수 있다. 적어도 자급자족이라는 망상은 개인보다 더 수월하게 유지된다. 개인은 집단의 일원이고 '우리'와 '그들', 진짜 사람과 진짜 이하의 사람, 근거지와 이방의 영토를 구분해야 한다는 것은 다들 여태 배워온 사실이다. 그 정도는 다양하겠지만 말이다. '우리'가 중심이다. 인간은 중심에서 물러나는 만큼 인간의 속성을 잃는다.

자민족중심주의

자민족중심주의는 사람의 공통된 특징이다. 고대 이집트인은 나일강 유역의 가장자리를 지나서 마주치는 민족들보다 자신들이 우월하다는 사실을 당연하게 여겼다. 이에 비견할 만한 메소포타미아인과는 사막과 바다로 단절되어 있었던 것이다. 세련된 자신들과 달리 이웃들은 거칠고 미숙하다고 확신한 이집트인은 '사람'과 리비아인, 아시아인, 아프리카인을 구분했다. 이집트인이 '사람'이었으니, 외국인이란 완전한 인간이 아니며 무언가 결여된 존재였다. 국가에 위기가 닥쳐 낡은 질서가 붕괴되었을 때 이집트인의 공통된 불만은 '외국인도 어디서나 사람이 되었다'는 것이었다.

그리스의 역사학자 헤로도토스는 페르시아인의 자민족중심주의에 대해서 이렇게 언급했다. "여러 국가 가운데 그들은 인접한 이웃들을 가장 존경하여 본인들 다음으로 중히 여긴다. 이웃 국가 너머에 사는 이들은 두 번째로 존경한다. 지역이 멀어질수록 존경심도 줄어든다."[1]

뉴멕시코 북서 지역의 다섯 개 문화권은 지리적으로 가깝고 사회적인 접촉도 잦으며 대중문화의 물결 속에서도 나름의 독특한 생활방식을 유지하고 있다. 그들의 강력한 자민족중심주의는 문화적으로 동질화하는 힘에 대항하는 보루다. 가령 다섯 집단은 스스로를 '디네'(나바호 족), '익힌(cooked) 족'(주니 족), '선민'(몰몬교도), '라 젠테'(에스파냐계 멕시코인), 그리고 '진짜 미국인' 혹은 '백인'(텍사스 주 주민)이라고 호명한다. 이런 명칭에는 다른 집단들은 충분히 사람답지 못하다는 뜻이 내포돼 있다. 그들에게 이런 질문이 주어졌다. "가뭄이 오래 지속되어 지역 사람들이 빠져나갔다가 다시 비가 내려 새로운 공동체가 건설된다면, 당신은 어떤 종류의 공동체를 세우겠는가?" 이에 대한 응답을 보면, 지역의 전통을 초월하는 유토피아는 전혀 고려하지 않으며 각 집단은 자기네 공동체를 재건하고 싶어 한다는 사실이 명확히 드러난다.[2]

우월성과 중심성은 문화의 지속에 필수 요소일 것이다. 현실에 거세게 부딪혀 환상이 깨지면 문화 자체는 쇠퇴하기 십상이다. 신속히 소통하는 현대를 살아가는 소규모 공동체는 자기네들이 문자 그대로 중심에 있다고 믿기 어렵겠지만, 번영하려면 그런 신념이 필요할 것이다. 시의원들이나 구의원들은 이런 사실을 인식한 듯했고 중심지라는 의식을 유지하려고 떨쳐 일어났다. 자기네 도시를 가령 '브라트부어스트(프라이용 돼지고기 소시지—옮긴이)의 세계적 수도'(위스콘신 주 세보이건)라거나 더 절박하게는 심지어 '최고 큰 도시'(매사추세츠 주 톤턴)라고 천명하면서 말이다. 현대 국가 역시 마찬가지다. 드골은 프랑스의 중심성을 회복하기 위해 노력했다. 영국은 한때 세계의 중심이라는 지위를 당연하게 여겼다. 이것은 19세기에는 충분히 근거 있는 믿음이었으나 제2차 세계대전 이후 제국이 해체되면서 경제적 압박과 신흥 강대국 미소의 부상으로 중심이라는 환상을 버리지 않을 수 없게 되었다. 영국은 반드시 필요한 국가적 자존감을 뒷받침할 만한 밑천이 부족한 상황에서 현실에 부합할 만한 국가 이미지를 찾아 나서야만 했다.

중국이 그토록 오랫동안 중화(中華)로 자처했다는 사실은 그리 이상해 보이지 않을 것이다. 19세기 영국도 지금의 미국도 스스로 세계의 중심으로 여기진 않지만 말이다. 하지만 이런 자민족중심주의는 오랫동안 고립되어 우월한 타자와 맞닥뜨리지 않아도 되었던 민족들(모두에게 해당되지는 않는다 해도)에게 널리 퍼져 있었다. 오늘날 방대한 지식을 기반으로 우리는 마땅히 자민족중심주의를 환상이라고 불러야 하나 과거에는 경험이 자민족중심주의를 고무했다.

문명 민족들의 자민족중심주의와 우주 도식

예니세이 강 하류의 오스티악 족은 시베리아 서부에서 사냥과 수렵으로 생활하는 소규모 집단이다. 그들의 우주지리학은 현실의 지리에 토대를 두고 여기에 세로축 차원을 부여해 변형한 것이다. 오스티악 족은 강둑, 그러니까 중심에서 멀어지면 인구가 줄어든다고 믿는데 자기네 경험으로는 그랬기 때문이다. 땅 위의 남쪽은 천상이고 땅 아래 북쪽은 저승이다. 시베리아 북부의 다른 민족처럼 오스티악 족은 땅이 기울어져 있다고 보았고 '남쪽'을 '위', '북쪽'을 '아래'와 동일하게 여긴다. 성스러운 물길은 천국에서 발원하여 중간인 지상을 가로질러 저승까지 흘러간다.

지리적으로는 넓고 평평한 몽골 고원은 시베리아의 거대한 하천 체계와 동아시아를 나누는 분수령이다. 고원은 중앙이라고 이를 만한 곳이다. 몽골인들은 이를 알고 있지만, 몽골이 높은 산에 둘러싸인 고원이라기보다는 세계의 중심인 거대한 둔덕이라 여긴다. 몽골인은 중앙의 둔덕에 사는 반면 다른 민족들은 자신들보다 아래인 경사지에 산다. 시베리아와 중앙아시아의 대다수 민족들에게 세계는 원형이거나 직사각형이다. 가령 야쿠트 족(시베리아 원주민—옮긴이)의 민속시에는 하늘과 땅의 네 모서리가 언급되지만 둥근 하늘과 둥근 땅이라는 개념도 담겨 있다. 부리야트 족(바이칼 호 동부에 사는 몽골 족—옮긴이)에게 하늘은, 부리야트 족이 중심지를 차지하는 지구라는 원반 위로 떠올랐다가 떨어지는 뒤집힌 냄비처럼 생긴 곳이다.[3]

　뉴멕시코의 산타아나 푸에블로 인디언에게 지구는 우주의 중심이자 원리에 해당한다. 태양, 달, 별, 은하수는 지구의 부속품으로, 지구를 인류가 거주하는 처소로 만들어준다. 지구 자체는 정사각형이며 계층화되어 있다. 푸에블로 인디언들은 정방향을 인지할 뿐 아니라 계층화된 우주라는 견해에 따라 천정에서 천저로 이어지는 세로축을 지각한다.(그림 1)[4]

　서쪽의 주니 족 인디언들의 관념도 이와 유사하다. 그들의 조촐한 거

그림 1 뉴멕시코, 산타아나 지역 케레스의 푸에블로 족 인디언의 우주지리학(화이트 인용)

처는 '이티와나', 즉 '중심지'라고 불린다. 우주 전체가 '이티와나' 쪽으로 정향되어 있다. 그들의 기원 신화는 대부분 '중심지'에 이르러 장소의 올바름을 규명하는 문제와 관련돼 있다.

푸에블로 족과 이웃한 나바호 족은 농업뿐 아니라 목양업에도 종사했다. 이들은 푸에블로 족 인디언과 달리 흩어진 호간에서 산다. 나바호 족은 자신들이 옛날에 '중심지'를 찾아 헤매었다고 믿는다. 각 호간은 하나의 중심지다. 주니 족에 비하면 나바호 족은 중심에 대한 관념에 덜 집착한다. 나바호 족에게 중요한 것은 중심에서 점차 멀어지는 동심원 지대의 생활공간이라는 관념이다.

에스키모인은 인간이 거주하는 세계의 북극 가장자리에 살고 있다. 하지만 그들은 수많은 백인들과 접촉하기 전까지는 이 사실을 알지 못했다. 백인들과 마주치기 전에는 에스키모인의 거주지가 지리적으로 세계의 중심일 뿐 아니라 문화와 인구 면에서도 중심지라고 보았던 것이다. 가령 20세기 초반에 사우스햄튼 아일랜드의 그린란드에 사는 에스키모인은 유럽인이 그린란드의 미덕과 훌륭한 예절을 배우려고 그린란드에 파견되었다고 생각했다. 허드슨 만 지역에서 사냥을 업으로 하는 아굴락은 사우스햄튼 아일랜드 지역의 아이빌릭 에스키모인으로서 비슷한 오해를 품었다. 아굴락은 활주로를 만들기 위해 진주만 근처에 온 미군 병사들 때문에 경악했다. 오랜 세월 동안 백인이라면 탐험가와 무역상만 봐왔던 것이다. 떠나간 이들이 돌아오곤 했기에 그들은 서로를 잘 알고 있는 듯했다. 아굴락과 아이빌릭의 다른 사냥꾼들은 백인들이 전에 온 이들과는 다른 사람들이지만 전체 수는 훨씬 적다고 합리적인 결론을 내렸던 것이다. 제2차 세계대전의 와중에 외부 세계에서 낯선 이들이 수없이 나타나자 스스로를 안심시키는 이런 견해는 사라졌다.[5]

a. 1929년 아이빌릭 에스키모
인들이 그린 사우스햄튼 아
일랜드 소묘.

b. 항공 사진을 바탕으로
한 사우스햄튼 아일랜
드의 정확한 형태

벨 반도

그림 2 사우스햄튼 아일랜드, 허드슨 만(카펜터 인용)

사우스햄튼 아일랜드의 진짜 형태가 항공사진으로 알려지기 전에 일
부 아이빌릭인은 고향 섬의 외형을 묘사해달라는 요청을 받았다. 그들
이 그린 윤곽선은 작은 만의 세부에 이르기까지 놀랄 만큼 정확했다.(그
림 2) 섬의 다른 부분에 비해 벨 반도의 크기를 왜곡한 점은 주목할 만하
다. 이는 반도에서 살아가는 대부분의 사람들에게는 놀랄 일이 아니다.
흔히 자기네 고향 땅을 이웃한 영역에 비해 실제보다 훨씬 크게 보는 법이다. 예컨대 텍사스 주 사람들은 미국 전체를, 거대한 텍사스 주에서 멀어질수록 점차 꼬마처럼 작아지는 다른 주들에 텍사스가 에워싸인 형상으로 바라본다. 이를 정당화할 수도 있겠지만, 보스턴 시민이 미국을 생각하는 관념에서도 유사한 징조가 엿보인다. 매사추세츠 주의 크기를 실제 크기보다 과장하는 버릇 말이다. 대부분의 민족이 외부 세계를 대면하면서 자신들의 중요성을 과장하며 자아를 지탱했듯이 아이빌릭의 에스키모인도 그러했다. 사우스햄튼 아일랜드의 지리에 대해 그들은 엄청나게 정확한 지식을 갖고 있으며, 자신들이 사냥을 하며 보냈던 허드슨 만의 서부 연안 역시 손금 보듯 훤히 알고 있다. 그러나 개인적인 경험의 한계를 넘어서면 소문과 풍문에 의지해야 한다. 백인들의 교역 거점과 도심처럼 멀리 떨어진 지점으로 가는 길은 지도에 꽤 정확히 표시되어 있지만, 그런 장소와 사우스햄튼 아일랜드의 거리는 엄청나게 압축되었다. 아이빌릭인들이 자기네 고향 너머의 세계를 이해하려 할 때면 지리학의 자리에 우주론이 들어선다. 그들은 사우스햄튼 아일랜드 자체를 납작한 원형인 지구의 중심으로 여기며 몇 주의 여정만으로 지구 가장자리에 도착할 수 있다고 여긴다.

지구를 물에 떠 있는 납작한 원반으로 생각하는 관념은 세계 곳곳에서 나타난다. 사막의 고원이나 산악 마을, 혹은 섬에서는 환경상의 증거에도 아랑곳하지 않고 이런 관념이 사람들의 마음에 안착할 수 있다. 북부 캘리포니아의 유록 족 인디언은 자신들의 세계를 둥근 원반이라는 2차원 세계로 개념화하는데, 고향 땅 가장자리가 실제로는 울퉁불퉁한 데도 그러하다.(그림 3) 유록 족은 클래매스 강에서 고기잡이를 하고 근처에서 도토리를 줍는다. 강은 유록 족의 주식인 연어 공급처이자 교통로다. 그들은 구릉지대를 피해 가는 경향이 있다. 그곳을 가로지르는 수많은 육

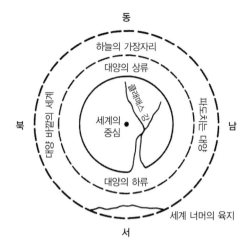

동

하늘의 가장자리

대양의 상류

북

대양의 가장자리

세계의
중심

클래매스 강

파도치는 대양

남

대양의 하류

서

세계 너머의 육지

그림 3 북부 캘리포니아, 유록족 인디언의 우주지리학

로는 여행과 상업에서 강만큼 중요하진 않다. 유록 족에게는 방위라는
관념이 없다. 그들은 지리상의 주요 거점인 클래매스 강을 따라가며 '상
류로'나 '하류로'라고 방향을 지시한다. 강이 굽이져 흘러가기 때문에
상류와 하류라면 지역 내의 모든 거점을 포괄할 것이다. 하지만 강의 주
요 흐름은 명료하게 인지한다. 강은 그들의 세계를 이등분한다. 좌우대
칭형인 세계의 개념에는 방위 감각이 필요하지 않다. 유록 족이 몸소 파
악하는 세계는 지름이 약 150마일로 작다. 경계 너머에 다른 인간이 존
재한다는 사실을 유록 족은 어렴풋이나마 알고 있다. 또 클래매스 강의
종착지가 바다라는 것을 알지만 열흘에서 열이틀쯤 상류로 올라가면 다
시 짠물에 다다른다고 믿고 있다. 물은 원형인 지구를 에워싸고 있으며
클래매스 강은 그 가운데를 가로지른다. 클래매스 강둑 어귀에서 트리
니티 강과 합류하는 지점 근처가 '케넥'(qe'nek), 즉 세계의 중심이다. 이
산지(産地)에서 하늘이 생성되었다. 하늘은 견고한 원개다. 원개 위에 하

늘나라가 있으며 사다리를 통해 땅과 연결된다. 땅 아래는 죽은 자의 영역으로, 호수 바닥으로 내려가면 다다를 수 있는 곳이다.[6]

중국인의 자민족중심주의

자민족중심주의는 중국인의 심성에 뿌리깊이 박혀 있다. 그린란드의 에스키모인은 백인들이 자기네 미덕과 예의범절을 배우러 찾아왔다고 생각했는데, 유럽인이 18세기 말에 교역을 개시하려 했을 때 중국인도 틀림없이 마찬가지였을 것이다. 중국이 자신을 세계의 중심이라고 생각할 이유는 충분했다. 선사시대 이후 3000년 가까이 주변 부족문화보다 훨씬 우월한 문명을 일구었던 것이다. 중국인은 1000년 동안 분리된 세계에서 살았다. 중심부에는 비옥한 퇴적 평야들이 있었다. 인구는 기원전 4세기에 이미 2500만에 이르렀으며, 외부 사상의 영향을 받지 않은 중국만의 세련된 문자 문화가 꽃피었다. 중심부 평야 지대를 벗어나면서 인구는 급속히 감소했다. 북부는 초원 지대이고 서쪽에는 지상에서 가장 높은 산맥과 광대한 사막이 펼쳐졌다. 남쪽은 열대우림 지대였고 동쪽은 바다였다.

중국인들은 자국이 비슷한 위상을 가진 여러 국가들 가운데 하나라는 자각이 없었다. 중국은 세계의 중심에 자리 잡고 있었다. '중화'였던 것이다. 훨씬 위세등등한 명칭으로 '천하'(天下, 하늘 아래)나 '중원'(中原, 중심과 근원) 혹은 '사해지내'(四海之內, 사해 사이)라고도 알려졌다. 마지막 칭호가 의외인데, 예로부터 중국인은 바다가 동쪽에만 존재한다는 사실을 알고 있었기 때문이다. 사방이 물인 땅을 어떻게 이해했는지 다른 사례를 들어보자. 불교의 영향을 받은 원형 우주 도면에는 곤륜산이 중심부에 들어서 있다. 곤륜산이 세계의 축이 되는 봉우리인 것이다. 산 바깥에는 '중원', 즉 중국의 비옥한 토지가 자리 잡고 있다. 현재 남아 있는 자료로만 한정하면, 수세대에 걸쳐 생산된 종교적인 우주지리학 도해의 여러 판본에는 만리장성이나 황허 강, 한반도와 일본 같은 실제 지리가 자세히 표시돼 있지만, 이는 우주지리학적 환상이 지배하는 기존 세계와는 딴판이다. 대륙은 섬들이 점점이 박힌 대양에 둘러싸여 있지만, 저 너머에는 또 다른 육지들이 보인다.

원형은 지구를 정사각형으로 보는 전통적인 중국인의 세계상과 어긋난다. 그들은 예로부터 황국인 중국을 중심으로 하는 연속된 장방형 영역이라는 관념을 이어받았다. 애초에 이런 관념은 《서경》에 처음 나타났으니, 기원전 5세기 무렵의 일일 것이다. 천하는 황실이라는 수도에서 멀어질수록 문화 수준이 낮아지는 일련의 영역들로 간주되었다.(그림 4) 첫 번째는 황실의 영역이다. 다음으로는 봉건 영주의 영토들이다. 평정의 지대 혹은 변경 지대는 그래도 중국 문화권이다. 다음으로는 야만족

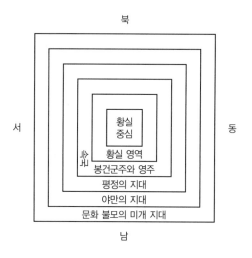

그림 4 기원전 5세기 무렵 중국인의 전통적인 자민족중심주의적 세계관

이 몰려 있는 영역으로 문화가 전무한 미개 지대다. 이런 도식은 중국인에게 널리 전승되었지만, 로마인은 이를 손쉽게 각색해 용도에 맞게 써먹었다. 두 제국은 유라시아 대륙의 양극에 있었다. 서로의 존재를 어렴풋이 알고 있었지만 알려진 사실에 맞추어 자민족중심주의를 교정할 필요는 느끼지 못했다.[7]

초기 그리스의 지도

자민족중심주의는 원형 우주라는 관념과 잘 어울린다. 다른 어떤 형태보다 원에는 단 하나의 중심이 있기 때문이다. 동방의 갖가지 지도와 약도는 자신의 위치를 좌우대칭으로 배열된 세계의 중심에 설정하는 전 인류의 습성을 그림으로 보여준다. 기본 모형은 원형의 땅을 둥글게 에워싸는 물이다. 이런 형태의 최초 판본은 바빌로니아의 점토판에서 볼 수 있다. 점토판에는 아시리아를 중심으로 하는 우주관이 표현돼 있다. 고대 그리스의 호메로스는 땅이 둥글고 평평하며 광막한 물길이 그 주위를 감싼다고 믿었다. 바빌로니아의 우주지리학은 이 사람의 영향을 받았을 것이다. 그런데 고대 서남아시아 및 중동과 아무런 연계가 없어 보이는 민족들도 이런 개념을 갖고 있었다. 이런 개념화는 전 세계적인 현상이었다는 얘기다. 어쩌면 인간의 마음에 들어맞는 구성물일지도 모른다.

고대 그리스인들은 호메로스를 지리학의 권위자로 여겼다. 그의 견해는 헤카테우스(기원전 520~기원전 500)의 시대까지 전승되었다. 헤카테우스는 동등한 넓이의 거대한 대륙 둘로 세상을 나누었다. 북쪽은 유럽이고 리비아-아시아는 남쪽이다.(그림 5)

두 대륙은 코카서스 산맥으로 연결된 일부 외에는 지중해, 흑해, 카스

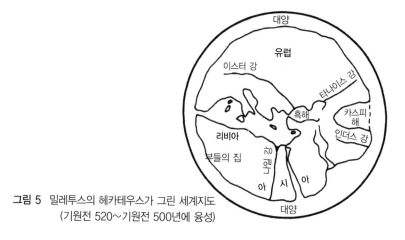

그림 5 밀레투스의 헤카테우스가 그린 세계지도
(기원전 520~기원전 500년에 융성)

피 해로 구성되는 중심부 해협들을 경계로 갈라진다. 기원전 5세기 무렵 완벽한 대칭을 이루는 대륙에 대한 의구심이 생겨났다. 헤로도토스는 "(지구가) 마치 컴퍼스로 그린 것처럼 정확한 원형이며 주위로 대양이 흐른다"고 한 헤카테우스의 견해를 비판했다. 헤로도토스의 개념은 훨씬 정교했으며 땅의 외곽선은 고르지 않았다. 반면 좌우대칭에 대한 동경은 너무나 강력해서 나일 강 상류를 서쪽에서 동쪽으로 흐르는 선으로 그려 유럽의 이스터 강(다뉴브 강)과 나란하게 설정했다. 우리를 근대 지리학의 시초로 안내하는 사람은 스트라보(기원전 약 63~기원후 21)다. 피타고라스 학파와는 다르지만 스트라보의 지구는 구형이며 우주의 중심에 위치했다. 사람이 거주할 수 있는 세계는 위도상 온대 기후 지역에 위치한 타원형이라 할 만한 섬이다. 섬은 지중해와 토러스 산맥으로 말끔히 양분되어 있다. 아시아가 대단히 큰 대륙임을 점차 인지하게 되면서부터 육괴는 길어졌다. 유럽의 크기는 여전히 과장되어 있지만 더 이상 우위를 차지하지 않는다. 유럽의 크기가 줄고 배치가 달라지자 그리스는 이제 중심에 있음을 주장할 수 없게 되었다. 하지만 기원전 5세기로 거

슬러 올라가면 그리스가 세계의 중심이고 델포이는 그리스의 중심으로 여겨졌다.[8]

T-O (세계)지도

중세에 이르러 원형의 땅을 에워싼 물이라는 지형이 다시금 널리 승인되는 세계의 상징이 된다.(그림 6)

수레바퀴 모양 지도에서 기하학적 요소는 'O'와 'T'다. 첫 번째 'O'는 외접한 물의 윤곽선이며, 두 번째 'O'는 육지의 윤곽선이다. 안쪽 'O'자 내부의 'T'자는 돈 강과 나일 강이 만들어낸다. 두 강이 결합해서 'T'자의 수평 막대를 형성하며 지중해는 수직선을 이룬다. 'T'자는 그렇게 지구를 세 부분으로 나누는데, 돈 강과 나일 강 동쪽은 아시아, 지중해를 중심으로 북서부는 유럽, 남서부는 아프리카다. 그러므로 지도 꼭대기는 해가 뜨는 곳이자 그리스도가 부활한 동쪽으로, 태양 자체가 그리스도의 상징이기 때문이다. 유럽은 T-O 지도에서 더 겸손한 자리를 차지한 것 같다. 아시아로 인해 왜소해지긴 하지만 이런 배치에서는 예루살렘이 세계의 중심에 우뚝 선다.

T-O 지도의 기원은 6세기까지 거슬러 올라가며 1000년 이상 이런 지도가 제작되었다. 고대 그리스인이 원형 지도의 기하학적 단순함에 만족했던 이유는 충분히 이해할 수 있다 하더라도, 중세와 그 이후까지 이런 견해가 널리 퍼졌다는 사실은 당혹스럽다. 기원전 5세기 이전에 그리스인 가운데 이집트와 동지중해 연안 바깥을 직접 체험한 이는 드물었다. 그리스인들이 다른 이유들로 친근하게 느낀 이론 도식에 빈약한 실제 지식을 우겨넣고 싶었으리라는 점은 이해할 만하다. 하지만 중세 후

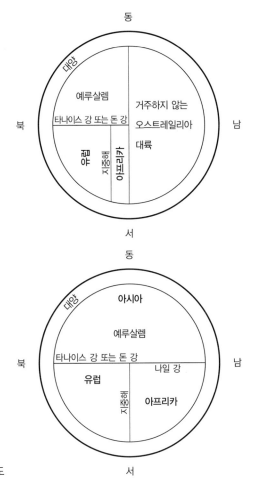

그림 6 중세 유럽의 T-O 지도

기의 교부들은 자세한 정보를 이미 알고 있었다. 항해사들은 해안의 실제 형태를 보여주는 해도를 만들었고 마르코 폴로 이후 여행자들은 대륙 내부와 동아시아 지리에 대한 사실들을 보고해왔다. T-O 지도는 항해에 전혀 쓸모가 없었다. 지도는 실용성이 없었지만 특이한 개인의 환상과도 거리가 멀었다. 중세 수레바퀴 지도들은 기독교를 (위상학적 상징인 예루살렘을) 중심에 두는 신학 문화의 믿음과 경험을 표현했다. 더불어 대

성당 건축에서 성전(聖戰)에 이르기까지 중세인의 삶과 행위에 깊이 스며든 사고방식을 재현한다.[9]

유럽, 세계의 중심

1500년 이후 해외 탐험이 이어지면서 유럽에서 멀리 떨어져 있으나 인구밀도는 높은 국가들을 알게 되면서 T-O 지도의 종교적 세계관은 유지되기 어려워졌다. 성지는 세계의 중심이라는 상징성을 잃었고 그 지위는 유럽이 떠맡았다. 이런 유럽중심적 시각은 유럽이라는 관념에서 드러난다. 이런 관념의 역사를 간략히 살펴보자. 전체 육지를 대륙들로 분류한 이는 그리스의 항해사들이었을 것이다. 기원전 6세기 즈음에 그리스인은 에게 해의 지리에 통달해 있었다. 그리스인은 거대한 땅덩어리가 서쪽과 동쪽 진로를 가로막고 있음을 알게 되었으며 이런 육표들을 유럽과 아시아라고 불렀다. 하지만 항해에 공헌한 이들 두 용어는 곧 정치적이고 문화적인 의미를 획득했다. 헤로도토스는 대륙들 사이의 불화에 대해 논했다. 아리스토텔레스는 유럽인과 아시아인의 기질 차이에 주목했고 이를 해명하려고 기후를 제시했다. 아무도 대륙의 경계를 정의하려 들지 않았다. 그런 생각 자체가 알렉산드로스 대왕 시대 이후 효용을 잃었는데, 르네상스 시대에 고전 학습의 부활과 더불어 되살아났다. 이후, 위대한 대양 탐사 시대에 이르러서 유럽과 아시아라는 용어는 유용해졌다. 유럽은 카디스 항에서 트론헤임(노르웨이의 항구 도시―옮긴이)에 이르는 항구의 배후 지역이었고 아시아는 아라비아에서 일본까지 흩어진 항구의 배후 지역이었다. 두 대륙은 아프리카라는 광활한 반도에 가로막혀 있어서 선원들은 빙 둘러 항해해야 했다. 하지만 '유럽'은 다시 한 번 정치적이자 문화적인 의미를 획득할 기회를 맞았다. 17세기 말에 이르자 서구 세계의 여러 민족들은 자기네 문명을 가리키는 집합적인 명칭이 필요하다고 느꼈다. '서구 기독교 세계'라는 전통 용어는 일련의 종교전쟁 이후로 부적절해 보였다. '유럽'은 이런 의도에 들어맞았다.[10] 유럽은 역사, 인종, 종교, 언어의 공통 뿌리에 근거해 통합되는 하나의 영역에 적용되었다. 유럽은 실체가 있으나, 아시아는 유럽이 아닌 곳에 불과했다. 아시아는 유럽인의 시점에서 부정적으로 설정된 대상이었다. 그렇게 해서 근동과 중동, 극동이라는 용어가 생겼다. 아시아는 결코 진정한 실체(entity)가 아니었다. 아시아 민족들은 인종도 언어도 종교도 문화도 대단히 다르다. 아랍인, 인도인, 중국인, 발리인은 유럽인이 일러주기 전까지 자신들이 아시아인이라는 사실조차 몰랐다. 아시아는 유럽의 의식 너머에 드리운 그림자였다.[11] 하지만 유럽은 그림자에 유사 실재성을 부여하는 힘을 갖고 있었다. 아시아라는 명칭은 내용을 얻었으며 유럽에 맞서 사용할 법한 정치적 무기로 기능할 수도 있었다. 예컨대 제2차 세계대전 때에 일본인은 아시아라는 관념을 이용하려 했다. 그들은 '아시아인을 위한 아시아'라는 구호를 만들어냈으니, 이는 일본군에 점령당한 민족의 분노를 연합군 쪽으로 돌리려는 술책이었다.

대륙반구의 중심

유럽중심주의란 관점은 지도 제작에는 그리 자주 표현되지 않는다. 학교에서 사용하는 지도책에 유럽 국가들은 대단히 두드러져 있다. 먼 나라보다 우리나라 혹은 가까운 이웃에 대한 정보를 더 많이 얻고 싶어 하는 것은 인지상정이라 할 만하다. 하지만 그리스가 중심을 차지한 원형

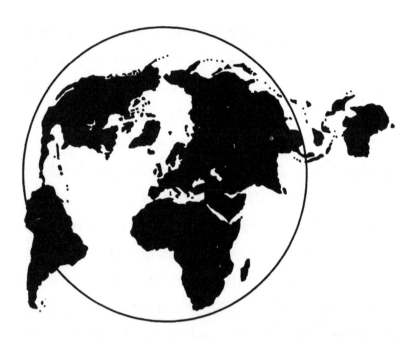

그림 7 지중해와 영국이 중심지임을 보여주는 대륙반구(H. J. 매킨더, 1902를 인용)

지도와 예루살렘을 가운데 그려둔 중세의 지도를 상기시킬 정도로 지독히도 자민족중심주의를 투영한 현대의 지도 제작술이 있다. 이 고안물에는 영국 남부나 프랑스 북서부를 중심으로 전 세계가 투영돼 있다. 지구의 절반을 에워싸는 원 하나가 지도에 그려져 있는데(그림 7) 이것은 대륙반구다.[12] 대륙반구는 유라시아 대륙 전체와 아프리카, 북미 전체, 남미의 북부 3분의 1가량을 포함한다. 원 바깥은 수반구다. 사람이 거주할 수 없는 남극의 얼음 고원들과 그린란드를 제외하면, 대륙반구는 육지의 10분의 9, 인구의 95퍼센트를 포괄한다. 이 지도는 영국에서 인기를 끌었는데, 이해할 만도 하다. 할포드 매킨더 경의 고전적인 연구서 《영국과 영국해》(1902)와 J. F. 언스테드 교수의 《세계 답사》 3권(1948)이라는 영향력 있는 교과서에서는 섬나라 영국의 중심성을 강조하기 위해 이 지도를 사용한다. 동일한 투영도에서 영국 제도는 전 기독교 교회의 중핵에서 멀리 떨어진 북극 분지의 끄트머리에 위치하는데 이 사실은 간과된다.

예외들

세계 어느 지역에서는 반신(半神)이나 다름없는 우월한 인종이 미지의 영토에 산다고 믿었던 사람들도 있다. 코르테스는 소규모 군대를 이끌고 아스텍을 손쉽게 정복했는데 이는 백색 신을 모시는 종족에 대한 아스텍인의 믿음에 힘입은 것이다. 유럽인이 아프리카를 수월하게 점령했다고 해서 압도적인 군사력이나 기술력만을 원인으로 제시할 수는 없다. 가령 마다가스카르 원주민들이 전설 속의 강력한 인종의 도래를 고대한 데서 알 수 있듯이 유럽인은 원주민들과 대면했을 때 심리적인 이득도 누렸다. 남태평양의 마르키스 제도 사람들은 백인 여성을 처음 대했을 때 마치 여신을 바라보듯 응시했다. 모든 인간 집단의 자존감은 분명히 서로 다르다.

사실 상상력을 발휘하면 자민족중심주의를 극복할 수도 있다. 서양 과학의 여명기에 피타고라스 학파의 천문학자들은 지구를 단지 목성이나 태양 같은 행성의 하나로 여겼다. 불이 우주의 중심을 차지한 까닭은 흙이 아니라 불이 가장 귀중한 원소라고 여겼기 때문이다. 중세에는 흙이 중심 위치를 차지했다. 그리스도가 탄생한 땅을 생각해보면 적절한 듯했다. 하지만 중세적 태도에는 양면성이 있었다. 일부 사상가들은 중심에 있다는 이유만으로 위엄을 부여하진 않았다. 중세 작가들은 단순한 기하학상의 점이라거나 창조로 인한 폐물을 담는 일종의 쓰레기통이라는 식으로 아첨하지 않는 용어들로 지구를 묘사했다. 지구는 거대한 천체의 중심축인지는 몰라도 우주적 위계질서에서는 최하위에 놓여 있었다. 어쩌면 서구 세계에서 자아 초월의 가장 유명한 사례는 코페르니쿠스의 혁명, 즉 지구중심설이 태양중심설로 대체된 사건일 것이다. 근본을 흔드는 정도는 아니지만 문화와 심리의 관점에서 주목할 만한 사건으로는 17~18세기에 유럽의 석학들이 자아를 추방한 일이다. 유럽의 정치가와 애국자는 자신들을 아주 우월한 민족이라고 여겼을지 모르지만, 작가와 학자들은 전제 정부와 종교적인 편협함에 환멸을 느끼고 있었다. 동시에 바다 너머 민족들과 미국, 남태평양, 중국의 미덕에 대한 찬란한 보고서에 점차 매혹되었다. 자화자찬하는 뿌리 깊은 습성과는 반대로 계몽시대 철학자들은 유럽을 드넓은 빛의 띠로 둘러싸인 암흑의 중심지로 여기는 경향을 보였다.[13]

사람의 세계: 개인차와 선호도

하나의 종으로서 인간은 다형성 존재다. 겉으로 드러난 개인의 신체는 놀랄 만큼 다양하지만 내부의 차이와 비교하면 사소하다. '한꺼풀 벗기면 모두 형제'라는 말과는 동떨어질 정도로 우리는 (유기적 척도에서 본다면) 다른 종이라고 해도 좋을 것이다. 먼저 중요한 대조는 개인들 사이에서 발견된다는 점을 말해두어야겠다. 이에 비하면 인종차는 상대적으로 덜 중요하다.

삶과 환경에 대한 태도에는 생화학과 생리학적 개인차가 반영되어 있다. 정상 시력을 가진 이들에 비해 색맹인 사람에게 세계는 색채 가짓수가 적은 곳임에 틀림없다. 우리는 사람들의 서로 다른 기질을 인지한다. 쾌활하고 흥분을 잘하는 사람과, 우울하거나 차분한 사람의 삶에 대한 시야는 다르게 마련이다. 개인성과 기질이 변분(變分)하는 근원은 내분비선에 있다. 이른바 정상인들 사이에서도 중요한 차이점들이 발견된다. 내분비선은 혈액에 호르몬을 공급함으로써 사람의 정서와 안녕감에 강한 영향을 미친다. 환경에 대한 태도가 어떻게 달라질 수 있는지 충분히 이해하려면 사람의 생리학과 기질을 종류별로 모두 알아야 한다. 개성이 합의를 지향하는 문화적인 힘을 뛰어넘는 사례로 주말 외출을 나가는 가족을 살펴보자. 야외용 가스스토브 광고와는 달리 가족 캠프가 늘 매끄럽게 진행되는 행복한 이벤트는 아니다. 여행 장소를 두고 실랑이를 벌이며 일단 목적지에 도착한 후에도 야영 장소, 저녁식사 시간, 경치 좋은 산책길을 결정하느라 싸울지도 모른다. 한 가족이라고 해도 나이, 성, 타고난 기질이나 성격 차이로 인해 조화와 협력은 달성하기 어려운 목표가 된다.

생리학적 개인성

2장에서 사람의 감각을 간략하게 다루고, 생물학적 종으로서 인간에게 어떤 공통점이 있는지를 설명했다. 이제는 차이점을 생각해보자. 시각에 대해 말하자면 맹인이 있는가 하면 색맹도 있다. 또 시력이 완벽한 이도 있으며 안경을 써야 하는 이들이 많다. 비교적 덜 알려진 시각적인 유산으로는 눈 가장자리로 보는 능력(주변시)으로, 이는 평범한 사람들도 능력차가 큰 시력이다. 주변시의 도움을 많이 받는 사람들은 다른 이들에 비해 파노라마로 펼쳐진 세상에서 살아갈 가능성이 크다. 색채 면에서 보자면, 적록색맹은 잘 알려진 결함이며, 심한 경우 세상은 온통 노랑과 청색, 회색으로만 보인다. 하지만 색채 감수성의 유형과 정도는 다양하다. 갖가지 색채의 섬세한 음영을 분간해내는 데 저마다의 강점과 약점이 있다는 말이다. 청각에도 두드러진 차이점이 있다. 음치들은 유명한 노래가 들려도 알아차리지 못한다. 건반 악기를 적절히 조율하거나 현악기나 관악기를 연주하지도 못 한다.[1] 음 높이에 대한 반응은 측정할 수 있고, 청력에 뚜렷한 결함이 없는 사람들 사이에서도 의미 있는 차이가 있음이 밝혀졌다. 소음 민감도(특히, 소음의 종류에 대해서) 역시 사람마다 이채로울 정도로 구분된다. 촉각 감수성은 엄청나게 분화되어 있다. 드물게는 통점이 없는 듯한 이들도 있다. 베이거나 멍이 들고 심지어 뼈가 부러지는 데도 아픔을 느끼지 않는다. 통증은 바람직하지 않지만 세상을 알아가는 수단이기도 하다. 통증을 아예 느끼지 못하는 사람은 위험에 노출될 개연성이 크다. 통증은 몸의 상처에 더 주의하라는 경고에 해당하기 때문이다. '뜨거움'과 '차가움'을 느끼는 정도는 개인마다 엄청나게 다르다. 한 사람이 창문을 열려는 참인데 다른 사람은 외투를 입으려 드는 경우도 있다. 누군가는 비행기 시간이 늦어 서두르면서도 커피를 홀짝여야 하는 반면 다른 이는 들이마신다. 무엇보다 놀라운 것은 두뇌의 차이일 것이다. 인간의 두뇌를 관찰·측정한 결과 모든 사람은 한 명 한 명이 천차만별하다. 사람이란 고도로 구별되는 정신의 소유자라고 해도 좋을 정도다.[2]

기질, 재주, 태도

문학에서는 체형을 기질과 인성에 연관 짓곤 한다. 상상력이 만들어낸 폴스타프(셰익스피어의 《헨리 4세》에 나오는 건달패—옮긴이)와 미코버 씨와 머드스톤(찰스 디킨스의 《데이비드 코퍼필드》에 나오는 낙천주의자, 그리고 냉혹한 계부—옮긴이) 셜록 홈스 같은 불후의 등장인물들을 생각하면 인물의 체형도 자연히 떠오르게 마련이다. 신체와 개성은 동질적인 듯하다. 살진 셜록 홈스를 상상하기 어렵듯이 마른 미코버도 그렇다. 사람들은 인성과

재주를 체형으로 짐작하기 일쑤인데도 이를 의식하지 않는다. 아주 자연스럽게 연결되기 때문이다. 하지만 과학자들은 그렇게 연관 짓기를 주저하거나 심지어 행위를 이해하는 데 중요한데도 불구하고 이를 신중하게 숙고해왔다. 1930~1940년대에 윌리엄 셸던은 체형(신체 유형)과 기질을 연계하는 대담한 시도를 해냈다. 그의 작업은 분류학상 너무 초보적이라는 이유로 비판받았지만 최근의 연구는 그 결론 가운데 일부를 뒷받침한다.[3] 셸던은 사람을 세 유형으로 분류했다. 내장형(내배엽형), 근골격형(중배엽형) 그리고 피부-신경 발달형(외배엽형)이다.

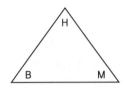

외배엽형(키가 크고 여위며 허약하다)

중배엽형(뼈가 굵고 근육질에 기력이 왕성하다)

내배엽형(부드럽고 둥글며 살집이 있다)

H: 셜록 홈스
M: 미코버
B: 톰 브라운

각 신체 유형은 환경에 대한 태도에 영향을 미칠 기질적인 특성과 연관이 있다.

신체 유형	기질적 특성과 자연에 대한 태도
외배엽형	초연함, 사려 깊음, 소심함, 내성적, 진지함. (자연 환경을 명상한다. 자신만의 내면을 성찰하려고 자연을 해석한다.)
중배엽형	지배적, 쾌활함, 모험적, 낙관적, 논쟁적. (자연 정복을 즐긴다. 예컨대 사냥꾼, 토목기사.)
내배엽형	태평함, 협조적, 자애로움, 사교적. (자연을 육감적으로 즐긴다. 타인들과 함께 자연을 즐긴다.)

셸던이 주장한 신체 유형별 성격 묘사에는 뼈와 지방, 근육을 판단하는 개인의 기준이 저마다 다를 수 있다는 약점이 있다. 체형과 기질은 서로 관련돼 있지만 이를 평가해서 수량화하는 만족할 만한 방법은 아직 발견되지 않았다. 개성과 기질의 원천이 동일하다 해도(유전적이어서 셸던식 신체 유형과 상관은 없을지 몰라도) 세계를 구성하는 데 중요한 전문화된 능력과 이를 어떻게 연관시킬지를 물을 수 있다. 공간을 시각화하는 정도는 사람마다 확연한 차이가 있다. 유전학자 투데이(J. M. Thoday)는 학교 수업을 하다 보면, 현미경으로 2차원의 박편들을 관찰하면서 박편 속의 세포를 3차원 형태로 시각화하지 못하는 소수의 학생들을 늘 보게 된다고 보고한다. 이런 요령이 필수인 작업장에서 일한다면 이들은 심각한 장애를 지닌 셈이다.[4] 공간에서 시각화하고 방향을 파악하는 능력은 한편으로는 수학적인 능력과, 다른 한편으로는 언어적 기교와 연관이 있는 듯하다. 소규모로 추출한 통계 분석에서 맥팔레인 스미스는 개인의 특성과 공간적/언어적 기교의 (가설적인) 상관성을 확인했다.

1. 정서 불안은 언어 테스트에 비해 공간 테스트의 점수가 낮은 것과 관련 있다.

2. 자신감이나 인내심, 활기 같은 개인의 특성은 언어 테스트에 비해 공간 테스트 점수가 높은 것과 관련이 있다.

3. 공간 감각이 발달해 있고 기계에 능숙한 사람은 남성적인 태도와 관심을 지니고, 내성적이고 비사회적인 경향을 보인다. 반면 언어 능력이 상대적으로 뛰어난 사람은 여성적인 태도와 관심을 보일 개연성이 높다.

4. 고도의 공간 능력을 지닌 사람은 형상을 비교적 넓은 단위로 나누어 정신적으로 파악할 것이다. 한 요소에서 다른 요소로 산만하게 주의를 돌

리는 대신 대상을 전체로 바라본다. 대상을 색채보다는 형태로 분류하는 경향이 있다.[5]

환경을 대하는 태도를 강력하고도 명확히 표명하려면 고도의 언어 기교를 갖춰야 한다. 사회과학 보고서보다 문학작품에서 자세하고도 섬세하게 음영이 드리워진 정보를 제공한다. 문학을 통해 우리는 개별 인간들이 자신의 세계를 어떻게 지각하는지 알게 된다. 사실주의 소설은 한 문화의 초상을 정확히 그려내기보다는(이는 사회과학의 시도이기도 하다) 그 안에서 살고 있는 사람들의 특성을 집중 조명한다. 사람들의 독특한 음성은 사회과학이라는 매트릭스를 빠져나간다. 특이한 목소리를 해석하기 위해 소설가는 거의 알려진 바 없는 요소들에 빗대어 얘기한다. 한편으로는 태어나면서 부여받은 것(기질)과 다른 한편으로는 인생에서 부딪힌 것(우연) 말이다. 글쓴이는 개성적인 인물들을 만들어내는데, 그들은 자신들이 속한 사회를 구성하는 담론에 녹아들지 않으며 튀는 목소리의 소유자들이다. 사람은 인생에 대해 각자 다른 태도를 지닌다는 진술은 진부하고 우리는 이에 수긍한 바 있다. 하지만 작가들은 미묘하게 다른 여러 세계관을 글로 밝혀내는 데 성공한 사람들이다. 작가의 글쓰기에서 우리는 사람들의 특성을 어떻게 인지하는지 배운다. 이런 특성을 유명 작가 몇 사람의 독특한 관점으로 묘사한 다음 남다른 환경적 태도에 주목하겠다. 이를 충분히 설명하려면 금욕적 기질이라는 가정을 도입해야만 할 듯하다.

톨스토이와 도스토옙스키

러시아 소설가 톨스토이와 도스토옙스키는 현대 문학의 거장들이며, 둘은 서로의 소설을 찬탄과 불안이 뒤섞인 시선으로 바라보았다. 두 사람다 거장다운 활력의 소유자로 19세기 러시아 사회와 인간 영혼의 복잡한 미궁을 뛰어난 솜씨로 그려내는 대작을 썼다. 그런데도 사람들은 두 대가의 공통점을 거의 읽어내지 못한다.

톨스토이의 세계는 호메로스적이다. 톨스토이가 인생과 자연을 바라보는 관점은 동시대인인 도스토옙스키보다는 차라리 고대 그리스 음유시인의 세계관과 좀더 많이 겹친다. 조지 슈타이너에 따르면 톨스토이의 소설은 "고대적이고 목가적인 배경, 전쟁과 농업을 다룬 시, 감각과신체 동작의 우위, 사계절의 순환이라는 계몽적이고 모든 것이 조화되는배경, 원시의 물질에서 별에 이르기까지 뻗어나가는 존재의 대사슬 수용, 무엇보다 심오하며 본질적인 것으로는 (……) 암흑의 부덕함보다는'인생의 대로'(코울리지)를 따르려는 결단"을 보여준다는 점에서 호메로스의 서사시를 닮았다.[6] 《전쟁과 평화》의 첫 에필로그에서 톨스토이는시골의 삶을 선한 인생과 동일시한다. 《안나 카레니나》에서는 도시와전원이라는 반립명제가 도덕과 소설 구성의 중추가 된다. 반대로 도스토옙스키는 오직 도시에 몰두해 있다. 도시가 지옥일지는 몰라도 시골에는 구원이 없고 하느님의 왕국에서만 구원을 찾을 수 있다. 도스토옙스키의 소설에는 풍경 묘사가 거의 없다. 자연미를 호소하는 대목에서조차 배경은 도시다. "페테르부르크의 3월 태양을 나는 사랑한다. 갑자기 거리는 환해져서 눈부신 빛으로 뒤덮인다. 별안간 집들이 모두 반짝이는 것만 같다. 잿빛에 누렇고 푸르죽죽한 색조는 순식간에 음울함을떨쳐버린다."[7] 도시는 저주받았을지 모르지만 도스토옙스키에게 의미있는 인간의 행위가 일어날 법한 배경은 도시 말고는 달리 상상할 수도없다. 습기 차고 불편하기 짝이 없지만 그의 고향은 도시다. 반면 톨스토이는 도시 환경에 편안함을 느끼는 것처럼 보이지만, 도시가 파괴되고 있을 때만 그렇다. 모스크바가 불타는 동안 그의 웅변은 절정에 이른다.

현대 시인과 도시

뛰어난 미국 시인 T. S. 엘리엇과 칼 샌드버그, E. E. 커밍스는 모순되는 도시의 인상을 제공한다. 엘리엇의 도시는 늘상 오싹하고 때로 불결하다. 누런 연기가 유리창에 부딪으며 거리를 미끄러져 흘러가고, 와이셔츠 바람의 외로운 사내들이 창에 기대 바깥을 내다보며, 폭우성 소나기가 쏟아지고, 구겨진 신문 조각과 낙엽들이 인적 없는 공터에서 뒹구는 곳이다. 시인은 아침이 밝으면 우리더러 그 손들을 생각하라고 청한다. 가구 딸린 1000개의 방마다 우중충한 차양을 걷어 올리는 손, 누런 양 발바닥을 더러운 손으로 꼭 쥔 채로 침대 끄트머리에 절망해서 앉아 있는 사람들의 손 말이다.[8] 반면 샌드버그의 〈시카고〉는 자못 흡족한 확신으로 가득하다. 시카고는 소란스럽고 사악하며 야만적이다. 시카고에는 굶주린 아이와 여자들이 있다. 하지만 시인은 말한다. "이리 와서 내게 보여주오. 살아 있고 야비하며 강하고 교활하다는 것에 의기양양해서 고개 들고 노래하는 또 다른 도시를." 샌드버그는 우레처럼 울리는 형용사구로 자신의 대도시를 묘사한다. 엘리엇처럼 세부에 집중하지만, 그의 도시 이미지들은 더 관대하다. 어느 시는 도시의 봄을 축복한다. 봄은 명랑한 일을 한다. 부주의한 풍뎅이와 경솔한 지렁이를 건널목으로 꾀어 들이고, 흥에 겨워 여자 꽁무니를 쫓는 남자가 여인에게 사랑의 노래를 부르게 만들며, 공원마다 한껏 차려입은 여드름투성이 기사들과 껌을 씹어대며 킬킬거리는 여자애들로 미어터지게 한다.[9]

버지니아 울프의 덧없는 세계

빛이 움직일 적마다 녹아들어 가려는 떨리는 세계는 버지니아 울프의 감수성에서 중요한 요소다. 소설《등대로》에 나오는 한 구절을 보자.

아까는 말끔히 치우고 문질러 닦고 낫질하고 풀을 다듬는 소리에 익사라도 당할 듯했으나, 이제는 들릴 듯 말 듯한 선율, 귀에 잡혔다가 이내 떨어져 나가는 개 짖는 소리, 염소 우는 소리, 그 간간히 끊어질듯이 이어지는 음악 소리가 들려왔다. 불규칙하고 끊길 듯하지만 그래도 그럭저럭 앞 소리에 연결되는 뒤 소리. 벌레 윙윙대고 손질한 풀의 미동, 끊길 듯하나 아직은 매달려 있는 소리. 쇠똥구리 소리, 바퀴 삐걱거리는 그 둔중하게 소란하고 신비스럽게 관련되는 소리. 긴장한 귀로 한데 모아보지만 언제나 조화되려는 찰나에 반드시 귀를 벗어나서 결코 온전히 조화되는 법이 없어, 마침내 저녁이 오자 소리들은 하나 둘씩 꺼져가고, 조화는 휘청대더니, 침묵이 깔린다. 해가 지면 날카로움도 무뎌져서 피어오르는 안개처럼 정적이 일더니 퍼져가고 바람은 잠잠해졌다. 세계는 함부로 임시 잠자리를 마련해서 잠들었는데, 잎들 사이로 푸르게 번지는 것 혹은 창가 침대의 흰 꽃다발에 창백하게 다가온 것 외에는 불빛 한 점 없이 어두운 여기에서.[10]

이러한 장소 묘사에서 나타나는 덧없음과 취약함의 효과는 소리에 집중함으로써 얻어진다. 보기와 달리 듣기는 초점이 맞춰지지 않고 수동적이다. 소음은 맥락 없이 들린다. "긴장한 귀로 한데 모아보지만 언제나 조화되려는 찰나에 반드시 귀를 벗어나서 결코 온전히 조화되는 법이 없다." 우리가 보는 것은 전경과 후경 그리고 시각이라는 조건에서 구성되고 조화를 이룬다. 소리는 흐름을, 시각 이미지는 불변을 대변한다. 세계는 귀먹은 이에게는 정적이고 눈먼 이에게는 우연이다.

금욕적인 기질

사막이나 수도승의 독방처럼 황량한 환경에 대한 선호는 편안하고 풍성한 것을 바라는 보통 사람의 욕망과는 상반된다. 하지만 사람들은 야생의 땅을 찾아간다. 도시의 부패뿐만이 아니라 유흥과 사치에서 도피하기 위해서이다. 사회적 기준을 초월하고 세속적인 소유를 거부한 이들의 단순함에 대한 열망에서 우리는 타고난 성향을 발견할 수 있다. 그런 열망에 이끌리는 행위는 당대의 문화적 가치만으로는 설명할 수 없다. 금욕주의의 긍정적인 호소력이란 무엇일까? 금욕주의는 거부를 의미하지만 거부는 목적을 위한 수단일 뿐 아니라 일종의 긍정이 될 수도 있다. 금욕적인 실천은 의지이자 물질에 대한 영혼의 지배권이다. 또 사막은 공현절을 위한 엄격한 무대이다.

성경은 환경에 대해 갈등하는 태도를 풍성하게 찾아볼 수 있는 원천이다. 예컨대 고대 이스라엘인들은 사막을 지나며 평범한 인간이 품음직한 혐오를 내보였다. 그들은 젖과 꿀이 흐르는 땅을 찾아 나아갔다. 하지만 인간의 장점과 하느님의 은총을 야생지에서 확인하는 금욕주의는 가나안에 맞선 강력한 이상향으로 자리매김되었다. 신과의 대면은 정신을 흩어놓는 물소리와 사람들의 수런거리는 소음에서 멀리 떨어진 적막한 장소에서 일어났다. 텅 빈 풍경은 믿음의 순수함을 반영했다. 초기 기독교의 은자들은 사막의 침묵과 빈 공간 속에서 끈질기게 신을 찾았다. 자연과 환경에 대한 그들의 태도는 매우 기이해 보일 수도 있을 터였다. 이집트에서 은둔자 성 안토니우스는 자신의 기도를 방해한다며 떠오르는 해를 통렬하게 비난했다. 아바(Abba) 아브라함은 척박한 땅을 찬양했다. 추수를 한다는 생각에 들떠 사람들 마음이 산란해지지 않을까 해서였다. 성 예레미야는 이렇게 썼다. "마을은 감옥이요, 사막의 고독은 천국이다."[11]

오늘날 신은 세상에서 물러났지만, 사막은 금욕적인 사람들에게 애증이 엇갈리는 호소력을 유지하고 있다. 찰스 다우티와 T. E. 로런스는 사막을 자신들의 압도적인 개성을 상연하는 데 어울리는 무대로 여겼을지도 모른다. 아늑한 환경을 멀리하고 사막이나 혹독한 배경을 갈망하는 사람들은 그곳에서 현실의 가혹함과 날것의 장려함을 목격할지도 모른다. 사막의 다루기 어려운 매혹에 대한 실마리가 로런스의 회고록 《지혜의 일곱 기둥》의 첫 문단에 나타나 있다. 로런스는 이렇게 썼다. "수년동안 우리는 냉담한 하늘 아래 무방비 상태로 사막에서 함께 버텨냈다. 낮이면 뜨거운 태양에 부글부글 끓었고 살을 에는 바람에 어지러웠다. 밤이면 이슬에 몸이 젖었고 셀 수 없이 많은 별들의 침묵 앞에 왜소해진 우리는 부끄러웠다."[12]

적막함은 사막 못지않게 시골의 기차역에도 흐른다. 영웅적인 정신은 통상의 인간성으로는 이해하기 어려운 이유들로 적막함에 매료된다. 세상에서 자신이 몸담기에 적합한 장소가 기차역의 황량한 대합실이라고 털어놓은 시몬 베유도 있다. 조지 오웰이 물러나 만년을 보낸 곳은 황량한 헤브리디스 제도(스코틀랜드 북서쪽에 있으며 약 500개의 섬으로 이루어져 있다—옮긴이)였다. 루드비히 비트겐슈타인은 케임브리지 대학 교수로 안락하고 세련된 삶을 누릴 수도 있었으나 물질적인 안락함을 멸시했다. 트리니티 컬리지에 있는 비트겐슈타인의 연구실에는 달랑 간이침대 하나가 있을 뿐이었다. 알베르 카뮈는 명성의 정점에 이르렀을 때를 이렇게 회상했다. "내게 최고의 사치는 황량함 비슷한 그 무엇이었다. 나는 에스파냐나 북아프리카 주택의 텅 빈 내부를 사랑한다. 내가 살면서 일하고 싶은 곳은 (게다가 좀더 드문 경우겠지만, 죽음을 맞이하는 것도 꺼리지 않을 장소는) 호텔 객실이다."[13]

성

타고난 능력과 세계를 보는 특별한 조망이 어떤 관련이 있는지 우리는 거의 이해하지 못한다. 일상에서 만나는 사람들의 상궤를 벗어난 태도와 마주치더라도 가족 배경이나 성장 과정, 교육 같은 문화적인 요소로 이를 모두 해명할 수 없는데도 의문을 품지 않는다. 앞의 사례들은 선천적인 기질 외에 다른 가정을 불허할 만큼 완강한 영향이 있음을 보여준다. 다시 말해 확실한 성향의 원인을 기질, 즉 불확실한 체액의 혼합(심리학에서 감정의 경향을 다혈질, 신경질, 담즙질, 점액질 등으로 분류한다—옮긴이)으로 돌리는 것이다. 하지만 명확한 증거는 희박하다. 인간이 내보이는 태도의 범위를 성(性)과 나이라는 생물학 범주와 관련시킬 때 좀더 확고한 지반에 설 수 있다.

남성과 여성은 자의적인 구분이 아니다. 남녀의 생리적인 차이는 분명히 구별할 수 있고, 이런 차이가 세상에 대응하는 방식에 영향을 미치리라 기대해도 좋다.[14] 일반적으로 남성은 여성보다 무겁고 근육질인데, 이는 대다수 포유류가 공유하는 특징이다. 세포에 지방질이 적은 남성은 여성보다 추위에 민감하다. 여자의 피부는 남자보다 매끄럽고 부드러우며 더 예민할 것이다. 그래서 여성이 촉감에 더 잘 반응한다. 후각은 특히 사춘기 이후 남자아이들보다 여자아이들 쪽이 예리하다. 남녀의 지각과 행위에 영향을 주는 다른 생리학적 차이를 낱낱이 들추어볼 수도 있다. 하지만 우리는 평범한 여성과 남성을 말하는 것이다. 이러한 일반론에는 예외가 많으며, 생리학과 정신적인 태도의 관련성이 확실치 않으므로 이런 질문을 던져보게 된다. 여성은 세계를 구성하는 데 남성과 다른 나름의 방식을 갖고 있는가? 행위와 태도에는 문화의 영향력이 압도적인데 이는 문제를 더 혼란스럽게 만든다. 우리가 아는 모든 문화에서 남성과 여성은 성별에 따른 역할을 부여받는다. 남녀는 어린 시절부터 다르게 행동하도록 학습된다는 얘긴데, 예외가 없다는 점으로 미루어 이는 생물학적 원인에 기인한 듯하다.[15]

행동심리학자들은 성의 중요성을 최소화하는 경향이 있는 반면 프로이트의 영향을 받은 정신분석학자들은 이를 강조하는 편이다. 에릭 에릭슨은 아이들이 공간을 구성하는 데 성이 결정적인 역할을 한다고 믿는다. 에릭슨은《아동기와 사회》에서 한 장의 표제를 '성기 양식과 공간 양식'이라고 달았다. 정신분석학적인 사유 방식에서, 그리고 특히 에릭슨에게 '높음'과 '낮음'은 남성적인 변수다. 반면 '개방'과 '폐쇄'는 여성적인 양식이다. 자유로운 놀이를 통한 실험에서 여자아이들은 환경을 설계할 때 으레 집안 내부처럼 꾸민다. 벽이 없이 가구를 배치하거나 블록을 쌓아 간단히 테두리를 치는 것이다. 여자아이의 놀이터에서 사람과 동물은 대개 내부 혹은 테두리 안에 위치하며 주로 정적인 자세를 취한다. 남자아이는 공들여 벽을 만들고, 전면에 장식품 혹은 대포를 의미하는 돌출물을 늘어놓은 집을 짓는다. 높은 탑도 있다. 남자아이의 건물에서는 사람과 동물이 테두리나 건물 밖에 있는 편이며 거리와 교차로를 따라 움직이는 대상들이 더 많다. 높은 구조물과 더불어 남자아이는 붕괴라는 개념으로 놀이를 한다. 폐허는 전적으로 남성의 구조물에 해당하는 용어인 것이다.[16]

나이

셰익스피어는 남자의 일곱 가지 나이대가 마치 서로 다른 일곱 사람인 양 예리하고 능란하게 설파한다. 신체 유형과 성, 타고난 특질들이 환경을 둘러싼 행위 및 지각과 어떤 연관이 있는지 확실치 않다 해도, 생애주기가 세계에 대한 인간의 반응 범위를 넓힌다는 점은 의심의 여지가 없다. 사회과학 담론에서 '사람'은 대개 활동적인 성인으로 간주된다. 그런데 흔히 성인기라는 게 유아기, 아동기, 청소년기, 그리고 노년기처럼 사람들이 살아내는 하나의 시기라는 사실이 간과된다. 인생의 긴 과정 동안 '유모의 품에 안겨 가냘프게 울고 토하는' 갓난아기에서 '이도 눈도 입맛도 아무것도 없는' 두 번째 유아기에 이르기까지 늙어갈 수밖에 없는 것이다.

갓난아기

자아와 환경을 구분하지 못한다면 신생아에게 세계는 없는 셈이다. 신생아는 환경의 자극을 감지하고 반응한다. 시각적 이미지보다는 소리를 더 잘 구분해낼 것이다. 특히 촉감에 극도로 민감하다. 어머니라면 모두 알고 있듯이, 갓난아기는 안고 있는 방식으로 어머니의 기분을 불가사의할 정도로 재빨리 알아차린다. 아니 더 정확히 표현하자면 (어머니가 분리된 개인으로 인지되지 않으므로) 아기는 주위의 압력과 온도의 미묘한 변화를 감지하는 것이다. 생후 5주쯤 되면 아기는 눈으로 대상을 응시할 수 있다. 아기가 처음으로 배치 상태를 인지하는 대상은 사람의 얼굴인데, 종이에 점 두 개와 선 하나로 그려놓은 추상적 형태처럼 받아들인다. 하지만 아기는 사각형과 삼각형처럼 폐쇄된 기하학적 대상들을 일일이 구분해낼 수 없다. 직선으로 구성된 형태는 아기의 생존과 아무런 상관도 없지만, 인간의 얼굴은 그렇지 않다.[17] 생후 3~4개월이면 신생아는 엄마의 얼굴을 구체적으로 분간해낼 수 있다. 하지만 한 사람의 전체라는 관념은 아기의 이해력을 넘어선다. 아기는 어떤 사람을 볼 때 눈을 입이나 손 등 신체의 일부에 고정한다. 생후 6개월 무렵이 돼서야 다른 사람을 지각한다는 증거가 있다. 아기가 경험하는 공간이 좁게나마 규정되는 것이다. 인간의 생애 초기 공간은 우선 '볼' 형태이다. 아기가 입으로 탐험해서 알아낸 사실이기 때문이다. 호흡은 그 자체로 신생아에게 공간적인 경험을 제공한다. 침대에 눕힌 자세와 트림을 시키려고 엄마 몸에 기대어 세운 자세는 아기에게 공간 차원의 실재에 대한 정보를 준다. 생후 3개월의 신생아라면 색채에 반응하는 듯하다. 어린이는 차가운 색보다 따뜻한 색을 선호하는 것 같다. 하지만 자라면서 따뜻한 색에 대한 선호, 특히 노란색에 대한 선호는 감소하며 나이가 들어감에 따라 꾸준히 줄어든다.[18]

어린이

갓난아기는 사람의 얼굴을 보고 웃지만 종이에 찍힌 점을 봐도 웃는데, 이는 생물과 무생물을 시각적으로 구분하지 못한다는 뜻이다. 하지만 감각운동 방식으로는 구분할 수 있을 것이다. 어린이는 애니미스트(모든 자연계의 사물에 영혼이 깃들어 있다는 원시 세계관을 가진 사람—옮긴이)다. 아이는 움직이는 신체라면 죄다 자력으로 움직이고 살아 있는 존재인 것처럼 반응한다. 심지어 여섯 살배기도 구름과 태양, 달이 살아 있으며 걸어갈 때 자기를 따라올지 모른다고 여길 수도 있다.[19] 어린이의 세계는 직접 맞닿는 주위 환경에 국한된다. 어린이는 본성상 몽상가가 아니다. 먼 대상과 파노라마처럼 펼쳐지는 장면은 별 호소력이 없다. 공간은 대여섯 살 아이에게 고도로 구조화되어 있지 않다. 어린이에게는 별개의 차원으로 분석할 수 있는 분위기라는 공간 개념이 없다. 아이는 처음에 위아래, 전후좌우를 알아차리는데, 사람 몸이 그렇게 구성되어 있기 때문이다. '개방된—테두리가 쳐진', '조밀한—산만한', '예각의—둔각의' 같은 차원들은 이후에 개념화된다.[20] '경관'은 어린이에게 의미심장한 단어가 아니다. 경관을 보려면 무엇보다 자아와 타자 사이를 예리하게 구분하는 능력을 갖춰야 하며, 이 능력은 예닐곱 살이 되어도 미약하게 계발되는 정도에 그친다. 그렇다면 풍경을 미학적으로 평가하기 위해 필요한 것은 경계 짓지 않은 자연의 한 조각을 식별해낼 수 있는 능력이다. 우리는 그런 조각의 공간 특성들을 다음과 같은 항목들에 적용했을 때 일관된 결과가 나오는지 알아야 한다. 세로축의 구성요소와 가로축의 구성요소가 긴장감을 조성하는 대조를 이루며 정돈되어 있는가? 폐쇄된 공간은 개방된 평지와 조화를 이루며 자리 잡고 있는가? 오른쪽에 무성한 나뭇잎들은 왼쪽에 늘어선 버드나무들과 균형이 맞는가? 경관이 어린이들에게 전혀 보이지 않는다 해도, 아이는 나무 밑둥과 넓적한 거석, 개울 한쪽에 졸졸 흐르는 물길 등의 따로 떨어진 구성요소들은 강렬하게 인지한다. 아이는 나이를 먹어가면서 공간 관계를 깨닫게 되는데, 덕분에 대상들을 정의하려는 끝없는 질문과 궤변은 사라진다. 색채 선호도에서 어린이는 담자색이나 상아색, 라벤더색 같은 혼합색에는 무심해 보이지만 밝은 색조에는 강하게 끌리기 때문에, 기하학적 대상들을 묶어낼 때는 형태보다 색채 유사성에 따른다. 반짝이는 것은 모두 금인 것이다. 어린이의 세계는 그래서 생기에 넘칠 뿐 아니라 헐겁게 구성된 공간에 있는, 윤곽선이 날카로운 대상들로 구성된다.

어린이와 세계에 대한 개방성

어른이 (이따금 예외도 있지만) 이미 잃어버린 감각 인상의 생생함, 즉 비온 뒤의 청신한 시야, 혈당치가 낮은 아침식사 이전의 자극적인 커피향, 오랜 투병생활 이후 회복기에 만나는 세상의 강한 자극을 다시 포착하기는 어렵다. 어린이는 일고여덟 살 무렵부터 십대 초반까지 이렇게 강렬한 세계를 충분히 살아낸 것이다. 걸음마하는 시기의 아이와 달리 어린이는 인접한 대상과 주위 환경에 묶여 있지 않다. 미묘한 색채를 감상하고 선과 부피의 조화를 인지하는 것이다. 아이는 어른에 필적할 정도의 개념화하는 능력을 갖추고 있다. 아이는 경관을 '저기 바깥'에 예술적으로 정돈된 현실의 일부로 볼 수 있지만, 그것이 자신을 포위하며 뚫고 들어오는 어떤 힘이라는 점도 알게 된다. 세속적인 배려의 부담이 없고 학습의 족쇄도 없으며 깊이 각인된 습관에서 자유롭고 시간에 무심한 어린이는 세계에 열려 있다. 프랭크 콘로이는 자전 소설 《멈춘 시간》에서 어린이 같은 개방성이란 흔해빠진 환경 유형마저도 경험하는 것이라는 점을 묘사해낸다. 필자는 당시에 열세 살 소년이었으며, 자전거를 타고 목적지 없이 배회하고 있었다.

처음 마주친 주유소에 들러 나는 콜라 한 병을 사고 자전거 바퀴 압력 검사를 맡겼다. 나는 주유소가 좋았다. 마음대로 어슬렁거려도 누구 하나 눈치 주지 않았다. 응달진 구석, 벽에 기댄 채 바닥에 쭈그리고 앉아서 콜라를 홀짝였고, 끝까지 마셨다.

세계를 열어주는 건 유년기의 무지함일까? 오늘은 주유소에서 아무 일도 일어나지 않는다. 목적지에 도달하려고 속히 떠나고 싶어지자, 주유소는 거대한 마분지 조각이나 할리우드 영화 세트장 같은 하나의 파사드가 된다. 하지만 열세 살 때 벽에 기대어 앉아 있을 때는 그냥 있기에 경이로운 장소였다. 자극적인 경유 냄새, 오가는 자동차들, 산뜻한 운동화, 들릴 듯 말듯 뒷마당에서 웅성대는 목소리들. 이런 것들이 음악처럼 대기를 떠다니며 행복감을 충전시켜주었다. 내 정신은 10여 분이면 자동차 기름 탱크처럼 가득 채워졌던 것이다.[21]

노년

사람들은 나이가 들어가면서 감각도 따라 둔감해진다는 걸 어렴풋이 깨닫는다. 줄어드는 정도와 생리적 원인은 계량할 수 있다. 아이의 미뢰는 경구개와 연구개 근처, 인후의 내벽, 혀의 위쪽 중간 표면까지 폭넓게 분포되어 있다. 미뢰는 사람이 성숙해가면서 조금씩 사라져가고 그사이 미각 감수성은 바래간다. 청년은 노년기에 비해 농도가 3분의 1만 되어도 설탕 용해제에서 단맛을 감지할 수 있다. 나이 들면 시력도 약해진다. 노인은, 눈 가장자리에 위치해 움직임을 확장시키는 수용체를 통해 흘러들어오는 정보에 더 주의를 기울인다. 나이가 들면 세상은 더 잿빛이 되는데, 색채 스펙트럼의 자외선 쪽 접경에서 색채를 분간하기 어려워지기 때문이다. 접안렌즈가 자외선과 일부 자색 파장을 차단하여 황색이 더 짙어진다. 청력은 고주파 영역에서 급격히 감퇴한다. 청년 시기에 정상 청각은 1초당 2만 헤르츠의 소리에 민감한 반면, 원숙한 중년기에 이르면 어떤 이들은 1만 헤르츠 이상의 음을 더는 들을 수 없다. 청력 감퇴가 심해지면 삶의 맥박이 결핍되면서 세계는 고요해진다. 시력과 청력이 모두 약해지면서 지각되는 세계는 수축한다. 이동성이 줄어들면, 지리 감각뿐 아니라 주위 환경과 (산행과 달리기, 걷기를 하면서) 접촉하는 횟수도 점차 줄어들어 세계는 더 좁아진다. 젊은이가 미래를 먹고산다면 노인은 과거의 환상 속에서 살아간다. 감각이 무뎌질 뿐 아니라 미래가 단축되는 노인들에게 세계는 수축되고 공간적 지평도 줄어드는데, 그들은 어린 시절을 떠올리게 하는 사건과 대상에 마음이 더 묶일 수도 있다.

세계에 반응하는 범위는 인간의 생애주기에 따른 단계들을 떠올리며 심사숙고하면 사회과학자가 보통 연구하는 정도보다 확대된다. 게다가 수용성도 나이대에 따라 차이가 크다. 성장률과 노화의 정도는 사람마다 다르다. 파블로 카잘스는 아흔의 나이에도 첼로 연주를 계속했으며 오케스트라를 탁월하게 지휘했다. 현대 예술가와 학자 가운데 톨스토이와 화이트헤드, 피카소와 버트런드 러셀은 노년에도 활기 있고 창조적인 삶을 이어나갔다. 드골은 70대에도 영향력이 줄지 않은 거물 정치인이었다.

문화, 경험, 환경에 대한 태도

한 사람의 환경에 대한 선호도를 이해하려면 그의 생물학적 유산과 양육 과정, 교육, 직업, 주변의 물질적 환경을 검토해야 한다. 집단 차원에서 태도와 선호도를 이해하려면 집단의 문화사와 경험을 물질적 환경이라는 맥락에서 파악해야 한다. 어느 경우든 문화 요소와 물질적 환경의 역할을 명쾌하게 나누기란 불가능하다. '문화'와 '환경'의 개념은 '사람'과 '자연' 개념만큼이나 겹친다. 하지만 둘을 구분해서 다루면 유용한 점이 있다. 이런 노정에서 먼저 문화에 초점을 맞춘 다음 환경(7장)으로 넘어갈 수 있으며, 그리하여 환경 지각과 태도의 성격에 대한 상호 보완적 통찰력을 얻을 것이다. 먼저 문화에서 시작해 다음 주제들에 주목할 것이다. (1) 문화와 지각 (2) 성 역할과 지각 (3) 방문객과 원주민 간 태도의 차이점 (4) 같은 환경을 평가할 때 배경과 경험이 이질적인 탐험가와 식민지 개척자의 차이점 (5) 유사한 환경에서 생긴, 구분되는 세계관 (6) 환경에 대한 태도의 변화들.

문화와 지각

없는 것을 보게 할 만큼 문화가 지각에 영향을 줄 수 있을까? 개인과 개인들로 이루어진 집단에서 일어나는 환각은 알려져 있다. 환각 현상은, 실재하지 않는 대상을 지각하는데도 통상의 지각 규칙을 따르는 것처럼 보여 매혹적이다. 환각을 불러일으키는 형상이 탁자 앞에 서 있다면 탁자의 일부가 가로막히고, 그 형상이 물러나면 탁자는 작아 보인다. 환각은 대개 사람이나 집단에 정서적인 충격을 가하는 억압의 징후이다. 기적을 바라는 흥분 상태의 순례자들은 동정녀 마리아를 보게 될지도 모른다. 많은 이들이 비행접시를 보았다고 주장한다. 충격을 받는 집단은 대체로 대규모 사회의 소수자다. 흥미로운 질문이 하나 있다. 특정한 문화권에서 환각이 정상적인 (즉 흔히 받아들여지는) 사건으로 발생할 수 있을까? A. I. 할로웰은 위니펙 호수 지역의 오지브와 인디언들이 실제로 지각의 환상을 경험한다고 확신한다. 그저 한 사람의 특성이 아니라 민족의 문화적 특질이라는 것이다. 오지브와 족 인디언은 '윈디고스'라고 알려진 식인 괴물을 본다. 어느 노인이 털어놓은 설명은 아래와 같이 끝맺는다.

> 해안과 섬 사이에 물이 얼지 않은 곳이 있었지요. 놈〔윈디고스〕이 그쪽 방향으로 다가오더군요. 놈을 계속 따라가는데, 놈이 약한 얼음 위에 서는 소리가 들립디다. 그러다 놈이 빠지면서 끔찍한 아우성 소리도 났지요. 나는 돌아섰기 때문에 놈이 물에서 빠져나왔는지 어쨌는지는 모르고요. 오리 몇 마리를 잡아서 카누로 돌아갔지요. 근방이라는 생각이 듭디다만 지쳐서 그만 야영 준비를 했지요. 사람들은 모두 떠나고 없었죠. 알고 보니 놈이 소리를 지르자 겁이 나서 자리를 떴더군요.[1]

오지브와 족 인디언이 광경과 음향의 출처를 순진하게 인식한다는 것은 사실이 아니다. 반대로 그들은 주변 환경을 상세히 알고 있는 탁월한 나무꾼이다. 더욱이 자신들을 놀라게 한 소리를 전형적인 자연주의에 입각하여 해명한다. 이 사실을 염두에 두면서 할로웰은 언급한다. "가장 강한 두려움은 객관적으로 아무런 해가 없는 자극에서 생긴다는 전통적인 학설로 개인의 지각이 철저히 형성된 사례를 찾아내는 것이야말로 중요한 일이다. 인디언의 행위는 자극물보다는 문화에서 비롯한 '정지'(停止, Einstellung)로 설명할 수 있다."[2]

윈디고스를 보는 사례에서처럼, 감각 작용과 해석 사이에 시간 간극이 없을 때 그 경험은 엄밀히 말해 좁은 의미의 지각이다. 시간이 지체되면 개념이 형성될 것이다. 사람이라면 물러난 다음 지각 단서를 합리적으로 활용하려고 여러 방식으로 해석할 수 있다는 것이다. 어떤 해석이 진실한 것 같아 이를 선호하여 강력하게 고수한다. 진실은 증거를 객관적으로 궁리하여 얻을 수 없다. 누군가의 총체적인 경험과 견해의 일부를 주관적으로 포용하는 것이다. 호피 족 인디언의 공간 이해 방식을 고찰해보면 이런 변별점이 상세히 드러날 것이다. 호피 족 인디언이 이해하는 공간은 서구인의 정적이고 3차원적인 구조와는 다르다. 호피 인디언 역시 서구인의 공간을 이해할 수 있다. 다만 그에게 백인의 전망은 가능한 여러 전망 중의 하나인 반면, 호피 인디언 고유의 전망은 자신의 총체적인 경험에 들어맞는다는 의미에서 진실하다.

인류학자 도로시 에건과 호피 족 정보 제공자 사이의 대화를 보면 이 사실이 분명해진다. 호피 족이 에건에게 제안한다. "눈을 감고 그랜드 캐년에 있는 호피 족의 집에서 뭐가 보이는지 말해주시죠." 에건은 찬란한 색채의 협곡 절벽과 절벽 가장자리를 휘감으며 다시 나타나 아래쪽

메사(꼭대기가 평평하고 주위가 절벽으로 된 암층 대지—옮긴이)를 가로지르며 뻗어가는 소로 등을 열정적으로 묘사한다. 호피 족은 미소 짓고는 이렇게 말한다. "내 눈에도 그 다채로운 협곡들이 보이고, 당신이 전하려는 바가 틀림없다는 사실도 알지요. 하지만 당신이 말하는 법은 틀렸어요." 호피 족에게는 소로가 가로지르지도 않고 사라지지도 않는다. 소로는 그저 걸어서 다져진 메사의 일부인 것이다. 그는 또 이렇게 말한다. "소로는 당신에게 보이지 않을 때에도 여전히 거기 있어요. 왜냐하면 내게는 소로 전부가 보이니까요. 소로를 따라 끝까지 걸어갔으니까요. 그리고 또 하나, 그랜드 캐년을 묘사했을 때 거기 갔었나요?" 에건이 말한다. "아니요, 물론 안 갔죠." 여기에 호피 족은 이렇게 답한다. "당신의 일부는 거기 있었고 일부는 여기 있었지요." 그리고 나서 환하게 웃으며 이렇게 말한다. "나한테는 그랜드 캐년의 일부를 움직이는 것보다 당신을 움직이기가 더 쉽습니다."[3]

성역할과 지각

성역할이 완전히 구분되는 문화권에서는 남성과 여성이 환경에서 다른 면들을 보고 이에 대해 다른 태도들을 가질 것이다. 예컨대 에스키모 남성과 여성이 마음속으로 사우스햄튼 아일랜드를 그려내는 지도는 엄청나게 다르다. 아이빌릭의 어느 사냥꾼은 지도를 그려보라는 요청을 받자 섬의 윤곽선을 자세하고도 정확히 보여줄 뿐 아니라 허드슨 만에 이웃한 연안 항구와 작은 만들까지 그려냈다. 하지만 여성은 알고 있는 사실을 윤곽선으로 표현하지 않는다. 여성이 떠올린 지도는 거주지나 교역 거점의 위치를 가리키는 지점들로 구성된다. 이런 위치 지도는 방향이라든가 상대적인 거리 면에서 존중해도 좋을 정도로 정확하고, 남성 사냥꾼의 윤곽 지도는 형태가 정확하다.[4]

지각과 환경적 가치에서 나타나는 차이점을 연구하는 데 다양한 방법을 사용할 수 있다. 조지프 손펠트는 알래스카에 거주하는 원주민과 비원주민 전원을 대상으로 포토 슬라이드 테스트를 시행했다. 지형, 물, 식물, 기온이라는 네 가지 기본 차원에서 하나 혹은 그 이상의 경관이 슬라이드에 묘사되어 있다. 테스트 결과, 남성이 거칠고 물이 있는 경관을 선호한 반면 여성은 온난하고 식물이 분포하는 경관을 선호한다는 사실이 드러났다. 백인 주민과 방문객보다 에스키모인 사이에서 불일치가 더 크다.[5] 테스트에서 예상치 못한 요소는 여성보다 남성이 물을 훨씬 선호한다는 점이다. 종교와 정신분석학 관련 문헌에서는 물, 특히 고인 물은 여성성을 상징한다고 한다.

서구 사회에서 어린아이를 키우는 가정주부의 정신 지도는 남편과 다른 듯하다. 출근하는 날이면 되풀이되기 마련인 부부의 동선이—집으로 돌아오는 길을 제외하면—서로 유사한 경우는 드물다. 장을 보러 나가면 남자와 여자는 각자 다른 상점들을 둘러보고 싶어 할 것이다. 두 사람이 팔짱을 끼고 걸을지는 몰라도 똑같은 것을 보고 듣지는 않는다. 두 사람은 이따금 타인의 공손한 요청에—이를테면 남편이 아내에게 골프 용품점 진열장에 보이는 골프채에 탄복하며 공감을 유도할 경우—고유의 지각 세계에서 튕겨 나가는 경우가 있다. 자주 들르는 거리를 생각한 다음 그 거리에 늘어선 가게들을 상기해보라. 어떤 가게들은 뚜렷이 부각되는 반면 다른 가게들은 꿈결처럼 흐릿하게 보일 것이다. 성 역할은 삶의 양식이 왜 다른지를 상당 부분 설명해줄 수 있을 듯하다. 서구의 중하층계급과 중류계급 성인들의 경우에 특히 그러하다. 반면 성역할은 대도시 상류계층에서는 그리 엄밀하게 구별되지 않으며, 이런 집단 구성원들의 차이점은 반문화적 성향을 보이는 '거리족'과 연구소에 소속된 학자들의 집단에서처럼 꽤나 흐릿할지도 모른다. 이들이 성차 때문에 대상을 다르게 지각하는 경우는 극히 드물다.

남녀의 환경 지각과 평가가 근본적으로 다르면 참기 힘든 불화를 낳을 수도 있다. 하지만 미국의 중간계급 사회에서 이런 갈등이 심각해지는 경우는 드물다. 가령 남편과 아내는 서로 다른 이유로 똑같은 행동을 하는 데 동의할지 모른다. 이와 관련해 허버트 J. 갠스는 뉴저지의 '레비트타운('레비트 앤 손스' 사에서 제작한 완전 조립식 주택명—옮긴이) 거주민'을 다룬 연구에서 새로 개발되는 교외 지역에 집을 구입하려는 이들에게 다음 질문을 했다. "아이가 없다면 도시생활을 선호할 것인가?" 응답자 가운데 87퍼센트가 부정적인 답변을 했다. 유대인은 도시에 가장 호의적이고 신교도는 반대였다. 대학 졸업자는 고등학교 중퇴자에 비해 도시 환경에 호의적이었다. 하지만 성별에 따른 차이는 전혀 없었다. 반면에 레비트타운 거주자들이 열망하는 삶의 가치에서 다양성의 근본 원인을 설명하려면 성차가 유의미했다. 남성은 '집과 뒤뜰을 어슬렁거리는' 기회뿐 아니라 하루 일과를 마친 다음 맛보는 전원의 평화와 고요를 기대했다. 여성은 새로운 친구를 사귀고 '친절한 이웃을 두는 이점'을 더 강조했다.[6]

방문자과 원주민

방문자과 원주민은 서로 다른 환경에 초점을 맞춘다. 안정적이고 전통적인 사회는 전체 인구에서 방문객과 단기 체류자의 비율이 낮다. 따라서 환경을 바라보는 그들의 시각은 그다지 중요하지 않을 것이다. 미국처럼 유동적인 사회에서는 인파를 뚫고 스치듯 지나치는 사람들의 속도감 있는 인상이 무시될 수 없다. 일반적으로 방문자만이 (특히 관광객만이) 나름의 관점이 있다고 말할 수 있겠다. 방문자의 지각은 간혹 어떻게 보느냐의 문제가 된다. 반면 원주민은 환경의 총체성에 몰입한 상황에서 비롯되는 복잡한 태도를 지녔다. 방문자의 관점은 단순하기에 쉽사리 진술할 수 있다. 그는 새로움과 대면하면서 자신의 느낌을 표현하고픈 자극을 받기도 할 터이다. 다른 한편 원주민의 복잡한 태도는 어떤 행위와 지역의 전통, 민간전승, 신화를 통해 간접적으로, 까다롭게 표현될 수 있다.

식민지 초기에 미국으로 이주한 이들의 눈에 야생지는 무엇보다 인디언과 악마가 약탈하면 탈환해서 개척해야 하는 장소이자 그 자체로 위협이었다. 사회 및 교육 배경도 이런 시각을 그다지 변화시키지 못했다. 하지만 18세기 중엽에 이르러 늘어가는 미국의 유한계층에서 유럽식 자연과 낭만주의를 추종하는 이들이 나타났다. 야생지에 맞서 투쟁하는 농부들과 야생지를 풍경으로 감상하는 신사들의 환경에 대한 시각은 점점 더 멀어져갔다. 신사 양반들은 야생의 자연을 찬미하느라 여념이 없었지만, 생계를 꾸려가려고 고군분투하는 농민들은 물론이고 거기에 거주하는 나무꾼이나 사냥꾼, 덫사냥꾼 같은 고독한 주민들의 입장은 전혀 달랐다. 프랜시스 파크먼은 젊어서부터 농민들에 대해 귀족 특유의 경멸감을 드러냈다. 1842년 여름 여행길에 파크먼은 뉴욕 북부와 뉴잉글랜드 지역을 지나갔다. 조지 호수 기슭의 경치에 탄복하며 며칠을 보낸 그는 여행 일기에 이렇게 적었다. "신사들의 자리로서 여기보다 세련된 장소는 없을 것이다. 하지만 지금은 수퇘지처럼 투박하고 비천하며 멍

청한 농사꾼들 무리가 여길 통째로 차지하다시피 했으며 그들은 대체로 기뻐하는 듯하다."[7]

편견 없는 철학자인 윌리엄 제임스조차, 하던 말을 갑자기 멈추고 노스캐롤라이나의 개척자들이 소유한 손질되지 않은 농장을 나쁘게 여긴 바 있다. 성찰하면서 제임스는 단지 스쳐 지날 뿐인 자로서 자신의 견해가 피상적이고 경솔하다는 결론을 내렸다. 산악 지역에 사는 사람들의 태도와 비교하면 중요하지 않다는 것이다. 그는 이렇게 설명했다.

하지만 내게는 개간지가 헐벗음에 지나지 않는 '무'만을 일깨워줄 뿐이었기에, 억센 팔뚝과 명령을 따르는 고분고분한 도끼로 개간지를 일궈낸 그들에게 그 땅은 별다른 얘깃거리가 되지 않으리라 생각했다. 하지만 흉측한 나무 둥치들을 바라보면서 그들은 승리감에 취했다. 나무토막들, 껍질을 둥글게 도려낸 나무들, 경계 짓는 빈약한 울타리는 정직한 땀과 끈질긴 노고와 최후의 보상을 이야기해줄 것이다. 통나무집은 자신과 아내, 아이들의 안전을 보장하는 곳이었다. 요컨대 내게는 망막에 비친 보기 흉한 그림에 불과한 개간지가 그들에게는 도덕적 기억을 불러일으키는 상징이었고, 이는 의무와 투쟁, 성공의 찬가를 노래했다.[8]

방문자의 환경 평가는 미학에 기울어져 있는 외부인의 시각이다. 외부인은 미에 대한 공식 규준에 따라 외관을 보고 판단할 뿐이다. 거주자의 삶과 가치에 공감하려면 특별한 노력이 필요하다. 뉴욕 주의 북부 지방과 노스캐롤라이나의 정비되지 않은 농장들을 본 프랜시스 파크먼과 윌리엄 제임스 같은 동부의 문화 지배층은 불쾌감을 느꼈다. 20세기 후반 그들의 계승자들이 미국 서부의 개발되지 않고 무질서한 도시 경관에 심판의 불벼락을 내리는 것도 당연하다. 그러니까 끝없이 줄지어 선 주유소와 모텔, '아이스크림 노점'과 햄버거 노점 말이다. 하지만 '먹는' 노점 상인들은, 마치 오지의 농부들이 정돈되지 않은 옥수수 밭뙈기를 독립적인 살림살이를 위한 투쟁에서 성공의 징표로 바라보듯이, 자신의 사업과 공동체 내에서의 역할에 자랑스러워할 수 있는 일이다.

거주자와 통행인의 시각은, 도시 재정비를 둘러싼 이해관계에 따라 나뉘기 이전의 보스턴 노동자계급 거주구역인 웨스트엔드에 대한 연구에서 사회학자 허버트 갠스가 예리하게 주목했던 데서 드러난다.[9] 웨스트엔드를 처음 방문한 갠스는 대립하는 미적인 특질들에 충격을 받았다. 한편으로 웨스트엔드의 유럽적인 특성은 나름대로 매력적이었다. 굽이진 좁은 거리마다 늘어선 고층건물들과 이태리인이나 유대인 양식의 가게와 음식점, 그리고 화창한 날에 보도를 오가는 군중들은 이국적인 풍미를 제공했다. 반면에 수많은 빈 상점들, 버려진 주택, 쓰레기로 숨 막힐 듯한 골목들에 갠스는 주목했다. 웨스트엔드에서 두어 주쯤 살아본 후 그의 지각은 교정되었다. 조심스레 관찰할 수 있게 되자, 텅 비고 퇴락해가는 구역은 사람들이 실제로 활용하는 곳이어서 눈길이 가지 않았다. 그렇게 시선이 걸러지자, 겉모습과 달리 내부는 훨씬 살 만한 곳으로 변했다. 갠스는 또한 거주민에게 공감하고 관대할 때조차, 외부인의 시각으로는 토박이들의 터전을 생경한 세상으로 그려낼 뿐이라는 사실도 발견했다. 예컨대 견습사원용 숙소에 대한 비망록에서, 웨스트엔드는 빈곤층 주택가이긴 하지만 '거주자에게 매력 있고 안전한' 다문화 거주지역이라고 따스하게 묘사했다. 또 사람들이 서로 가까이 하도록 공헌하는 요소는 장기 거주지로서 안정감, 강변 인접성, 이웃한 공원과 연못, 다양한 인종의 문화 같은 삶의 즐거운 측면들이라고 말한다. 사실상, 주민들은 인종적 다양성에 별다른 관심이 없었다. 비록 강둑과 수영장을 이용하긴 했어도 이런 곳을 근린의 일부로 여기지 않았던 것이다. 원주민은 근린을 매력적으로 묘사할 생각도 하지 않을 것이다.[10]

외부인의 열정은 그들의 비평적인 자세만큼이나 피상적일 것이다. 이런 식으로 유럽의 어느 도시에서 중세풍 지역을 찾은 관광객은 멈춰 서서 사람들이 실제로 어떻게 살았을지 따위는 생각해보지도 않고, 검은 자갈이 깔린 도로, 친근한 구석과 길모퉁이, 그림처럼 밀집한 주택들, 색다른 가게들에 기꺼워한다. 차이나타운에 들르는 관광객은 시각과 후각 자극에 현혹된다. 관광객은 과밀함, 노곤한 삶, 눈부신 파사드 뒤에서 벌어지는 도박판에는 (은혜롭게도) 무지한 채로 그곳을 떠난다.

방문자의 판단이 종종 유효하다는 것은 틀림없는 사실이다. 관광객은 신선한 관점으로 사물을 바라보는 미덕이 있다. 인간이란 예외적이리만치 적응력이 뛰어나다. 미나 추는 자신의 세계에서 사는 법을 배우려 할 때는 무의식 속으로 가라앉는 것 같다. 관광객은 원주민의 눈에 띄지 않는 환경의 장단점을 지각해내곤 한다. 예를 들어보자. 매연과 그을음으로 영국 북부의 산업 도시들은 심각하게 오염되었다. 관광객들은 이를 흔히 목격했지만 지역 주민들은 효과적으로 통제할 수 없는 것에는 눈을 감은 채 목전의 불쾌한 현실을 회피했다. 영국 북부 주민들은 산업 오염에 순응하며 '블라인드'를 드리운 채 두 종류 모임을 진행했으니, 바로 아늑한 실내 콘서트와 오후 차 모임이었다.

개척지의 탐험가와 이주민

개척지 변경 지역에서 탐험가와 이주민들은 새로운 광경과 장면을 접하면, 편지나 일기, 보고서나 책에 기록해두곤 했다. 새로움과 대면하자 사람들의 문화적인 편견은 오히려 확대되었다. 남쪽과 동쪽 두 경로로 유럽인들을 받아들였던 현재의 뉴멕시코 주를 생각해보자.[11] 남쪽으로 에스파냐 정복자, 선교사, 식민주의자들이 들어왔다. 나중에는 동쪽으로 앵글로색슨계 미국인 개척자와 군인, 정착민들이 들어왔다. 지리학 교과서에서는 (사막이 드문드문하며, 서늘하고 습한 산악 지역이 띄엄띄엄 조각처럼 박혀 있지만) 뉴멕시코 주를 본질적으로 반건조성 지역으로 묘사할 것이다. 그러나 에스파냐인과 초기 앵글로색슨계 미국인 방문자들은 매우 다르게 지각했다.

에스파냐 정복자들은 뉴멕시코의 기후와 토양에는 그다지 괘념치 않았다. 비옥한 토양과 평화로운 전원생활을 꿈꾸며 북쪽으로 옮겨가지 않았다. 에스파냐의 정복 전쟁은 원주민의 영혼을 구원하고, 개인적으로 이득을 챙기며, 에스파냐 군주에게 삼가 이익을 돌린다는 논리로 뒷받침되었다. 전리품은 주로 광물 자원에서 나올 터였다. 에스파냐인은 기후와 땅에 그다지 관심을 보이지도 않았는데, 신생 에스파냐와 크게 차이가 없기 때문이었다. 정복자들과 이주민들에게 북방의 3월이면 접하는 가장 뚜렷한 기후 변화는 기온 하강이었다. 1540년에 [탐험가] 코로나도는 [부왕] 멘도사에게 보내는 보고서에서 이렇게 썼다. "그들[시볼라 주민들]은 면을 재배하지 않습니다. 추위가 극심하기 때문입니다." "이 지역 원주민은 눈과 추위가 극심하다고 합니다." 그리고 이런 내용도 전했다. "아마도 추위 때문인 듯 새도 별로 없습니다." (……) 코로나도는 8월에 보고서를 작성했는데 이런 언급들은 풍문과 추측, 불길한 예언 따위에서 생겨났을 수도 있다. 60년 가까이 지난 후에, 신생 에스파냐의 총독에게 보고하는 임무가 이번에는 돈 후안 데 오냐테에게 주어졌다. 1599년 3월에 작성된 보고서에는 광물과 염전, 사냥감과 인디언 부하 등 이 나라의 자원이 꽤나 긍정적으로 서술되어 있지만 기후에 대한 언급은 이것뿐이다. "8월 말쯤에 신은 혹독한 겨울을 나기 위해 군사적 준비태세에 돌입하였습니다. 인디언과 이 땅의 자연이 우리에게 경고한 겨울 말입니다."

1760년에 타마론 대주교가 뉴멕시코를 방문했다. 대주교가 작성한 소책자 《뉴멕시코 왕국》은 홍수와, 물길마다 수자원이 풍부하다는 논평이 자주 보여 오늘날의 독자를 놀라게 한다. 건조하다는 얘기는 전혀 없다. 대주교는 이따금 열기를 언급하지만, 그가 하계 반년간 뉴멕시코를 여행했다는 사실을 고려하면 5월 11일 로블레도 근처에서 "일몰에 얼어붙을 듯한" 추위와 타오스 지역의 물길이 매년 얼어붙는다는 사실을 언급한 점 또한 흥미롭다. 남쪽 출신 방문객으로서 겨울 추위에 크게 불만을 토로한 사람도 있었는데, 산타페에 있는 행정부 법률 자문이었던 안토니오 바레이로다. 바레이로는 지역의 지리를 안내하는 소책자를 썼다. '기후'라는 제목을 붙인 장에서는 겨울만 논의하는데, 왜냐하면 "뉴멕시코의 겨울은 이쪽 추위에 익숙한 사람이라면 모두에게 독특한 인상을 선사하기" 때문이다. 바레이로에게는 세부를 생생히 그려내는 안목이 있었다. 가령, "소 우리에서는 종종 소젖을 짜내자마자 얼어버려서 작은 수건에 적셔 집에 들고 가서 원하는 대로 녹여 이용할 수 있다"고 기록했다.

에스파냐인과 멕시코인은 뉴멕시코 내에서 북쪽으로 이동할 때 황량하다고 여기지 않았다. 오히려 물길이 있다는 사실을 자주 언급했다. 바레이로는 "이 나라의 엄청난 부분이 광대한 평야와 목초가 풍성한 방목지로 뒤덮여 기쁨을 주는 계곡들로 구성돼 있다"고 말할 정도로 깊숙이까지 나아갔다. 라틴계와 반대로 앵글로색슨계 미국인 탐험가와 측량 기사는 습도 높은 동부에서 남서부 내륙으로 이동했다. 남서부의 외관은 그들에게 매우 부정적인 인상을 주기도 했다. 예컨대 J. H. 심슨 중위는 1849년 뉴멕시코 북서부 나바호 족 거주지를 거쳐 갔는데 이런 논평으로 답사일지의 결론을 맺는다. "나는 이 지역을 뒤덮은 정도의 거국적이다시피 한 황량함을 제대로 평가할 만한 사람이 있다고 믿지 않으며, 나 자신도 결코 그럴 수 없다. 내가 그랬듯이 이 지역 사람들이 직접 나서서 '땅을 자세히 살피고' 전반적인 불모의 상태를 확인하기 전까지는 말이다." 다른 문헌에서 심슨은 경관의 "병적인 색채"를 묘사하면서, "친숙해져서 그 광경에 적응할 때까지는" 거기에 "혐오감을 느끼지 않을 수" 없다고 했다. 1851년 5월, 미국과 멕시코 국경 위원회의 미국 측 위원장인 J. R. 발레트가 뉴멕시코 주의 남서쪽 평야를 횡단했다. 발레트는 그곳이 "극도로 황량하고 지루한" 곳이라고 규정한다. "무한히 똑같은 풍경이 이어질 것만 같은 지루하고 역겨운 평야와 산, 초목과 생물 군집에 지루하고 역겨워지지 않을 사람이 없을 정도였다." 발레트는 묻는다. "여기 이 땅이 우리가 그만한 비용을 치러서 구입했으며 앞으로 조사를 계속해야만 하는 곳인가?" 국경 위원회의 이후 보고서에서 W. H. 에모리는 100번째 자오선의 서부에 있는 대평야는 "남쪽 오지로 충분히 들어가 비 내리는 열대림에 이르거나 (……) 서쪽으로 한없이 나아가 태평양을 맞이하는 최후의 비탈에 이르지 않는다면 농업 인구를 부양할 가망이 없다"고 주장한다.

뉴멕시코 주의 인디언과 앵글로색슨계 미국인

학식 있는 사람으로서 어느 나라를 탐험하거나 이주하려고 마음먹었다면 종종 기록을 한다. 글에 그들이 받았던 인상이 남아 있다. 그런 인상들은 명백한데, 특수하거나 조금 피상적인 경향을 띤다. 특수한 이유는 탐험가와 조사관들이 제한된 업무를 수행중이기 때문이며, 피상적인 까닭은 이주민들이 과거의 경험이라는 색안경을 통해 새로운 환경을 지각하기 때문이다. 일단 어느 집단이 자리를 잡고 어떻게든 적응하고 나면 새 고향을 비교하고 논평하려는 충동을 잃는다. 환경의 가치를 언어로 표현하는 경우는 드물다. 사람들의 경제활동과 행동, 삶의 양식에 가치가 함축되어 있다. 뉴멕시코 주에 대한 최초의 인상은 이미 묘사했으니 이주민의 환경에 대한 태도로 방향을 전환해도 좋겠다.

   뉴멕시코 주의 북서부에 거주하는 다섯 집단, 즉 나바호 족, 주니 족, 에스파냐계 멕시코인, 몰몬교도, 텍사스 주 출신에 대해서 에븐 보와 에텔 앨버트, 그리고 동료들이 연구를 진행했다.[12] 5개 집단 중에서 인디언과 앵글로색슨계 미국인의 환경에 대한 태도는 극단적으로 달랐다. 인디언은 이 지역에서 수세기를 거주했다. 그들은 땅과 천연자원에 대한 상세한 지식을 보유하고 있다. 인디언은 단지 경제적 이익을 위해 자연을 정복하지 않으며 이를 남자다움을 시험하는 기회라고 생각하지도 않는다. 인디언은 여럿이 함께 사냥하지만 이런 활동은 의례에도 중요한 의미가 있다. 가령 나바호 족은 치유 제례에 식물을 사용하고 주니 족은 '카치나' 무용수들을 꾸미려고 가문비나무 가지를 사용한다. 몰몬교도와 텍사스 출신은 자연을 굴복시켜야 하는 대상으로 본다. 즉 신은 대지의 사물을 지배할 권리를 인간에게 부여했으며 사막을 정원으로 변형시킬 임무를 위임한 것이다. 그런 신학적 교리들이 몰몬교도의 정신을 지배할 것이다. 신은 텍사스 출신 농부에게는 소원한 존재이나 그들 역시 자연을 지배하려 든다. 몰몬교도와 텍사스 출신 사람들은 사냥을 즐긴다. 사냥은 남성의 운동이자, 여성을 집에 남겨두고 들로 떠나 총으로 잡은 사슴을 짊어지고 화롯가로 돌아가는, 남성다움을 뽐내는 시간이다.

하지만 앵글로색슨계 미국인도 각자 다르다. 텍사스 출신 주민에게 몰몬교도는 독특한 인종이며 그들의 거처가 단짝처럼 붙어 있다는 것도 왠지 맘에 안 든다. 몰몬교도가 보기에 듬성듬성 떨어져 있는 텍사스 출신 사람들의 주택들은 공동체 정신이 결여되어 있다는 증거다. 그러니까 그들은 미래를 가늠하지 않는 건지(乾地)농법으로 경작을 하고, 평야에 관개시설을 만들지 않으며, 그다지 문명화하지 않은 것으로 보인다. 텍사스의 얼룩무늬 강낭콩 농사를 짓는 농부를 예로 들어보자. 농부는 강수량이 불안정한 기후 조건에 맞서야 한다. 한 해도 풍년을 장담하지 못한다. 가뭄은 농부가 어찌해볼 수 없는 일이지만, 농부는 자신이 운명의 주인이라고 느껴야 한다. 농부의 개인적인 성향이 어떻게 귀결될지는 자명하다. 도박욕과 더불어 작황을 망쳤다는 정도의 허풍거리밖에 없을 때조차 자랑하고 싶은 욕심이 생긴다. 더불어 자연의 결함을 대하면 수맥 탐지나 입증할 수도 없는 갖가지 기우 대책 따위를 성급하게 믿어버리기도 한다.[13]

나바호 족과 주니 족의 세계관은 공통점이 많다. 두 부족에게 신성한 권능은 인간과 동물, 장소와 신비로운 존재에 두루 어려 있다. 일부는 다른 것에 비해 더 많이 할당받기는 하지만 말이다. 모든 힘이 함께 작용하면 조화가 뒤따른다. 나바호 족과 주니 족은 조화를 유지하고 이지러진 조화를 복원하려는 의식을 행한다. 두 문화 모두 조화가 중심 가치이고, 이로부터 인간과 자연을 대하는 태도가 복잡해진다. 하지만 나바호 족과 주니 족은 사회의 조직화와 경제 형태가 다르며, 이런 차이는 종교와 환경을 대하는 태도에도 일부 반영돼 있다. 이미 여러 차례 언급했듯이, 주니 족에게는 밀집한 취락 형태에 어울리고 자족적인 문화와 동일시되는 강력한 중심성('중간계')이 있다. 나바호 족은 듬성듬성 떨어져 있는 호간에 살고, 사회 조직은 대체로 느슨하게 형성돼 있으며 이에 부합하여 세계관의 짜임새도 느슨하다. 하나의 '중간계'는 없으며, 호간은 저마다 의식이 거행되는 일종의 중심지다. 나바호 족에게 공간은 조금 규정하기 어려운 듯하다. 그들은 자기네 땅의 경계 지역, 즉 신성한 네 개 산으로 에워싸인 곳을 신성불가침의 장소로 여기는 정서가 강하다. 두 부족은 태양 주권을 인정하고 색채 상징주의를 공유하며 '4'를 성스러운 숫자로 포용한다. 하지만 은총이 이어지도록 보장해주고 의례의 생명력이 지속되도록 시기를 구분하는 달력 같은 연속적 지시 체계는 갖고 있지 않다. 두 부족은 '미'와 '추'를 다르게 해석한다. 주니 족에게 '미'는 노동의 결실인 풍족함과 번영을 의미한다. 나바호 족에게는 녹색의 환영, 즉 생명을 지탱하는 여름날의 경관이다. 주니 족에게 '추'는 살림살이 자체의 어려움과 악의 어린 인간성을 뜻한다. 반면에 나바호 족은 자연스러운 질서의 갑작스러운 혼란이라고 보는 편이다. 그것이 고난, 가뭄으로 마른 대지, 질병, 사고, 이방인에 대한 기억을 일깨우기 때문이다. 경관의 상징은 개인 관계와 사회적 관계를 더 의식하는 주니 족보다는, 나바호 족의 정신 속에서 자주 나타나는 것 같다.[14]

환경을 대하는 태도의 변화: 산

건축양식은 기술과 경제의 변화, 그리고 물질적 환경에서 바람직한 것을 대할 때 변하는 사람들의 태도를 반영한다. 농경지 활용 방식 또한 기술 혁신과 상거래의 새로운 추세, 식품 선호도를 반영한다. 하지만 자연의 특정한 면모는 인간의 손쉬운 통제를 거부한다. 산과 사막, 바다가 그렇다. 산과 사막, 바다는 인간의 선호도와 무관하게 인간 세계에 영구적으로 고정돼 있다. 이렇듯 완고할 만큼 비타협적인 자연을 인간은 때로는 숭고한 신의 거처로, 때로는 추하고 혐오스러운 악마의 거처로 취급하여 정서적인 반응을 보인다. 근대에는 이러한 정서적 여운이 대단히 약해졌지만, 경작지로 즉시 개간할 수 없는 자연에 대한 태도에 강력한 미학적 요소로 남아 있다. 뉴멕시코의 경관은 이미 살펴보았듯이 한때는 '혐오스럽고', '역겨우며', '지루하다'는 평가를 받았다. 이제 뉴멕시코 주는 '매혹의 땅'이라 주장하며 실속 있는 관광산업을 자랑한다.

자연을 향한 태도는 시대에 따라 어떻게 변화하는가. 산을 생각해보자. 인간사 초기에 산은 외경심을 불러일으켰다. 산은 사람 사는 평지 위로 탑처럼 솟아 있었다. 멀고 다가가기 어려우며 위험한 데다 평범한 사람들의 요구와는 어울릴 수 없는 대상이었던 것이다. 세계 각지의 사람들은 하늘과 땅이 만나는 장소가 산이라고 생각했다. 중심점, 즉 세계의 축인 산은 인간의 영혼이 우주의 층위에서 한 단계 위로 상승하는 신성한 힘의 수태지였다. 메소포타미아인의 신앙에서처럼, '대륙의 산'은 지상과 천상을 결합해주었다. 계단식 피라미드인 지구라트는 수메르어로 아득히 멀리 보이는 언덕이라는 의미였다. 수메르인은 이를 우주적인 산으로 해석했다. 인도의 신화에서 수미산은 북극성 아래 세계의 중심에 있었다. 보로부두르 사원은 이 상징의 건축학 판본이었다. 중국과 한국에서는, 수미산이 곤륜산으로서 원형 우주도에 등장했다. 이란의 〔신화 속의〕 하라베라자이티 산(Haraberazaiti)은 세계의 중심부에서 하늘에 단단히 고정되어 있었다. 우랄알타이 족은 중심에 산이 있다고 믿었고 게르만 족에게는 무지개가 천상의 원개에 닿는 히밍비오르크(Himingbjorg: 천상의 산)가 있었다. 당장 떠오르는 예로는 그리스인의 올림푸스 산, 이스라엘

인의 다볼 산, 일본인의 후지 산이 있다. 다른 예도 얼마든지 있다.[15]

산에 대한 초기 인류의 미적 반응은 다양했다. 헤브라이인은 산을 당당히 주시했다. 그들은 끝없이 펼쳐지는 언덕에서 평화를 느껴 눈 들어 산을 바라볼 줄 알았으며, 그 산은 신성함의 지표였다. "당신의 공변되심 우람한 산줄기 같다."(시편 36장 6절, 이하 성경 구절은 공동번역 참조―옮긴이) 산은 우리가 감사를 드리는 창조물이었다.(신명기 33장 15절) 초기 그리스인은 포괄적으로 파악할 수 없는 자연 앞에서 반감뿐만이 아니라 두려움도 느꼈다. 산은 길들여지지 않고 위협적이었지만 "하늘을 찌를 듯한 암석들"과 "별들과 이웃한 산봉우리"(아이스킬로스)는 근대적 의미에서 숭고함을 드러내기도 했다. 로마인은 산을 냉담하고 적대적이며 황량하다고 묘사하며 그리 공감하지 않았다.[16] 중국에서 산은 까마득한 전설 속에서부터 신령함의 대상이었다. 다섯 개의 신성한 봉우리 가운데 으뜸인 태산은 신성했다. 한무제(기원전 140~기원전 87)는 태산에서 천지신명께 제사를 올렸다. 도가사상은 산에 신비로움을 드리웠다. 도가와 불교 신자 모두 산이라는 요새 내부에 사원을 지었다. 산은 중국이나 고대 그리스에서 종교의식을 통해 친숙해졌다.[17] 그리스인처럼 중국인도 두려움과 혐오감을 안고 산을 바라보았다. 산은 어두운 숲으로 뒤덮여 있었다. 원숭이와 유인원의 서식처인 산은 안개로 뒤덮였으며 하늘 높이 솟아서 태양도 가렸다.[굴원(기원전 332~기원전 296)의 시에서] 전한 시대의 시에서 산은 거칠고 야생 자체라서 그 앞에 서는 사람은 누구든 넋이 나가 심장이 멈춰버릴 거라고 묘사되었다.

중국인이 산을 대하는 태도는 시대에 따라 바뀌었다. 이는 서양인의 태도와 일대일로 대응하지는 않지만 경계선을 폭넓게 그리다 보면 공통 순서를 판별해낼 수 있다. 양 문명 모두 혐오감과 결합된 외경심 어린 종교적인 태도에서, 숭고감이 보기에 즐거운 느낌으로 전이된 미적인 태도로 바뀌었던 것이다. 산을 기분 전환의 원천으로 여긴다는 점에서 근대적인 가치평가로 전환했다고 할 수 있다. 중국에서는 4세기 무렵 산을 미적인 감상의 대상으로 여겼는데, 이 시기에 수많은 사람들이 중국의 험한 남부 지역으로 이주했다.[18] 하지만 그림을 보면, 당조(618~907)에 이르기까지 정지한 인간의 형상이 회화예술을 지배했음을 알 수 있다. 산에 견줄 정도는 아니라 하더라도 사람은 그에 필적했던 것이다. 당나라 말기에 이르러 자연이 전면에 부각되었고 송조(960~1279)에는 '산수' 장르의 그림들이 탁월한 성취를 이뤘다.

서양에서는 길들지 않은 자연을 감상하는 태도가 동양보다 훨씬 이후에 나타난다. 중세 작가들은 (성경의 상징주의에 근거해) 한 개인의 경험을 추상화하고 도덕률로 물들이곤 했다. 하지만 8세기의 서사시 《베오울프》에는, "늑대가 출몰하는 계곡"과 "바람이 휩쓸고 간 호반의 돌출부" 앞에서 사람이 느끼는 외경심에 주목하면서 직접 경험한 자연을 묘사한 연들이 포함되어 있다.[19] 1335년에 페트라르카는 방투 산에 올랐다. 시대에 앞서서 야생의 자연을 애호한 이로서 페트라르카는 때로 자정이 넘은 시각에 침대에서 빠져나와 산에서 달빛을 받으며 거닐었다. 19세기 초의 대담한 낭만주의자라도 감히 흉내 내지 못할 위업이었다. 더욱이 페트라르카의 서한과 운문은 자연에 대해 감상적인 태도, 즉 작가의 기분을 드러내기 위해 무생물계를 채색하는 방식을 보여주는데, 이는 근대 이전에는 드문 일이었다.

18세기에 들어서기 전까지 산에 대한 전반적인 견해는 냉담했다. 이런 혐오감은 문학작품에 분명히 드러나 있다. 마조리 니콜슨은 1657년에 출간된 조슈아 풀의 《영국 파르나소스》를 언급하면서, 저자는 포부가 큰 시인들에게 산의 묘사에 세 단어로 구성된 형용사구를 권했다고 말한다. 드물게 형용사구는 중립적이었고(돌투성이, 바위투성이), 스쳐가는 장엄한 느낌을 묘사했지만(웅대하게, 별이 스치는) '오만한, 무뚝뚝한, 야심만만한, 불모의, 하늘을 위협하는, 거드름피우는, 황량한, 투박한, 불친절한, 혹한의, 무익한, 폭탄 맞은, 등이 구부정한, 쓸쓸한, 우울한, 길이 없는'처럼 대개 혐오감을 표현했다. 게다가 산은 '지구의 젖통, 오름, 종양, 수포, 사마귀'로도 그려졌다.[20]

100여 년 후에 낭만주의 시인들은 영혼을 뒤흔들어 황홀경에 이르게 하는 경이롭고도 영광스러운 높이를 찬양하며 산을 노래하기 시작했다. 산은 이제 소원하거나 불길하지 않으며 지상의 것 중에 무한에 가장 가까운 실체로, 숭고미를 지녔다. 열정에 사로잡힌 시인들은 외롭지 않았다. 경험이 필수 요건은 아니었다. 임마누엘 칸트는 한번도 산을 본 적이 없었음에도 알프스 산맥의 어느 풍경이라는 견지에서 숭고의 이념을 정의했다. 무엇이 이런 놀랄 만한 변화를 초래했을까? 니콜슨은 산의 가치 변화에 공헌한 17~18세기의 지적 전회를 추적했다.

'원은 완벽함의 상징'이라는 관념을 꺼림칙해하면서도 폐기한 것이 바로 전환점이었다. 이런 믿음은 뿌리도 깊을뿐더러 강력하게 신봉되어왔다. 그리하여 천문학과 신학에서 인문학과 예술에 이르기까지 사유의 여러 분야를 잠식했던 것이다. 만약 완벽함이 존재한다면 그 소재지는 하늘이었으며, 과연 거기서 원형 궤도를 그리는 행성들을 발견했던 것이다. 하지만 지구는 완벽한 구형이 아니었다. 18세기에 영향을 미친 관점 하나는 지구가 '타락'한 결과, 돌출된 산과 깊은 대양이라는 불규칙한 형태로 일그러지고 말았다는 주장이었다. 애초에 지구의 겉을 감쌌던 부드러운 순수함은 물로 구성된 내부 지층 속으로 붕괴해버린 것이다.

우리 눈에 보이는 산과 계곡은 사실 처참한 폐허다. 한동안 (뉴턴을 포함한) 저명한 학자들이 이 주제에 호감을 품었다. 하지만 이 관점은 과학적인 증거에 의해 전복되었으며, 나아가 단순한 지질학적 형태를 아름다움과 동일시하기를 거부한 새로운 미학 덕분에 이러한 견해는 서서히 철회됐다. 18세기에 점차 많은 작가들과 사상가들이 불규칙하고 무용한 것들은 끔찍하면서도 동시에 경이로운 아름다움을 제 속에 간직하고 있다고 주장했다. 중국 양식이 널리 인기를 끌고 중국의 풍경이라는 색다른 도안을 수용함으로써, 미학의 유일한 정전으로서 형식성과 규칙성을 역설하며 주저하던 상황에서 한 걸음 더 벗어나게 되었다. 이러한 지적 경향이 산을 감상하는 길을 터주었다고 할 수 있다.

산에 대한 태도들은 다른 이유들 때문에 바뀌기도 했다. 18세기가 지나면서 여행은 더 수월해졌다. 산에 쉽게 접근할 수 있게 되자 산을 금기시하는 풍조는 많이 사라졌다. 익숙해지자 감정은 누그러졌다. 물론 1750년 훨씬 전부터 아무런 두려움 없이 산을 터벅터벅 걸어가는 대담무쌍한 영혼들이 있었다. 16세기에도 알프스 산을 즐기려고 넘어가는 사람들이 있기는 했다. 점점 많은 사람들이 즐기려고 여행을 했고, 다음 세기에는 학문적인 목적으로 여행하는 이들이 나타났으며, 1700년대에는 과학과 환상이 뒤섞인, 알프스를 넘나드는 여행에 대한 온갖 책들이 출간되었다. 알프스 산맥의 위대한 여행가인 취리히 출신의 요한 야콥 쇼이처는 1702~1711년에 아홉 차례나 알프스 산을 둘러보는 여정에 나섰다. 그는 식물학자이자 지질학자였다. 고도측정계를 고안하고 얼음의 움직임을 이론화한 사람이었지만, 스위스 연방의 지역에 따라 서로 다른 용(龍)의 종류를 합리적으로 정리한 편람을 작성하기도 했다.[21]

쇼이처는 산에 대한 가치평가를 바꾸는 데 남다른 기여를 했다. 대낮

산 공기가 건강에 좋은 이유를 해명하는 이론을 창안했는데, 이 사람의 생각을 접하면 호텔 안내서 같다는 느낌이 든다. 산에 건강을 회복시키는 힘이 있다는 생각이 널리 퍼지기 시작했을 때 새로운 서광이 비쳤다. 요양소와 호텔, 관광 편의시설이 건축되었고, 이런 사업이 성공을 거듭하자 부유층의 눈에는 스위스가 휴식의 본거지이자 휴양지가 되었다. 19세기 중반 무렵이면 산에 대한 평판이나 이미지는 완전히 역전되었다. 대담한 영혼의 소유자에게만 즐거움을 불러일으키는 오싹하게 두려운 장소라는 통념이 사라지면서, 산은 쇠약해진 사람들의 필요에 부합하는 자애롭고 만족스러운 곳이 되었다. 미국 역시 이 시기에 서부의 산맥이 풍기는 매력을 인지했다. 1870년대에는 로키 산맥의 맑은 공기와 건조한 토양, 광천샘에 관심을 불러모으기 위한 캠페인이 기운차게 전개되었다. 콜로라도는 미국의 스위스, 또는 더 흥이 나면 스위스가 유럽의 콜로라도라고 주장했다.[22]

환경, 지각, 세계관

6장에서는 환경에 대한 지각과 가치를 결정짓는 문화의 역할을 개략적으로 살펴보았다. 물리적 배경을 단일하고 불변하는 항으로 설정해 경험과 사회경제적 배경, 목적이 다른 사람들의 가치평가가 어떻게 달라지는지 확인했다. 사회와 문화가 다채롭게 펼쳐지면 환경에 대한 태도가 시간에 따라 변할 뿐만 아니라 어떻게 역전될 수도 있는지를 살펴본 것이다. 7장에서는 지각과 태도, 세계관에서 물리적 배경이 어떤 효과를 내는지 집중 검토할 것이다. 간단한 것에서 복잡한 것으로, 즉 환경이 시각적인 단서를 해석하는 데 미치는 영향에서 거주 환경의 물질 특성에 근거한 세계의 구성에 미치는 영향으로 나아간다.

환경과 지각

인간의 거주 환경은 성격이 매우 다양하며 갖가지 방식으로 분류할 수 있다. 간단한 이분법을 적용하면 거주지는 '목공'과 '비목공' 범주로 나뉠 것이다. 목공의 세계는 직선과 각, 직사각형 사물들로 가득하다. 도시는 탁월한 장방형 환경이다. 이와 반대로 자연과 시골에는 장방형이 결여되어 있다. 원시문화권을 살펴보면 주거지조차 벌집처럼 원형일 것이다. 하지만 시골 경관에서 직각을 아예 찾아볼 수 없는 것은 아니다. 목공으로 지은 농가에는 탁자와 깔개, 침대처럼 직사각형 물건들이 다수 포함돼 있다. 이런 환경에서 살아가는 사람들은 평면에 그려진, 직각이 아닌 평행사변형을 공간적으로 확장된 장방형의 한 면을 재현한 것으로 지각하는 경향이 있다.(그림 8a) 이렇게 지각할 경우 목공으로 형성된 주

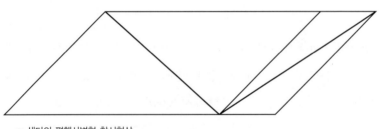

a. 샌더의 평행사변형 착시현상

b. 가로-세로 착시현상

그림 8 환경과 착시현상

위 환경은 기능에 있어서 대단한 가치가 있다. 도시 거주자는 매일 장방형 대상에 마주치는데 이것들은 비직각 형상으로 망막에 맺는다. 그런 세계에서 살아가려면 망막에 비치는 예각과 둔각을 직각의 표면에서 비롯된 상으로 해석하는 훈련을 해야 한다. 그런 해석은 끊임없이 강화된다. 그러므로 우리는 도시인과 시골 사람이 직선의 길이와 각도의 크기를 꽤 다르게 해석하리라고 예상할 수 있다. 한대 기후 거주자들은 온대 기후 거주자들보다 목공이 지배적인 환경에 살게 되는데, 추운 날씨 때문에 실내에서 더 많은 시간을 보내기 때문이다.

이들 두 집단의 지각 판단력은 아마도 도시인과 시골 사람의 차이와 유사한 방식으로 다를 것이다.

환경은 종이에 그려진 세로선의 길이를 가늠하는 사람의 판단에 영향을 미친다.(그림 8b) 그림에서 짧은 세로선은 관찰자와 멀리 떨어져 양옆으로 뻗어가는 상대적으로 긴 가로선을 재현한 것이다. 단축법으로 길이가 줄어든 가로선을 재현한다 치면 세로선을 과장할 수 있다. 평평하고 볼거리 없는 평야에 살면서 직접 쟁기질하여 밭고랑을 일구는 농부의 경우를 보자. 농부의 망막에 맺히는 수직선의 원천으로는 자신에게서 뻗어나가는 밭고랑이 유일할 것이다. 농부의 시각선과 같은 방향으로 물러나는 이런 세로선들은 가로선보다 훨씬 단축된다. 그런 사람은 망막상의 세로선 왜곡 현상을 가로로 펼쳐지는 지평선을 기준으로 하여 대단히 단축된 선으로 해석할 것이다. 일반인보다는 틀림없이 가로-세로 착시현상에 종속되어 있는 것이다. 여기서, 높은 주택들로 겹겹이 에워싸인 가옥의 작은 안뜰에서 성장한 사람들과 열대우림 거주민은 이런 착시현상에 직면할 개연성이 가장 적으리라는 가정을 끌어낼 수 있겠다.[1] 이 모든 가정에 대한 실험상의 증거는 제한돼 있으며 확신을 갖고 평가하기는 어렵다.

지각의 예리함과 거친 환경의 도전

거친 환경에 성공적으로 적응하는 과정에서 사람들은 지각을 대단히 날카롭게 벼릴 수 있다. 예컨대 북극에서는 지평선이 땅과 하늘을 분리하지 않는 시간대에는 눈앞이 완전히 흐릿해진다. 그런데도 에스키모인은 그토록 황량한 지역을 100마일 너머까지 돌아다닐 수 있다. 에스키모인은 시각보다는 청각, 후각, 촉각 단서를 더 많이 사용하며 바람의 방향과 냄새, 발아래 얼음과 눈의 느낌에 따라 나아간다. 아이빌릭 에스키모인에게는 바람을 가리키는 데 적어도 열두 가지 용어가 있으며, 각기 다른 눈의 상태를 형용하는 어휘도 매우 풍부하다. 이와 반대로 도시인에게는 눈과 얼음 관련 어휘가 매우 적으며, 날씨와 기분 전환 거리처럼 매일 영향을 미치는 자연의 일면들을 가리키는 어휘도 마찬가지다. 그런데, 도시인이 스키에 열중해야 한다면 설면의 질적인 차이를 감지하는 법을 배우면서 새로운 어휘를 획득하게 될 것이다.

칼라하리 사막의 부시먼은 척박한 환경에 잘 대응했다. 활발한 부시먼에게 필요한 하루 활동 대사량은 1975칼로리 남짓이지만 가용 식량을 통해 평균 2140칼로리를 얻는다. 그러므로 사람들의 통념과는 반대로 부시먼은 기아선상에서 삶을 이어가지 않는다.[2] 사막에서 사냥이나 채집에 능숙해지려면 지각을 실로 예리하게 훈련해야 하는데, 시력은 특히 더하다. 부시먼의 놀라운 시력에 대해서는 주목할 만한 내용들이 많다. 엘리자베스 토머스에 따르면, 기크웨 족 부시먼은 아무리 멀어도 수사슴, 사자, 표범, 새, 파충류, 벌레를 순식간에 분간해낼 수 있다. 그들은

50여 가지 흔적에서 한 동물의 족적을 골라내고, 금방 발자국을 찍어놓은 영양의 크기와 암수, 몸집, 상태까지 정확히 짚어낸다. 또 모래밭에 남은 미묘한 흔적으로도 눈앞에 있는 존재만큼이나 지나간 동물을 속속들이 알아낼 수 있으며, 새로운 사람을 만나면 얼굴 표정뿐 아니라 본능적으로 족적까지 마음에 담아둔다.[3]

식물 채집에서도 부시먼은 과일과 뿌리의 생태적이고 식물학적 증거들을 날카롭게 읽어낸다. 로렌스 반 데어 포스트는 여기에 주목한다. "붉은빛 모래밭의 지면에 붙어 있는 작은 잎사귀 하나가 풀과 가시에 가려서 내게는 보이지 않아서 골라낼 수 없는데 부시먼은 눈곱만 한 잎사귀를 발견하자 쪼그려 앉아서 땅 파는 막대기로 솜씨 좋게 파내더니 칼라하리의 식물 명칭에는 무지한 내가 야생 당근, 감자, 파, 순무, 고구마, 아티초크라고 부를 만한 것들을 뽑아낸다."[4]

기크웨 족 부시먼이 살고 있는 칼라하리 사막의 일부는 불모일뿐더러 아주 외딴 곳에서 자라는 바오밥나무들을 제외하곤 지표가 될 만한 것도 없고 어떤 지역은 문자 그대로 아무것도 없다. 부시먼에게는 사막이 특징 없거나 텅 빈 곳이 아니다. 부시먼은 수백 평방 마일에 이를 방랑 지역을 너무나 상세히 파악하고 있으며, 스무 명 남짓씩 무리지어 다닌 자신의 영역 내에서 "관목숲과 암석 하나하나, 땅의 복잡하게 뒤엉킨 부분 일체를 꿰고 있었고, 식량이 자라는 초원의 특정 지역은 설사 지름 몇 야드에 그치거나 키 큰 지채(芝菜) 몇몇이나 속이 빈 나무 한 그루만 남아 있는 곳이어도 명칭을 붙였다".[5] 멜론(tsama)이 나지 않는 무더운 시절에 부시먼은 바이(bi)라고 알려진 섬유질과 과즙이 많은 근채 식물을 주로 먹는다. 기크웨 족 부시먼은 몇 개월이나 그 지역에서 자리를 비운 후에도 눈에 띄지 않는 바이가 어디 있었는지 일일이 기억해낼 수 있다.

기크웨 족 부시먼의 예리한 시각은 경이적이다. 칼라하리의 북부와 오카방고 강 남쪽에는 쿵 족 부시먼이 살고 있다. 그곳은 건조한 편이지만 기크웨 족의 고향과는 달리 키 작은 나무가 군집하고, 우기 이후에 얕은 웅덩이가 조성되는 진흙투성이 평지와 자그마한 언덕이 특징인 완만하게 기복을 보이는 환경이다. 생존 조건이 덜 가혹한 지역에서 쿵 족은 다소 호화롭게 살아간다. 식량과 물을 구하는 압박감이 덜한 것이다. 그래서 영역의 광활한 부분을 세세히 파악하고 있지만 사냥감이며 식량이 있는 장소를 확실히 인지한 상태이기에 기크웨 족처럼 뿌리 하나하나를 모두 찾아내는 단서를 배우지 않아도 된다.

환경과 세계관

자연환경과 세계관은 밀접히 관련되어 있다. 이방의 문화에서 비롯되지 않은 세계관은 필연적으로 그 민족의 사회적이고 물리적인 배경에서 두드러진 요소들로 구성되게 마련이다. 기술에 기반을 두지 않은 사회에서 물리적 배경은 자연과 무수한 내용물로 만들어진 천막이다. 생계수단과 마찬가지로 세계관에는 자연환경의 주기성과 구속성이 반영돼 있다. 이 관계를 그려내기 위해 콩고의 열대우림과 미국 남서부의 아열대 고원 지역에서 시작해도 좋겠다. 열대우림은 한 민족이 파묻혀 살아갈 수 있는 총체적 환경인 반면, 고원은 지표들의 얼개가 뚜렷하다는 특징이 있다. 이어서 이원론적 사회가 첨예하게 이분화된 환경(바다-산, 열대우림-초원)으로 양극성을 넓혀가는 양상을 고찰해보겠다. 끝으로 고대 근동인의 우주론에는 환경이 얼마나 뚜렷한 흔적을 남겨두었는지 살펴보겠다.

숲 환경

인간 거주지로서 열대우림의 으뜸가는 특색은 사방을 뒤덮는 본성에 있다. 하늘과 땅이 차이가 나지 않는다. 지평선이 없기 때문이다. 지표가 될 만한 것도 없다. 인지할 만큼 돌출한 언덕도 없고 칼라하리 평원의 바오밥나무처럼 눈길을 사로잡으며 외따로 자라는 나무도 없다. 저 멀리 펼쳐진 풍경도 없다. 콩고 열대우림의 밤부티 피그미는 위로 하늘이 있고 아래로 지하세계가 펼쳐진 땅위에 산다기보다는 오히려 사방을 뒤덮은 하나의 요소 안에서 살고 있는 셈이다. 별은 그들의 우주론에 아무런 영향도 미치지 않는다. 태양은 하늘을 따라서 궤적을 그리는 밝은 원반이라기보다는 숲의 바닥에 깜박거리는 빛 조각에 가깝다. 200년 가까운 세월 동안 피그미가 수집한 전설 가운데 3종만이 세상의 창조, 별과 하늘에 관련돼 있으며 이것들마저도 니그로(특히 사하라 이남 아프리카의 인종—옮긴이) 전설에 영향을 받은 듯하다.[6]

시간 감각은 단축된다. 전설을 보면 과거에 대한 무관심이 드러나고 계보학적 기억은 짧다. 열대우림에서 계절적 변이는 거의 찾아볼 수 없다. 엄청나게 풍성한 식물의 세계가 변화의 증거도 드러내지 않고 복잡한 생명주기를 통과해 가기 때문이다. 피그미는 자신들에게 유용한 동물군과 식물군에 대한 상세한 지식을 갖고 있지만 주기적인 활동은 알지 못한다. 가령 식용인 수생 유충이 모기로 변이한다는 사실이나 애벌레가 나비로 탈바꿈한다는 것을 모른다.[7]

열대우림 환경이 지각에 미치는 효과로는 전망의 감소를 들 수 있다. 눈에 보이는 것은 모두 가까운 곳에 있는 사물이다. 사냥을 할 때 사냥감이 근처에 불쑥 나타나기 전까지는 소리로 사냥감의 존재를 알아챈다. 열대우림 밖으로 나가면 피그미는 거리에 당혹스러워하고 나무가 없고 기복이 뚜렷한 지형에 당황한다. 원근의 단서를 읽어낼 수 없는 듯하다. 콜린 턴불은 피그미의 일원인 켕게를 에드워드 호수 근처의 개방된 목초지에 데려갔을 때 그가 내보인 당혹감을 묘사한다. 저 아래 몇 마일 떨어진 곳에서 물소 떼가 풀을 뜯고 있었다. 켕게는 턴불에게 "저 벌레들은 뭐지?"라고 물었다.

켕게에게 벌레들이 물소 떼라고 말하자 켕게는 폭소를 터뜨리면서 내게 그런 멍청한 거짓말 말라고 했다. 완전히 당황한 헨리도 켕게에게 같은 말을 하면서, 저 공원 방문객들은 위험한 야생 짐승 때문에 안내원과 동행해야 한다고 설명하자, 켕게는 여전히 믿기지는 않지만 좀더 분명하게 확인하려고 눈을 가늘게 뜨고 저렇게 작은 게 무슨 물소냐며 쏘아붙였다. 숲에 사는 물소보다 덩치가 두 배쯤 된다고 얘기하자, 켕게는 어깨를 으쓱하더니 그게 정말이라면, 자신은 무방비로 여기 서 있지 않을 거라고 말했다. 나는 켕게에게 물소들이 에풀루에서 에보요 너머 코푸 마을까지의 거리만큼 떨어져 있다고 말해주려 해보았다. 그런 환상 따위엔 흥미를 잃은 켕게는 팔다리를 긁적거리며 진흙을 떼어내기 시작했다.[8]

다른 기회에 턴불은 호수 한가운데 떠 있는 배 한 척을 가리켰다. 여럿이 타고 있는 제법 큰 낚싯배였는데 켕게는 그게 떠다니는 나뭇조각이라고 생각했다.

밤부티 피그미에게는 다른 민족 우주관의 두드러진 특징인 별과 계절, 하늘, 땅이 없다. 대신 모든 것을 지탱하는 숲, 자신들과 가장 동일시하는 숲이 있다. 가깝다는 것은 여러 가지 방식으로 표현된다. 가령 성관계는 오두막보다는 숲 개간지에서 이뤄진다. 어느 피그미는 숲에서 혼자

춤을 출 수도 있는데 그건 사실 숲과 춤추는 것이다. 신생아는 숲 덩굴 즙을 섞은 물로 씻긴다. 허리춤에 넝쿨을 둘러주고 양쪽 손목에는 작은 나무토막들로 장식한 팔찌를 끼운다. 사춘기 여자아이는 숲의 덩굴이며 나뭇잎들과 다시 접촉한다. 그걸 장식과 의상, 침구로 활용하는 것이다. 사냥에 실패하거나 병들거나 죽는 등 위기를 맞으면 남자들은 함께 모여 은혜로운 영을 깨우는 노래를 부른다. 제의 때 쓰는 몰리모 트럼펫을 가지고 숲속 곳곳을 돌아다니는데, 장년들이 부르는 노랫소리의 반향을 일으키는 식으로 청년 한 명이 악기 연주를 하는 것이다. 트럼펫 소리는 숲의 관심을 고통에 처한 사람들에게 돌려놓는 데 기여한다. 지표가 분간되지 않는 침투성 환경에서 피그미는 초점이 안 맞는 소리에 특별한 중요성을 부여해야만 한다. 노래에 중요한 것은 가사가 아니라 소리다. 죽음 너머, 인간과 동물 너머, 짐승으로 바뀔 수도 있을 인간 너머에 존재하는 초자연적인 것에 대한 피그미의 가장 명료한 관념은 '아름다운 새의 노래'다.[9]

푸에블로 인디언의 구성된 우주

미국 남서부의 푸에블로 인디언의 세계관은 여러 면에서 콩고 피그미의 세계관에 반립하는 명제다. 주요한 특질은 다른 민족들과 공유한다는 의미에서 변별성이 덜하기도 하다. 산타아나 출신 인디언이라면 피그미의 변별력 없는 환경보다 이집트와 중국의 우주론을 받아들이기가 훨씬 수월할 것이다. 삶의 양식에서 가장 극명한 대조는 문맹 부족과 도시의 시민 사이에서 나타날 거라고들 생각하겠지만, 사실 전적으로 다른 자연 환경에서 살아가는 '원시인들'의 삶도 상당히 대조적일 것이다.

푸에블로 인디언의 우주는 공간적으로 제대로 정의되어 있고 층이 잘 나뉘어 있으며 회전을 한다. 자연환경은 반건조 고원지대로, 한눈에 훑어볼 수 있는 광경과 메사나 뷰트(평원의 고립된 산이나 언덕—옮긴이), 조각처럼 깎아지른 절벽 같은 탁월한 육표를 제공한다. 땅은 층이 나뉘어 있다. 절벽에는 다채로운 색깔의 사암과 혈암층이 드러나 있고 검은색 현무암 용암층이 절벽 상부를 뒤덮는다. 태양이 하늘에 낮게 걸리면 색채는 눈부시다. 파란 하늘과 황갈색이 도는 붉은 토양, 여기저기 흩어진 암녹색 침엽수, 푸른빛의 우물과 작은 호수가 다채로우면서도 남서부의 밝은 팔레트에서 한데 섞이지는 않는다. 생계를 위해 인디언들은 작물을 재배했다. 정복당하기 전에 주요 곡물은 옥수수, 콩, 호박, 면이었을 것이다. 에스파냐 사람들이 밀, 귀리, 보리, 복숭아, 살구, 사과, 포도, 멜론, 칠리, 그리고 다른 채소들을 들여왔다. 음식은 엄청나게 풍부해졌지만 농사의 주기성과, 거기에 맞춘 의례는 본질적으로 달라지지 않았다.

장소와 위치, 방향은 푸에블로 인디언의 세계관에서 뚜렷이 나타난다. 산타아나 인디언들은 땅이 사각형이며 층층이 겹쳐 있다고 생각한다. 모서리에는 정령과 신이 거주하는 집이 있어서, 네 채의 집은 각 정령을 가리키는 기본 지점에 할당된다. '집'이라는 관념은 푸에블로 인디언에게 중요한 듯하다. 자연과 초자연의 모든 창조물은 자기 집을 배정받는데, 집은 산 자와 죽은 자를 위해 존재할 뿐 아니라 구름과 태양, 나비와 개를 위해서도 존재한다. 기본 방위는 중서부, 중동부, 중북부, 중남부라고 알려져 있다. 천정과 천저는 뚜렷한 수직축을 이룬다. 여섯 방향에는 저마다 고유한 색채와 동물이 부여되어 있으며 각각을 대응해놓은 배치도는 중국인의 우주 개념과 유사하다. 기하학적이고 정향적인 우주의 성격은 미약한 대로 집의 배치에 적용된다. 아코마, 산토도밍고, 산타아나 그리고 산후안 같은 정착지에서 주택들은 평행으로 늘어서 있다. 다른 촌락에서 주거지들은 하나 혹은 다수의 안뜰을 에워싸고 들어서 있다. 거리에는 이름이 붙어 있지 않은 편이지만 도심지 일부에는 방향을 나타내는 명칭이 붙어 있다. 산타아나 푸에블로 족에게는 안뜰이 셋 있다. 가장 넓은 뜰은 춤을 추는 곳으로 '중앙 광장'이라는 이름이 붙어 있으며 다른 두 군데는 '북쪽 모퉁이'와 '동쪽 광장'으로 알려져 있다.[10]

푸에블로 족의 우주라는 수직 단면은 천정과 천저의 방향으로, 색채층(가장 낮은 층인 흰색에서 붉은색과 파란색을 거쳐 지표의 누런색까지)과 창조신화 속의 지구의 계층화로 강조된다. 신화에서는 최초의 사람들이 땅 속에서 어떻게 살았으며, 어떻게 숱한 지층들을 뚫고 기어올라 '시팝'(푸에블로 족 전설에서 사람이 탄생한 지하세계—옮긴이)에서 북쪽 지표면으로 솟아났는지를 이야기한다. 최초의 인간들이 출현한 장소는 지극히 신성해서 머무를 수가 없었으므로 그들은 남쪽으로 옮겨갔다. 산타아나 전설에 따르면 옮겨간 곳은 '화이트 하우스'였고, 그들은 전통과 제의, 풍년을 빌어주는 노래를 가르친 신들과 함께 살았다. 다음으로 다시 남쪽 방향으로 옮겨가서 중간 지대에 이르렀다.[11] 주니 족 신화는 조금 다르다. 그들의 세계는 사각형보다는 원형에 가까우며, 그들은 자신들을 '사다리를 타고 내려온 옥수수 대왕들의 아이들'이라고 부른다. 이는 주니 족이 아래가 아닌 위로부터 기원했음을 의미한다.

태양, 하늘, 땅, 옥수수가 푸에블로 인디언 신화에서 두드러진 역할을 한다. 해는 아주 강력하여 대개 '아버지'나 '노인'으로 언급된다. 사람들은 태양을 향해 장수를 기원한다. 태양신은 사냥의 신이며, 태양의 온기로 논밭은 비옥해진다. 태양은 날마다 하늘을 가로지르는 여행에 나서서 해질 무렵에는 서쪽 자기 집에 이른다. 고대 인디언들은 석양 무렵에 맷돌에 간 옥수수 가루나 꽃가루를 흩뿌리며 기도를 드렸다. 하늘 역시 중요한 영적 존재다. 땅은 '어머니'와 '어머니 대지'로 불린다. 옥수수도 마찬가지여서, 푸에블로 족 인생의 신체와 영혼이다. 구름은 물의 정령들을 안전하게 수용하는 곳이며 죽은 자와 동일시되기도 한다. 산과 메사에는 권능이 있으며 초자연적인 것들을 수용하고 사방으로 자리잡은 성스러운 산들은 초자연적인 존재이다. 우물은 의식에서 중심이 된다.

태양의 경로는 농사 및 의례의 달력에 분기점을 찍는다. 호피 족에게 농경 날짜들은 태양이 하지로 나아가는 경로에 따라 설정되었다. 진행 경로 자체는 지평선 위의 지표물에 비견해서 떠오르는 해가 계속 나아가는 위치로 측정한다. 하지가 지나면 농번기가 끝난다. 주니 족 인디언들에게는 농사 날짜가 정해진 농번기가 없지만, 하지가 여름 장마철 무용제의 시작을 알린다고 본다. 추수를 하면서 적절한 관찰을 통해 활동주기에 들어서게 된다. 가을과 초겨울은 사냥이나 집짓기, 집수리를 하는 시기다. 겨울은 이야기와 오락, 결혼의 시절이다.[12]

푸에블로 인디언의 공간은 매우 분화돼 있어 밤부티 피그미의 시각적으로 정돈되지 않은 환경과는 다르다. 또 인디언 달력에는 경축일들이 절기별로 가득해서 정돈된 반면 숲속 거주민의 단조로운 시간 의식은 그렇지 않다. 열대우림이라는 환경에는 다양성이 결핍되어 있지 않다. 오히려 이런 통념과 거리가 멀다. 열대우림의 단조로움은 한해 동안 계절 변화가 없다는 데 기인한다. 조화로운 소규모 사회의 구성원들은 서로 친밀하게 교제하며 살아가지만 이들 사이에서도 세월이 더해가면 긴장감이 쌓이게 마련이라 여기서 벗어나게 해주는 형식이 필요하다. 푸에블로 인디언들과 달리, 피그미는 계절에 따른 변화가 뚜렷이 구분되는 활동과 계절에 맞춘 의식에서 벗어날 수 없다. 하지만 그들에게도 한 차레 휴지기가 있어서, 6월경에 두 달간 지속되는 벌꿀 철을 맞이한다. 이 것도 식량을 구하기 수월하던 시절 이야기다. 사냥꾼 두레는 좀더 소규 모로 갈라져 그들은 조별로 벌꿀을 찾아 나름대로 숲을 떠돌다가, 벌꿀 철이 지나면 다르게 조성된 두레에 다시 모인다. 변화 덕분에 해묵은 앙 심은 시들고 새로운 우정이 쌓인다.

이분법적 환경과 이원론적 태도

이전에 주목한 대로 인간은 환경을 삶과 죽음, 빛과 어둠, 하늘과 땅, 성 과 속 등의 양극으로 정리하는 경향이 있다. 일부 사회에서는 이런 이원 론 구조가 사유의 여러 층위에 두루 스며들어 있다. 그래서 우주론과 예 술, 종교뿐만이 아니라 사회조직에도 영향을 끼친다. 어쩌면 자연환경 이야말로 이런 이원론에 기초한 조망의 원인일지도 모른다. 자연이 양 극성이라는 가시적인 지표 역할을 하면서 일정한 경향을 강화할 수도 있 기 때문이다. 양극성이 인도네시아 제도의 사유와 사회적 패턴에 어떻 게 스며 있는지, 산과 물로 양분된 자연환경이 (특히 발리인들의) 존재의 상 반성을 어떻게 상징하는지 3장에서 살펴보았다. 다른 예로 카사이의 렐 레 족을 생각해보자.[13] 이 아프리카 부족은 첨예하게 분화된 환경에 성 공적으로 적응했다. 경제, 사회, 종교적 삶의 이원구조는 어쩔 수 없이 자연의 이분법으로 향하는 것 같다.

렐레 족은 콩고의 열대우림 남서부 지역과 카사이 강의 남쪽과 서쪽 에 살고 있다. 그 지대에서만은 빽빽한 적도의 열대우림이 초원에 밀려 났다. 렐레 족의 환경은 울창한 숲이 들어선 계곡과 풀이 자란 언덕으로 나뉜다. 렐레 족은 사냥꾼이자 농부로, 목초지에 세운 마을에서 산다. 각 마을은 라피아야자수로 둘러싸여 있다. 야자수 경계 너머는 숲으로 이어지는 풀밭과 덤불 지역이다. 주식은 옥수수인데, 관목이 무성한 열대 우림에서 풀을 베어내고 태우는 방식으로 경작지를 만든다. 남녀 모두 이 활동에 참여해야 하지만 경제활동은 성별에 따라 각기 다르게 이루어진다. 사냥과 약초 채집은 전적으로 남자의 일인 반면 여성은 물고기가 사는 연못을 돌보고 초원에서 땅콩을 재배한다. 의례의 가치와 경제활동은 무관한 듯하다. 렐레 족의 경제에서는 라피아야자수가 중요한 역할을 하지만 종교에서는 그렇지 않다. 야자나무에서 나오는 것은 모두 활용된다. 오두막 짓기와 바구니 짜기, 화살대 만들기와 옷감 짜기에도 야자수 섬유가 사용된다. 게다가 야자로 비발효 과실주도 담그는데, 이 술이 식단에서 두 번째로 중요한 품목이다. 의례 차원에서는 옥수수 농사도 중요하지는 않다. 반면에 사냥은 렐레 족의 종교와 사회에서 대단히 중요하다. 렐레 족의 사냥 솜씨는 평범하지만 고기는 영양 면에서 반드시 식탁에 올려야 할 음식이다.

열대우림에는 초원이나 촌락에는 없는 신비가 있다. 매리 더글러스는 보고서에서 이렇게 쓰고 있다.

렐레 족은 시적인 열정으로 열대우림을 이야기한다. 신께서 온갖 좋은 것들의 원천으로 숲을 내리셨다는 것이다. 렐레 족은 숲을 마을과 대조하곤 한다. 대낮의 열기 속에서 지저분한 마을이 불쾌하게 느껴지면, 그들은 서늘하고 어두운 열대림으로 즐겨 도피한다. (……) 남자들은, 열대림에서는 허기를 느끼지 않고 하루 종일 일할 수 있지만 마을에서는 하루 종일 음식 생각만 한다고 떠벌린다. 숲에 가는 것을 렐레 족은 '니인게나'(nyingena), 즉 '들어간다'고 하는데, 이는 오두막에 들어가거나 물속에 뛰어든다고 할 때 사용하는 표현으로, 그들은 숲을 분리된 요소로 보는 듯하다.[14]

남자의 영역이 숲이라면 초원은 여자의 영역이다. 하지만 초원은 아무런 위세도 부릴 수 없다. 메마른 불모지인 데다 침출토양에서 잘 자라는 곡식은 땅콩뿐이다. 게다가 땅콩은 파종에서 추수까지 여자들의 손길이 닿는 유일한 작물이다. 숲에서 옥수수를 경작하고 라피아야자수로 물건을 만들 때는 여자가 남자를 돕지만, 남자는 땅콩 밭에서 일하는 여자를 돕지 않을뿐더러 여자의 일을 존중하기조차 꺼린다. 렐레 족 여자는 남자에 비해서 초원을 훨씬 더 자세히 알고 있다. 숲이 여자에게 터부시되는 건조한 계절에 여자들은 (초원에서 메뚜기, 습지에서 애벌레처럼) 대체할 만한 것을 가까스로 찾아내곤 했다. 남자에게 위안의 근원이 되는 숲이 여자에게는 어둡고 막연히 위협적인 곳이다.

강변 환경, 우주지리학, 건축

이집트와 메소포타미아의 고대문명은 '근동'의 강변 환경에서 성장했다. 그들의 세계관은 사람들의 삶을 지배하는 자연에 대한 서로 다른 경험을 반영하면서 달라졌다. 이집트인은 질서정연하게, 메소포타미아인은 조금은 변덕스럽게 자연을 경험했던 것이다.

이집트

이집트의 지리는 사막과 나일 강이 압도적인 비중을 차지한다. 사막에서는 관개시설을 갖추지 않으면 농사가 불가능하다. 나일 강은 황량한 땅인 갈색 모래밭 전체를 남북으로 깊숙이 절개하며 엄청난 다산성을 이끌어낸다. 홍수로 범람한 물은 놀랄 만큼 확실한 용수 역할을 할 뿐만 아니라 매년 평야에 비옥한 침적토를 공급한다. 맑게 갠 날에 화창한 태양은 이집트인들의 삶에서 너무나 중요한 요인이다. 이집트인은 어둠과 추위를 싫어한다. 어느 고대 신관은 구름과 태풍에 맞서 태양이 승리를 거두게 해달라고 간청했다.[15] 구름은 비를 불러오겠지만, 이집트는 강수량에 의존하지 않는다. 구름은 태양을 가리지만 겨울에는 기온에 따라 적절한 빗방울이 생겨난다. 맑고 건조한 대기 중에 해가 뜨면 기온이 가파르게 상승한다. 하늘이 구름으로 뒤덮여 있는 데다 설상가상으로 서쪽 지평선 너머로 해가 떨어지면 급격히 추워진다. 입성이 변변치 않은 이집트인은 어둠과 더불어 추위에서 죽음의 전조를 느낀다. 태양과 나일 강에 비하면 자연의 다른 면모는 상대적으로 중요하지 않다.

고대 이집트인이 품은 환경의 가치는 언어에 간직되어 있다. 익히 예상할 수 있듯이 녹색은 선호하는 색채이자 '은총'과 동일시된 반면, 적갈색은 모래 언덕과 이방의 국가와 관련지어졌다. '경멸받다'는 뜻으로 통하기도 한 것이다. 이집트에 해당하는 상형문자는 ⬭로, 비옥한 검은 땅의 평평한 일부였다. 반면 세 개의 봉우리로 이루어진 ⌒⌒⌒는 "사막", "고원", "외국"이라는 의미였다. 이런 문자들은, 이집트인이 다산의 유역 바깥에 있는 이방의 풍경에 그다지 호감을 느끼지 않는다는 뜻일 것이다. 그런 곳은 너무 험난하거나 느닷없이 범람하곤 했던 것이다. 바깥 세계는 나무가 너무 많아서 하늘은 '낮에도 어두웠다'. 이집트인은 '하늘의 나일 강'이라고 알려진 빗물을 지상에서 흐르는 나일 강과 차별화했다. 비는 외국인과 고원의 짐승들의 용수였던 반면 나일 강은 이집트인들이 사용했다. 전자에는 의존할 수 없고 후자에는 의존할 수 있었다.[16]

나일 강이 흘러가는 경로는 이집트인의 방향감각에 강력한 영향력을 행사했다. '북쪽에 간다'는 말은 '하류로 간다'는 뜻이었으며 '남쪽에

간다'는 말은 '상류로 간다' 혹은 흐름을 거스른다는 뜻이었다. 유프라테스 강을 방문한 이집트인은 강물의 흐름을 아마 이렇게 묘사해야 했을지도 모른다. '상류로 가면서 하류로 돌아가는 물'이라고 말이다. 이집트어가 형성되던 시기에 남향은 나일 강변 거주자들의 세계를 지배했다. 이집트인은 남쪽, 즉 범람하는 강물이자 생명의 원천을 마주 대했다. 남쪽에 해당하는 단어는 얼굴을 뜻하기도 했으며, 북쪽에 해당하는 일상어는 '뒤통수'를 뜻하는 단어와 관련되었다. 남쪽을 향한 상태에서, 동쪽은 왼쪽과, 서쪽은 오른쪽과 같았다.[17]

이집트 종교사에서 주요한 흐름은 자연의 거대한 두 현상인 태양과 나일 강의 경쟁관계로까지 거슬러 올라갈 수 있다.[18] 원사시대(선사시대와 역사시대의 중간—옮긴이), '하(下)이집트'가 '상(上)이집트'를 정복함에 따라 태양이 나일 강의 지상권에 도전했다. 하류 이집트의 삼각주 지역에서 나일 강 지류들이 합류하는 물길들이 부챗살처럼 뻗어나갔다. 지류들은 단 하나의 두드러지는 지표물을 형성하지 않고 방향을 지시할 수도 없었다. 삼각주의 드넓고 평탄한 수면 위에 눈길을 끄는 것이라곤 전혀 없었다. 이런 배경을 지배하는 특징은, 매일 하늘에서 궤적을 그리는 태양이라는 존재였다. 초기 정착민들이 태양에서 정향성을 찾고 태양 신학을 펼친 것은 사실 당연한 일이다. 하이집트의 태양 신학은 상이집트의 나일 강 신학과 겹쳐졌다. 동서축이 남북축을 가로지르며 뻗어나간 것이다. 신화 차원에서 조정이 필요해졌다. 나일 강이 지배하는 세계관에서는 극지 부근의 별들이 죽은 자의 목표가 되었는데, 오직 그곳만이 지평선 아래로 떨어지지 않기 때문이다. 태양 신학이 부상하면서 지하세계로 들어가는 장소가 서쪽, 그러니까 태양이 매일 죽음의 하계로 향하는 곳으로 바뀌었다.

이집트의 환경은 나일 강 주변에 동서 대칭으로 배치되어 있다. 동서 어디로든 풍요로운 평야가 펼쳐지며 서쪽 강둑은 동쪽 강둑을 비춰주고 강변 유역에 솟은 절벽의 반대편에는 비슷한 비중의 자연물이 들어서 균형이 잡힌다. 마찬가지로 동서 어느 쪽이든 평야 너머로는 황량한 사막이 있었다. 이런 동서의 대칭이 이집트인의 우주관에 영향을 주었을까? 나일 문명의 백미는 웅대한 단순성이며, 이것으로 우주론과 예술, 건축에서 균형이라는 이상형이 표현된다. 지리학적인 동서 대칭은 세로축을 중심으로 하는 대칭으로 반복된다. 우주의 중심에는 나일 강 유역의 형태를 한 지구(게브: 테두리가 높이 솟은 큰 접시—옮긴이)가 있고 지구는 생명이 최초로 발원한 원시의 물('눈') 위를 떠머닌다. 지구 위에는 뒤집힌 냄비 모양의 하늘, 즉 하늘의 여신('누트')이 있으며, 아래서는 하늘의 대칭('노네트')이 하계를 에워싼다.[19]

우주적인 신앙은 이집트의 기념비적 건축물로 발현된다. 피라미드를 생각해보자. 피라미드 모양은 단일한 점에서 분기되는 네 변이 있는 이등변삼각형으로 만들어진다. 토대는 정사각형이고 정확히 기본 방위로 향한다. 파라오 쿠푸의 가장 거대한 피라미드는 일탈각이 정북에서 3도 6분에 불과하다. 정향성으로 피라미드와 우주의 상호작용이 강조된다. 사각형 토대와 이등변삼각형은 좌우대칭을 향한 충동을 강조하는 것으로, 좌우대칭은 이집트인의 삶을 표현하는 다른 영역에서도 나타난다. 꼭짓점이 위로 향하는 삼각형은 타오르는 불길과 연관되며, 기원전 3000년대에 이집트와 메소포타미아에서 땅의 여신을 형상화한 작은 입상에서 자주 나타난, 아래로 향하는 삼각형이 보여주는 반대극은 남성 생식력의 상징일 것이다.

피라미드는 넓은 건축 단지의 일부로 존재했다. 신전 건축 단지는 죽은 왕이 지상의 일시적인 존재에서 영원한 신성을 지닌 존재로 탈바꿈하도록 제사 지내는 의식에 적절한 무대를 제공했다. 탄생과 삶, 죽음의 주기를 통과하며 매일 해가 동쪽에서 서쪽으로 움직이듯이, 왕을 신격화하는 마지막 단계에서는 지상에서의 삶이라는 골짜기에서 버려진 고원으로, 즉 서쪽 방향으로 이동해야 했다. 식물한계선에 있는 골짜기 신전에서 죽은 자의 몸을 씻고 미라로 만들었다. 골짜기 신전에서 피라미드 동쪽에 위치한 무덤 신전으로 이어지는 100피트가량의 둑길이 있었다. 침침한 골짜기 신전의 분위기는 신비롭고 둑길은 길고 어두웠다. 거기서 왕의 미라는 태양이 내려다보는 거대한 안뜰로 모셔진 다음 피라미드 신전에 안치되고, 마침내 왕은 제의를 통해 신으로 변신했다. 마지막 과정은 북쪽 출입구를 통해 피라미드의 심장부 속으로 석관을 내리는 것이었다. 출입구의 경사는 하늘을 향해 빛을 비추면 북극성에 다다르는 각도였다. 북극성은 죽은 자들이 모이는 고향이었고, 해가 지는 서쪽 지역이었다. 피라미드에는 두 관념이 모두 표출되었다. 피라미드는 무덤이었다. 그러나 원시의 작은 언덕이자 치솟아 오르는 불꽃이며, 태양, 그러니까 영원한 생명을 상징했다.[20]

이집트의 왕은 신이었으니 왕의 통치는 신성했다. 누구도 왕의 권위에 이의를 제기하지 못했다. 이집트의 종교는 왕의 이름으로 절정에 이르러 고도의 중앙집중을 고무했다. 이집트는 분리될 수 없는 단일체였다. 내전이라는 것은 거의 모르고 살았으며 당시에는 무장한 외국 군대의 침공도 드물었다. 그래서 대다수 도시에는 성벽을 쌓지 않았다. 사회적으로나 정치적으로나 성벽은 중요하지도 않았다. 문제시되는 도시라면 유일하게 왕이 머무는 수도 정도였지만, 수도조차 왕에게 완벽하게 복종했다. 왕조가 바뀔 때마다 변화하는 취향에 맞추느라 수도를 여기저기로 이전했던 것이다. 수도에는 부와 장엄함이 넘쳤겠지만, 도시의 기능과 기운으로 보자면 자랑할 만한 곳이 못 되었다. 아케나톤이 건설한 태양의 도시인 '아케타톤'(텔 엘 아마르나) 정도가 이집트의 수도 가운데 그나마 이름이 남은 곳이며 알려진 곳도 많지 않았다. 그나마 아케타톤도 나일 강 동쪽 강둑에서 5마일가량 벗어난 곳에 자리 잡은 성벽 없는 도시였다. 아케타톤에는 도심이 없었고 소도에 해당하는 신성한 '테메노스'도 없었다. 사원과 왕궁, 사무소는 대개 임의의 장소에 세워졌다. 계획성이라곤 없는 도시의 외관은 피라미드나 이집트인의 세계관에서 그토록 적확하게 표현된 대칭이며 균형과 조화를 이루지 못했다.[21] 여타 고대문명 중심지들과는 다르게 이집트인의 정착지 내부에는 우주적인 질서가 없었다. 이집트라는 국가 자체와 종교의식의 구조물들이 양 척도가 되어 우주적 패러다임을 충족시켰던 것이다.

메소포타미아

이집트와 메소포타미아의 자연환경은 강수량이 부족하고, 국토를 관통하며 영구히 흘러가는 거대한 강에서 끌어온 물로 농사를 짓는다는 점에서 비슷하다. 하지만 중요한 차이가 있다. 이집트의 기후는 정확히 건조성인 반면 메소포타미아 기후는 농부의 입장에서는 덜 혹독하다. 메소포타미아 평야의 하부는 연평균 강수량이 4~8인치이며 상부는 관개시설이 없어도 농사짓기에 충분한 비가 내린다. 이집트에 내린 나일 강의 특별한 은총은 연중 변치 않고 지속되었다. 이와는 반대로 티그리스 강과 유프라테스 강의 동향은 예측하기 어려웠다. 두 하천은 눈이 녹고 비가 오는 봄철이면 유속이 최고치에 이른다. 하지만 원류 근처의 강수는 변덕스럽다. 티그리스 강 상류의 분지는 한 주에 10인치 가까운 강수량을 기록한 적도 있다. 비가 내리는 데다 눈까지 녹아 물이 불어나면 무서운 홍수로 이어진다. 큰물은 메소포타미아의 하부 평야를 뒤덮었다 빠지곤 했으며 완전히 물이 빠지는 데 수개월이 걸렸다. 이집트의 경관은 나일 강 근처를 중심으로 좌우대칭으로 배치되어 정확히 구획되었다. 이에 반해 메소포타미아의 경관은 분화되어 있지 않다. 모래밭과 퇴적사토 평원, 갈대가 자란 늪지와 호수가 서로 맞물려 있는 것이다. 강의 흐름은 범람한 주위의 대지와 명확히 구별되지 않는다. 그래서 두 하천은 나일 강처럼 방향 지시천이 아니다.

기원전 3000년대 말 무렵에 메소포타미아인들은 도시 문명을 건설했으며 자신들의 환경을 반영하는 독특한 세계관을 펼쳐나갔다. 세계의 기원을 그린 신화를 보면, 담수(압수)와 해수(티아마트), 안개(무무)의 세 요소로 구성된 혼돈의 물이 태초의 시작이다. '압수'와 '티아마트'가 결혼하여 침니(모래보다 잘고 진흙보다 거친 침적토―옮긴이)로 재현되는 신을 둘 출산했다. 이 신화는 자연에서 즉시 관찰할 수 있는 현상을 바꾸어놓은 것인 듯한데, 다시 말해 담수가 바다로 흘러들어갈 때 진흙이 침전되어 땅이 생기는 현상이다. 완전한 우주는 평평한 원반 모양의 지구로 이루어져 있다. 그 위로 둥근 지붕 아래 단단한 지표면으로 둘러싸인 광대하고 텅 빈 공간이 펼쳐져 있다. 하늘과 땅 사이에는 릴(공기, 숨, 영혼)이 있어서, 그것이 팽창하면 하늘이 땅과 분리된다. 위아래뿐만 아니라 사방으로 무한한 바다가 천지(안-키)를 에워싸고 있었다.[22]

수백에 달하는 신들이 판테온에서 우주를 감시했다. 그들이 맡은 기능과 중요성은 매우 달랐다. 가장 중요한 네 신성은 하늘의 신(안), 공기의 신(엔릴), 물의 신(엔키) 그리고 대모신(닌후르상)이었다. 네 신들은 목록 상단에 올라 있으며 무리지어 함께 행동하곤 했다.[23] 이집트인과 달리 메소포타미아인은 우주 질서를 당연하게 받아들이지 않았다. 질서란 신들의 의회에서 통치하는 국가처럼 끊임없이 유지 관리해야 하는 무엇이었다. 메소포타미아의 자연은 이집트에 비해 고분고분하지 않았다.

> 일어서는 물, 사람의 눈에 슬픔을 일깨우며,
> 위력 넘치는 홍수, 방둑을 넘어뜨리고
> 메수(mesu)나무를 닥치는 대로 쓰러뜨리며,
> (광분하듯) 쇄도하여, (질주하는 속도로)
> 천지사방을 마구잡이로 부셔버리네.[24]

한때는 하늘의 신이 최고의 자리에 있었지만, 기원전 2500년경에 '엔릴'이 지도자 지위를 이어받은 것 같다. '안'은 위엄과 권위, 무엇보다 중요한 하늘의 힘을 상징했으나, 잠자는 권력이었다. 하지만 공기의 신, '엔릴'은 실제 권력의 체현자였다. 엔릴은 신들의 의지를 집행했다. 엔릴이란 존재는 우주의 생산적인 특징 대다수를 창조하고 계획하는 가장 은혜로운 신성으로 여겨졌다. 불행히도 엔릴의 의무에는 벌을 부과하는 일도 포함되었는데, 신민의 복지에 지극한 관심을 보인 부계적 특성의 형상화라고는 하지만 엔릴은 폭풍우처럼 난폭하고 예측할 수 없는 행동을 보일 수도 있었다.

'엔키'는 지혜를 체현했다. 그는 창조적인 존재로, 생명을 선사하는 단물, 요컨대 우물물이자 샘물, 강물이었다. 엔릴이 대규모 기획을 돌보고 종합 계획을 작동시키는 반면에, 엔키는 자연과 문화의 상세한 작동 과정에 개입했다. 여신 '닌후르상'은 기원전 2000년대에 이르러 어렴풋한 형상을 갖추었다. 여신의 이름은 한때 '키'였고, 아마도 하늘의 신 '안'의 배우자였을 것이다. 닌후르상은 살아 있는 모든 것의 어머니로 여겨졌다.

메소포타미아의 천체 관념은 자연환경의 일정한 면모를 반영했던 만큼, 당시의 사회경제적이고 정치적인 기구들에 커다란 영향을 받았다. 천체의 상태가 지상의 권력 체계를 관념적으로 투사한 것이라는 생각은 솔깃하게 들린다. 이런 견해에 따르면, 하나의 패턴은 후자에 앞서 나타났다. 즉 후자의 원인이 되었다. 하지만 이런 믿음은 근거가 불충분하다. 메소포타미아 정치체제와 천체의 지배에 대한 관념이 서로 '보조를 맞추어' 진화했다는 설이 더 적절할 것이다.

이집트와 반대로 메소포타미아 문명은 도시의 성격을 띠었다. 기원전 3000년대에 메소포타미아 하부 (수메르) 지역에는 10여 개의 도시국가들이 들어섰고 국가 운영은 동시대인과 비교해서 권력이 강하지 않은 자유 시민들과 한 명의 수장이 맡았다. 전체를 아우르는 현존 권력도, 신성 가운데 지배적인 신도 없었기 때문에 초기에는 전제적인 통치자가 없었다. 하지만 도시국가들의 경쟁과 다툼이 늘어가고 동방과 서방에서 야만족이 위협해오자 지도력을 발휘하라는 요구가 늘어나 소위 '큰 사람'을 두는 왕권제가 형성되었다.

건축학상 성벽도시의 두드러진 특징은 신전 단지(테메노스) 내부의 단층에 위치한 신전이다. 이러한 신전의 우세는 도시가 신에게 속해 있다는 신학적 사고와 잘 맞아떨어졌다. 기원전 4000년 무렵만 해도 사람들은 자유롭게 신전에 드나들었다. 이후에 최고 신전을 단층 위로 올렸고 신전 단지 주위에 성벽을 쌓았다. 신과 신민의 거리는 점차 벌어졌다. 단층은 점차 높아지더니 이윽고 기원전 2000년경에 계단식 피라미드인 지구라트 형태를 취하게 되었다. 이는 건축양식에서 메소포타미아의 독특한 공헌이다. 신전과 지구라트는 돌출해 있었는데 이는 도시가 신의 사유지라는 관점과 부합하며 국가가 신권정치로 조직화되어 있음을 의미할 것이다. 하지만 이미 주목했듯이, 이런 규칙이 반드시 유효하지는 않았다. 도시의 신전은 (대개 몇 군데 있었다) 도시국가의 토지 일부를 소유하고 있었으며 나머지는 귀족과 평민들 몫이었다. 더욱이 사제들과 신전 관리자들은 세속적인 권력을 거의 행사하지 않았다.[25]

메소포타미아 도시의 건축 특성은 정치·경제보다는 우주적 신앙 형태들을 좀더 면밀히 반영했다. 지구라트의 규모는 거대한 이집트 피라미드에 비할 수 없었지만 평탄한 경관에서 우뚝 솟아났던 것이다. 우르(기원전 2250~기원전 2100?)의 달의 신인 난나의 지구라트는 불규칙적인 세 개의 단이 약 70피트에 이를 만큼 높이 솟은 순수한 벽돌 덩어리였다. 오늘날 꼭대기에서 내려다보면 황량한 평원 저편으로 에리두와 알루바이드 지구라트까지 보인다.

계단식 지구라트는 메소포타미아인의 사고에서 여러 측면을 대변한다. 갖가지 명칭 가운데 '산의 집', '폭풍의 산', '천지의 끈'이라는 명칭의 지구라트가 있었다. 산이 그렇듯 〔지구라트라는〕 탑은 세계의 중심을 상징했으며, 이는 신들의 지상 권좌와 하늘로 가는 사다리, 기념비적인 희생제의의 제단을 가리켰다. 건축물을 세운 까닭은 가뭄을 비롯한 자연재해를 예방하고, 티그리스 강의 풍성한 범람 같은 은총에 감사를 표하기 위해서였던 듯하다. 도시의 주민들은 건축 부역 요청에 열정적으로 부응했는데, 서구 중세에 농민과 귀족이 한마음으로 대성당 건축에 참여했던 일을 연상케 한다. 지구라트는 이윽고 메소포타미아인들의 인생에서, 이집트인들의 피라미드와는 전적으로 다른 역할을 맡게 되었다. 전자는 도시의 심장부에 있었고 후자는 죽은 자의 땅인 황폐한 고원에 있었던 것이다.

토포필리아와 환경

08

나는 환경에 대한 태도와 가치에 초점을 맞춘 채 (6장과 7장에서) 문화와 환경을 양분하는 단순한 기법으로 의미를 명료하게 정의하려 했다. 이런 과정을 거치면서 처음에는 문화, 이어서 환경이라는 두 관점에서 '태도와 가치'라는 한 쌍의 개념을 검토할 수 있었다. 8장과 9장에서도 유사한 전략을 채택하겠지만 장소에 대한 사람의 사랑, 즉 토포필리아가 특수하게 표명된 것들로 초점을 좁힐 것이다. 이 장의 주제는 다음과 같다. (1) 신체 접촉을 시각적으로나 미적으로 어떻게 이해하느냐에 따라 구별되는, 인간이 환경에 대응하는 방식들. (2) 건강, 친숙함, 과거에 대한 인식이 토포필리아와 맺는 관계. (3) 시골과 야생지를 평가하는 데 미친 도시화의 영향. 주제들이 이렇게 뒤얽힌 이유는 토포필리아라는 개념이 그만큼 복잡하기 때문이다. 그래도 8장의 주제들은 토포필리아적 정서의 범위와 다양함, 강렬한 정도라는 강조점을 공유한다. 9장에서는 환경요소들이 토포필리아의 내용에 어떻게 스며드는지를 고찰한다. 반복하건대, 느낌과 느낌의 대상은 분리할 수 없다는 점을 잊지 말아야겠지만, 주제를 쉽게 해설할 수 있다면 토포필리아와 환경을 가르는 목적 하나는 이룬 셈이다.

토포필리아

'토포필리아'라는 단어는 신조어로, 물질적 자연환경에 정서적으로 묶여 있는 모든 인간을 널리 정의할 수 있어 유용하다. 이 정서의 강도와 미묘함, 표현 양상은 대단히 다르다. 환경에 대한 반응은 우선 미적인 성격을 띨 터이다. 이는 풍광을 보면서 느끼는 찰나의 즐거움에서 덧없기는 마찬가지라도 갑자기 드러나면서 훨씬 긴장감 있게 느껴지는 미적 감각에 이르기까지 다양할 것이다. 반응 양상은 촉각적이어서, 공기나 물, 흙에 닿아서 기분이 좋은 감각이다. 더 지속적이고 표현하기 까다로운 반응은 고향이나 추억의 장소, 생계수단을 대하는 사람들의 느낌이다.

토포필리아는 인간의 가장 격렬한 감정은 아니다. 그런 정서가 압도적이라면, 분명 해당 장소나 환경에서 이와 연관된 특별한 사건이 발생했거나 이를 어떤 상징으로 지각했기 때문일 것이다. 그리스의 비극 작가 에우리피데스가 사람의 애정에서 우선한다고 주장한 것은 남자라면 누구나 동의할 만한 내용이다. "아내여, 이런 햇살 속에서 귀하고 사랑스러운 그대는 내 눈에는 잔잔한 대양이요, 꽃피는 봄의 대지이자 널리 퍼지는 물결이며 찬사를 보낼 만한 사랑스러운 풍경이오. 아이가 없고 갈망에 사로잡힌 사람의 눈에는 그렇지 않겠지만, 갓난아기 덕분에 환해지는 집만큼 예쁘고 사랑스러운 풍경은 없으리."[1]

미학적 감상

미술사학자 케네스 클라크 경은 시각적 즐거움이 오래가지 않는다는 점에 역점을 두어 이렇게 말했다. "나는 순수하게 미학적인 감각 작용의 즐거움이란, 사람들이 오렌지향을 음미하는 시간을 넘지 않는다고 믿는데, 내 경우에는 채 2분이 안 된다."[2] 위대한 예술작품에 눈길이 2분 이상 머무르면, 역사비평적인 지식 덕분일 뿐 감각은 쉬고 있다. 두 번째 감각의 바람이 일어날 수도 있지만 말이다. 클라크는 화가의 생애를 떠올려 화가가 눈앞의 그림을 그린 장소에 맞춰보려 노력하는 동안 수용력이 향상된다고 믿는다. 눈을 무의식적으로 묶어둘 만한 지적인 근거가 없으면 분명 간과했을, 그림의 아름다운 일부나 색채가 갑자기 눈에 띄기 때문이다.

케네스 클라크가 그림 감상을 두고 말한 진실은 풍경을 감상할 때도 똑같이 적용된다. 신성한 역사적 사건을 회상하든 지리나 구조에서 복류하는 현실을 떠올리든 다른 이유로 눈을 붙들어놓지 않는다면 아무리 강렬한 풍경도 덧없이 흘러가고 만다. 역사적 연합 작용이 얼마나 중요한지에 대해 F. L. 루카스는 이렇게 적었다.

구름으로 뒤덮인 아크로체라유니아 산봉우리를 난생 처음 아드리아 해에서 봤을 때나, 태양과 폭풍우에 하얘진 루카디아의 낭떠러지나 사로닉 해에서 석양에 자줏빛으로 물든 휘메투스 산을 처음 보았을 때는 세상의 어떤 시도 풍경의 강렬함에 미치지 못했다. 하지만 똑같은 형태와 색채인데도 뉴질랜드나 로키 산맥에서는 똑같이 여겨지지 않았을 터였다. 두 풍경에서 발산된 광채의 절반쯤은 2000년 묵은 시라든가 소크라테스에게 독미나리즙이 주어진 순간 휘메투스 산에 비친 석양을 떠올린 덕에 비롯되었을

것이다.[3]

놀라움에 사로잡히는 것이야말로 자연에 대한 가장 강렬한 미학적 경험일 것이다. 예전에 알지 못했던 실재의 일면을 갑자기 접할 때 아름다움을 느낀다. 어떤 풍경을 자주 대해서 생긴 취향이나 익숙한 장소에 대한 따뜻한 느낌은 앞 문장의 반립명제가 된다. 두어 가지 예를 들면 이러한 경험의 본성이 명료해질 것이다.

워즈워스가 호수 지방에서 헬벨린 산을 극적으로 지각한 사례를 보자. 어느 날 밤, 워즈워스와 드 퀸시는 전쟁 소식을 전해주던 우체부를 마중하려고 그라스미어 마을에서 걸어 나갔다. 두 사람은 애태우며 길가에서 1시간 이상을 기다렸지만 허사였다. 굽이진 길 너머에서는 아무 소리도 들려오지 않았다. 워즈워스는 마차 바퀴 소리나마 들어볼까 하는 마음에 몸을 엎드려 바닥에 귀를 갖다 대곤 했다. 이후에 워즈워스는 드 퀸시에게 이렇게 말했다.

오늘밤은 가망 없다며 끝내는 포기하고 땅에서 머리를 떼어 고개를 드는 순간, 주의를 집중했던 모든 신체 기관에서 긴장감이 단번에 빠져나가던 바로 그때, 헬벨린의 칠흑 같은 윤곽선 너머 허공에 떠 있던 밝은 별 하나가 갑자기 떨어져 눈으로 들어오면서 열정과 무한의 감각이 내 이해력을 꿰뚫어버렸죠. 다른 상황이었다면 그토록 압도적으로 사로잡히지 않았을 겁니다.[4]

탐험자가 쓴 일기에는 갑자기 드러나는 자연미를 묘사한 사례가 무수히 많다. 두 번째로, 눈보라가 잠잠해진 사이 요세미티 계곡을 그린 클래런스 킹의 묘사와 킨친중가 산에서 히말라야 봉우리를 감싸던 안개가 예기치 않게 걷히면서 그 멀고도 초현실적인 장대함이 모습을 드러냈을 때를 묘사한 프랜시스 영허즈번드 경의 기록을 살펴보자. 자연을 사랑한다고 자처하지 않는 이들도 이런 경험을 한다. 학자인 윌리엄 맥거번(맥거번만 이런 것은 분명 아니다)은 문학에서든 삶에서든 너무나 많은 경관이 사람을 몹시 지겹게 할 뿐 아니라 결국엔 졸음 유발제가 되어버린다고 생각했다. 1920년대 맥거번은 런던 대학 동양학연구소의 강사였다. 맥거번은 라사에 있는 불교 경전을 연구하러 티벳에 입국하려 했으나 기착지인 인도에서 라사 행을 거부당했음을 알게 되었다. 이 불굴의 모험가이자 학자는 잠입을 시도했다. (그러던 와중에 목숨을 잃을 뻔했다.) 그에게는 실제 도전에 직면한 상황이 풍경을 즐기는 것보다 훨씬 중요한 일이었음에 분명하다. 그런데 위험한 여정에 나선 어느 날 구름에 가렸던 태양이 나타나 히말라야 산봉우리를 환히 비췄다. 맥거번은 다음과 같이 토로했다. "일생에서 가장 아름다운 원경이었고, 나처럼 둔감하고 단조로운 사람도 그 웅장함을 만끽할 만했다."[5]

자연의 시각적 경험은 그 종류와 강렬함이 매우 다양하다. 사회의 관습을 수용하는 것이나 다를 바 없는 경우도 있다. 오늘날 대다수 관광객은 오로지 국립공원 스티커를 많이 모으고 싶은 마음뿐인 듯하다. 진짜로 크레이터 호수에 갔다고 이웃들에게 증명할 수 있으므로 카메라는 관광객의 필수품이다. 즉석에서 사진에 담아두지 못하면 호수 자체가 사라지는 것처럼 슬퍼한다. 그런 식으로 자연을 스쳐 지나가면 진정성은 결여되리라. 관광은 사회적으로 유용하고 경제적 혜택을 주지만 사람과 자연을 서로 향하게 하여 결합시키지는 않는다.[6] 경관의 감상은 사람이 관련된 사건의 기억이 녹아들어야 개인의 추억으로 자리 잡아 오래갈 수 있다. 미학적 쾌감은 과학적인 호기심과 결합해야 금세 사라져버리지 않고 지탱된다. 자연환경의 아름다움에 대한 강렬한 지각은 대개 갑작스러운 계시와 같다. 그러한 깨달음은 주입된 견해들에 별 영향을 받지 않을뿐더러 환경의 성격과도 무관하게 여겨진다. 수수하고 심지어 단조로운 장면에서도 예전에는 숨어 있던 고유한 면모가 드러날 수 있다. 이렇듯 실재적인 것을 새롭게 통찰할 때 아름다움을 경험하는 것이다.[7]

신체 접촉

현대인의 생활에서는 자연환경과 신체적으로 접촉하는 행위가 차츰 제한된다. 농촌 인구 감소와는 별도로, 기술에 의존해 살아가는 인간은 소명 때문이 아니라 재충전을 위해 자연에 눈을 돌리는 것이다. 자동차의 색유리창 안에서 내다보는 행위는 사람을 자연과 분리시킨다. 반면에 수상스키나 산악 등반을 하면서 사람은 자연과 격렬하게 접촉하며 맞붙어 싸운다. 세상과 평온하게 관련을 맺지 못하는 것이다. (반문화 운동의 일원들이 찾고자 하는) 다음과 같은 상태가 선진화된 사회의 일원에게는 결핍돼 있다. 삶의 속도가 느렸던 옛날에는 일상이었으며 아이들은 아직도 누리고 있는 상태, 자의식으로 무장하지 않은 채 물질세계와 어울리기 말이다. 초서는 소박한 반응을 이렇게 표현한다.

이 신선한 꽃에 인사라도 할 듯이
나는 무릎을 똑바로 꿇어 자세를 잡네
작고 부드럽고 상냥한 풀잎이
꽃을 감쌀 때까지 언제까지라도 무릎 꿇은 채

〈선녀들의 전설〉의 프롤로그)

아이들이 자연을 향유할 때는 사실적인 묘사가 중요하지 않다. 어린 아이를 운동장이나 공원, 해변에 데려다 놓았을 때 아이가 장소를 어떻게 지각하는지 우리는 잘 알지 못한다. 차분한 전망이 특정 대상과 물질적 감각보다 중요하지 않다는 것은 분명하다. 유명한 동화 아기곰 푸를 쓴 A. A. 밀네는 어린아이가 알고 있는 아늑한 세계에 정통한 재능의 소유자다. 시각적 감상은 분별해내고 비추어보면서 미학적인 거리를 창조한다. 어린아이는 미학적인 거리를 거의 확보하지 못한다. 크리스토퍼 로빈은 '소리치는 바다'로 내려가면서 털과 발가락 사이로 모래의 감촉을 느낀다. 행복이란 새 우의를 입고 빗속에 서 있는 것이다.

정신이 열려 있으며 사람에게 주의를 기울이지 않고 공인된 미적 규범에 아무런 관심도 없는 아이에게 자연은 실로 매력적인 감각 작용을 허락한다. 어른이 자연의 갖가지 성질을 즐기려면 아이처럼 유연하고 부주의해지는 법을 배워야 한다. 어른은 낡은 옷을 걸쳐야만 개울가 건초에 스스럼없이 손을 뻗어 물리적인 감각 작용의 혼합에 몸을 맡길 수 있다. 건초와 말똥 냄새, 대지의 따스함, 견고하고 부드러운 윤곽선, 미풍에 나긋해진 햇살의 온기, 얼굴에 일렁이는 나뭇잎 그림자의 유희, 자갈과 바위 위를 흐르는 물소리, 매미 울음소리와 아득한 자동차 소리. 이런 환경은 듣기 좋은 음조와 미학의 모든 공식 규범을 깨뜨리면서 질서가 아닌 혼란을 초래할지도 모르지만, 그래도 온전히 만족스럽다.

소지주나 농부는 땅에 애착이 깊다. 생계를 이어가려는 필요 때문에 자연을 저절로 알게 되는 것이다. 과로로 몸살이 나면 프랑스 노동자들은 '일감이 몸에 들었다'고 표현한다. 일하는 농부에게는 자연이 이미 들어와 있으며, 자연의 실체와 과정이 미를 체현한다고 말할 수 있는 한 아름다움도 이미 들어온 것이다.[8] 자연이 들어왔다는 말은 단순한 은유가 아니다. 근육과 흉터가 자연과 신체적으로 친밀하게 접촉했다는 증거로 남았으니 말이다. 농부의 토포필리아에는 이런 신체적 친밀함, 물질적 의존, 땅이 기억을 저장하고 희망을 지탱하는 장소라는 사실이 혼재되어 있다. 미학적인 감상은 존재하지만 언어로 표현할 수 없다.

미국 남부의 어느 자작농이 로버트 콜스에게 했던 말이다. "내 땅은 자나깨나 거기서 나를 기다리는 내 일부고, 내 몸에 들어가는 길이오. 나한테는 수족이나 마찬가지죠." 게다가 "땅은 친구고 원수, 둘 다요. 땅, 그놈이 내 시간도 기분도 좌지우지하거든요. 곡식이 잘 자라면 나도 기분 좋고 탈이 나면 내 몸도 탈 납니다". 일하는 농부는 자연을 예쁜 그림으로 인지하지 않는다. 하지만 자연의 아름다움을 깊이 통찰하는 능력이 있다. 로버트 콜스가 인터뷰한 젊은 소작농은 고향 생활이 고단해도 북부로 이주할 생각이 전혀 없었다. 농장이 그리워질 거라고 그는 설명했다. 도시에서 해가 지면 "밀랍이 다 녹아서 꺼져가는 양초처럼, 가물거리며 작아지다가 사라지는 정경"이 그리워질 거라고 털어놓았다.[9]

농부들의 토포필리아적인 감상은 사회 경제적 지위에 따라서 매우 다양하다. 농장 노동자는 매일 흙을 대한다. 농장 노동자와 자연은 애증으로 맺어진 관계다. 심지어 1900년대 영국에서도 고용된 일꾼에게는 오두막 셋집과 빈약한 생계수단 외에 아무런 보상이 없다시피 했다는 사실을 로널드 블라이드는 상기시킨다. 농장 노동자에게는 체력과 밭고랑을 똑바로 쟁기질하는 능력 및 땅에 남은 (곧 사라질) 자신의 흔적 외에는 자존심을 채워줄 원천이랄 게 없다. 작으나마 자기 땅을 소유한 자작농은 사정이 나았다. 생계를 보장하고 유일한 기댈 언덕인 대지에 대한 경건한 태도를 유지할 수 있었기 때문이다. 성공한 자영농은 스스로 계획을 세워 자연에서 풍요로운 열매를 거둔다는 점에서 자신의 땅에 대해 소유욕이 짙게 스머든 자부심을 느꼈다. 장소에 대한 애착은 역설적으로 자연의 완고함을 경험하면서 비롯된다. 미국의 대평원 변경 지대 농장에서 농부들은 가뭄과 흙먼지의 위협에 한도 없이 투쟁해야 한다. 고난을 견디지 못한 사람들은 떠나고, 버텨낸 이들은 자신들의 인내력에 흥미로운 자부심을 가지는 듯하다. 대평원의 가뭄을 연구한 논문에서 사리넨(Thomas F. Saarinen)은, 밀을 경작하는 농부들에게 바람과 먼지에 뒤덮인 농장 사진 한 장을 보여주었다. 그들은 사진 속의 먼지투성이 농부도—다른 토지에서 작황이 좋을 수도 있다는 것을 알지만—그곳의 흙을 사랑하고 토지를 일궈내는 도전에 매력을 느껴 남아 있다고 해석했다.[10]

살아가려면 사람은 자기 세계에서 어떤 가치를 깨달아야 한다. 농부도 예외는 아니다. 농부의 삶은 자연의 거대한 주기라는 족쇄에 묶여 있다. 그러나 이는 살아 있는 대상의 탄생과 성장, 죽음에 근거하는 순환이기에 아무리 힘들어도 다른 직업과는 비견할 수 없는 진지함이 깃들어 있다. 자연에 대한 농부의 태도는 거의 알려진 바가 없다. 우리에게 주어진 자료들은 농사짓는 삶에 대해 못이 박히지 않은 손으로 작성한, 대체로 감정에 치우친 방대한 문헌뿐이다.

건강과 토포필리아

신체적 안녕감에 강렬하게 고취되면 그 느낌이 넘쳐흘러 세계의 일부를 껴안을 때가 종종 있다. 이런 콧노래가 절로 나온다. '아! 이 얼마나 아름다운 아침인가!' 1940년대 후반에 인기를 끌었던 뮤지컬《오클라호마》의 주인공들처럼 말이다. 이런 감각을 신체적 충만함이라는 표현 외에 다른 감각 작용으로 묘사하는 능력은 부족하다 해도 젊고 건강한 이들은 노년층에 비해 이런 기분을 더 자주 경험한다. 윌리엄 제임스는 이렇게 표현한다. "엄격히 종교적인 무엇과는 상관없이, 우리 모두는 우주적인 생명이 친근하게 감싸는 듯한 순간들을 경험한다. 젊고 건강한 시절 어느 여름날, 숲이나 산에 들면 바람과 햇살은 어디서나 평화로이 속삭이는 듯하고, 존재의 선함과 아름다움은 건조하고 온난한 기후처럼 우리를 감싸며, 속귀까지 파고들어 세상이 안전함을 알려주는 벨소리처럼 우리 내부에서 신비롭게 울린다."[11] 17세기 시인 토머스 트레헌은 이렇게 썼다. "당신의 혈관에 바다가 넘실댈 때까지, 천국으로 옷을 해 입을 때까지, 별로 만든 왕관을 쓸 때까지, 누구도 세상을 올바로 향유하지 못하네." 시적 과장이다. 하지만 어떤 의미에서 바다는 우리의 핏속에 정말 흐르고 있는데, 혈액의 화학적 조합이 태초의 바다 속에 있는 먼 조상들을 떠올리게 하기 때문이다.

이를테면 아침을 잘 먹은 다음에 찾아드는 안녕감과 트레헌 같은 기독교도 시인의 성스러운 열정이 어떤 관련이 있는지 탐구하는 일은 조금 생뚱맞은 걸까. 하지만 '건강', '완전성', '신성함'이라는 단어의 어원들이 서로 연관돼 있다는 사실에는 공통된 의미가 있다. 평범한 사람이라면 참살이의 감각이 일시적으로 넘쳐흘러 너무나 평온한 세계를 포용하는 반면, 신성한 (전인적) 이는 세계 자체를 포용한다. 무엇보다 이 느낌은 외부 환경보다는 주체의 내적인 상태, 즉 양질의 아침식사로 든든한 상태인지 혹은 '모든 것을 이해한 후의 평화'를 향유하는지 등에 더 좌우된다. 신비주의의 권위자 에블린 언더힐은 이렇게 보고한다. "노팅힐 대로를 걸어 내려가다가 (지극히 누추한) 경관임에도 즐겁고 놀라웠던 때를 지금도 기억한다. 교통의 흐름조차 너무나 살가울 뿐 아니라 숭고하기까지 했다."

친숙함과 애착

친숙함은 멸시를 낳지 않을 때면 애정을 낳는다. 다른 사람 눈에는 곰팡
내가 풍길 듯한 낡은 슬리퍼에 주인은 얼마나 깊은 애착을 느끼는지 우
리는 잘 알고 있다. 이유는 다양하다. 사람의 소유물은 소유자의 개성을
상징하므로, 그것을 박탈당하면 물건 소유자가 어림하는 만큼의 인간적
가치 역시 소멸되는 것이다. 의복은 소유물 가운데 가장 개인적인 물건
이다. 성인 중에 나체로 발가벗겨진 상태에서 수치심을 느끼지 않을 이
는 드물며 타인의 옷을 입어야 할 때 정체성의 혼돈을 겪지 않을 사람도
드물다. 의복만이 아니라, 시간의 흐름 속에서 사람은 집 안에, 그리고
집 밖의 근린에 정서적인 삶의 일부를 지출한다. 인간을 외부 세계의 황
망함에서 보호해주는 너무나 친숙한 집과 근린에서 강제 퇴거당하는 사
태는 피복이 벗겨지는 것이나 다름없다. 어떤 사람은 낡아서 볼품없는
자기 외투를 새 옷으로 바꾸기를 꺼린다. 마찬가지로 어떤 이들(특히 노인
들)은 오래된 근린을 버리면서까지 주거지를 새로 확장하기를 꺼린다.

역사에 대한 인식은 장소 사랑의 중요한 요소다. 애국적인 수사법은
언제나 민족의 뿌리를 강조한다. 사람들은 충성심을 강화하고자 경관에
기념비를 세워 지난 역사를 현재로 끌어오며 영웅들의 피가 흙을 거룩하
게 만들었다는 믿음에 근거해 과거의 전투를 상세히 그려낸다. 문맹인
민족들은 고향 땅에 강한 애착을 느낄 수 있다. 그들은 현대 서구인의 특
징인 과거의 사건에 대한 연대기적 감각이 결여되어 있는 듯하지만, 장
소에 대한 충성심을 설명할 때는 양육의 끈끈함(어머니 대지라는 주제)을
지적하거나 역사적으로 접근한다. 오스트레일리아 원주민을 속속들이
알고 있는 민속학자 스트렐로는, 아란다 족은 "고향의 토지에 존재의 신
경섬유 일체까지 밀착되어 있다"고 말한다. 아란다 족의 일원은 "부족

영토를 불법 점유한 백인들이 부정한 용도로 사용해온 조상의 고향 땅을 입에 올릴라치면, 오늘이라도 눈에 눈물이 비칠 것이다. 고향 사랑, 고향에 대한 갈망, 이런 것들이 토템이 되는 조상 신화에서 끊임없이 나타나는 지배적인 모티프들이다". 고향 땅에 대한 사랑은 역사로 설명할 수 있다. 아란다 족에게 산과 절벽, 샘물과 연못은 단순히 흥미롭거나 아름다운 볼거리가 아니다. 이는 자신의 존재가 여기에 이르도록 이끌어준 조상들의 수공예품인 것이다. "그는 주위 경관에서 먼 옛날 삶의 이야기, 자신이 숭배하는 불멸의 존재들의 행적, 즉 잠시나마 공간이 다시 한번 사람 형상을 취할지도 모를 존재들이자 그중 다수는 경험을 통해 아버지, 할아버지, 형제, 그리고 어머니와 누이로 알아온 존재들의 행적이 기록된 것을 본다. 마을 전체가 그에게는 살아 있는 늙은 가족나무다."[12]

애국주의

근대국가가 유럽에서 탄생한 이후, 애국주의라는 정서는 특정 지역에 묶여 있지 않다. 애국심은 한편으로 자존심과 권력이라는 추상적인 범주로, 다른 한편으로 깃발처럼 일정한 상징으로 환기된다. 근대국가는 너무 크고 국경이 무척 자의적일뿐더러 지역도 매우 이질적이어서 경험과 친밀한 지식에서 솟아나는 애정을 요구할 수 없다. 근대적 인간은 시간이 아니라 거리를 정복했다. 생애라는 시간의 범위에서, 현재의 (과거에도 그랬듯이) 사람들은 세계의 작은 모퉁이에만 깊이 뿌리내릴 수 있을 뿐이다.

애국주의는 '아버지의 땅' 혹은 태어난 땅에 대한 사랑을 의미한다. 고대에는 애국심이 엄밀하게는 지역감정이었다. 그리스인들은 그리스어를 쓰는 모든 땅에 대해 애국심을 발휘하지는 않았고, 다만 아테네, 스파르타, 코린토스, 서머나처럼 분화된 작은 지역들에만 애국심을 발휘했다. 페니키아인들은 티레, 시돈, 카르타고에 애국심을 느꼈지만 페니키아 전체에는 그렇지 않았다. 도시국가는 강렬한 정서를 불러일으켰고, 특히 공격을 받았을 때는 더했다. 로마인이 복종을 거부하는 카르타고의 도시를 초토화시켜 응분의 징벌을 내리려 들자 카르타고 시민들은 돌과 사원 등은 남겨달라고 간청했다. 돌과 사원에는 아무런 죄도 없으니 필요하다면 차라리 인구 전체를 끝장내는 쪽을 택해달라는 것이었다. 중세에 이르러 군주나 도시 혹은 양쪽 모두에 충성을 맹세하면서 애국심은 전 영토로 확장된다. 하지만 애국심이라는 정서는 명확한 국경이 있어서 그곳을 넘어서면 틀림없이 무관심이나 증오로 바뀌는 것이 아니라 경계선이 고정되지 않는 영역에 적용된다. 국경이 그어진 넓은 공간으로서 근대국가는 직접 경험하기 어렵다. 개인에게 국가의 실재는 어떤 지식을 받아들였느냐에 달려 있다. '지식계급'이 '국민국가'라는 생각을 수용한 지 수십 년에서 심지어 수백 년이 지난 후에도 그에 관해 한번도 들어보지 못한 대중들이 상당히 많을 것이다. 예컨대 19세기 차르 체제하의 러시아 농부들 대다수는 자신들이 단일한 문화로 통합된 러시아 사회의 일원이라고 알려져 있다는 사실을 전혀 알지 못했다.

애국심에는 지역적인 것과 제국적인 것 두 종류가 있다. 지역적 애국심은 장소를 친밀하게 경험하고, 부서지기 쉬운 선량함을 감지할 수 있느냐에 달려 있다. 우리가 사랑하는 대상이 인내할 만한 것인지 보증할 수 없기 때문이다. 제국주의적 애국심은 집단 이기주의와 자존심을 먹이로 삼는다. 치솟아 오르는 제국주의 야망에 물든 자들은 그런 감정을 정력적으로 격찬했다. 기원전 1세기의 로마, 19세기 영국, 그리고 20세기 독일에서 그러했다. 이 감정은 구체적인 지역에 따라붙는 것은 아니다. 키플링의 "나는 내 제국의 적들을 사랑하지 않는다"는 문장이 거짓으로 들리는 이유는, 아무도 제국 같은 비인간적이며 광대한 체계에 애정을 느낄 수 없기 때문이다. 명료한 정신의 소유자라면 누구도 제국을 희생자로 여기지 않을 것이다. 제국이라는 말에서 측은지심을 느끼고 깨지기 쉬운 선량한 이미지를 떠올릴 수는 없다.[13]

영국은 공격당하기 쉬운 상태에서 위협을 당할 때 시민들의 본능적인 관심을 선동할 수 있을 정도로 작은 근대국가의 전형적인 사례. 셰익스피어는 이러한 지역적인 애국심을 능수능란하게 표현했다. 다음 구절은 《리처드 2세》(2막 1장)의 일부인데, '인간 종', '작은 세계', '은총어린 작은 땅' 등의 고향 냄새가 나는 단어에 주목해보자.

이 행복한 인간 종, 이 작은 세계,

은빛 바다에 자리 잡은 이 고귀한 암석,

사무실을 지탱하는 벽처럼 봉사하고

혹은 행복하지 않은 나라의 시기심으로부터

집을 지켜주는 해자처럼 기능하는,

이 은총 어린 작은 땅, 이 대지, 이 영역, 이 영국

겉치레 '인류애'가 의심을 불러일으키듯이, 넓은 영토에 대해 토포필리아를 부르짖는 소리도 거짓으로 들린다. 적절한 규모는 인간의 생물학적 필요와, 감각에 근거한 수용력에 필수적인 정도까지로 하향 조정된다. 한 민족은 어떤 영역이 자연스러운 하나의 단위로 보이면 거기에 더 쉽사리 동화될 수 있다. 애정은 제국을 뒤덮을 만큼 뻗어나갈 수는 없으니, 제국이란 종종 힘으로 묶인 이질적인 부분들의 집적이기 때문이다.

반대로 고향 지역(땅)은 역사적 연속성이 있고, 몸소 알아나갈 정도로 규모가 작기 때문에 자연지리학의 단위(계곡, 해변, 혹은 돌출된 석회암)가 되는지도 모른다. 그 사이에 근대국가가 있다. 근대국가는 일정한 역사적 연속성이 있어서 제국보다는 권력이 분산되며 제국처럼 눈에 잘 띄는 결합체는 아니다. 근대국가는 개인들이 서로 알기에는 너무 넓고, 형태 역시 자연스러운 단위로 지각되기에는 명백히 인위적이다. 국가 방위라는 이유뿐만이 아니라 유기적 단일체라는 환상을 지탱하기 위해서라도 정치 지도자들은 국경으로 삼을 만한 강이나 산, 바다를 찾아 나섰다. 만일 제국과 국가 모두 진정한 토포필리아를 불러일으키기에는 너무 넓다면, 역설적으로 지구 자체가 결국 그런 애착을 초래할지도 모른다는 점을 성찰해볼 일이다. 이런 가능성은 지구가 명백히 자연의 한 단위이자 공통의 역사를 지니기 때문이다. 셰익스피어의 어휘 "이 은총 어린 작은 땅"과 "은빛 바다에 자리 잡은 이 고귀한 암석"을 우리의 이 행성에 적용해도 부적절하지는 않다. 이상적인 미래에 우리는 친밀한 기억의 대상인 고향 땅과 이런 척도의 반대편 끝에 있는 지구 전체에 대해서만 마음에서 우러나오는 충실함을 바칠지도 모른다.

도시화와 시골에 대한 태도

집, 도시, 국가에 대한 충실함은 강력한 정서다. 사람은 충실함의 대상을 수호하려고 피 흘리는 일도 마다 않는다. 반대로 시골은 퍼져나가는 낭만적인 느낌을 환기시킨다. 이렇듯 특정한 형태의 토포필리아를 이해하려면 환경의 가치를 정의하기 위해 어떤 반명제가 필요한지 깨달아야 한다. "물은 목마름으로, 대륙은 대양을 건너면서 알게 되는"(에밀리 디킨슨)

법이다. '집'은 '여행', '외국'과 떼어놓으면 무의미한 단어다. 폐소공포
증은 광장애호증을 함의한다. 시골의 미덕을 날카롭게 부각하려면 반대
이미지인 도시가 필요하고, 그 역도 마찬가지다. 세 시인이 전원의 감상
을 묘사한다.

(1) 이것은 내 기도 중에 하나였다. 집 근처에 약수가 나오는 샘이 있고 그
옆으로 조그만 숲이 있으며 정원을 갖춘 한 뙈기의 땅. 하늘은 내 희망
보다 더 좋고 풍성하게 땅을 채워주었네. 훌륭하다. 이제 더 바랄 게 없
네 (……) 이 땅이 영원히 내 것이었으면 하는 소망 외에는.

(2) 이른 여름 숲과 풀이 우거지네.
내 오두막 주위로 무성해진 나뭇가지와 그림자 흔들리고.
갖가지 새들이 자기네 성소에서 기뻐하네.
그래서 나도 내 오두막을 사랑하네.
한참을 쟁기질하고 씨를 뿌린 후에는
나는 돌아와 책을 읽네.

(3) 그리고 여름이면, 손에 책 한 권 쥐고 나무 아래 앉았거나 즐거운 고독
에 잠겨 거니는 나를 발견하게 되겠지요.

첫 번째 글은 호라티우스(기원전 65~기원전 8)의 감상이며, 두 번째는 4세
기 중국 시인 도연명의 글이고, 세 번째는 영국인 헨리 니들러가 8세기
초반에 쓴 글이다. 각기 다른 세계와 시간대에 속한 세 시인의 느낌이 일
치하는데 여기에 배울 점이 있다. 그들은 한 가지 공통된 경험을 했다.

도시생활의 유혹과 혼돈을 알고 나서 시골에서 안식을 찾았던 것이다.

일단 사회가 인공성과 복잡함에서 일정 수준에 이르면 사람들은 자연의 상대적인 단순함을 기록하고 감상하기 시작할 것이다. 자연에서 도시의 가치를 분리해낸 최초의 시도는 길가메시 서사시에서 나타났다. 길가메시 서사시는 기원전 3000년대 후반부에 수메르에서 작성되었다. 길가메시는 부유하고 강력한 도시국가 우르의 왕으로, 문화적인 쾌적함을 즐겼지만 궁극적인 만족은 느끼지 못했다. 귀족들에게서 위안거리를 구하는 대신 길가메시는 야만인 엔키두와 친구가 되었다. 엔키두는 가젤과 함께 언덕에서 풀을 뜯어 먹었고 물웅덩이에서 야생의 짐승들과 겨뤘으며 농경지에 대해서는 전혀 몰랐다. 길가메시 서사시는 경관을 사실적으로 묘사하지 않는다. 야생의 자연이라는 미덕은 엔키두라는 인물에게 구현되었다. 위에서 제시한 시골에 대한 감상은 대도시가 형성되면서 정치와 관료 생활의 중압감으로 인해 전원의 평화가 매력적으로 여겨질 때만 나타날 수 있을 것이다. 그런 감상은 자연의 실상에서 훨씬 벗어났다는 의미에서 낭만적이며, 여기에는 우울함도 섞여 있다. 학자들은 잠시 시골로 물러나 나태한 평온함에 젖어 살면서 관료 생활의 허영에 대해서 많은 생각을 하지만 자신들의 먹을거리가 어떻게 만들어지는지 생각하진 않는다.

자연을 낭만적으로 감상하는 이면에는 도시의 부와 특권이 있다. 고대의 사람들은 좀더 직접적이고 강건하게 자연을 향유했다.《시경》의 사례를 보면 고대 중국에서는 대지의 아름다움은 깨달았는지 몰라도 시골을 하나의 장면이나 도시의 반립명제로 제시하진 않았음을 알 수 있다. 노래와 시들을 엮은 이 선집에서 잡초를 뽑고 가지를 치고 논밭을 갈고 둑을 쌓는 등 시골에서 하는 일에 대한 언급들을 어렵지 않게 찾아볼 수 있다. 이는 주나라 시대(약 기원전 800~기원전 500) 농경 작업의 소묘일 것이다. 시간이 흘러 기원전 4~기원전 3세기에 인상적인 도시들이 건립되었다. 어떤 주거 지구는 벽으로 10제곱마일 지역을 에워쌌고, 린쯔(중국 산둥성 중부의 도시─옮긴이)에는 7만 가구가 거주했다. 이 시기는 전쟁이 끊이지 않던 시대였고, 궁정의 관료들은 시골로 은퇴하거나 심지어 수도에서 추방당해도 그리 곤란하지 않았을 것이다. 당시 중국에는 치안도 즐거움도 보장해주지 않는 야생의 자연이 광활하게 펼쳐져 있었으며 심지어 양쯔 강 분지 내부도 마찬가지였기 때문이다. 초희왕의 전쟁술에 반대했다는 이유로 기원전 303년에 추방된 굴원은 북부 허난성의 동정호를 정처없이 거닐었다. 그는 자신이 본 것을 이렇게 적었다. "유인원과 원숭이의 거처인 어둡고 끝없는 숲이었다. 안개에 젖은 산은 까마득히 높아서 태양도 모습이 가렸다."[14]

한나라 말(25~220)에 이르자, 시골에 대한 감상 유형이 나타났는데 이는 마침내 지배계급 사이에서 자연에 대한 상투적인 태도를 형성하게 되었다. 중장통(仲長統, 179~220)은 결국 왕조의 몰락으로 이어진 대규모 폭동과 반체제 운동이 분출하던 시대에 살았다. 그는 수심에 잠겨서 이렇게 썼다.

내가 바라는 건 충분한 대지와 널따란 집. 뒤로는 산이 있고 앞쪽에는 개울이 흐르며 연못과 웅덩이로 둘러싸였고 남으로는 대나무와 각종 나무들, 채소밭이 펼쳐졌으며 북으로는 과수원이 있는 곳. (……) 그러면 철학에 몰두한 벗 두어 명과 도를 논하거나 몇 권의 책으로 공부를 하지. (……) 동포들에게 비난받을 일도 없이 느긋하게 인생을 소요하며 천지와 그 사이 만물을 훑어보네.[15]

중국이라는 대제국을 2000년 가까이 관리했던 학자 관료들은 도시와 시골의 매력 사이에서 흔들렸다. 도시에서 학자는 정치적 야심을 충족할 수 있었지만 유학의 경직성과 징계의 위협에 굴종하는 대가를 치러야 했다. 시골에서 학자는 관직이라는 장식을 상실했지만 그 보상으로 학문의 즐거움과 도의 이해에 헌신하는 삶이라는 고요한 쾌락을 얻었다. 중국의 상류계층은 시골에 단단히 뿌리를 내렸다. 지역 출신의 좀더 영리하고 성공한 사람들은 관료가 되어 불안정하지만 보상을 주는 도시로 옮겨갔다. 볼프람 에버하르트는, 상류층이 '초가'라고 시적으로 표현한 도시 외곽의 사치스러운 시골집에서의 삶을 선호하게 된 과정에 주목한다. 거기서 유교라는 구속복을 입은 삶에 대한 반작용으로 그들은 도가에 심취했다. "도심에서 정치 상황이 비우호적이거나 위험해질 때" 일시적으로 은퇴하는 일이 훨씬 잦았다. "상황이 바뀌면 우리의 '도가들'은 종종 도시로 돌아와 다시 '유가'가 되었다."[16]

　도시에 비해 시골을 선호하는 유럽의 기호를 웅변해주는 시대는 문학적 표현에서도 찾아볼 수 있다. 그리스의 헬레니즘 시대나 알렉산드로스 대왕 시대, 로마의 아우구스투스 대왕 시대, 그리고 18세기에 시작된 근대 낭만주의 시대가 그러했다. 알렉산드로스 대왕의 치세 이전에 시골에 대한 수심에 젖은 감상은 이미 존재했다. 당시 거대한 도시들이 생겨났고 도시가 점차 세련됨에 따라 이에 대한 강한 반작용과 소박함에 대한 갈망이 나타났다. 예를 들어 아테네인들은 펠로폰네소스 전쟁(기원전 431~기원전 404)이 일어나 농장들에서 떨어져 있었을 때 단순한 시골 생활에 향수를 느꼈다. 하지만 시골 내음이 나는 전원시풍은 헬레니즘 문학에서 두드러지지 않았다. 데오크리토스의 전원시에서는 농촌의 평화로움이 묻어난다. 그는 추수라는 제례를 직접 경험한 내용을 담은 시

1. 에덴 같은 이상향

신석기시대

야생지   세속

정원, 마을 **=** 신성

야생지   세속

역사적 사례

a. 에덴과 야생지
b. 수도원과 야생지
c. 뉴잉글랜드 정착지와 야생지
d. 미국의 신학교 혹은 대학과 야생지
e. 미국의 이상향 공동체들(19세기 전반부)

2. 도시 혁명과 우주적 이상향

황무지(세속)

농장

도시
(우주)
성

마을

황무지(세속)

유토피아

a. 플라톤의 공화국
b. 새 예루살렘

3. 병렬적인 두 이상향

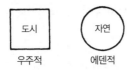

도시   자연

우주적   에덴적

목가적(양치는) { a. 그리스의 알렉산드로스 시대
정원 { b. 로마의 아우구스투스 시대
    { c. 중국의 당송조
시골 { d. 유럽의 르네상스 시대
    { e. 영국의 18~19세기

4. '중경'이라는 이상향(제퍼슨 식 이상향: 18세기 후반에서 19세기 중반까지)

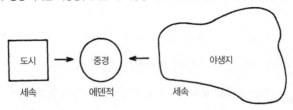

도시 → 중경 ← 야생지

세속   에덴적   세속

자작농 농부들의 '중경'은 한편에서는 도시로 인해 반대편에서는 야생지로 인해 아래처럼 위협받는다. 사실상 이 시기는 도시와 중경 양쪽이 야생지를 희생해가면서 팽창하던 때였다.

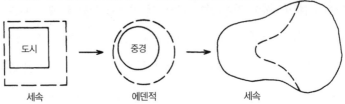

도시 → 중경 →

세속   에덴적   세속

5. 19세기 후반의 가치들

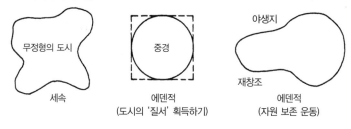

무정형의 도시 / 세속

중경 / 에덴적 (도시의 '질서' 획득하기)

야생지 / 재창조 / 에덴적 (자원 보존 운동)

6. 20세기 중후반의 가치들

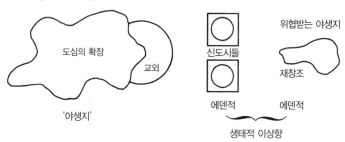

도심의 확장 / 교외 / '야생지'

신도시들 / 에덴적

위협받는 야생지 / 재창조 / 에덴적

생태적 이상향

그림 9 야생지, 정원, 도시

에서 한여름 어느 날의 코스 섬 정경을 묘사한다. 시골이 얼마나 많은 소리를 내는지 유의해서 살펴보자.

우리 머리 위에서 수많은 포플러나무와 느릅나무가 중얼거렸고 정령들이 살고 있는 동굴에서는 손을 뻗으면 닿을 만큼 가까이에서 물방울을 튀기며 성스러운 물이 쏟아져 내렸다. 그늘을 드리운 나뭇가지 위에서 거무스름한 매미가 바삐 지저귀고 빽빽한 가시덤불에서는 청개구리 울음이 들려왔다. 종달새와 콩새들이 지즐대고 비둘기가 구구거리며 벌들이 샘물 위를 웅웅거린다. 사방에서 풍성한 추수 내음과 농익은 과일 향기가 풍겼다. 발치에는 배가, 고개를 돌리면 수없이 여물어가는 사과가 보이고, 과실의 무게 때문에 가지는 아래로 처졌다.[17]

아우구스투스 시대 로마의 화려함과 대조를 이루는 베르길리우스와 호라티우스의 시에는 전원의 이상향이 유려하게 묘사되었다. 베르길리우스의 시골은 만토바 근처에 있는 풍성한 포(Po) 평원이었다. 그의 시에서는 목초지 여기저기 너도밤나무와 짙은 떡갈나무가 서 있고, 양과 염소가 무리지어 근처를 노닐고 있다. 베르길리우스는 아름다운 땅에서의 행복한 인생을 이상적으로 묘사했지만 시인들의 정서에는 하나같이 매혹과 슬픔이 뒤섞여 있다. 베르길리우스의 아르카디아는 한편으로 로마 제국의 어두운 그림자에 뒤덮였고 다른 한편으로 냉대하는 듯한 늪과 커다란 암석들에 위협을 느꼈다. 호라티우스는 티볼리에서 멀지 않은 로마 외곽에 위치한 자신의 농장에서 위안과 영감을 찾았다. 그는 건강이 악화되었고 고독과 소박한 인생을 해가 갈수록 갈망해 마침내 그곳으로 물러났다. 호라티우스는 도시에 맞서 시골을 찬양했다. 로마의 오염된 공기뿐 아니라 과시적인 부와 과중한 업무, 거친 쾌락 대신 은둔성 지형인 분지에서 보내는 평화로운 인생을 선택했다.[18]

18세기가 지나는 동안 유럽에서 감식안을 지닌 이들은 자연을 신격화했다. 특히 철학자와 시인들에게 자연은 지혜와 영적인 위로, 성스러움의 상징이 되었다. 종교적인 열정과 도덕적 선량함, 인간과 신에 대한 신비로운 이해는 자연의 영향을 받은 것이었다. 18세기 초, 시골 찬탄은 자연에 대한 관심으로 생겨난 현상이라기보다는 아우구스투스 황제 시대의 태도에 가까웠다. 1751년 새뮤얼 존슨이 말했던 것처럼 "시골에서 은둔하는 행복을 찬양하지 않은 작가는 진정으로 드물다". 그 시대의 지식인들은 온갖 기회는 물론이고 정치적·재정적 보상이 거기에(특히 런던) 있었기 때문에 도시민이 되었지만 자기네 삶의 조건에 반작용으로 일관했던 듯하다. 18세기 전반에 쓰인 신고전주의 시에는 은퇴라는 주제로 가득했다. "겸손의 평야"로 가기 위해 "죄의식의 쾌락이 지배하는 유쾌한 마을"을 떠나려는 욕망을 토로하는 것이다. 신사 계급은 학습과 명상으로 초대하는 고독을 찾아 시골로 물러났다. 윌리엄 셴스턴은 야망이 솟아나지 않는 곳, "이 평화로운 그늘에 사로잡히고자" 애썼다.[19] 이미 살펴본 대로 헨리 니들러는 자연을 완상하기보다는 책을 읽으려고 시골로 갔다. 그들은 진정으로 전원에 빠져들었던 만큼 종종 우울함에 잠겼다. 시인은 사람이 어떻게 "고독에서 사유로" 떠밀려 가는지를 묘사했다. "저녁 무렵의 억제된 색조, 암흑과 밤의 신비, 불 밝히지 않은 교회 쪽 풍경, 황량한 폐허 (……) 인간의 하찮음과 죽음의 불가피성에서 비애 가득한 즐거움을 찾아내기 위해서"[20] 말이다. 하지만 18세기 중반 무렵이면 시골을 넘어 산과 사막, 바다에 이르기까지 자연을 좀더 강건하게 감상하는 명백한 징후가 나타났다.

북미에서 도시의 타락과 시골의 미덕이라는 주제는 민담으로 분류될 만큼 인기다. 되풀이해서 얘기되는 내용으로는 우선, 퇴폐적인 유럽과 인류 타락 이전의 미국을 유럽에 맞서는 유쾌한 반립명제로 제시하는 것이다. 이후 미국이 제조업을 장악하자 대도시의 영역이 확장되면서 산업화되고 물신을 찾아 헤매는 동부 해안 도시들과 미덕과 농지를 갖춘 내륙 사이의 대립이 지각되었다. 토머스 제퍼슨은 레오 맑스의 이른바 '전원적 이상향'을 선전하는 데 대단한 영향력을 행사했다. 제퍼슨이 전원 문학에 익숙하다는 것은 의심의 여지가 없다. 그리스어로 테오크리토스를 인용할 수 있었으며 라틴어로 쓴 시를 애호했다는 사실은 익히 알려져 있다. 젊은 시절에 제퍼슨은 제임스 톰슨의 시를 부지런히 읽었다. 톰슨은 시 속에서 자연을 소박하고 숭고하게 작동하도록 만드는 것은 신의 손가락임을 처음 보여준 시인 가운데 하나였다. 제퍼슨에게 "만일 선민이 존재한다면 지상에서 노동하는 자는 하느님의 선민이요, 선민들은 가슴속에 실체가 있을 뿐 아니라 진정한 미덕을 저장해두는 독특한 저장소를 일찍이 만들어두었다". 이와 반대로 "통증이 인간 신체의 힘에 영향을 미치듯 대도시 군중들은 깨끗한 정부를 유지하는 데 해를 끼친다".[21]

유럽에서는 시골에 대한 감상이 문학적인 전통에 대체로 남아 있었다. 이런 전통은 시골 부지들을 설계하고 선전하는 과정을 통해 이따금 실제로 구현되었다. 미국에서는 아르카디아에서 융성하는 인간의 미덕이라는 꿈이 정치 강령의 단계에까지 이르렀다. 공화국의 세 번째 대통령은 토지 균등 분할이라는 이상에 국가의 부와 권력을 기꺼이 종속시키려 했다. 미국의 대중들이 우호적인 반응을 보였음은 부인할 여지가 없었다. 19세기에 마음 편하고 후덕한 시골 사람 이미지는 국가적인 열망의 표상이 되었다. 그러한 이상향은 미국식 부의 축적 과정과 미국을 제조업 왕국으로 만들어주는 기술 진보에 대한 헌신을 막지 않았고 심지어 방해물이 되지도 않았다. 그렇다고 공허한 수사만은 아니어서 미국 문화 곳곳에 스며들었다. 도시를 경시하고 교외 지역으로 도피하며 주말이면 시골로 피난을 떠나고 자원보호 운동을 한다면 누구나 그러한 감정에 젖어든다. 정치적으로는 "교육에서 충분한 요건을 갖춘 국가 체제에 대항하려고 환기시키는 '지역주의'에서, 의회에서 활동하는 농업 의원단의 권력에서, 정부보조금을 통한 '농업' 관련 특별 경제 대책에서, 농촌 인구 비율에 맞는 정치적 권력을 유지하도록 허용하는 주정부의 선거 체제 속에서"[22] 명백하게 드러난다.

야생지

사람들은 두 환경의 실제 생활 조건은 살펴보지 않은 채로 시골을 도시의 반립명제로 받아들인다. 작가와 도덕주의자, 정치가, 심지어 사회과학자도 시골-도시라는 연속체를 이분법으로 보는 경향이 있다. 하지만 다른 관점에서 본다면, 지역이 아니라 날것의 자연이나 야생이야말로 온전히 인간의 가공품인 도시의 반대편 극점이라는 사실이 명백하다. 시골은 '중경'(레오 막스의 용어)이다. 토지의 균등 분배라는 신화로 본다면 시골은 도시와 야생지라는 양극 사이에 있는, 인간의 이상적인 중간계다. 환경을 이항대립으로 구성하는 것은 앞서 다른 전통의 맥락에서 보았던, 세계를 구성하는 방식과 유사하다. 즉 미국의 '중경'은 인도네시아의 '마디아파'와 같다. 하지만 인도네시아에서는 산과 바다가 무시간적인 양극단인 반면, 도시와 야생지는 서구의 역동적인 역사 속에서 변이하는 대립쌍이다. 시간이 지나면 이들 두 용어의 의미가 전복될지도 모르며, 이런 과정에서 도시와 확장하는 농장(중경) 양쪽은 태곳적 자연의 적으로 지각되는 것이다. 이런 틀에서 야생지의 의미를 재검토해보자.

성경에서 '광야'(wilderness의 번역어는 《현대인문지리학 사전》에서는 '야생지'이고, 개역개정성경에서는 '광야'다. 이 책에서는 성경을 언급하고 인용할 때를 제외하면 전자에 따른다─옮긴이)라는 용어는 두 가지 모순된 이미지를 불러일으킨다. 한편으로는 악마가 자주 찾는 밭갈이가 안 된 황폐한 공간으로 하느님의 멸시를 받는 곳이다. "〔야훼께서〕 분노를 터뜨리시어 (……) 백성의 땅이 이토록 끔찍하게 되었구나."(예레미아 25장 38절) 아담과 이브는 낙원에서 가시와 엉겅퀴가 웃자란 '저주받은 땅'으로 쫓겨난다. 그리스도는 야생지에서 마귀에게 시험을 받는다. 이 모든 구절들이 야생지의 부정적인(지배적인) 의미를 강조한다. 반면에 광야는 (a) 은신처와 명상지, 혹은 좀더 일반적으로는 (b) 선민들이 훈련이나 정죄의 시절에 각자 흩어지는 장소인 듯하다. 호세아서(2장 14절 이하)는 시내 산의 광야에서 보낸 혼례 기간을 상기시킨다. "그러나 이제 나는 그를 꾀어내어 빈들로 나가 사랑을 속삭여주리라 (……) 그제야 내 사랑이 그 마음에 메아리 치리라 이집트에서 나오던 때, 한창 피어나던 시절같이." 요한계시록(1장 9절, 17장 3절)에서는 명상 중인 그리스도가 세상에서 박해받지 않고 광야에서 신성을 분명히 볼 수 있게 되었음을 암시한다.

기독교의 금욕 전통은 광야에 대해 이중적이고 상반된 의미를 고수했다. 한편에서 요하네스 카시아누스(435)는 은둔자들이 마귀와 싸우려고 광야로 갔다고 주장했고, 다른 한편으로 "광활한 광야의 자유" 속에서 "천사의 지복과 비견될 만한 삶"을 갈구했다고 말하기도 한다. 금욕주의자들에게 사막은 사실상 마귀가 출몰하는 곳이자 피조물의 세계와 조화를 이루는 지복의 영역이었다. 야생 짐승에 대한 태도 역시 양가적이었다. 짐승들은 사탄의 추종자로 혹은 은둔자나 수도사 주위에 불안정하게 재건된 천국에 서식하는 생물로 보였던 것이다. 기독교 역사 초기에 광야에 세운 수도승의 독살이방과 세상 속의 교회는 극락의 작은 모델로 받아들여졌다. 존재를 에워싸는 고결한 기운으로 인해 극락과 같은 순수한 면모가 드러날 수 있었다.[23]

미국에서는 야생지의 다의성이 보존되었다. 뉴잉글랜드 청교도들은 자신들이 신세계에서 교회의 새 시대를 열었으며 개혁교회는 보호구역인 야생지에서 정원의 꽃처럼 활짝 피어날 것이라고 믿었다. 반면 존 엘리엇(1690)이 표현했듯이 야생지는 "고된 노동과 욕구, 야생지의 유혹만이 다가올 뿐인" 장소이기도 했다. 코튼 매더(1663~1728)는 구약과 신약에서 찾아볼 수 있는 야생지의 다의성을 표현했다. 매더는 야생지를 경악할 만한 위험, 악마, 용, 사나운 뱀들로 가득한 반그리스도의 제국이라 생각했다. 또 다른 기분에 사로잡힐 때면 북미의 야생지가 개혁교회를 보호해주는 대피소가 되도록 섭리로 지정된 공간이라고 생각했다.

숲에 사는 마귀와 용에 대해 진지하게 설교할 수 있었던 매더는 1728년에 죽었다. 바로 그해에 버지니아 주의 대지주인 윌리엄 버드는 애팔래치아 산맥의 풍광을 처음으로 포착했다. 버드는 낭만적인 열의에 차서 산맥을 묘사했다. 안개가 시야를 가리자 버드는 "야생의 전망을 놓쳤다"며 슬퍼했다. 떠날 때가 되자 "야생적이고 유쾌한" 장면을 두고 물러나기 아쉬운 마음을 표현했다. 매더가 어두컴컴한 신학적 색안경을 통해 야생지를 바라본 반면 버드는 당시 인기를 얻기 시작하던 낭만주의의 색유리 너머로 야생지를 보았다. 개척자들은 야생지를 감상하지 않았다. 야생지는 생계를 이어가려면 극복해야 하는 장애물이자 끊임없는 위협이었다. 초기 식민지 시대의 설교자들은 야생지를 악마의 거처로 보았으며 교회처럼 보호막이 되는 환경이라고 보는 이는 드물었다. 하지만 18세기를 거치는 동안 개척자들 사이에서도 틈이 벌어졌는데, 야생의 자연을 여전히 장애물로 보는 이들과 유럽의 이신론 철학자나 자연 시인들의 글에 친숙한 관광객의 눈으로 야생지를 본 학식 있는 신사계급들의 시각은 서로 달랐다.

인구가 증가하면서 평야와 정착지가 야생지 쪽인 서부로 급속히 뻗어가자, 학식 있고 예술 취향을 지닌 동부인들은 야생의 자연이 빠르게 잠식당하는 상황에 경각심을 키워갔다. 존 제임스 오더본은 1820년대 오하이오 계곡에서 조류 표본을 찾는 여정에서 숲이 파괴되는 광경을 수없이 목도했다. 풍경화가 토머스 콜은 "언덕 하나하나 계곡 일체가 물신을 제사 지내는 제단이 되었다"며 종말을 맞는 자연의 운명에 탄식했다. 콜은 야생지가 2~3년 안에 사라지리라 생각했다. 윌리엄 컬른 브라이언트도 마찬가지로 비관적이었다. 1846년 그레이트 레이크로 여행을 다녀온 후에 야생의 적적한 숲이 오두막과 숙박용 주택들로 빽빽이 채워질 미래를 슬프게 예견했다. 특히 헨리 데이비드 소로처럼 섬세한 달변가들은 자연 보존을 요청했다. 이런 요청이 효과를 보기도 했으니, 옐로스톤 국립공원(1872)과 애디론댁 삼림 보호지역(1885)은 야생의 드넓은 영역이 공적인 이해관계와 맞물려 보존된 첫 번째 사례였다.[24]

19세기 말에 미국의 야생지가 미덕인지를 둘러싸고 혼란이 일었다. 야생지는 숭고함을 대변했고 인간을 사색으로 이끌다. 고독 속에서는 누구든 물신의 유혹에서 벗어나 고매한 생각에 잠긴다. 야생지는 과거의 개척자와 프론티어들과 연관되기에 이르렀고 미국의 특징이 되었다. 강인함과 남성다움을 북돋우는 환경이었으며 시골 감상이 그랬듯이, 야생지에 대한 감상이 점차 늘어가는 현상은 현실에서든 상상에서든 도시 생활의 실패에 따른 반응이었다.

하지만 야생지로 향하는 움직임은 토지 균등 분배라는 이상향의 확장이 아니었다. 두 가지 이상향은 어떤 면에서는 반립명제였으며, 야생지를 직접 위협하는 것은 도시라기보다는 시골의 확장이었기 때문이다. 중간 지역의 가치는 구분되는 세 가지 이미지로 포착될 것이다. 전원 경관 속의 목자, 시골 농장의 느릅나무 아래서 책을 읽는 대지주, 자신의 농장에서 일하는 자작농이다. 그 무엇도 야생지와 연관된 가치와 겹치지 않는다. 정착한 자작농은 정처 없는 개척자와 공통점이 거의 없으며, 은퇴한 학자 특유의 나태한 분위기는 야생지의 남성성에 대한 루스벨트식 숭배에 반립하는 명제다.

사람들은 야생지를 '보존한다'는 생각에 깃든 반어성을 거의 지각하지 않는다. '야생지'는 객관적으로 정의할 수 없다. 야생지는 자연 묘사와 마찬가지로 마음의 상태이다. 야생지를 보존하고 보호하자고 말할 수 있을 때쯤이면, 이미 그 의미를 대부분 상실한 후일 것이다. 가령 경의와 두려움이라는 성경의 의미와 인간 세계보다 훨씬 거대한 숭고함 및 적적함의 감각 말이다. '야생지'는 질서정연한 자연 과정의 상징이 되었다. 정신의 한 상태로서 진정한 야생지는 밖으로 뻗어나가는 거대한 도시에만 존재한다.(220쪽 그림 10d 참조)

환경과 토포필리아

09

‘토포필리아’는 정서에 장소를 결합한 용어다. 지금까지 정서의 본성을 검토했기 때문에 중립적이며 분산되는 느낌을 넘어서기 위해 토포필리아에 이미지를 제공하는 장소나 환경의 역할로 관심을 옮겨도 좋겠다. 환경에서 이미지를 받아들였다는 말이 환경이 이미지를 ‘결정’한다는 의미는 물론 아니다. (8장에서 소개한 근거에 따라서) 특정 환경에 토포필리아를 느끼도록 자극하는 거부할 수 없는 힘이 있다고 믿어야 한다는 뜻도 아니다. 환경은 토포필리아의 직접 원인이 아닐지 몰라도 거기서만 느낄 수 있는 고유한 감각 자극이 있으며, 이는 지각된 이미지로서 우리의 기쁨과 이상에 형태를 부여한다. 감각 자극은 잠재적으로 무한하다. 우리가 선택하여 주의를 기울이는 (가치를 두거나 사랑하는) 자극은 저마다의 기질, 목적, 특정 시기에 작용하는 문화의 영향을 받는다.

환경과 엘리시움

어떤 민족의 이상향은 어떤 환경일까? 실제로 살고 있는 장소만을 봐서는 제대로 알 수가 없다. 이상향에 접근하는 길은 민족이 생각하는 사후 세계를 검토하는 것이다. 사실, 모든 인간 집단이 내세 개념을 갖거나 은혜 받은 영혼이 향하는 엘리시움(그리스 로마 신화에서 착한 사람이나 영웅들이 죽은 후에 사는 낙토—옮긴이)을 생각해낸 것은 아니다. 불교의 열반은 이를 분명히 부인한다. 실제로 좋은 자리에 절을 세우지만, 토포필리아는 불교 교리와는 상관이 없는 정서다. 불교와 신비주의가 지배하는 금욕주의 종교를 제외하면, 세계 곳곳의 많은 사람들에게는 하늘 위나 지평선 너머, 혹은 지하를 내세의 영역으로 삼는 모호한 신앙이 있다. 그런 장소를 구현하는 방식은 당연히 지상에서와 유사하다. (지역의 자연지리에 따라 다양하지만) 육생 환경에서 불쾌하고 곤란한 요소들을 제거하는 것이다. 그래서 천국은 지상의 모형들과는 달리 서로 닮은 경향이 있다. 오스트레일리아 원주민들에게 '유칼리나무 나라', 즉 거대한 물길 너머나 하늘에 있다는 나라는 오스트레일리아 땅 같지만 좀더 비옥하고 물수급도 안정적이며 사냥감도 풍부한 곳이다. 북미 인디언 코만치 족에게 해가 지는 땅은 아칸소에 있는 자신들의 계곡보다 "1만 배는 길고 넓은 계곡"이다. 지복의 세계에는 어둠도 내리지 않고 비바람도 불지 않으며 들소나 엘크(북유럽의 큰 사슴—옮긴이) 같은 사냥감이 지천으로 널려 있다. 그린란드 에스키모인에게, 은총을 받은 자의 사후 거처는 햇살 가득한 여름이 영원히 이어져서 물이 풍성하고 물고기, 새, 해표와 순록을 수월하게 잡을 수 있는 곳, 혹은 그것들이 거대한 솥 속의 끓는 물에 산 채로 담겨 있는 곳이다.

지속적인 호소력을 지닌 환경

사람들은 이상적인 장소를 꿈꾼다. 인류 궁극의 고향이라는 관점으로 보면, 지상의 땅에는 여러 결점이 있어 배제되는 곳이 있다. 반면 소속된 사람들이나마 충실하게 만드는 힘이 깃든다는 점에서 배제되는 환경은 없다. 인간들을 가리킬 때마다 우리는 '고향'을 일컫는다. 그것도〔home 이라는 영어〕표현의 자상한 의미를 모두 담아서. 수단공화국은 외부인에게 단조롭고 빈약한 곳이지만, 에번스 프리처드에 따르면 수단에 살고 있는 누에르 족에게 국경 바깥에 더 좋은 곳이 있다고 설득하기란 거의 불가능하다.[1] 복잡한 현대 사회에서, 자연 배경에 대한 개인의 취향은 엄청나게 다양할 것이다. 어떤 이들은 사막과 바람이 몰아치는 들판을 찾는 데 그치지 않고 거기서 살고 싶어 한다. 알래스카인이라면 얼어붙은 경관에 호감을 느낄지도 모른다. 하지만 대다수 사람들은 이따금 사막을 찾아가 미적인 감식안을 자극시키고 싶을지는 몰라도 고향으로는 살기 편한 환경을 선호한다. 광활한 대초원과 사막, 빙원은 생태의 근간이 황폐하기 때문이기도 하지만 가파른 외형과 견고함이 안식처와는 어울리지 않기에 사람들은 정착을 단념한다. 기름진 평야에서라면 트인 공간을 비보(裨補: 지형적인 허를 보완해주는 관목숲—옮긴이)와 주택들로 둘러싸 안식처라는 감각을 인위적으로 불러일으킬 수 있다. 자연환경 자체는 열대우림처럼 헤치고 들어갈 수 있기에, 혹은 열대의 섬처럼 고립되고 우거져서, 아니면 계곡이나 만처럼 지형이 오목하고 자원이 풍부해서 안식처라는 감각을 선사할지 모른다. 7장에서 주목했던 것처럼, 밤부티 피그미와 카사이 강의 렐레 족에게 열대우림은 물질적 필요와 깊은 영혼의 욕구를 돌보는 외피계(外皮界)다. 숲이라는 환경은 인류가 빠져나온 곳, 태아를 품는 따스한 자궁이기도 했다. 오늘날 숲속 개간지의 오두막은 물러나기를 꿈꾸는 현대인을 강렬하게 유혹한다. 세 가지 자연 배경은 각기 다른 시대와 지역에서 인간의 상상력에 불을 댕겼다. 바로 해안, 계곡, 섬이다.

해안

바닷가의 후미진 만이 인간을 끌어들이는 이유를 이해하기란 어렵지 않다. 먼저 만의 구조는 이중으로 매력적이다. 해변과 계곡의 움푹 들어간 지형만으로도 안전을 보장하면서 한편으로는 무한한 수평선이 모험심을 부추긴다. 더욱이 대기와 대지에 닿는 것만으로도 즐거워지게 마련인 사람의 몸을 물과 모래가 받아주기까지 한다. 숲은 사람을 감싸고 사막은 통째로 드러낸다. 전자는 외지고 서늘한 반면 후자는 척박하다. 인간은 여기서 밀려나는 듯하고 타는 듯한 햇볕에 피부가 벗겨질 정도다. 해변에도 직사광선이나 강한 입사광이 있지만, 대신 모래가 발가락 사이까지 단단히 파묻고 물은 몸을 받아 떠받쳐준다.

아프리카에서 구석기시대 초중반까지 거슬러 올라가면 후미진 해안이나 호숫가는 인류 최초의 고향 가운데 하나였을 것이다. 숲이라는 환경이 인류 조상들의 지각기관과 운동기관의 진화에 필수라면, 해안 거주지는 인간을 유인원과 원숭이와 구별하는 특성인 체모가 사라지는 데 기여했을 것이다. 먼 과거의 진화 특성에서 원인을 설명하는 이론들은 불확실할 수밖에 없다. 물속에서 사람은 민첩하게 움직이는데 이런 재능은 영장류에 공통되지 않는다. 인간 이외에 아시아 산 짧은꼬리원숭이만이 식량을 찾아 해안을 뒤지고 수영을 할 수 있다. 그렇다면 인류의 고향은 호수나 바다 근처에 자리 잡은 에덴동산 비슷한 데였다고 말할 수 있을까? 해안에는 어떤 이점이 있는지 칼 사우어가 대략 묘사한 내용을 생각해보자. "인류의 시원으로 이보다 매력적인 배경은 없다. 바다, 특히 파도치는 해안은 먹고 거주하고 번식하고 학습하는 데 최고의 기회를 제공했다. 해안에서 식량은 다양하고 풍성했으며 지속적으로 공급되어 고갈되지 않았다. 인류는 여기서 손재주를 향상시킬 수 있었다. 동물 행동학에서 인간의 문화로 변모할 수 있도록 쾌적한 생태 환경을 제공했던 것이다."[2]

열대나 온대 기후의 해안가에 사는 원시인은 대개 수영과 잠수에 탁월하다. 물속에서 남성과 여성의 능력은 차이가 없다는 사실에 더 주목하자. 이는 남녀가 노동에 동등하게 참여하고 물에서 하는 운동도 똑같이 향유할 수 있었다는 뜻이다. 칼 사우어는, 육지의 사냥꾼 같은 입장에 이르기 훨씬 전부터 최초의 남성들이 바다로 나아가 식량 공급에 참여한 이유는 바로 기분 전환과 경제활동을 위해서라는 견해를 제시했다. 그렇게 참여한 덕에 양계 혈통의 형성에 도움이 되었으리라는 것이다. 선사시대 패총이 증거하듯이, 수렵과 채집에 의존하는 사람들이 거주하던 내륙 지역보다 해안과 호숫가가 훨씬 높은 밀도의 인구를 부양할 수 있었다. 어쩌면 농업이 질적으로 향상되는 신석기 후반에 이르러서야 육지에 대규모 인구가 집중되기 시작되었을 것이다. 사실 그때마저도 강에서의 천렵으로 식단을 다양하게 할 수 있었다.

현대 사회에서 어업 공동체는 대개 내륙의 농업 공동체에 비하면 빈곤하다. 경제적인 보상에 비해 답습에 젖은 구식 삶을 빠져나오는 만족이 크기 때문에 가난은 감내할 만할 것이다. 지난 세기에 사람들은 건강과 쾌락을 찾아 떼를 지어 해안으로 몰려들었다. 매년 여름 유럽과 북미의 수많은 여행객들이 해변으로 향한다. 영국의 예를 들어보자. 1937년 1500만 명의 영국인이 외국에서 일주일 이상 휴가를 즐겼다. 1962년까지 3100만 명, 즉 영국 인구의 60퍼센트가 그러했으며 국내에서 휴가를 보낸 이들도 바닷가를 택한 경우가 가장 많았다. 1962년에 영국 휴가객의 72퍼센트가 해변을 찾았다. 가장 열심히 배운 운동은 당시나 지금이나 수영이며, 젊은 층이나 노년층 모두 동일했다. 1965년에는 수영 인구의 절반에 이르는 개인 운동 종목도 없었다.[3] 하지만 E. W. 길버트가 이미 지적한 것처럼, 수영과 해변이 인기를 누리는 현상은 비교적 근래에 나타났다. 섬나라라는 영국의 특성만으로 해변에서 즐거움을 느끼는 감각이 갑작스레 계발될 리는 없다는 것이다. 바닷물과 바다 수영이 건강에 좋다는 사실이 널리 알려지면서 건강을 염려하는 사람들에게 오래전부터 인기 있던 육지 온천이 해변에 밀려나고 말았다. 해수 효과의 신뢰성은 루이스 지역과 브라이튼 지역 의사인 리처드 러셀이 검증한 덕을 보았다. 1750년 러셀은 유선(油線) 질병을 앓는 이들에게 바닷물에 몸을 담그는 치료법을 소개한 책을 출간했고, 이것이 심기증(心氣症)적이며 쾌락을 추구하는 19세기 유럽인들의 기대에 들어맞았다. 해변 휴양소 숫자는 철도망의 확산으로 1850년대부터 급속히 늘어났다. 제2차 세계대전 이후 당일 휴가객, 주말 휴가객, 한철 휴가객들이 바다로 몰려들었는데 이런 현상은 중하위 계급과 중산층이 부유해지면서 자가용 승용차 운행이 급격히 늘어났기 때문이다.[4] 경제와 기술적 요인들은 바다로 향하는 인구가 급격히 늘어나는 현상을 설명해주지만, 애초에 사람들이 매력을 느낀 이유 자체는 설명하지 못한다. 바다로 향하는 움직임은 자연에 대한 새로운 평가에 근거한다.

미국에서도 쾌락과 건강의 중심지로서 내륙 온천이 해변 휴양소보다 먼저 인기를 끌었다.[5] 18세기 말에야 바다에서 수영하는 이들이 생겨났는데, 훨씬 나중에야 사람들이 바다로 몰리게 되었다. 처음 바다 수영을 하려면 고상한 체하는 습속을 극복해야만 했다. 제조업자들은 '독특한 구조'를 갖춘 장치를 광고했다. 사람들이 바닷물에 들어가고 나오는 모습을 보이지 않도록 해준다는 것이었다. 수영은 다른 수영객들과 섞이기 때문에 수상쩍은 운동이기도 했다. 19세기 후반의 바다 수영객들은 옷을 차려입은 채로 헤엄을 쳤다. 하지만 사회적 습속은 응당 변하게 마련이며, 상식이 결국은 고상 떨기를 극복하는 것이다. 20세기 초반 수년 만에 수영은 미국에서 가장 많은 이들이 즐기는 야외 오락이 되었고, 지금도 그렇다. 동부 해안의 바닷가는 1920년대 이후 매년 여름마다 사람들이 빼곡이 들어찬다. 다른 경쟁적인 운동과 달리 수영은 인간들의 물질적이고 사회적인 차이를 최소화한다. 가족이 함께 하기에 알맞은 운동으로 값비싼 장비도 필요하지 않다. 갓난아기부터 노인에 이르기까지 해안이라는 은혜로운 세계를 즐길 수 있는 것이다. 수영의 인기는 한 국가의 민주주의 정서가 얼마나 강력한지 알아보는 좋은 리트머스다.

유역

유역 혹은 소규모 연안이 인간에게 호소력 있는 데는 명백한 이유가 있다. 생물 분포가 매우 다양한 생태 환경으로서 유역은 생계를 보장한다. 강이나 범람원, 사면을 이루는 유역에서 갖가지 식량을 구할 수 있기 때문이다. 인간은 물을 수월하게 구할 수 있느냐에 매우 민감하다. 수분을 오랫동안 보유하는 신체 기관이 없기 때문이다. 유역의 경우 강과 웅덩이, 샘 등에 언제나 물이 있다. 유폭이 넓은 강이라면 자연 통행로 역할도 한다. 농부들은 유역 바닥의 비옥한 토질을 제대로 활용하게 된다. 물론 단점도 있다. 특히 단순한 도구를 지닌 초기 거주자들에게는 불리하다. 범람원에 갈조류가 뒤엉켜 자라면 위험한 동물들의 서식지가 될 뿐만 아니라 그걸 없애기도 어려울 것이다. 범람원은 배수가 힘들고 말라리아가 유행할지도 모른다. 비탈이 심한 사면 지역의 여러 경험보다 급격한 기온 변화와 홍수가 더 밀접한 삶의 조건이 된다. 토질은 기름지긴 하지만 점토질이다. 이런 어려움 가운데 일부는 피하거나 줄일 수 있었을 것이다. 드넓은 늪지대가 있어 급물살의 범람을 차단하기 때문에 정착할 수 있는 곳은 질척이지 않는 모래와 자갈돌 지대, 그리고 유역 사면의 기슭이었다. 인류가 처음으로 대규모 마을 공동체를 이루어 정착하고 농사를 지으며 살아간 곳은 유역과 적당한 크기의 연안들이었다.

유역은 상징으로서 자궁이나 은신처에 해당한다. 오목한 형태가 생명을 보호하고 길러준다. 우리네 영장류 선조들은 숲에서 나와 평지로 갔을 때 동굴에서 신체적으로나 심리적으로 안정감을 찾았다(고 짐작할 수 있을 것이다). 인위적인 은신처들은 인공 동굴로서, 빛과 자연환경의 위협에 노출되지 않으면서 생존할 수 있는 조건을 제시한다. 인류의 조상들이 구축한 최초의 거주지는 반지하인 경우가 흔했다. 굴을 파면 별다른 상부 구조물이 없어도 될뿐더러 거주자는 땅과 긴밀히 접촉했다. 계곡 유역은 지하 세계와 흡사하고 여성성을 띠며 생물학적 인간의 '메가라'(헤라클레스의 첫 번째 아내로 질투하는 여성을 대변한다—옮긴이)이다. 산봉우리와 여타 고지대는 하늘로 향하는 사다리이자 신들의 고향이다. 사람이라면 거기에 사원과 제단이라면 몰라도 주거를 마련하지는 않을 것이다.

섬

섬은 사람의 상상력을 끈질기게 따라다닌다. 열대우림이나 대륙 해안과는 달리 섬은 생태적으로 풍성하지도 않고 인간이 진화해가는 동안에 (환경으로 볼 때) 대단히 중요한 위치를 차지한 적도 없다. 섬의 중요성은 상상력의 영역에서 찾을 수 있다. 지금까지 살펴본 것처럼 우주창조설은 대부분 물의 혼돈에서 시작된다. 땅은 처음에 반드시 하나의 섬으로 나타난다. 태초의 언덕도 섬이어서 생명이 시작된 곳이다. 각종 전설에서 섬은 죽은 자나 불멸하는 존재들의 거처로 등장한다. 특히 바다가 있어 육지의 나쁜 것과 격리되기 때문에 인류 타락 이전의 순수함과 지복의 상태를 상징한다. 불교의 우주론에서는 '외해'에 자리 잡은 '금륜'에 '사대주'라는 네 섬을 생각해낸다. 힌두교 교리에는 부서진 보석들로 이루어졌고 달콤한 향기를 뿜어내는 나무들이 자라는 '본질도'가 등장한다. 그곳은 '대모신'의 처소이다. 중국에는 '행운의 섬'(Blessed Isles) 혹은 '세 정령의 섬' 전설이 있는데, 장쑤성 해안의 반대편인 '동해'에 있다고 한다. 세망 족과 말레이 반도의 사카이 족이라는 숲 거주민들은 천국을 '과일섬'이라고 상상한다. 인간을 괴롭히는 지상의 모든 나쁜 것들이 제거된 곳이다. 일부 폴리네시아인들이 낙원을 섬의 형태로 그려내는 것도 놀랄 일은 아니다. 하지만 섬은 서구 세계의 상상력에 가장 강력한 힘을 발휘한다. 여기서 간략한 밑그림을 소개한다.

'축복의 섬'(Island of the Blessed) 전설은 고대 그리스에서 처음 등장했고, 이 섬은 영웅들에게 한 해에 세 차례 수확을 선사하는 장소로 그려졌다. 그리스와 멀리 떨어진 켈트 세계에도 유사한 전설이 있다. 플루타르코스가 전해주는 이야기를 보면, 켈트 족의 어느 섬은 기후가 절묘하고 대기에는 향기가 스며 있다. 게다가 고된 노동을 하지 않아도 된다. '크리스천 아일랜드'에서는, 이교도의 연애담이 성스러운 수고를 담은 교화담으로 바뀌었다. 특히 중세 유럽 전역에 퍼졌던 브랜던 성인 전설에서, 클론포트 대수도원장(576)인 브랜던은 해상 여행을 하는 영웅으로, 지복의 안락과 풍요가 넘치는 천국의 섬을 발견했다. 12세기 노르만계 영국인 식으로 각색한 이야기에서는 브랜던이 어떤 섬을 찾아 떠나는데, 그 섬은 바다 너머에 자리를 잡아 "폭풍우가 몰아치지도 않고 천국에서 오는 꽃향기를 한 번만 들이마시면 영양이 공급되는 곳"이어서 영광스럽게도 경건한 이들의 고향으로 묘사된다.

중세의 상상력은 대서양에 수많은 섬을 만들어냈으며, 그중 다수는 대탐험의 시대까지 살아남았다. 그 가운데 하나인 브라질('축복받은'이라는 뜻의 게일어)은 19세기 후반까지도 영국 해군의 가슴속에 남아 있었다.[6] 1300년경에 고전적인 행운의 섬(Fortunate Isles)은 성 브랜던의 섬으로 판명되었다. 콜롬버스가 지리학의 권위자라고 여겼던 피에르 다이 추기경은 지상낙원이 행운의 섬이나 그 인근에 있으리라는 견해에 진지하게 경도되었다. 그곳 섬들의 토양이 기름지고 기후가 훌륭하기 때문이었다. 폰세 데 레온은 플로리다에 있는 '청춘의 샘'을 찾아 다녔다고 전해진다. 플로리다를 섬이라고 생각했으니, 섬에 매료되는 전통을 계승한 셈이었다. 1493년에 신세계는 유럽인의 상상력에 작고 유쾌한 정원-섬이라는 형태로 싹트기 시작했다. 17세기에 이르자 신세계는 광활한 대륙으로 뻗어나갔고, 헤아릴 수 없고 두려운 것 앞에 선 식민지 정복자들은 순수함과 햇빛이라는 섬의 비전을 더는 믿지 않게 되었다.[7]

태평양으로 나아간 과학 원정의 결과 치고는 웬지 반어적이지만, 섬으로 된 에덴동산이라는 환상은 18세기에 유효 기간을 갱신했다. 초기의 탐험자들과 달리 루이 드 부갱빌은 에덴을 전혀 믿지 않았지만, 그의 찬양으로 인해 타히티 섬은 괜찮은 대안이 되었다. 쿡 선장의 항해는 남태평양의 제도가 탐나는 곳이라는 점을 기정사실로 만들어주었다. 쿡 선장의 두 번째 항해에 동행했던 자연학자 조지 포스터는, 항해하는 동안 텅 빈 바다에서 무척 지루했기에 섬이 특별한 매력을 발휘한다고 생각했다. 19세기 선교사들은 열대의 섬에 겹친 에덴동산이라는 이미지를 공격했다. 반면 허먼 멜빌, 마크 트웨인, 로버트 루이스 스티븐슨, 헨리 애덤스처럼 열대의 섬을 방문했던 탁월한 작가들은 섬의 명성을 유지시켰다. 군도는 역선전에 굴하지 않고 승리를 얻었다. 관광객들이 계속해서 섬으로 몰려갔던 것이다. 여기에 섬은 한시적 도피처라는 의미도 획득했다. 에덴동산과 유토피아라는 섬의 이미지는 점차 가볍게 받아들여졌으며, 20세기에는 특히 더했다. 하지만 섬은 육지에서의 억압적인 삶에서 물러나는 장소이자 그럴싸한 구실로서 필요했던 듯하다.[8]

그리스의 환경과 토포필리아

토포필리아 이미지들은 주변 현실에서 유래한다. 사람들은 경외감을 불러일으키거나, 삶의 목적이라는 맥락에서 지지와 성취를 약속하는 환경의 면모들에 주목한다. 사람들이 새로운 관심과 힘을 얻으면 이미지는 바뀌지만, 이 역시 환경에서 비롯한다는 사실은 변함이 없다. 이전에는 눈길을 주지 않던 환경의 다른 면모들이 이제는 뚜렷하게 보이는 것이다. 초기 그리스와 유럽, 중국의 토포필리아적 정서에서 환경의 역할을 숙고해보자.

바다와 풍성한 소출을 내놓는 땅, 섬은 고대 그리스의 상상력에서 특히나 이채로운 대상이었다.[9] 그리스인은 바다와 손바닥만 한 기름진 땅뙈기에 생계를 의존했기 때문에 그다지 놀랄 일이 아니다. 게다가 섬은 대양이라는 물 한가운데 있는 안위의 닻이자 생명의 오아시스였다.

바다에 대한 태도는 이중적이었다. 바다는 아름답고 이롭지만 어둡고 위협적이기도 했다. 호메로스의 서사시에 바다는 교통로로 자주 등장했다.[10] 잔잔할 때 바다는 '짙은 포도주색' 아름다움을 보여주었고, 성난 바다는 배와 선원들을 집어삼켰다. 기원전 6세기 무렵 그리스인들은 항해술을 터득하여 에게 해가 마르도록 항해한 끝에 고향 물길처럼 익숙해졌다. 아테네인들은 에게 해를 자신감과 기쁨에 차서 바라보았다. 아이스킬로스는, 고국 사람들이 그리스인에게서 "폭풍우로 하얗게 변한 성난 대양을 똑똑히 바라보는 법을 배웠다"고 고백하는 페르시아 노인을 시 속에 자랑스레 등장시켰다. 《프로메테우스》에서 아이스킬로스는 바다의 "갖가지 종류의 웃음"에 대해서 말했다. 선배들의 글처럼 에우리피데스의 글에서도 잔잔하건 격렬하건 인간 삶의 조건에 가장 보편적인 직유를 제공하는 것은 바다였다.[11] 알렉산드리아인들의 시에서도 바다는 마법을 부린다. 테오크리토스는 다프니스에게 "시실리의 바닷물을 굽어보며" 바위 옆에서 노래 부르게 했다. 어두운 면으로 보자면, 바다는 인간에 대한 자연의 잔인한 무심함을 대변했다. 바다는 모든 견고하고 무정한 것들의 이미지 역할을 했다. 《일리아드》에서 파트로클로스는 아킬레우스가 인간의 자식이 아니라 잿빛 바다와 가파른 절벽을 부모로 두어 이토록 완고하다며 비난했다. 《희랍 작품 선집》에 나오는 훨씬 이후의 작품들은 난파된 배의 선원들이 묻힌 이름 없는 무덤에 바치는 애가로 가득하다.[12]

바다의 잿빛 이미지는 에우리피데스가 표현한 것처럼 "프뤼기아의 기름진 평야"와 "풍성한 수확을 안기는 경작지인 디르카에의 푸른 땅" 같은 육지의 바람직한 특성을 한층 돋보이게 한다. 호메로스의 《오디세이아》(제5권)에는, 바다에서 힘없이 허우적거리던 영웅 오디세우스가 파도의 물마루로 떠밀려 올라가는 순간 눈앞에 마른 땅이 보이는 장면이 나온다. 음유시인은 이렇게 설명했다.

오디세우스에게 이 평원의 광경과 저 나무들은 무엇보다 반가웠다. 성난 힘의 맹공격을 당해 너무나 오랫동안 극도의 고통에 억눌려서 병석에 누워 있던 남자가 삶으로 돌아올 때, 그의 자식들이 느낄 만한 안도감과 비슷했다. 신께서 아버지를 고통에서 풀어주자 아이들이 느끼는 환희처럼, 오디세우스 역시 기쁜 마음으로 열심히 앞으로 헤엄쳐서 뭍에 발을 디뎠다.

《희랍 작품 선집》에 나오는 농부는 죽어가면서도 육지에 대한 애착과 바다에 대한 두려움을 털어놓는다.

얘들아, 뭐라 해도 농사꾼 인생과 곡괭이를 사랑해야 한다. 어떻게 변할지 모르는 파도를 헤치는 넌더리나는 뱃일이나 목숨이 걸린 바다 항해라는 무거운 짐을 좋게 보지 말거라. 엄마가 계모보다 다정하듯이, 땅이 칙칙한 바다보다 바람직하단다.[13]

섬을 대하는 태도는 바다에 대한 태도만큼이나 모호했다. 호메로스의 서사시에는 풀이 무성한 섬이 드물고 고작 한 섬에만 과일이 풍성하게 열렸는데 그곳마저 키클롭스의 위협이 도사리는 곳이었다. 반면 고대 그리스는 "축복의 섬" 전설을 낳았고 영웅들은 거기서 태평성대를 이루며 살았다. 아무런 특징이 없는 섬 이타카는 오디세우스가 아니라 텔레마코스와 (《오디세이아》에 나오는) 아테나에게도 찬양받았다. 이타카는 바다에서 솟아오른 산악 섬의 이미지로 말보다는 염소들이 출몰할 만한 곳이지만, 그래도 샘물이 흘러나오고 좋은 토양으로 축복받아 아이를 키우는 선한 어머니 같은 곳이다.

유럽의 경관과 풍경화

토포필리아라는 옛 정서는 돌이킬 수 없을 만큼 상실되고 말았다. 이제는 문학과 예술작품, 공예품의 유산을 통해서만 조금이나마 이해할 수 있다. 12장에서는 환경에 대한 과거의 태도를 환기시키고 사람들이 살았던 거리와 집을 예로 들어 환경의 가치를 평가할 것이다. 여기서는 시각예술의 사례에 주목하자. 처음에는 경관을 포함한 초기 회화가 지난 시대의 환경과 경관 취향에 명료한 통찰을 제시할 것처럼 여겨진다. 하지만 회화작품에서 드러나는 증거는 해석하기 쉽지 않은데, 화가가 특정유파의 기법을 습득했기 때문이다. 화가의 묘사는 인간과 자연이라는 세계에서 화가 스스로 경험한 것보다는 화가의 훈련법을 더 분명히 드러낸다. 그림 속의 경관이 외부의 실재를 형상화한다 해도 소박하게 그럴 뿐이다. 특정 장소가 과거에 어떻게 보였는지 단서를 얻으려면 시각예술에 기댈 수 없다. 화가들이 무엇에 기뻐했는지 알고 싶어도 예술작품에는 단서가 드러나지 않는다. 다만 실재를 특별하게 구성하는 방식이 얼마간 환호를 받았는데, 분명 그것이 묘사된 경관일 것이다.

풍경화는 자연의 특징과 인공의 특징을 원근법으로 배열한 그림이다. 원근법은 자연의 요소를 유기적으로 조직하여 사람의 활동에 걸맞게 설정한다. 그래서 진정한 의미의 풍경화는 유럽 미술사에서 상대적으로 늦게 나타났다. 때 이른 사례라면 14세기까지 거슬러 올라가는데, 암브로조 로렌체티의 〈좋은 정부가 시골에 미치는 영향〉이라는 그림이다. 리처드 터너에 따르면, 이 이탈리아 출신 화가가 최초로, 밋밋한 돌 더미를 흙으로 덮고 그 위에 나무와 곡식을 심었다. 게다가 이 그림은 처음으로 원거리 감각을 시각화했다.[14] 하지만 정확한 묘사가 아니라 교훈이 목적이어서, 좋은 정부의 이로움을 보여주려 했을 따름이다. 이로운 점

가운데 하나가 부유한 시골이었으니, 로렌체티의 그림을 자세히 들여다보면 토스카나의 풍경을 구성하는 요소들을 찾아낼 수 있겠다. 유럽 회화에서 뚜렷하게 장소를 식별할 만한 풍경은 언제 처음 나타났을까. 스위스 출신의 화가 콘라트 위츠가 〈물고기를 그린 기적적인 밑그림〉을 완성한 1444년이 기점이 된다. 이 그림은 제네바의 호숫가를 정확히 재현했는데 이를 배경으로 극적인 사건을 담아냈다.

어째서 화가는 실재의 여러 면모 가운데 바로 그것을 선택한 것일까? 대답은 간단치 않다. 화가에게는 아카데미의 훈련과 구사 가능한 기교, 당시의 자연 상징체계, 주변의 여러 풍경들이 영향을 미쳤기 때문이다. 초기 풍경화에서 '산골짜기를 흐르는 강'이라는 주제는 많은 노력을 기울이지 않고도 초보적인 원근법을 구현할 수 있었기에 인기를 끌었다. 산은 수직적인 입체감 형성에 유용할 뿐 아니라 위협적인 야생성에 적절한 상징이 된다. 고대 그리스 시대부터 중세 후기까지 산은 헐벗은 듯, 온전한 듯, 기괴한 듯했다. 또 멀리서 보면 금지하는 듯하거나 신비에 싸인 것처럼 보였다. 하지만 상징하는 바를 재현 요소에서 분리하기란 쉽지 않다. 레오나르도 다빈치의 풍경화를 숙고해보자. 다빈치는 산봉우리와 헐벗은 산의 사면을 즐겨 그렸는데, 이는 중세 화가의 그림처럼 기괴해 보인다. 특정 유형의 산들이 레오나르도의 상상력을 잡아끌었음에 틀림없다. 하지만 중세 화가나 다빈치의 동시대인들과 달리 레오나르도는 자연을 예리하게 관찰했다. 그에게 회화는 과학, 즉 미학적인 탐닉보다는 실재를 알아나가는 엄밀한 방법이었다.[15] 그의 작품으로 알려진 최초의 소묘는 아르노 계곡을 재현한 것(1473)이다. 이후에 그는 알프스를 여러 장 소묘했는데, 실재의 여러 면모 가운데 자신의 내적 존재와 동형인 비타협적인 면들을 신중하게 선택했다. 지중해 연안에 위치한 고토 석회성 일부 산지에서는 다빈치의 풍경화에 나타난 앙상하고 가파른 사면들을 볼 수 있다.

산과 계곡 외에도, 숲은 일찍부터 유럽 화가들의 감수성에 충격을 주었다. 중세에 벌목이 성행했지만 숲 지대는 여전히 광활했다. 1400년 무렵부터 프랑스와 노르망디 궁정에서 인기를 끌었던 사냥으로 귀족들은 새로운 오락거리를 즐길 만한 환경을 만났다. 상류층은 살해 본능을 통해 숲의 아름다움을 감상하는 법을 배운 것이다. 생물학적인 자연의 풍성함을 보여주는 그림은 사냥용 필사본에 최초로 나타났다. 아비뇽의 프레스코화에서는 사냥과 고기잡이, 매사냥 모습을 볼 수 있다. 채식 필사본인 〈호화로운 기도서〉(1409~1415)에는 동물을 사냥하는 삽화들이 실려 있다. '원시'의 숲은 남부 유럽보다 중부와 북부 유럽에 더 오래 남아 있었다. 이탈리아의 대가들이 거대한 초상화에 매달려 있는 동안 독일 화가 알브레히트 알트도르퍼(1480~1538)는 〈성 조지와 용이 있는 풍경〉이라는 제목으로 한 장면을 그려냈는데, 그림 속에서 성 조지는 울창한 숲속으로 들어서서 사라지기 일보 직전이다. 화가는 자연의 압도적인 복잡성을 깨달은 듯하다. 이 장면에서는 "성 조지와 적대자 용의 전투 외에는 무엇도 방해할 수 없는 원시 숲의 충만함, 고독과 정적"이 느껴진다.[16] 광막한 숲을 전투 배경으로 선택했는데 이는 성경에서는 위험과 악의 영역인 야생지 개념의 영향을 받은 것이다. 반면, 화가가 바람과 햇빛에 나뭇가지 끄트머리가 섬세하게 벌어지는 모습을 재현함으로써 숲의 내부에 관심을 기울일 때면, 인간을 지배하는 숲에 깃든 미에 대한 감수성이 드러난다.

문학에서처럼 시각예술에서도 야생지에 대한 올바른 인식과 감상은 정원이나 비옥한 농토, 혹은 목가적인 장면에 대한 감상보다 훨씬 이후에 나타난다. 사냥이 인기를 끌어서 귀족 남성과 귀부인들을 숲으로 데려가기 전에는 정원이 안전하고 바람직한 배경이었다. 하지만 정원은 순수한 인공물이었다. 정원의 구성과 형태를 살펴보면 실제 자연을 구현했다기보다는 종교적인 상징체계에 훨씬 많이 빚지고 있음이 드러난다. 농지와 시골의 정경을 세밀하게 묘사하는 과정에서는 환경의 실재에 상당하는 대상이 뚜렷하게 나타난다. 로렌체티의 둥근 언덕이 있는 풍경에서 나무를 심은 땅뙈기 곳곳과 농경지는 명백히 토스카나에서 볼 수 있는 장면이다. 〈호화로운 기도서〉에서 한 해의 절반 분량은 들일을 매우 사실적으로 재현한 것인데 이는 배경을 이루는 기괴한 산과 날카로운 대조를 이룬다. 조반니 벨리니(1427~1516)의 〈성 프란체스코〉에서 우리는 토포필리아의 빛나는 사례를 발견한다. 화가는 현실의 장면을 똑같이 그려내려 하지 않았으며, 오히려 프란체스코 성인을 라베르나(이탈리아 중부 토스카나 지방에 있는 높이 1269미터의 산으로, 성 프란체스코가 그리스도의 십자가를 관상하다가 오상을 받았던 곳—옮긴이)라는, 낙인을 찍은 듯한 바위투성이 땅이 아니라 화가의 기호에 맞는 경관으로 옮겨놓았다. 푸른 평야와 백운석 구릉지대를 배경으로 플라타너스들이 가지런히 늘어선 베네치아의 한 장면인 것이다.[17]

아카데미즘은 실재의 지각을 외려 방해한다. 영국의 문예 전성기에 사람들은 베르길리우스와 호라티우스의 눈으로 시골을 보았다. 영국의 풍경화가는 전형적인 영국의 경관이라고 생각한 모습, 이를테면 칠턴(옥스퍼드셔 템스 강 상류에서 베드퍼드셔 남부까지 북동쪽을 향해 뻗어 있는 구릉—옮긴이)이나 코츠월드, 켄트 지역을 그리지 않았다. 그들은 그랜드 투어(청년이 교육의 마지막 단계로 교사와 함께 하는 유럽 여행으로 18세기에 유럽에서 유행했다—옮긴이)를 갔다가 돌아와 영국의 자연 대신에 클로드 로랭(1600~1682)

과 살바토르 로사(1617~1673)를 상기시키는 고대 유물의 폐허와 침엽수, 사이프러스나무 등의 형식적인 장면들을 그려냈다. 심지어 게인즈버러(1727~1788)처럼, 〈앤드루 부부〉의 배경 묘사로 영국의 풍경에 걸맞은 안목을 지녔다는 평을 받은 화가도 차츰 자연 경관을 포기하고 서포크 지역을 키테레이아로 변형시킨 인위성을 선호하게 된다.[18] 네덜란드 화가들은 영국 화가들에게 강한 영향을 미쳤고, 덕분에 문학적 경관들이 빚어내는 꿈에 빠진 낭만주의에서 벗어나 자연을 좀더 면밀하게 관찰하는 방향으로 가게 되었다. 니콜라우스 페브스너에 따르면 크롬과 컨스터블은 둘 다 "고국의 기후에 자극받은 분위기를 고결함과 결합한 17세기 네덜란드 풍경화가들"에게서 영감을 얻었다. 페브스너는 이윽고 이렇게 말한다.

영국 기후도 유사해서, 바다에 가깝다는 것은 널리 알려져 있다. 그래서 크롬과 컨스터블뿐 아니라 거틴과 터너는 기후 연구로 관심을 돌려 영국의 시골 정경을 생동감 있게 묘사했으며, 끊임없이 변화하는 자연을 해석해내기 위해 제한 없는 스케치 형식의 회화 기교를 계발했다.[19]

종교적인 사랑이나 과학적인 호기심과 결합된 환경을 통해 토포필리아를 풍부하게 이해할 수 있다. 벨리니는 '애덕'의 눈으로 자연을 보았다. 대상 하나라도 소홀히 여기지 않았다. 벨리니의 그림에는 당나귀의 귀에서 암석의 절리에 이르는 세부가 선명하고 정확히 묘사되어 있다. 소나기에 씻겨나간 이후 시골의 청명함과 신선함을 연상케 한다. 만일 그 장면이 고풍스럽게 보인다면, 근대 풍경화와는 다르게 매일의 시간과 날씨가 빚어내는 분위기와 무관한 내세의 빛에 잠기곤 하기 때문이다.

반면에 다빈치는 자연을 과학적으로 묘사했다. 다빈치의 동물과 산 그림은 해부학과 지리학의 확실한 지식에 근거를 둔 것이다.[20]

자연은 유복한 유럽인에게 그다지 매력적인 대상이 아니었으나 18세기 후반에서 19세기 초반 점차 많은 유한계급 일원들이 자연을 받아들였다. 자연 관찰은 당시 유행한 기분 전환 거리가 되었다. 신사숙녀들은 해변을 거닐며 조약돌과 화석을 줍고 식물상과 하늘의 상태를 기록했다. 화가와 식자들은 초연한 관찰이라는 과학적인 자세를 숭배하여 모방했다. 구름의 경치라는 장르가 꽃피는 데 기여한 루크 하워드의 영향력을 생각해보자. 1803년 하워드는 압축 기체의 분류법을 고안했다. 하워드의 작업은 걸음마 단계이던 기상학뿐 아니라 미적 감수성에도 충격을 주었다. 독일에서 괴테는 새롭게 인식한 층운과 권운, 적운이라는 구름의 가계에 대해 시를 쓸 정도로 감명을 받았다. 자연철학자이자 아마추어 화가인 카를 구스타푸스 카루스(1789~1869)는《풍경화에 대한 아홉 통의 편지》라는 소책자에서 날씨와 지질학의 법칙에 유의하라고 동시대인들을 채근했다. 괴테도 서문을 써서 존경을 표했던 소책자이다. 카루스의 생각은 클로젠 달(1788~1857)과 카를 페르디난트 블레첸(1798~1840) 같은 독일 화가들에게 영향을 주었다. 블레첸만 해도 수도승과 편력중인 기사들로 가득한 풍경화에 관심을 갖는 정감 어린 낭만주의에서 자연에 대한 탐구로 관심을 돌렸다.[21] 영국에서 루크 하워드의 분류체계는 존 컨스터블에게 영향을 미쳐 하늘과 구름으로 관심을 돌리게 했다. 컨스터블은 구름이 풍기는 온갖 분위기를 포착했다. 어떤 스케치에 이렇게 적었다. "1822년 9월 5일, 오전 10시, 동남쪽 방향으로 상쾌한 서풍. 갓 생성된 아주 밝은 잿빛 구름이 황색 층 위로 하늘 한가운데까지 빠르게 흘러간다. 오스밍턴 지역 해변에 매우 어울린다." 어느 편지(1835)에서 컨스터블은 또 이렇게 썼다. "서른 살이 넘어가자 예술이라는 자매는 (……) 과학보다 내 마음을 덜 사로잡는다고 말해야겠다. 무엇보다 지질학 연구 말이다."[22] 이런 언급으로 초연함이라는 것이 어느 정도로 오도되는지를 알 수 있는데, 컨스터블 역시 자연을 친밀하게 알려는 심오한 종교적인 감정에 사로잡혔기 때문이다. 워즈워스에게 그랬듯이 컨스터블에게 자연은 신의 의지를 계시하는 것이었다. 겸손한 영혼에 그려내는 풍경은 진리와 도덕관념을 전달하는 수단이라는 것이다.

중국의 환경과 토포필리아

중국의 지형학상 외관은 유럽과는 판이하다. 북부와 서부 유럽 농지들의 지형은 대개 굽이치는 형상이다. 높낮이가 좁은 파동은 서로 다른 종류의 빙하 침전물에 해당하고, 좀더 폭넓은 파상형은 깎아 지르는 암반 지역이다. 폭넓은 유역에 자리 잡은 풍요로운 농장은 하류로 가면서 풀들로 뒤덮인 초원 지대로 바뀌며 점토질 지역에는 낙엽성 삼림지의 묵직한 수목들만 남는다. 반면 중국에서는 굽이치는 지형이 없으며, 변방 지역의 시골을 제외하면 드넓은 잔디밭이나 숲속 부지가 점점이 들어선 형태의 '공원'식 경치는 찾아볼 수 없다. 목가적인 장면과 불룩한 토지 형태는 드물다. 중국 인구의 태반은 극명한 대조를 이루는 땅에서 살고 있다. 한쪽은 퇴적 평야인데 다른 쪽은 사면이 가파른 언덕과 산이다. 산은 구릉지대가 없기 때문에 더 높고 깎아지르는 것처럼 보인다. 퇴적평야가 아닌 지역에서는 쓰촨분지가 유일한 인구 밀집 지역이다. 등고 1000피트에 달하는 지역과 더불어 이곳 지형은 북서 유럽의 암반 지역보다 험하다.

유럽에서와 마찬가지로, 시각예술보다 훨씬 오래전에 시는 장소와 자연에 대한 느낌을 표현했다. 적어도 한나라 이후의 시는 특정 장소의 분위기를 환기시켜주었다. 시에는 '류주 도시탑으로부터' 혹은 '동정호에서 보낸 전언' 같은 제목들이 붙었다. 조너선 스위프트가 숱한 작품에서 "신은 이미 알고 있는 이유를 소개하려는/지루하고 무미하며 건조한 묘사"라고 비난했던 영국 지형에 관한 시 장르와는 달리, 중국의 시들은 간결하고 초점이 분명했다. 중국에서는 풍경화보다는 시에서 훨씬 폭넓은 자연 정서를 발견할 수 있다. 시인들은 화가들이 의도적으로 무시한 덧없는 장면에 때로 주의를 기울였다. 가령 침실 바닥에 고인 달빛을 서리로 착각한다든지, 석양에 절벽이 주홍으로 물드는 장면에 찬탄하는 식이다. 시인들은 시골을 공들여 묘사했으며 화가들이 의도적으로 소홀히 했던 농장의 일상을 기록했다. 도연명(372~427)은 귀향한 다음 (잡초가 웃자라서 사잇길이 가려지다시피 한) 세 갈래 소로와 소나무, 국화꽃을 곁들여 시골집을 묘사해낸다. 시인이 정원을 배회하다 멈추어 올려다보니 구름은 계곡으로 올라가고 새들은 둥지로 돌아간다. "날은 흐려지는데 나는 여전히 밖에 남아 외로운 소나무 한 그루를 손수 쓰다듬는다."[23]

도연명의 시는 그림 같은 효과를 내보인다. 시가 환기시키는 이미지—계곡을 타고 오르는 구름, 외로운 소나무 한 그루를 쓰다듬는 고독한 선비—는 전형적인 풍경화 한 폭을 언어로 옮겨놓은 듯하다. 그런 이미지들은 족히 500여 년이 지나서야 회화에 나타났다. 경관은 도연명의 시대에 회화의 주제로 중요해졌지만 여기에 묘사된 장면들은 자연주의와는 거리가 멀었다. 당대(618~907)에도 구름은 뻣뻣하고 형식적이며 산은 첨탑의 표상 같았다. 성들과 사람의 활동이 전경을 지배하는 경향을 보였다. 송대 초반(10세기)에 순수한 경관이 나타나기 시작했다. 이런 노력은 장소의 본질을 사로잡으려는 시도였다고 할 수 있다. 화가는 이젤을 들고 밖으로 나가서 그림을 그리고 특정 장면을 복제하려 하지 않았다. 대신 하나의 세계로 들어가 어떤 분위기를 흡수하려고 수시간 혹은 수일간을 서성였다. 그러고 나서는 작업실로 돌아가 그림을 그렸다.[24] 자연은 도가적 신비주의라는 흐릿함 속에서도 경험할 수 있었지만, 예술가가 자연을 주의 깊게 분석적으로 관찰하는 데 도가사상은 오히려 방해가 되었다. 11세기 사람인 곽희는 예술가가 자연을 단순히 모방해선 안 된다고 주장했다. 그는 저장성과 장쑤성 지역에서 성장한 화가들은 동남쪽의 매우 황량한 풍경들을 보여주는 경향이 있으며, 산시성 화가들은 관룽의 노도같이 밀려드는 웅장한 산꼭대기를 그리곤 한다는 사실에 불만스레 주목했다. 반면에 그는 (지리학자처럼) 이렇게 말하며 정확한 관찰을 시작했다.

어떤 산은 흙투성이인데 반해 다른 산은 암석으로 뒤덮였다. 흙산의 정상에 암석이 있으면 숲과 나무는 희박하고 허약하지만 돌산 정상에 흙이 있으면 식물군이 풍성해질 것이다. 나무들 일부는 산에서 자라고 어떤 나무는 물가에서 자란다. 토질이 기름진 산봉우리에는 키 큰 소나무 한 그루가 자랄지도 모른다. 토양이 거친 물가에는 키 작은 나무로 이루어진 관목숲이 형성될 것이다.

여관과 오두막은 협곡 옆에는 있지만 삼각주 근처에는 없다. 숙소는 물가 근처인 협곡에는 있다. 홍수 위험 때문에 삼각주 근처에는 없는 것이다. 삼각주 근처에 몇 군데 있다 해도 그곳은 홍수 위험이 전혀 없는 장소다. 평원에 위치한 산자락에는 마을이 없는데, 평야에 개간할 만한 땅이 있기 때문이다. 몇몇 마을이 산중턱에 있기는 하지만 그곳도 언덕 사이의 경작지 근처다.[25]

서양의 '풍경화'에 해당하는 중국의 미술 장르는 '산수화'이다. 풍경화의 두 가지 주된 축, 즉 수직축과 수평축은 깎아지른 언덕과 퇴적 평원을 추상화한 것으로 중국 지형의 특징을 이룬다. 산과 물이라는 두 요소는 종교적이며 미학적인 가치에서 동등하지는 않다. 도가사상가들이 무엇보다 물길을 강조하긴 했지만 산이 우선한다. 산에는 강과 평평한 대지에 결여된 개성이 있다. 중국인들은 5대 성산을 얘기하지만, (인도와는 달리) 강은 이러한 후광을 얻지 못했다. 중국 풍경화의 리얼리즘은 산, 특히 산시성 남동쪽의 화산, 안후이성 남부의 황산, 양쯔 강 중류 후난성 북부의 루산, 저장성의 산들과 남부 중국에 걸친 여러 장소들을 충실하게 재현한 그림에서 찾아볼 수 있다. 이런 산들을 사진으로 찍어서 인화하면 유명 풍경화가의 그림과 놀랄 만큼 유사하다.[26] 지리학적 사실성, 형상의 충실한 묘사를 목표로 삼지 않았는데도 중국 화가들의 어떤 그림에서는 자연의 사실적인 요소에 대한 중국인 특유의 감수성이 드러난다. 조지프 니덤은 중국 그림들 가운데서 침식층, 배사층, 재활성 계곡, 해저, 유자 형 빙하계곡 (특히 쓰촨성 북부의 츠취산), 카르스트 지형을 포함해서 광범위한 지리학적 특질을 찾아볼 수 있다고 확신한다.[27]

경관식 정원은 회화와 시에 밀접하게 연관돼 있다. 이 세 가지 형식에는 모두 샤머니즘, 도가사상, 불교의 영향이 남아 있다. 정원이라는 토지 양식적 요소는 회화 요소와 마찬가지로 퇴적 평야와 물의 수평성에 대해 산의 수직성을 강조한다. 서구의 관찰자들은, 산을 재현하는 데 쓰였던 자연스러운 석회암 조형물이며 전체적인 배치가 비현실적일 뿐 아니라 유럽과 북미의 현실적인 경관과는 동떨어져 있다는 느낌을 받았을 것이다. 반어적이기는 하지만 네덜란드 지리학자 말테-브륀(1775~1826)은 흥미롭게도 자연을 모방하는 중국인의 습관과 상상력의 결여에서 결함을 정확히 짚어냈다.

그들이 정원 내부를 배치하고 부지를 배분하는 데서 일종의 아름다움을 발견했다면, 이는 기이하게 생생한 양식이긴 하지만 이를 통해 자연을 정확히 옮겨냈기 때문이다. 부서져 내릴 듯이 줄곧 위협하는 듯한 돌출된 암석들, 심연 위로 걸쳐놓은 가교, 경사가 급한 산의 사면에 여기저기 흩어진 성장이 위축된 전나무, 휘몰아쳐 들어가는 급류, 물보라를 일으키는 폭포수, 이렇듯 혼란스러운 가운데 뾰족탑 형식으로 솟은 탑들을 재현하는데, 이런 것들이 확장되면 중국식 경관이 되고, 축소되면 중국식 정원이 된다.[28]

우주에서 경관으로

10

유럽에서는 1500년에서 1700년 사이에 수직적 우주라는 중세적 개념이 새롭고도 점차 세속화하는 세계 재현 방식으로 서서히 바뀌고 있었다. 수직 차원은 수평으로 대체되고 있었다. 우주가 경관이라는 이름의 평평하고 회전하지 않는 자연의 한 단편으로 바뀌는 것이다. 여기서 '수직'이라는 말은 공간 차원 이상을 의미한다. 수직성은 의미로 충전되어 있다. 수직성은 초월성을 기표화하며 특정한 시간관념과 친화적이다. 수직축을 강조하는 세계의 모델은 흔히 순환적 시간 개념에 부합한다. 축일과 제삿날을 달력에 명시적으로 구분하는 문화권에서 사람들은 매우 계층화된 우주관을 품게 마련이다. 사람의 본성은 양극화되어 있다. 사람이 맡는 두 가지 역할은 사회-세속적 역할과 신비-신성적 역할이다. 전자는 시간에 구속되고 후자는 시간을 초월한다. 이런 역할들을 계급이나 신분제도로 각기 구분된 구성원마다 다르게 수행하는 경우를 사회적 계층화라고 한다. 그러지 않으면 동일한 인물이 해당 역할들을 수행하기도 하지만 이는 특이한 경우에 제한된다.

　수직적 우주라는 관념은 위대한 탐험의 시대에 유럽에서 약해지기 시작했지만, 이런 세속화 경향은 문자 문화와 상업적인 가치가 지배하는 도시에서 외떨어진 지역에는 아무런 영향도 미치지 못했다. 대다수 인류, 특히 농촌의 농부들은 계층화된 세계에서 순환하는 시간을 경험하며 살았으며, 이런 상태는 20세기 전반까지 지속되었다.

계층화된 우주

우주에 대한 원시적 시각에는 공통점이 있다. 첫째로 부시먼과 그 세계를 생각해보자. 그들은 매우 단순한 물질문화를 영위하는 인종으로서, 칼라하리 사막이라는 비어 있는 환경에서 눈에 띄지 않게 살아간다. 전형적인 사회경제적 구성단위는 스무 명 남짓의 무리다. 한 무리는 몇 백 제곱마일의 영역에 의지해서 살아갈 것이다. 수평 공간인 부시먼의 체험-공간은 자원이 부족하고 규모도 제한돼 있다. 하지만 지리적인 한계는 부시먼의 세계에 깃든 수직적인 광활함으로 보상된다. 그들은 하늘로 향한다. 거의 매일 식량을 찾아 나서서 먹을 만한 구근과 다친 짐승이 남긴 흔적을 발견하려고 시선을 땅에 고정해야 하지만, 천체는 여전히 부시먼의 세계의 일부다. 별들은 인간의 희극에 참여한다. 별들의 이동은 때로 시로 해석된다. 기크웨 부시먼은 새벽별에 대해 태양에 쫓겨서 하늘을 가로질러 가다가 결국은 타는 듯한 열기에 녹아버리는 것이라고 말한다. 별들은 시간을 구획 짓는 기준으로도 이용된다. 엘리자베스 토머스는, 어느 밤에 기크웨 부시먼의 천막에서 털을 뽑아 꼬챙이로 꿰어 놓은 새 한 마리를 모닥불에 굽는 사내와 마주쳤다. 토머스가 부시먼에게 다 구워졌느냐고 물었다. 부시먼은 훼방꾼을 흘긋 봤다가 새를 한 번 보고 이윽고 하늘을 올려다보더니 고개를 저었다. 아니다, 별이 아직 높이 올라오지 않았으니까 새고기는 덜 구워진 것이다.[1]

부시먼 세계의 수직축은 이처럼 단순하게 기하학적으로 해석된다. 이는 사회적이고 생물학적인 삶의 요구를 초월한다고 해석할 수도 있다. 부시먼은 생존을 위해서 개인주의, 소유주의, 공격성을 억눌러야 하는 상호의존적인 관계망을 계발해왔다. 선한 행동과 협동정신은 생존의 필수 덕목이다. 존재의 수평적 평면 혹은 생물사회적 평면이 부시먼의 삶의 양식을 규정하는 것이다. 하지만 세속적인 활동은 신체 유지에 반드시 필요하지 않은, 인간관계의 정상적인 흐름에서 벗어난 행동들로 인해 주기적으로 끊긴다. 춤을 예로 들어보자. 밤에 모닥불 주위에서만 추는 춤은 엄청나게 강렬한 단계에 이르는데 그사이에 일상생활의 제한과 의무는 유예된다. 그런 경우, 한때는 평화롭게 앉아 있던 아기 엄마가 다음 번에는 아기를 땅바닥에 방치하고 달려들어 무언가에 사로잡힌 사람처럼 춤에 동참할 것이다.

광활한 지평선과 평평하고 개방적인 특성은 시베리아와 중앙아시아 경관의 특징이다. 하지만 여기 유목민들 사이에서라면 누구나 계층화된 우주의 갖가지 개념을 발견하게 된다. 시베리아와 중앙아시아의 세계 구조는 다층이어서 하늘, 땅, 지하세계라는 세 개의 기본 층위가 중심축을 따라 이어져 있다. 알타이어로 쓴 민속시는 셋, 일곱, 아홉, 심지어 열두 개에 이르는 반구가 차례차례 북극성까지 켜켜이 쌓여 만들어진 하늘을 노래한다. 하늘은 구체적으로 그려지기도 한다. 야쿠트 족에게 하늘은 팽팽하게 잡아당긴 가죽들을 이어놓은 것이다. 부리야트 족에게 하늘은 솟았다가 떨어지는, 뒤집힌 솥 같은 형태다. 솟아오르는 즈음에 하늘과 땅 가장자리 사이에서 통로가 하나 나타나고 그 사이로 바람이 분다. 투르크계 타타르 족은 하늘을 천막이나 지붕으로 상상하며 그것이 땅과 지상의 삶을 보호한다고 여긴다. 별은 구멍이어서 천상의 빛이 투과된다는 것이다. 유성의 빛은 '하늘의 깨어진 금'이나 '천국의 문'이며 별똥별이 떨어지면 길조라서 소원을 빌어도 좋다. 천국의 지붕을 떠받치는 기둥은 북극성 주위를 회전하는 별들의 축도 된다. 중앙아시아 유목민들의 세계는 수직적일뿐더러 회전하는 곳이기도 하다. 천축, 즉 천체를 지탱하는 기둥은 회전하는 별들을 고정시킬 밧줄을 매어놓는 기둥에 비유되곤 한다.

주거지는 소우주다. 유르트(중앙아시아 유목민의 이동식 원형 천막—옮긴이)는 둥근 하늘을 재현한 것이다. 연기가 빠져나가도록 지붕에 마련한 개구부는 북극성으로 이어지며, 우주적 차원에서는 천상의 천막을 붙들어 매는 말뚝이나 다층으로 된 천체의 둥근 지붕에 뚫린 하늘의 구멍 등으로 해석된다. 알타이 족에게 중심축은 하늘의 구멍을 지나 하늘과 땅, 지하세계라는 세 영역을 통과하며 이어진다. 그 축을 따라 신들이 지상으로 내려오고 죽은 자가 지하의 영역들로 내려간다. 같은 축을 따라서 무아지경에 이른 샤먼의 영혼이 상승하거나 하강할 수도 있다. 제의를 준비하면서 샤먼은 특별한 천막 하나를 세운다. 자작나무로 세운 천막은 나뭇가지들이 지붕 한가운데 있는 공기구멍 바깥으로 왕관처럼 뻗어 있다. 자작나무에는 아홉 군데 칼자국이 나 있는데, 샤먼이 밟고 올라가는 것으로 하나하나가 9층의 천국을 상징한다.[2]

중위도권 지역 자영 농민들의 천지학적 믿음은 근본적으로는 크게 다르지 않을 것이다. 그들의 삶은 순환하는 자연의 율동에 지배받는다. 계절은 변화하는 태양의 고도 및 별자리와 밀접한 관련이 있다. 해와 별은 수평선 아래로 잠기는데, 이는 지하세계, 즉 천상에 반대되는 세계의 존재를 시사한다. 앞서 푸에블로 인디언과 이집트인, 수메르인 등의 농업 문화권 민족들의 계층화된 세계를 묘사한 바 있다. 더 이상의 사례를 덧붙일 필요는 없겠다. 소작농들은 제한된 공간에서 살아간다. 자기 마을과 이웃한 공동체, 그리고 시장이 형성되는 20제곱마일 안쪽인 읍내를 벗어난 넓은 세계는 거의 알지 못한다. 친숙한 지식과 천상에 이르는 높이가 수평 공간의 제한을 보상해준다. 소작인의 세계는 근대 사상의 영향에 놀라울 정도로 저항한다. 예컨대 중국에서 공산당은 근대화를 주도했으나 1960년대 초반 촌락 거주자들의 수직적 우주관을 분쇄하지 못했다. 그들의 축제와 제의의 순환성도 마찬가지였다. 자신들의 삶이 머리 위의 태양과 달의 운행보다는, 오히려 수평축의 동일한 평면인 중국 내의 다른 지역에서 일어난 사건들(정부 정책이나 수요공급 법칙을 반영하는)의 지배를 받는다는 사실을 충분히 깨닫고 나서야 마을 사람의 우주관은 무너질 것이다. 절기별 축일 또한 의미가 시든 후에는 현재 서구의 도시인들이 기념하는 것처럼 고안된 휴일로 대체될 것이다.

자연, 경관, 풍경

세계관의 주축이 우주에서 경관까지 변형된 사정을 살펴보려면 '자연', '경관', '풍경'이라는 단어의 의미가 변화하는 과정을 거슬러 올라가는 것이 좋다. 현대의 용법에서 이 세 단어는 핵심 의미를 공유한다. 풍경과 경관이라는 두 용어는 흔히 번갈아 쓰이는데 둘 다 자연을 의미한다. 하지만 합일에는 나름의 희생이 뒤따른다. 자연은 의미론적 영역을 대부분 양보함으로써 풍경과 경관이라는 말과 지속적으로 어우러졌고, 뒤의 두 단어는 정확한 의미를 상실하면서 동의어에 가까워졌다.

널리 쓰이면서, 세 단어 가운데 자연의 위상이 가장 많이 훼손되었다. 소크라테스 이전 그리스 시대에 쓰이던 '피지스'(physis)의 의미에 따르면, 자연이라는 단어는 '일체' 또는 '모두'를 가리켰다. 자연을 철학적으로 말하는 것은 "많은 것에 대해, 이를테면 신발, 선박, 봉랍(蜂蠟)에 대해, 양배추와 통치자 등에 대해 말하는 것"이 된다. 자연은 "머리 위 하늘, 발아래 땅, 땅 밑 바다"이기 때문이다. 중세에 이르자 (아리스토텔레스적 우주를 받아들인) 학자와 시인 덕에 자연은 더 이상 '전부'를 뜻하지 않고 단지 변덕스러운 현세에 불과한 의미로 수축되었다. 달의 궤도 너머의 천상은 배제되었지만 자연의 계층화는 남아 있었다. 주축은 여전히 수직이었고, 불의 영역에서 공기와 물을 통과해 땅에 이르기까지 수직축은 하강하며 연장되었다. 지난 두어 세기 동안 자연은 이러한 토대를 더욱더 상실했다.[3] 오늘날의 자연은 시골과 야생지에 해당한다. 게다가 야생지는 이미 지적했듯이 경외심을 불러일으킬 만한 위력을 거의 잃고 말았다. 자연은 고도와 심도의 차원을 이미 상실했다. 대신에 매력과 생생함이라는, 덜 엄격한 자질을 획득했다. 이렇듯 위축된 의미에서 자연은 시골, 경관, 풍경과 유사한 이미지들을 환기시킨다.

장면(scene) 혹은 풍경(scenery)의 의미는 변화가 가장 적었다. 장면은 무대로서, 원래 의미는 그리스나 로마의 극장에서 비롯한 것이다. 두 번째 의미는 현재 가장 널리 받아들여지는데, 경관 혹은 전망, 그림 같은 장면, 또는 그림 같은 경관 재현을 뜻한다. 장면의 뜻 가운데 현재 소실된 것은 '느낌을 움직임으로 표현'하는 것이며, 그래서 이 단어를 대하면 무대와 연극이 연상된다. "소란 피우지 마세요!"(don't make a scene!)라는 표현에 그 의미가 남아 있다. 하지만 장면은 이제 좀처럼 대단한 정서를 자아내지 못한다. 고속도로를 달리다 보면 액자 같은 창밖으로 자연을 일별하다가 종종 숭고한 느낌을 자아내는 지점과 마주치지만, 즉석 사진을 찍는 정도 이상의 노력이 드는 반응을 불러일으킬 만큼 우리에게 감동을 주는 경우는 드물다.

풍경과 경관은 이제 동의어에 가깝다. 두 단어의 쓰임새에서 나타나는 사소한 의미 차이로 어원에 유사성이 없음을 알 수 있다. 풍경은 전통적으로 연극이라는 환상의 세계를 연상시켰다. '뒷장면'이라는 표현은 장면의 비현실성을 드러낸다. 경관식 정원을 무대 장면처럼 고안할 수 있다고는 해도 '경관의 뒤'를 보라는 권고를 받을 수는 없다. 무대 소품으로 인해 배우의 인생에 빠져들기 어려운 것처럼 경관식 정원 소유주의 인생에 말려들 수는 없다는 이치에서 그러하다. 경관의 원래 의미 자체가 예술의 세계나 꾸민 세계가 아니라 현실 세계를 가리키기 때문에 그런 차이가 발생한다. 토착 네덜란드어에서 '란트샤프'(landschap)는 '농장이나 울타리를 친 평원, 때로는 소규모 사유지나 행정 단위들의 집합'을 의미했다. 16세기 말 영국으로 건너간 이 단어는 세속에 뿌리를 내리고 예술에서 귀중한 의미를 획득했다. 경관은 특수한 입각점에서 바라본 전망을 뜻하게 되었다. 다시 말해 그러한 전망의 예술적인 재현이었다. 경관은 또한 공식 초상화의 배경이기도 했다. 말하자면 어떤 '자세'의 '장면'인 것이다. 이로써 경관은 가장의 세계로 완전히 통합되었다.[4]

유럽 세계관의 주축 변형

중세인들은 위아래라는 절대적 상하(上下)를 이해할 수 있었다. 지상은 천체의 위계에서 가장 낮은 자리를 차지하고 있다. 땅을 향한 움직임은 아래로 움직이는 것이다. 현대의 관점에서는 별들이 대단히 멀리 떨어져 있다. 현대인의 눈으로 밤하늘을 바라본다는 말은, 어느 학자의 표현대로 해무에 흐릿해진 바다를 훑어보는 것과 같다. 중세인들에게 별들은 멀리 떨어져 있다기보다는 오히려 대단히 높이 있었다. 높이 솟은 중세 우주를 올려다보는 경험은 거대한 건물을 보는 것과 같다. 중세 우주는 광대하지만 유한하다. 이를 다룬 시편에서 광장공포증은 찾아볼 수 없다. 무한한 우주의 영원한 침묵에 두려움을 느꼈던 파스칼은 중세인에게는 낯선 존재다.[5]

자연과학의 증거

유럽인의 세계관에서 주축이 변경되었다. 이는 유럽의 문화와 학문의 영역에서 명백히 드러난다. 수리학(지표 및 지하의 물의 상태, 유래, 분포, 이동 따위를 연구하는 학문—옮긴이)적 순환을 예로 들어보자. 과거에도 그랬지만 지금도 물의 순환은 지구의 물리적 사실들의 이치를 밝히는 데 널리 공인된 체계다. 현재로서는 주로 바다와 육지 사이에 일어나는 기체와 액체의 교환으로 이해하지만, 이는 지리학적 지형 및 수평적인 운동 요소를 강조하는 것으로 17세기 후반에 비로소 나타난 개념이다. 예전에는 수리적 순환이 본질적으로 단 하나의 차원, 즉 수직성을 지닌다고 상상했다. 아리스토텔레스의 《기상학》과 계층적인 중세의 우주 모형이 이런 편견을 낳은 것이다. "묽어진 물이 상승하여 공기로 변하고, 다시 공기에 순화되면서 추출된 빛의 요소로 반짝인다. 그것들은 순서가 정해진 것처럼 다시 회복된다."(오비디우스, 《변신》) 이렇게 실체가 수직축을 따라가며 변형된다는 고대적 주제는 수리적 순환이라는 관념의 원조였다. 물이 수직축의 마디들을 통과하면서 [다른 물질로] 변형된다는 식이기는 하지만 말이다. 이런 물리적 과정이 사람의 영혼과 신의 초월적인 관계에 대한 널리 알려진 이미지를 제공했다. 이슬이나 물방울 같은 영혼은 위로 끌어당겨져 천국에 흡수되려 한다. 그러면 높은 곳에 있는 신이 바싹 마른 땅에 내리는 비처럼 갈증을 느끼는 영혼에게 영적인 영양물을 제공한다. 수리학적 순환이 수평 차원을 획득하자 은유의 힘을 잃었다. 초월적이자 상징적인 함축이 전혀 없는 순수한 물리적 과정이 된 것이다.[6]

문학의 증거

중세 회화에서는 원근법을 찾아볼 수 없다. 문학도 마찬가지여서, 시인들은 후대에 나타날 엄밀한 환영주의(illusionism)에는 별 관심을 두지 않았다. 초서에게 자연은 일체가 전경화되어 있었기에 경관을 묘사하지 않았다. C. S. 루이스는, 중세와 심지어 엘리자베스 여왕 시대에도 전경화된 대상의 색채와 행동을 생생히 재현해내던 상상력이 비례에는 거의 발휘되지 않았다는 사실에 주목한다. 거인과 난쟁이를 그릴 때도 일관된 묘사력은 기대하기 어려웠다. 《걸리버 여행기》에서 세심하게 주의를 기울여 유지한 비례는 대단히 새로운 시도였다.[7] 중세의 화가들은 관찰자에서 멀어질수록 대상이 작아 보인다는 원칙을 숙지하고는 있었으나 원근법을 활용하지는 못했다. 마셜 맥루언은, 문학적 경관 기술에서 3차원 원근법은 늦게 등장했고 셰익스피어 시대 이후에야 나타났다고 생각한다. 《리어 왕》에서 초기 사례를 볼 수 있다.[8] 극중 인물 에드거는 눈이 먼 글로스터 공작을 설득해서 결국 도버의 절벽 꼭대기에 서게 된다. 에드거는 눈앞의 두려운 광경을 다음과 같이 묘사한다.

여기요, 공작님, 여기가 거깁니다. 가만 계세요. 저 깊은 아래로 시선을 던지면 얼마나 두렵고도 아찔한지요!

(……)

해안에서 걸어가는 저 어부는

생쥐만 해 보이고, 그 너머 돛대 높은 범선은

풍향계만큼 줄었는데, 정작 범선의 풍향계, 부표는

너무 작아 눈에 띄지도 않고요.

나태한 자갈들을 무수히 쓸어가면서

중얼거리는 저 파도소리는 더없이 시끄럽네요.

머리가 돌고 눈앞이 창백해져

비틀대다 곤두박질할까 더는 못 보겠습니다. (4막 6장)

풍경화의 증거

유럽 풍경화의 역사에서 수평적 시각으로의 변화 가운데 가장 설득력 있는 증거가 나타난다. 벽에 걸린 태피스트리는 방 안을 장식한다. 태피스트리가 수직의 평면을 파괴하지는 않는다. 하지만 벽에 걸린 풍경화는 수직의 평면을 투과하여 시선을 창밖의 수평선으로 곧장 향하게 만드는 열린 창문 같은 효과를 일으킨다. 르네상스 시대에 이탈리아인은 대저택 담장에 풍경을 그렸는데, 덕분에 주택 소유주는 넓고 다채로운 부동산을 과시할 뿐만 아니라 확장된 전망이 선사하는 환상도 즐겼을 것이다.

공간의 깊이를 투박하게나마 재현한 최초의 장르는 14세기 영국과 프랑스의 회화다. 애초에 심도 묘사는 사람을 수평 공간에 서 있는 지각력 있는 존재로 그리려는 과정에서 시도됐다. 이후에는, 사람의 형상이 3차원의 입체감을 얻었기 때문에 공간의 깊이라는 환상을 부여하기 위해 배경도 그려 넣게 되었다.[9] 15세기에 접어들자 사실에 바탕을 둔 전망과 시야가 어느 정도 대중성을 획득하기 시작했다. 새롭게 공간과 빛을 보는 법이 나타났으며, 이는 대상의 크기를 표현하기 위해 원근법이라는 기하학과 일관된 비례를 강조한다는 점에서 과학적이었다. 15세기 네덜란드 화가들은 미세화 속에도 공간감을 부여하는 법을 익혔다. 그들은 원근법으로, 또 새로이 도입된 빛과 그림자를 표현해 공간감을 표출했다. 후베르트 반 에이크의 〈윌리엄 공작의 상륙〉은 작은 화폭 내부에 공간 감각을 자아내는 방법을 확인할 수 있는 좋은 사례다. 그림 전경에는 말에 탄 공작이 있다. 멀리 바다와 하늘이 만나는 수평선으로 후퇴하는 부분에서 해안선의 만곡과 작은 배로 공간감이 강조된다.

효과를 극대화하기 위해서 원근법은 한 점으로 집중하는 직선에 의존한다. 자연에는 직선이 극히 드물다. 기하학을 도입하려고 애쓰는 유럽의 화가들에게 인기 있는 해결 방안이 두 가지 있었다. 첫째는 수렴하는 직각에 맞추어 경관 속에 여러 대상을 배열하는 것이었다. 가령 숲속 사냥 모임을 다룬 파올로 우첼로의 그림을 보자. 여기서는 소실점에 초점을 맞추어 나무와 사냥개들이 직각을 이루며 늘어서 있다. 다른 기교로는, 사람 형상의 배경으로 강의 유역을 활용하는 것이었다. 한 점에 집중되는 경사면이 있고 폭이 줄어드는 강의 유역은 일점원근법의 인위적인 조건에 가장 근접하는 자연물이었다.

빛과 색채도 공간적 후퇴감을 강화하는 데 활용될 수 있다. 태양의 위치를 생각해보자. 중세의 그림에서 해는 하늘 높은 곳에 황금빛 원반으로 나타난다. 해는 그림자를 만들어내지 않고, 그림을 통합하는 역할도 하지 않는다. 15세기 무렵이 되자 해가 지평선까지 내려와서 경관에 빛을 선사하게 되었다. 미술사가 케네스 클라크의 평가에 따르면 젠틸레 다 파브리아노는 최초로 해를 구성상의 상징 이상으로 그려냈다. 〈애굽으로 피신〉(1423)은 지평선에 걸쳐 있는 해를 보여준다. 이 작은 경관 속에 빛과 그림자의 패턴은 통일돼 있고 빛의 근원인 태양에 초점이 맞춰져 있다.[10] 화가는 후경에 빛을 밝혀 그 장면에 깊이감을 부여했다. 17~18세기에 이르면, 황금 원반은 지평선 부근의 담청색 광선들로 바뀌고 후경의 밝은 빛과 색채는 전경의 부드러운 갈색과 암녹색으로 인해 흐릿해진다. 따뜻한 계열의 색채는 '돌출'하는 반면 차가운 색채는 '후퇴'하는 것이다.

유럽과 중국의 태도 비교

유럽의 전통과는 다르게 11세기와 12세기에 융성했던 중국 산수화는 수평적인 것, 즉 평평한 지평선으로 물러나는 현상을 강조하지 않았다. 무엇보다 중국에서는 세로폭의 족자에 그렸던 것이다. 그림에 쓰인 글자는 작품의 일부로서 두루마리 위에서 아래로 적어 내렸기 때문에 경관의 요소들은 계단식으로 정렬되어 있다. 자연을 유기적으로 편성하는 과정에서 몇 가지 중요한 차이점을 언급해둘 필요가 있다. 중국 산수화 속의 사람 형상은 매우 작다. 산봉우리들이 수직 차원을 부여한다. 산은 중국인의 시각에서 보면 자연의 주성분이다. 그림 속의 한 장면은 경관, 즉 땅〔landscape라는 영어 표현에서처럼〕의 구성단위라기보다는, 산수, 그러니까 산과 물의 배치라고 해야 옳다. 반대로 초기의 유럽 풍경화에서는 사람의 형상, 성당의 첨탑, 혹은 십자가가 수직 평면을 지배한다. 여기에 의미가 내포되어 있는 것이다. 후경이 되는 경관은 수평 차원을 제공한다. 또 다른 차이점이라면 한동안 유럽 회화에서 선호되던 수학적으로 엄격한 선형원근법을 중국인은 한 번도 계발해본 적이 없었다는 것이다. 원근법은 존재했지만 견지를 바꿔 가며 보는 것이었으며, 단일 수평시야는 없었다. 그림의 심도로 끌어들이는 수평 방향을 눈으로 자유롭게 선택하는 것처럼 경관 요소들을 그려놓았다. 나아가 중국의 산수화는 하루 중 어느 때인지 분간하기 어렵다는 사실에도 주목하자. 일몰이든 일출이든 미명이든 박명이든 단일한 지평으로 주의를 이끄는 현상은 없다.

건축과 경관식 정원: 공간 확장과 시각적 반응으로

중세 성당

건축과 경관식 정원은 회화와 마찬가지로 세상에 대한 종교–미학적 기본 태도를 반영한다. 유럽에서 중세의 이상형은 성당이라는 건축물에서 가장 고양된 형태로 표현된다. 중세인들의 수직적 우주는 날아오르는 첨두아치, 탑, 첨탑에서 극적인 상징을 자랑한다. 고딕 성당에 들어선 근대인은 당황하게 된다. 카메라를 든 관광객은 성당의 본당 회중석과 옆의 통로, 익부(翼部), 빛을 발하는 예배당, 원개의 익부가 지닌 아름다움에 감명받을 것이다. 카메라를 설치할 위치를 찾노라면 내부의 특징을 한눈에 볼 수 있는 특권적인 위치가 없다는 사실을 알게 될 터이다. 고딕 건축물 내부는 여기저기 돌아다니고 고개를 돌려야 제대로 볼 수 있다. 현대의 관광객이라면 성당 밖의 멀리 떨어진 지점에서 전체 구조를 너끈히 담은 사진을 찍을 수 있겠다. 하지만 중세에 그럴 가능성은 희박했다. 대건축물 주위에 군집한 다른 건축물들이 시야를 가렸다. 더욱이 멀리서 성당을 보면 웅장함과 수직성이 주는 충격이 감소할 것이다. 파사드의 세목들은 보이지 않을 터이다. 중세 성당은 경험하는 공간이었다. 매우 주의 깊게 해독해야 하는 촘촘한 텍스트이지 단지 보여주기 위한 건축 형식이 아니었다. 사실상 일부 조형물과 장식물은 볼 수조차 없었다. 신의 눈을 위해 만들었기 때문이다. 그에 반해 워싱턴의 워싱턴 성당을 생각해보자. 본당 회중석의 중심선은 합창단의 중심선에서 1도 11분 38초 각도만큼 빗나가 있다. 서쪽 출입구로 들어서는 방문객의 시야를 터주기 위해서 건축가가 이런 각도차를 도입한 것이다.[11]

등축(等軸) 정원

정원은 우주의 가치와 환경에 대한 태도를 반영한다. 중국의 정원은 도시에 대한 반립명제를 제시했다. 직선으로 이루어진 도시의 기하학에 상반되는 것들은 정원의 자연스러운 선과 공간이다. 우리는 사람의 도시에서 가부장적 질서를, 정원에서는 자연의 복잡한 비형식성을 발견한다. 사람이 동료 인간을 잊고서 자유로이 명상하며 자연과 가까이 사귀는 장소인 정원에서 사회적 구별짓기는 버려진다.[12] 어떤 방문객의 특권적 전망을 염두에 두고 정원을 설계하진 않는다. 보는 것은 관찰자와 대상의 거리를 상정하는 미적이고 지성적인 행위이기 때문이다. 정원은 굽이진 사잇길을 따라가면 끊임없이 바뀌는 장면들에 접하게 되는 방문객을 끌어들이고 에워싸는 구도로 형성된다.

근동과 유럽에서 경관식 정원의 역사는 복잡하다. 특권적인 전망을 차츰 강조하면서 주축을 수직에서 수평으로 변형시키는 흐름이 강화됐다. 예를 들어 직선 경로, 가로수, 선형적 연못을 활용해서 멀찍이 떨어진 수평선까지 한눈에 들어오도록 시야를 확장했다. 근동과 동부 지중해 연안에 자리 잡은 고대 정원에서는 특권적 차원을 찾아볼 수 없다. 그쪽 정원은 정사각형에 가깝고 과수원과 관목숲, 연못이라는 하부 단위뿐 아니라 복합 정원의 담 자체가 사각형이다. 네부카드네자르(구약에서 유대를 정복하고 예루살렘을 함락시켰던 바빌로니아의 왕—옮긴이)의 전설적인 바빌론 공중정원(기원전 605년경)은 멀리서 보면 푸른 산 같았다. 이런 유형의 정원은 계단 형태의 언덕 비탈에 정원을 조성하는 관습과 지구라트의 영향으로 발달했을 것이다. 상징적으로 지구라트는 지상을 하늘과 연계하였다.

수도원의 회랑과 정원은 명상의 장소였다. 폐쇄된 정원이나 회랑을 가리키는 전문 용어는 '극락'이었다. 중심의 분수와 거기서 흘러나오는 물의 흐름은 에덴의 지리를 상징했다. 수도원의 정원은 수도원 공동체에 과일과 채소, 약초를 제공했다. 그곳은 쾌락을 주는 전망을 구하기 위해 혹은 인간의 자아에 아첨하려고 배경으로 설계된 공간이 아니었으며 사각형이 특징이었다. 13세기 말 성 크레스켄티우스에 따르면 이상적인 정원은 평지에 사각형으로 조성해야 하고 화초만이 아니라 향초를 심는 자리도 갖춰야 한다. 게다가 분수는 중간에 자리 잡아야 한다. 이러한 기본 모형을 제시했을 뿐 성 크레스켄티우스는 하층계급의 정원과 귀족과 왕을 위한 정원을 구분하지 않았다. 크기가 달랐을 따름이다. 예컨대 군주의 정원은 20에이커에 달하고 자연적인 샘을 포함할 것이다.[13]

원근법 정원

고대 그리스와 로마의 정원에 대해서는 알려진 바가 거의 없다. 기원전 5세기 무렵, 아테네인들은 개인 정원이라는 은신처로 물러나기에는 워낙 군거 성향인 데다 공적인 생활을 선호했다. 그래도 공회장에 심은 나무 덕분에 어떤 장소는 공원으로 바뀌었을 것이다. 그들은 신에게 봉헌된 숲이나 옹달샘, 시골의 동굴에서 예배를 드리곤 했다. 로마인의 경우 준엄한 공화국 철학은 쾌락을 주는 정원을 비롯한 경박한 것들이 번성치 못하도록 가로막았다. 헬레니즘이 로마 사회에 침투하기 시작한 기원전 2세기 말까지 이런 것들이 로마의 외관을 형성했다. 기원후 1세기 무렵에 황제와 귀족의 대저택은 광대한 부지에 들어섰다. 로마인은 경관을 거의 손대지 않았을뿐더러 유사 그리스 양식의 정원도 저택 내부에 포함했다. 로마인의 정확한 설계 양식은 온전히 밝혀지지 않았다.

　폼페이의 정원은 규모가 작았는데 교외 지역이 아닌 도시의 인공물이기 때문이었다. 특징은 두 가지였다. 이는 교외 지역 고급주택의 호화로운 구내에도 적용되었을 터인데, 주택과 정원에는 상호 침투성과 축선 배치(여러 건물을 단일한 축선을 따라 배치하는 것—옮긴이)가 중요했던 것이다. 폼페이 식 주택의 주 응접실은 정원 중심에 있는 주랑 현관을 통해 들어갈 수 있었으며 집에서 정원 전체가 내다보이는 구조였다. 늘어선 나무와 분수들이 어우러져 시선 끝에 위치한 담장에 그려둔, 원근법을 적용한 그림 덕분에 길이가 확장되는 효과를 얻기도 했다. 르네상스 시대의 대저택과 정원은 로마의 원형을 따랐다. 양쪽 모두 전망을 강조했던 것이다.[14] 르네상스 시대 주택의 벽에 그려진 경관은 거리감과 공간감에 있어 환영을 낳는 데 훨씬 많은 기여를 했다. 하지만 울퉁불퉁한 지중해 지형 때문에 인간이 만든 광대한 전망은 방해받았다. 정원은 계단식으로 배치되었다. 정원 설계자는 멀리 있는 자연적인 특징들이 전망의 일부가 되도록 계단식 정원의 방향을 설정했을 것이다. 정원을 자연환경의 테두리와 어우러지도록 하여 웅대한 공간감을 획득했다.

　공간과 조망을 수평으로 확장하려는 충동은 북서 유럽의 좀더 평탄한 경관에서 가장 야단스럽게 표현되었다. 앙드레 르 노트르(베르사유 궁전의 설계자—옮긴이)의 예술은 인간이 자신의 심미적 취향을 자연에 부과할 수 있으리라는 신념을 풍자했다. 베르사유는 과시용 정원이었다. 인간을 찬양했던 것이다. 프랑스의 태양왕은 베르사유 궁전의 침실에서 중앙으로 멀리 뻗어나간 전망을 내려다볼 수 있었는데, 얕은 물줄기와 보초처럼 줄지어 늘어선 나무들 덕분에 원래보다 길어 보이도록 정원을 설계했다. 형식적인 구도로서 사람의 의지를 과시함으로써 자연이나 신의 의미는 상실되었다. 베르사유 궁전에는 신이나 여신의 조각상들이 즐비했지만, 조각상은 인간의 구상에 부동으로 복종하며 기백 없이 서 있을 뿐이다. 왕궁의 재화를 고갈시킬뿐더러 지형의 엄청난 장애물을 극복해야 하는 사업이라면 착수하지 말 것을 장관들이 건의했으나, 태양왕 루이 14세는 단념하지 않았다. 왕은 자기만족에 빠져서 이렇게 말했다. "고난을 극복할 때 우리의 권능이 명백해지는 법이다." 영국 또한 베르사유 궁전과 같은 유형의 웅대한 경관을 뽐낼 수 있었다. 가장 야심찬 착상 중 하나는 배드민턴의 뷔포트 공작의 영지로, 전원으로 뻗어나가는 스무 갈래의 방사상 가로수길을 포함하고 있었다. 공작의 비위를 맞추려던 특정 신사 계급들이 공작의 전망을 넓히고자 자신의 영지 내에 나무를 심었다고 전해진다.[15]

18세기에 이른바 자연식 경관 조성이 영국에서 인기를 얻었다. 자연식 경관은 양식적 경관만큼이나 공학자들의 성취이자 예술작품이었다. 직선과 드넓은 가로수길, 선형적인 연못은 멀리했지만, 쾌락적이고 위압적인 전망을 얻으려는 욕망은 버리지 않았다. 가령 랜슬럿 브라운은 후퇴하는 원근감을 강조하려고 양날개 형식의 가림막으로 숲을 활용하면서 집에서 바라보면 웅장하게 트인 전망이 되도록 경관을 설계했다. 또한 역방향과 다른 방향에서 바라보는 전망도 고려했기 때문에 자연식 정원은 양식적 정원에 비해 특권적인 조망 지점이 훨씬 많았다.

경관 조성을 요약해서 개론하는 이 글에서[16] 나는 정원을 주택을 위한 환경으로, 제한된 몇 개의 입각점에서 통제된 미적 경험을 하는 장소로 이해하는 경향에 강조점을 두었다. 정원은 무엇보다 시각의 요구에 영합한다. 사람의 오감 중에서 공간 분별력이 가장 좋은 감각이 시각이다. 습관대로 보기만 해도 명확한 선과 표면, 입체라는 공간적 실체로 세계를 올바로 인식할 수 있다. 시각 외의 감각들은, 풍성하지만 초점이 맞지 않는 어떤 분위기로 세계를 지각하라는 가르침을 준다. 17세기의 형식적 정원도 18세기의 '자연식' 정원도 청각, 후각, 촉각에는 그다지 호소력을 발휘하지 못했다. 소리, 향기, 질감의 미묘한 효과를 전달하기 위해서 한정된 공간은 필수적이다. 그렇게 한정된 공간 내에서 유일하게 방해받지 않는 전망은 올려다본 하늘이다.

상징주의와 신성함: 전근대적 반응들

자연에 대한 심미적 태도는 자연이 신령한 기운을 발산할 때 중요해진다. 땅의 정령을 더 이상 품지 않을 때 경관은 평범한 인간 행위의 배경으로 봉사한다. 전근대인의 우주는 다층이었다. 자연은 상징으로 풍부했고 자연의 대상들은 몇 가지 층위에서 해석할 수 있었으며 정서가 담긴 반응을 불러일으킬 수 있었다. 우리는 언어의 다의성이 무엇인지 알고 있다. 시적 언어라면 말할 것도 없거니와 일상적 언어에도 상징과 은유가 풍부하다. 이와 반대로 과학은 다층적 해석 가능성을 배제하려 한다. 전통적인 세계에서 일상 언행과 제의 언술은 다의적이면서 풍성하다. 반면 근대 세계는 투명하고 문자 그대로가 되기를 열망한다.

상징적 깊이

장소와 경관을 상징적으로 해석하고 신성함을 부여하는 것은 과학이 형성되기 전에 서로 밀접했던 두 세계에 반응하는 방식이다. 상징적 해석의 사례를 들어보면, 후대의 무미건조한 예술가들과는 달리 중세 예술가들은 영혼에 얽힌 사건과 상황을 지극히 평범한 물질들로 나타내는 데서 아무런 모순도 느끼지 않았다. 똑같은 그림에 그려진 사람의 형상과 의복, 인공물들은 진부한 사실 혹은 영적 세계에서 내려온 계시처럼 보였다. 〈최후의 심판〉을 소재로 한 프레스코화라면 어느 그림에서든, 선지자 엘리야를 태워서 천국으로 가는 불의 전차로 활용되는 농가의 손수레를 볼 수 있을 것이다.[17]

은유적 사고방식은 과학적인 분류에서 나타나는 뚜렷하게 규정된 한계들을 무시한다. 과학적인 용어로서 '산'과 '계곡'은 지형학적 범주에 속한다. 은유적 사고방식에서 산과 계곡이라는 단어는 각각 '높음'과 '낮음'이라는 가치를 포함하며, 이어서 남녀라는 양극의 관념도, 상반되는 기질적 특성이라는 관념도 포함한다. 사람들이 세계를 조화로운 체계로 정돈하는 방법에 대해서는 3장에서 이미 살펴보았다. 외부인의 눈에는 한 체계의 요소들이 다른 체계의 요소와는 무관해 보일 것이다. 토착민이 보기에 그것들은 자연스레 어우러진다. 중국인과 인도네시아인, 북미의 푸에블로 인디언은 일련의 현상을 다른 것과 조화시키는 방식에서 아주 상이하다. 하지만 그들은 세계를 이루는 실체적 요소, 즉 흙, 물, 불을 색채, 방위, 계절, 개성 혹은 문화적 특질과 관련지어 생각하는 관습을 공유한다. 그래서 중국인은 금속에서 가을, 서쪽, 흰색, 슬픔을 연상한다. 현대에도 이질적 현상들의 연계는 느낌에 강하게 남아 있다. 연구실을 떠났을 때 과학자들은 가을과 일몰에서 우울함을, 봄에서 희망을

a. 개방형 경관과 수평적 열망

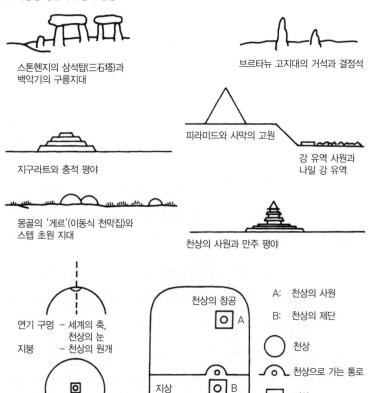

스톤헨지의 삼석탑(三石塔)과
백악기의 구릉지대

브르타뉴 고지대의 거석과 결정석

피라미드와 사막의 고원

강 유역 사원과
나일 강 유역

지구라트와 충적 평야

몽골의 '게르'(이동식 천막집)와
스텝 초원 지대

천상의 사원과 만주 평야

연기 구멍 – 세계의 축,
천상의 눈
지붕 – 천상의 원개

천상의 창공

천상으로 가는 통로

A: 천상의 사원

B: 천상의 제단

천상

지상

지상

연기 구멍 아래이자 중심부의 화로
주위의 사각형 영역은 좁은 널빤지
로 표시해두는데, 지상을 의미한다.

b. 지상의 힘에 대한 승리

파르테논. 핑크스 언덕에서 '아테나 여신은 (……)
가장 높은 장소에 선 채로 인간이든 신이든, 적에
대한 경고이자 도시를 감싸는 방어물처럼 그녀의
방패를 높이 치켜들었다'.

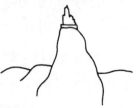

프랑스 르 퓌(Le Puy) 원통형 용
암기둥 정상에 자리한 에기유의
생미셸 수도원.

c. 신성한 경관들

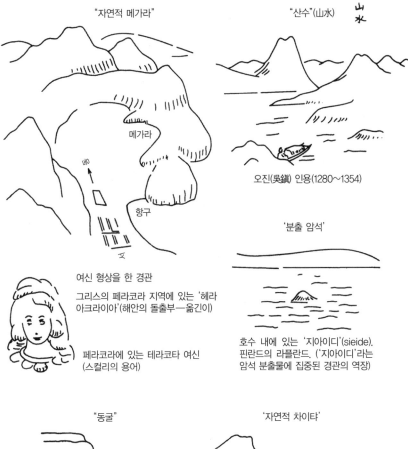

"자연적 메가라"

메가라

배

항구

文

"산수"(山水) 山水

오진(吳鎭) 인용(1280~1354)

여신 형상을 한 경관
그리스의 페라코라 지역에 있는 '헤라
아크라이아'(해안의 돌출부—옮긴이)

페라코라에 있는 테라코타 여신
(스컬리의 용어)

'분출 암석'

호수 내에 있는 '지아이디'(sieide).
핀란드의 라플란드. ('지아이디'라는
암석 분출물에 집중된 경관의 역장)

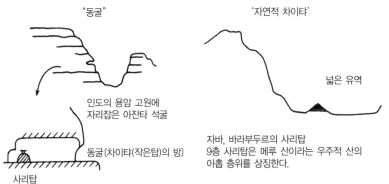

"동굴"

인도의 용암 고원에
자리잡은 아잔타 석굴

동굴(차이탸(작은탑)의 방)

사리탑

'자연적 차이탸'

넓은 유역

자바, 바라부두르의 사리탑
9층 사리탑은 메루 산이라는 우주적 산의
아홉 층위를 상징한다.

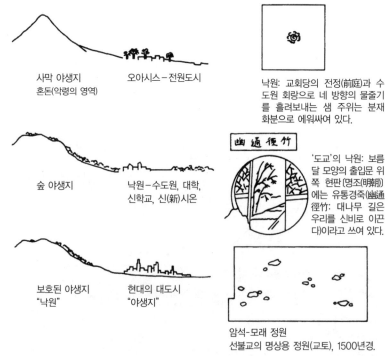

d. 야생지-낙원의 모티프

사막 야생지
혼돈(악령의 영역)

오아시스-전원도시

낙원: 교회당의 전정(前庭)과 수도원 회랑으로 네 방향의 물줄기를 흘려보내는 샘 주위는 분재 화분으로 에워싸여 있다.

숲 야생지

낙원-수도원, 대학, 신학교, 신(新)시온

'도교'의 낙원: 보름달 모양의 출입문 위쪽 현판(명조(明朝))에는 유통경죽(幽通徑竹: 대나무 길은 우리를 신비로 이끈다)이라고 쓰여 있다.

보호된 야생지
"낙원"

현대의 대도시
"야생지"

암석-모래 정원
선불교의 명상용 정원(교토), 1500년경.

그림 10 상징적 경관들

떠올릴 것이다.

상징은 의미의 보고다. 의미는 시간을 거치며 축적된 좀더 깊은 경험에서 나온다. 깊은 경험은 사람의 생물학에 근거한다 해도 흔히 신성하고 피안적인 성격을 띤다. 독특한 사건들에 의존할 경우, 틀림없이 개인이나 문화별로 상징성이 달라질 것이다. 인류의 태반이 공유하는 경험에서 비롯되는 상징은 세계 공통의 성격을 갖는다. 하늘과 땅, 물과 돌, 초목 같은 자연현상은 서로 다른 민족 사이에서도 유사하게 해석된다. 소나무와 장미, 샘이나 관목숲 같은 특정한 대상과 장소는 독특한 해석을 낳는 것이다.

정원의 상징적 의미를 생각해보자. 가장 심층적 차원에서 정원은 인류가 갈망하는 손쉽고 확실한 다산성을 표현하면서 땅이라는 외음부를 상징할 것이다.[18] 하지만 독특한 구도와 내용에는 문화적으로 주어진 의미가 들어 있다. 예컨대 중세 유럽에서 수도원 내부의 정원은 천국을 모형으로 삼아 구도를 잡았다. 경관보다 회화에서 더 자주 실현되긴 했지만, 낙원이라는 이상향을 체현한 경관식 정원에는 기독교 전통의 신성한 사건들을 환기시키는 상징들로 가득하다. 예컨대 순수를 암시하는 흰 백합, 신적인 사랑을 의미하는 붉은 장미, 정의의 과일인 딸기, 삼위일체를 상징하는 세 잎의 잔개자리 등이다. 정원에 놓인 탁자 위 사과들은 인간의 타락과 그리스도의 대속을 상기시킨다.

중국에서는 기원전 2세기경에 장안 외곽에 조성된 한나라 황제의 황실 공원이 최초의 경관식 사유지라고 할 만한 곳으로, 세부 사항들이 기록으로 남아 있다. 면적은 아주 넓었다. 산과 숲, 늪이 원형 담장 내부에 펼쳐졌을 뿐만 아니라 도교의 신비로운 믿음을 반영하는 궁궐과 인공식 경관도 조성되었다. 예를 들면 인공 호수 한가운데는 전설 속의 세 개의 '은총의 섬'(Isles of Blest)을 모방하여 피라미드식 섬들을 조성했다. 공원 전체는 도교의 이상향과 샤머니즘적인 소우주처럼 보였을 것이다. 공원에서 황제는 세속 활동과 종교 활동을 공히 향유했다. 탐욕스럽게 사냥도 했다. 살육이 끝난 뒤에 황제와 측근들은 연회를 열어서 무용수와 광대, 마술사와 더불어 여흥을 즐겼다. 연회가 끝날 무렵에 황제는 경관이 내려다보이는 거대한 탑 한 군데에 올라가서 고독하게 자연과 교감했다.[19]

자연을 노래한 시와 더불어 정원은 대략 4세기부터 중국 지배층의 호의를 얻었다. 자연을 점차 깨달아가고 정원의 구도에 나타나는 상징성을 풍성하게 하는 데는 불교의 공헌이 컸다. 서양 정원과 달리 중국 정원은 전통의 가치가 급속히 쇠락한 19세기 후반 이전까지는 기호들로 풍성한 장소였다. 중화민국 시대에 조성된 정원은 학식 있는 이에게만 말을 건네는 오래된 상징이 많을 것이다. 보름달 형태의 정문은 완벽이라는 관념을 끌어낸다. 용과 극락조(봉황), 사슴, 학, 박쥐 같은 동물 문양은 모두 의미를 전달하는 매개체다. 바위와 물은 조화롭게 균형을 이루는 자연의 이원성이라는 고대의 개념을 상징한다. 철따라 바뀌는 꽃들은 저마다 말을 전한다. 진리, 순수, 우아, 미덕의 상징인 꽃들이 있는가 하면 부, 장수, 동료애를 상징하는 꽃도 있다. 버드나무와 소나무, 복숭아나무와 자두나무는 정원에 즐겨 심는 수종이었다. 이를테면 우아함과 우정을 표상하는 버드나무처럼 하나하나가 의미로 충전되었다. 중국 정원으로 걸어 들어가 총체적 의미의 일부나마 깨달음으로써 감각과 정신, 영혼에 보상하는 세계에 들어서게 된다. 갖가지 상징은 서로를 보완해주고 가치를 풍요롭게 해준다. 이상화된 경관 전체의 전언은 평화와 조화다.

신성한 장소

정원은 말하자면 신성한 장소다. 일반적으로 신성한 장소는 신비 의식을 행하는 곳을 이른다. 신성의 발현이나 압도적으로 중요한 사건의 발생지라면 관목숲, 우물, 암석, 산을 비롯한 어디나 신성함을 획득한다. 미르치아 엘리아데가 옳다면, 장소의 신성함에 대한 초기의 본질적인 생각에 따르면 그런 곳은 중심, 축, 혹은 세계의 배꼽을 표상한다. 장소를 정의하려는 노력은 무질서에서 질서를 찾아내려는 시도에 해당한다. 그런 시도들은 하나같이 질서를 창조하려는 최초 행위의 의미작용과 (따라서 그 행위에 스며있는 종교와) 관련된 성격이 있다.[20] 세속의 공간에 성소뿐 아니라 주택과 마을을 건설하려면 의례를 통해 반드시 성격을 변화시키는 전통이 뒤따랐다. 건설하는 지점은 외부의 권능으로 신성하게 축성되었다. 즉 반신적인 인간에 의해서든 현란한 신비 의식에 의해서든 점성술과 흙점으로 지탱되는 우주의 권능에 의해서든 말이다. 도화선이 되는 사건의 징조 자체는 실로 보잘것없을지도 모른다. 이를테면 개미나 쥐의 출현이 신의 행위의 증거로 여겨질 수도 있을 것이다. 신성한 자질을 부여받은 비범한 통솔력을 자랑하는 지도자들이 태어나거나 죽은 장소는 그들의 존재에 깃든 무언가를 획득한다. 신성함은 주로 성지나 무덤과 관련돼 있지만, 신성한 분위기는 이웃한 공간으로 퍼져나가서 나무와 동물을 비롯한 공간 속의 모든 사물은 이러한 연관으로 인해 고양되었다. 중국에는 성스러운 황제들의 묘지 주변 공간을 자연 공원으로 여기는 오래된 관습이 있으며, 공원 내에 살아 있는 모든 것은 죽은 자의 영혼에 속했던 신성함을 나누어 가지게 되었다. 그런 장소는 종교와 원기 회복을 갈구하는 사람들의 요구에 부응했다.[21]

고대 그리스인에게는 성소의 구성요소 가운데 첫째가 특이하게 신성한 지형의 지역이고 둘째가 지역 내에 자리 잡은 건물이었다. "이 장소라면 분명 신성한 곳"(소포클레스,《콜로누스의 외디푸스》)인 것이다. 땅은 그림이 아니었다. 현대인은 부지가 그림 같아서 성소로 채택했다고 여기겠지만, 기원전 4세기 이전의 그리스인들에게 땅은 세계를 지배하는 갖가지 권능을 체현한 힘이었다.

빈센트 스컬리는 대지를 기운으로 지각하는 법이 크레타와 미케네의 청동기시대와 고대 말엽 사이에 어떻게 점진적으로 변화했는지 일러준다. 크레타인(토착 그리스인─옮긴이)들은 대지의 기운에 순응하고자 궁전들을 건립했다. 이상적인 부지는 사방이 막힌 골짜기, 원뿔 모양의 언덕, 쌍봉의 산을 포함했는데, 골짜기 내부에는 궁전을 지었고 원뿔형 언덕은 궁전의 북쪽 혹은 남쪽에 자리 잡았으며 언덕보다 높은 쌍봉산은 언덕 뒤쪽 멀리에 있었다. 사방이 막힌 골짜기는 천연 '메가론'(미케네의 거대 주택의 중앙홀—옮긴이)이자 태아를 보호하는 자궁이었다. 원뿔은 땅의 모성적 형태를 상징했다. 양쪽으로 솟은 쌍봉산은 뿔이나 유방을 암시했다. 본토의 미케네인도 경관에 대한 이런 태도를 공유했다. 그들 또한 대지의 여신이 보호해주는 지형을 찾아다녔다. 여기서 벗어나는 듯한 지점은 미케네의 위치였다. 미케네라는 자부심과 권력이 골짜기 내부의 작은 언덕에 부여되었던 것이다. 미케네인은 사촌이라 할 만한 도리아인에게 전복당했다. 도리아인은 대지의 여신을 참아내지 못했다. 그들은 사람과 땅을 잇는 순전한 끈을 파괴하는 방향으로 나아갔다. 도리아인은 벼락을 휘두르는 자신들의 하늘신으로 여신을 대체하고자 분투했다. 크레타 섬에는 골짜기의 분지 내부가 아니라 산에 도리아 식 요새를 지었다. 여신에게 봉헌된 성소는 전통에 따라 움푹 들어간 지형이라는 입지를 유지했지만, 조각성과 기념비성을 획득한 도리아 식 사원은 온갖 지형을 가리지 않고 모습을 드러냈다. 아폴로와 제우스에게 봉헌된 사원들은 지하세계의 위력에 도전했다. 아폴로에게 바치는 거대한 성소인 델포이 신전은 파르나소스 단층 지괴의 심장부에 있는 산의 사면 하단에 자리 잡았다. 제우스는 어머니 대지의 진정한 후계자였다. 가장 높다고 할 만한 산의 정상마다 제우스 신전이 차지했다. 올림푸스 산 자체가 제우스 신의 북쪽 화신이었다. 제우스에게 헌정된 사원들은 가장 넓은 메가라에 위치했다. 사원들은 경관에 순응하기보다는 오히려 들어앉은 경관을 지배하는 듯한 경우가 흔했다.[22]

도교가 융성하던 중국과 도리아 시대 이전 그리스 전통에서는 자연이 미덕이나 권력을 부여했다. 기독교 전통에서 성소화하는 권능은 자연보다는 신의 부섭정(副攝政)에게 부여되었다. 교회는 땅의 정령에 순응하지 않으며 오히려 주위 환경에 영혼을 부여한다. 교회 건물의 동쪽 끄트머리에 있는 제단은 자연의 질서와 조화하려는 시도가 아니라 부활한 그리스도라는 교리상의 상징적 사실(해는 동쪽에서 뜬다)을 활용한 사례다. 기독교 세계는 성스러운 장소를 작은 굴과 우물 근처에 할당한다. 그런 장소들은 자연에 거주하는 신령이 아니라 동정녀 마리아나 순교 성인들의 기적을 증거하는 환영 덕분에 신비로운 권능을 부여받는다.[23] 야생지에 자리 잡은 수도원 공동체는 구원받을 수 없는 세계 내에 정착한 낙원의 모형이었다. 야생지는 종종 악마가 출몰하는 곳으로 여겨졌지만, 수도원의 이웃이 되면서 야생지에서 구제된 자연은 조화를 이뤄나갈 수 있었다. 동물들은 수도원 내부의 인간 영주들과 마찬가지로 평화롭게 살아갈 수 있었다.

순환적 시간과 선형적 시간

고대인은 자연의 움직임이 순환적인 행로를 그린다고 믿었다. 원은 완벽함을 상징했다. 현대인은 뉴턴의 혁명적인 사유를 따라 직선이 모든 운동하는 물질의 자연스러운 행로라고 가정했다. 우주는 지리학과 경관에 길을 내주었다. 이 주제는 갖가지로 변주된다. 이런 변화가 시간관념과 어떤 관련이 있는지에 대해서 논평을 덧붙여야 한다.

시간은 대개 별, 그리고 지구의 자전과 공전 같은 자연의 반복되는 국면들을 모형으로 삼았다. 현대인도 이런 반복 국면을 인식하지만 이는 일정한 방향으로 고정된 시간의 흐름에 나타나는 파도에 지나지 않는다. 기독교의 종말론 관점으로 인해 진보적 변화라는 감각이 증진되었다는 것은 통설이다. 그러나 선회하는 수평우주를 반영하는 중세인의 시간 감각은 본질적으로 순환적이었다. 18세기에야 선형적이고 방향성 있는 시간 개념이 중요해졌다. 그 즈음에 등축적인 공간이라는 틀은, 축의 길이 연장과 건축 및 경관 조성에서 방사상 설계라는 '열린 공간' 개념에 자리를 내주었던 것이다. 게다가 이때는 유럽인의 지리적 공간 지식이 전 세계에 퍼져나가는 시기라고 해도 좋을 만큼 극단적인 탐험의 시대이기도 했다.

장거리 여행과 이민도 순환하는 시간과 수직 우주를 선형 시간과 수평 공간으로 대체하는 효과를 낳았을 것이다. 여행자는 별자리에 의지하지만 이보다는 거리를 시간으로 가늠하는 것에 더 의존한다. 시간 차이는 항해자에게 중요한 분별의 도구인데 이를 거리 단위로 환산할 수 있기 때문이다. 북반구의 다양한 민족들에게 북극성은 세계의 축이자 영원의 축을 상징했다. 고대 이집트인은 죽은 자의 최종 목적지가 북극성이라고 믿었다. 천체라는 4분구에서 북극성 근처의 경역만이 수평선 아래로 떨어지지 않기 때문이다. 하지만 적도를 가로질러 남쪽으로 이동하는 탐험자, 무역상인, 이민자들이 보기에 북극성은 가멸적이었다. 중위도권의 정착 민족들은 계절의 흐름을 가차 없는 자연의 섭리로 받아들이곤 한다. 이는 별자리의 이동처럼 영원을 표현하는 데 적절한 이미지인 것이다. 하지만 자오선을 따라서 이동하는 여행자와 식민주의자들은 계절뿐 아니라 계절적 율동까지 유동하는 경험을 한다. 그 결과 적도에서는 자연의 보편적인 연속성이 사라지고 그 너머, 즉 남반구로 가면 이런 현상이 역전된다.

이상도시와 초월의 상징

도시는 끊임없이 고통을 겪으며 육체적 생존의 필요성과 자연의 변덕으로 인한 무력감에서 도시인을 해방시킨다. 도시가 하나의 성취였다는 사실을 우리는 폄하하거나 망각하곤 한다. 이상향으로서의 도시라는 생각은, 무엇보다 산업혁명 이후 자연환경으로서 도시가 드러낸 결점이 두드러지면서 점차 사라져갔다. 과거에 도시는 여러 이유로 우러러보는 대상이었다. 제의의 중심지에서 비롯된 고대의 정착지들은 연약한 인간에게 우주의 영속성과 질서를 약속해주었다. 그리스의 도시국가는 자유민에게 사상과 행동의 불멸성을 달성함으로써 생물학적 속박에서 날아오를 기회를 제공했다. "도시의 공기는 시민을 자유롭게 한다"는 중세 독일의 속담이 있다. 당시 자유민은 도시의 성 안에서 살았고 농노는 성 밖의 시골에서 살았다. 어떤 이상향으로서 시골 생활보다 도시가 우위라는 인식이 속담에 스며 있는 것이다. 아리스토텔레스 시대 이후로 철학자와 시인에게 '도시'는 완벽한 공동체로 자리매김되었다. 시민은 도시에 거주했고 노예와 농노(악당)는 시골에 살았다. 주교가 주교좌에 앉아 있는 곳, 사람의 도시는 '신의 도시'의 이미지였다. 머나먼 나라나 황야는 이교도의 이미지이고, 시골 지역이나 촌락(파구스: 켈트 족의 최소 정치 단위—옮긴이)은 농부나 이단의 이미지였다.

이상도시의 출현

이 책에서 도시에 관심을 갖는 이유는, 인간과 환경의 이상향을 재현할 뿐 아니라(11장) 도시가 하나의 환경이기 때문(12장)이다. 도시의 기원은 복잡한 문제라 여기서 탐구할 수 없다. 하지만 이를 그저 가볍게 언급하고 지나갈 수는 없다면, 우리가 생각하는 도시의 원시적 본성이 하나의 이상형으로서 도시의 중요성을 평가하는 데 영향을 미치기 때문일 것이다. 만약 자질을 평가하지 않고 경제적 해석을 받아들인다면 경외심과 복종심을 불러일으키는 도시의 힘을 전혀 설명해내지 못한다. 경제적 해석은 도시를 경제적 잉여의 귀결로 이해한다. 산지(産地)인 촌락에서 소비할 수 없는 생산물이 편리한 장소에서 교환되며, 마침내 이곳이 시장촌과 도시로 발달한다는 것이다. 도시가 주위 시골의 부양을 받아야 한다는 것은 부인할 수 없는 사실이다. 하지만 어떤 지역에 농업이 번성하여 인구밀도가 높아진다 해도 도시를 형성하지 않을 수 있다. 뉴기니의 고원 지역 농업은 1제곱마일당 500명의 인구를 부양할 수 있지만, 그렇다고 도시생활이 펼쳐지지는 않았다. 최초의 도시화는 면적당 생산성이 비교적 낮은 지역들에서 나타날 수도 있었다. 무엇보다 충분조건은 시골 사람들에게 식료품 제공과 부역을 명령하는 권력을 지닌 중앙 관료제의 존재이다. 폴 위틀리가 표현한 대로 "인간의 구성은 거의 무한정

확장될 수 있으며, 중앙의 관료제를 유지하기 위해 가장 비참한 처지의 작인에게서조차 조세를 짜내곤 한다는 말도 틀린 말이 아니다".[1] 물리적 강제력으로 권력을 직접 표현하는 경우는 동물 세계에서조차 드문 일이다. 인간의 세계에서 권력은 적법성의 상징을 인정하거나 수용하면서 행사된다. 정교일치 체제에서 사제왕은 이를 상징하는 존재다. 왕은 반신이나 마찬가지여서 천국과 지상의 매개자이며 우주의 공동 창조자이자 질서의 보증인이다.

최초의 중심지에서 도시화의 흔적을 찾아 먼 과거로 돌아가면 시장이나 성이 아니라 초자연적 세계 창조라는 사고방식을 발견하게 된다.[2] 동인(動因)은 신, 사제왕, 혹은 영웅이며 창조의 자리가 세계의 중심이 된다. 그 중심지는 대체로 어떤 특징이 있다. 시초는 아마도 부족의 사당이었을 것이고, 사당이 점차 제단, 단지(段地: 경사지 따위를 층으로 깎은 장소―옮긴이), 사원, 궁전, 안뜰, 계단, 피라미드 같은 갖가지 건축양식이 공존하는 광범위한 제의 단지로 성장한다. 도시는 삶의 불확실성을 넘어서고 하늘의 정확성, 질서, 예측 가능성을 반영한다. 문자해득 계층이 적으나마 확대되기 전에는 구술 전통, 제의 그리고 (적지 않게는) 건축물의 기호적 잠재력으로 세계관이 유지되었다. 신석기시대 마을보다 고대 도시에서의 삶이 좀더 까다로울 것이다. 하지만 예식과 장엄한 건축물 가운데서 살아가는 도시인은 아무리 보잘것없는 사람이라 해도 촌락 거주민이 지니지 못한 무엇, 그러니까 훨씬 넓은 세계의 화려한 구경거리를 할당받은 셈이다.

제의의 중심지라고 해서 반드시 영구적인 거주자들을 끌어들이는 것은 아니다. 예컨대 마야의 사당 가운데 일부와 자바 섬의 디엥 고원 사당들은 너무 멀거나 농업생산성이 낮아 대규모 인구를 안정적으로 부양하지 못할 것이다. 이러한 제의적 복합 단지는 사제와 관리인, 공예가들을 제외하면 한해 내내 비어 있었다고 해도 과언이 아니다. 건물들은 철마다 열리는 축제 기간에만 활기를 띠었다. 옛 사람들은 제의와 상징성 때문에 인상적인 대건축물이 즐비한 도시들을 건설하는 데 엄청난 노력을 기울였다. 오늘날의 우리로서는 그저 놀라울 뿐이다. 기원전 520~기원전 460년에 건설된 페르세폴리스를 생각해보자. 아케메네스 왕조의 왕족 거주지로 페르세폴리스가 구상되었고 제국의 수도에 있는 장엄한 성들은 왕권과 왕가의 자부심을 천명한다고 알려졌다. 하지만 폐허에서 발견된 비문과 서류들은 정치 경제와는 거리가 먼 종교적인 성격을 띠고 있었다. 비문과 서류에는 엄숙한 언어로 도시가 세워졌다고 선포되었다. 도시의 건축물은 극도로 아름답고 완벽했다. 아후라 마즈다(고대 페르시아 조로아스터 교의 유일신—옮긴이)의 신령스러운 인도에 따라서 페르시아의 왕들은 신의 세계와 인간의 세계를 매개했다. 근동 지역의 고대 민족들은 인생의 취약함을 예리하게 의식했다. 고대인들은 매개자-지배자가 눈부시게 빛나는 무대에서 연행하며 제사 드리는 우주적 사건에 해마다 참여하면서 질서와 영원을 감득하려 했다. 페르세폴리스는 정치 수도가 아닐뿐더러 심지어 군주의 사치스러운 체류지도 아니었다. 도시는 비어 있기 일쑤였으니, 바로 제의의 도시, 지상에 위치한 '신의 도시'였다.[3]

아대륙 인도의 팔리타나(인도 구자라트 주 남부에 있는 도시—옮긴이)는 오직 신을 위해서만 건설된 도시의 탁월한 사례다. 팔리타나의 정사각형 신전들과 장엄한 울타리들(절반은 궁전으로 절반은 성채로)은 카티아와르 반도에 있는 신성한 셰트룬자의 쌍봉 언덕까지 에워싼다. 어느 방문자는 팔리타나를 다음과 같이 묘사한다.

진실로 사원의 도시다. 저수지 두엇 외에는 성문 내부에 아무것도 없기 때문이다. 광장과 통로, 현관과 홀은 어디 하나 빠짐없이 청결하기까지 한데, 그것 자체가 저열한 쾌락의 근원은 아니다. 침묵 또한 인상적이다. (……) 언덕 위에는 각각 250야드 높이의 용마루 한 쌍이 버티고 있으며 양쪽 용마루와 골짜기를 포함하는 넓은 구내 두 곳을 방어하기에 적합하도록 육중한 흉벽이 에워싼다. 양쪽 용마루 위에서 건축물들은 다시금 분리된 구내로 나뉘는데, 그 명칭은 '터스크'이며 이는 일반적으로 규모가 작은 사원들을 거느린 주 사원이 세워진 곳이다. 담들은 모두 튼튼한 성문과 흉벽으로 보호되며 모든 성문은 일몰이 되면 반드시 닫힌다.[4]

팔리타나는 인도 전역에 거주하는 자이나 교(기원전 6세기 인도에서 일어난 불교와 유사한 종교—옮긴이) 신도들의 경건함이 응축된 기념비다. 외롭고 위풍당당한 셰트룬자 언덕 위에 대리석처럼 호화롭게 솟아 있다. 마치 다른 세계의 대저택처럼 필멸하는 존재의 평범한 발걸음에서 멀리 벗어나 있는 것이다.

우주의 상징과 도시의 형태

우주의 상징 가운데 하나로서 도시는 원, 삼각형, 장방형, 다각형이라는 기하학적 형태를 취한다. 지구라트, 기둥, 돔처럼 수직성의 건축 지표는 도시의 초월적 중요성을 강조하는 데 기여한다. 두 개의 축으로 사등분된 원은 천국을 상징한다. 에트루리아인의 이상향인 사분된 원형 도시는 지상에 옮겨 쓴 천상의 형판(型板)이었다. 네 개의 부채꼴 지역 내부에서 계획을 수립하는 사람은 징조를 읽어내는 기술에 의존하고 있었다.

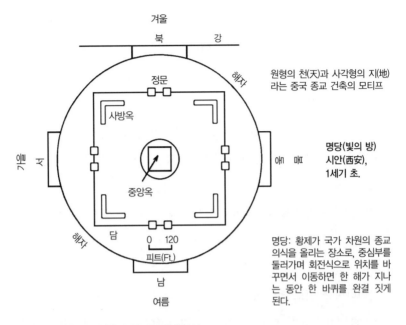

겨울
북 강
정문
원형의 천(天)과 사각형의 지(地)
라는 중국 종교 건축의 모티프

사방옥

해자

이틀 서

명당(빛의 방)
시안(西安),
1세기 초.

중앙옥 앤 매

기틀

담 0   120
피트(Ft,)

해자

명당: 황제가 국가 차원의 종교
의식을 올리는 장소로, 중심부를
둘러가며 회전식으로 위치를 바
꾸면서 이동하면 한 해가 지나
는 동안 한 바퀴를 완결 짓게
된다.

남
여름

그림 11 건축에서 원형과 사각형의 상징성

어떤 학자들은 사등분을 '로마 콰드라타'라고 표현하는데, 로마는 건립
될 당시 중심에 '문두스'(죽은 영혼들의 장소)를 보유한 원형 도시였던 것
이다. 고대의 중심 관념, 상호 교차하는 축들, 천공의 원개에서 네 부위
는 기독교 시대에 이르러 십자가와 천상의 예루살렘이라는 이미지와 혼
재되었다. 베르너 뮐러는 이런 요소 가운데 일부를 중세 후기와 르네상
스 시대의 도시계획에서 찾아볼 수 있다고 생각했다.[5]

측면이 무한수인 형상이 원이다. 실제로 세계 곳곳의 민족들은 무한
을 4로, 장방형의 네 선으로, 천국과 지상의 네 부분으로, 사계절로, 사방
으로 환원하면 편리하다는 사실을 알게 되었다. 수학적으로 우주는 원
보다 사각형으로 재현하는 편이 더 수월하다. 원과 사각형의 의미는 겹
치지만 일치하지는 않는다. 예컨대 중국의 건축 단지 내에 원과 사각형

이 함께 나타나는 곳에서 원은 하늘이나 자연을 재현하고 사각형은 땅이나 사람의 인공적인 세계를 재현한다.(그림 11)

원형과 방사상-동심형 이상형

이상도시의 설계도와 도해는 대개 원형이지만 현실에서 그런 도시들은 드물다.(241쪽 그림 12 참조) 고대의 원형 도시는 어떻게 설명할 수 있을까? 증거로 남아 있는 최초의 사례는 선왕조 시대 이집트의 원형 정착지들일 것이다. 상형문자에서 '도시'에 해당하는 지시대명사는, 상호 교차하는 두 축으로 나뉘어 네 부분을 이루는 원형의 울타리다. 에트루리아의 이상도시처럼 이집트의 도시가 천상의 원개를 모형으로 했을까? 그럴 것 같지는 않지만 알아낼 길은 없다. 고대 세계에서 아나톨리아(소아시아라고도 하며, 오늘날의 터키 일대를 가리킨다—옮긴이)의 히타이트인들이 세운 도시는 무엇보다 방어를 염두에 두고 설계한 듯하다. 도시들은 전략요충지에 건설됐다. 방벽은 지형을 솜씨 좋게 활용해 타원형이나 다각형으로 쌓아 올렸다. 주거 구역은 '자연스럽게' 밀집된 식이어서 무질서하게 성장했다. 하지만 일부 히타이트인의 신거주지에는 대단히 균형 잡힌 계획이 드러나 있어 건축물이 상징적인 의도를 반영했으리라는 추측을 불러일으켰다. 인상적인 사례는 사말(진지를리휘위크: 히타이트 족의 도시로 현재의 터키 중남부에 있다—옮긴이)로서, 기원전 첫 밀레니엄이 시작될 즈음에 건축되었으며 200여 년이 지났을 때 아시리아 제국으로 통합되었다. 그곳에는 완벽에 가까운 원형 성벽을 두 겹으로 쌓아올렸고 성벽마다 각각 100개씩 장방형 탑들을 세웠다. 이러한 원형 성벽은 히타이트의 이전 도시들과는 다르게 지형과는 거의 무관한 듯하다. 간격이 일정한 이중의 출입구 세 군데로 도시를 드나들 수 있었으며, 가장 견고한 출입구는 남쪽에 있었다. 남쪽 출입구는 도시 중심부를 조금 벗어난 언덕 위의 성채로 이어졌으며, 둥근 탑을 세운 암석 성벽이 성채를 보호했다. 두 번째 성벽은 성채를 네 구역으로 나누었다. 별관과 병영 단지를 갖춘 네 군데 성이 높은 지역에 자리잡았다.[6]

헤로도토스는 엑바타나, 즉 페르시아의 메디아 제국의 수도를 중심부가 동일한 원형 도시로 묘사했다. 도시의 탄생 이야기는 촌락에서 이상 도시로 바뀌어가는 일련의 과정을 요약해준다. 도시의 기원을 비경제적으로 해석하는 하나의 사례인 것이다. 헤로도토스에 따르면 메디아가 아시리아의 멍에를 벗어던질 무렵에 사람들은 권위 있는 중심부가 없이 흩어진 마을에 살고 있었다. 촌락민 사이의 다툼은 흔했다. 사법체계라는 게 없었기 때문에, 공정하기로 이름난 사람이 마을 사람들의 이해관계를 중재해야만 했다. 그의 이름은 데이오세스였다. 하지만 데이오세스는 결국 다른 이들의 관계를 조정하는 데 너무 많은 시간을 보내는 바람에 정작 자신에게 소홀하여 지쳐버렸다. 데이오세스는 물러났고 그 결과 나라 전체가 무법천지로 변했다. 고통에 빠진 마을 사람들은 왕을 임명하기로 결심했고 데이오세스가 왕에 임명되었다. 왕으로서 데이오세스는 자신을 위해 궁전과 도시를 건축할 것을 요청했다. 당시의 정착지에는 왕권의 위엄을 측량할 만한 것이 전혀 없었기 때문에 메디아인은 엑타바나를 세웠으며 이는 메디아인의 세계에서 초점이 되었다. 헤로도토스의 설명처럼, 신수도의 성벽은 규모가 매우 크고 견고했으며 원형 성벽에 겹겹이 에워싸였다. 성벽은 중심으로 갈수록 높아졌다. 완만한 언덕에 세워졌기에 이런 배치가 용이했지만 이는 주로 기술력에 힘입은 것이었다. 원형 성벽은 모두 일곱 겹으로, 흉벽은 제각기 다른 색으로 칠해져 있었다. 맨 바깥쪽을 에워싼 벽은 흰색, 다음은 검은색, 주홍색, 파란색, 주황색, 은색에 이어서 데이오세스의 궁전을 둘러싼 맨 안쪽 벽은 금색으로 칠해졌다. 도시의 동심원상 구역들은 사회 계층별로 점유되었을 것이다. 왕과 귀족은 중심부에 살았다. 맨 외벽에 이르기까지 차츰 넓어지고 지형적으로 낮아지는 영역이, 신분은 낮아지고 인구수는 많아지는 구성원들에게 차례로 돌아갔다. 세속적인 촌락민의 세계 대신 일곱 겹의 동심원들로 상징되는 서열적이고 계급제적인 우주가 들어섰다.[7]

플라톤의 이상도시는 원이 사각형과 결합한 형태였다. 전설적인 아틀란티스 대륙 자체가 땅과 물의 동심원적 고리로 이루어졌다. 내밀한 둔덕에는 요새가 들어섰고 원형벽들이 줄지어 에워싼 형국이었다. 외벽에는 황동을 씌웠으며 다음 벽은 주석, 요새를 둘러싼 세 번째 벽은 붉은 빛이 도는 구리를 입혀 번쩍거렸다. 요새의 중앙에는 포세이돈과 클레이튼에게 바치는 신성한 사원이 버티고 있으며 황금 울타리를 둘러 접근을 차단했다. 이상적인 세계를 언급하며 플라톤은 도시가 국가의 중심부에 자리 잡아야 한다고 했다. 첫째, 아크로폴리스라고 불리는 곳에 사원을 건축하고 주위에 원형의 벽을 세운다. 전체 도시와 지방의 구획 지점이 여기서부터 퍼져나갔다. 도시는 열두 부분으로 나뉘었고, 각각의 크기는 토지의 질에 따라 다양했다.[8] 플라톤의 이상도시 구상은 무엇의 영향을 받았을까? 알려진 내용은 거의 없다. 플라톤이 아틀란티스의 성채를 원형으로 삼았으니 그리스에서 헬레니즘 시대 이전의 축성법이나 기원전 460년경에 건설한 만티네이아(고대 그리스의 펠로폰네소스 반도 중부의 아르카디아에 있던 폴리스—옮긴이)를 에워싸는 고리형 성벽에 영향을 받았을 것이다. 에피다우로스(원형극장으로 유명한 고대 그리스의 지역—옮긴이) 지역의 톨로스(고대 그리스의 돔형 지붕을 얹은 원형 건축물—옮긴이)처럼 고립된 중심부 건축물들은 종교 미학상의 이유로 원형이었다. 플라톤은 페르시아 수도의 동심원식 설계를 알고 있었을지도 모른다. 하지만 원, 사각형, 색채, 숫자에 대한 플라톤의 체계는 당대 환경에서 관찰할 수 있는 것보다는 피타고라스의 우주적 교리를 반영했을 가능성이 더 많아 보인다. 우주적 도식들이란 중대한 수술을 거치지 않으면 사람의 세계라는 정돈되지 않은 영역에 거의 적용될 수 없다. 아리스토파네스는 원형의 기하학적 도시 개념을 알고 있었다. 그래서 희극《새》를 통해 플라톤과 사도들, 그리고 엄격한 도시계획가들을 조롱했다.

이슬람 세계에서 주목할 만한 원형 도시는 '마디나트 아스 살람'(구 바그다드: '평화의 도시'라는 뜻이다—옮긴이), 즉 아바스 왕조 칼리프의 도시였다.(그림 12 참조) 원형은 이슬람 전통의 특징이 아니었기 때문에 아바스 왕조의 수도 설계는 사산 왕조 페르시아의 원형 도시에서 영향을 받았을 것이다. 예컨대 원형 설계를 한 바그다드 남동쪽 크테시폰과 주요 교차로가 32방위로 정향되어 있으며 열두 개 구역이 12궁도 별자리 이름을 딴 동심원 모양의 도시 피루자바드가 있다. 마디나트 아스 살람은 762년에 공사가 시작되었다. 칼리프인 알 만수르가 이듬해에 정부를 이전할 수 있었을 정도로 10만 명의 노동자가 빠른 속도로 건설했다. 알 만수르의 도시에는 완벽한 원형으로 이루어진 3중 벽이 세워졌고 출입문은 4우점(동서남북 기본 방위 사이의 지점들—옮긴이)에 위치했다. 원형 도시의 중심부에는 대궁전이 세워졌다. 궁전은 200제곱야드의 공간을 차지했고 중심 구조물에는 거대한 녹색 반구형의 원개 끝에 기수 형상의 장식이 달려 있었다. 높이가 무려 120피트에 달해서 바그다드 전역에서 보일 정도였다. 궁궐 옆에는 대모스크가 있었다. 원형 도시 내부의 다른 건축물로는 금고, 병기고, 공문서 보관소, 토지세 사무소, 시종의 사무실, 칼리프의 어린 왕자들을 위한 궁전 같은 공공 사무소 들이 있었다. 주거 구역은 성벽 내부에 있었지만 상인들은 완벽한 천문학적 질서 내에 안착하도록 허락받지 못했다. 그들은 강가 선착장에 자신들의 구역을 마련했다. 모든 원형 도시들과 마찬가지로 마디나트 아스 살람은 원형(原形) 그대로 오랫동안 살아남지 못했다. 창건 이후 한 세기가 가기 전에 출구 너머 교외 지역이 불규칙적으로 성장하여 원형 도시를 압도했고 도시는 점차 쇠퇴했다.[9]

중세 유럽의 신 중심 세계관은 방사형인 동심원적 도시의 건설에 유리하게 작용했을 것으로 보인다. 성 아우구스투스의 '신의 도시'는 원형이었다. 중세의 예루살렘을 표현한 사실적인 묘사에서 확인할 수 있듯이 사원이 원형 성벽 도시의 중심에 있었다. 사실상 원형이라는 개념은 도시 형태에 거의 영향을 주지 않았다. 대다수 중세 도시는 자치의 기초인 특권을 보유하는 시장 형성지이다. 도시 성장의 중핵은 경제와는 무관한 것이었던 듯하다. 상인과 농민은 보호받기 위해 교회 소속이든 아니든 원형 성벽 주위에 모여들었을 것이기 때문이다. 원형 담으로 에워싸인 성이나 수도원을 중심으로 가게나 거주지, 거리들이 방사상–동심원을 그리며 무작위로 뻗어나갔을 것이다. 거대한 석조 건축물은 하급의 건축 자재로 지은 부속 건물들을 거느리며 우뚝 솟아 있었으며, 초점이 교회에 맞추어져서 종교 제의적 정향성이 주택과 거리의 배치에 얼마간 규칙성을 부과하는 구조였다. "중세 도시의 둥근 형태는 이례적이지 않다"고 구트킨트는 말한다. 베르그, 엑스라샤펠, 카르카손 인근의 브람, 메헬렌, 미들버그, 뇌르틀링겐, 아란다 데 두에로 같은 도시들은 잘 알려진 사례들이다. 하지만 어떤 정착지의 토지 계획에서는 이상도시의 기하학적 질서가 엿보인다. 프랑스의 도시 브리브를 살펴보자. 그곳의 중심은 수도원과 넓은 광장이었다. 브리브에서 '세계의 축'인 대수도원은 동쪽으로 정향되었다. 브리브를 에워싸는 성벽에는 일곱 개의 출입구가 나 있으며 대략 원형이었다. 도시에는 중심으로 이어진 대로들과 일곱 개의 주요 거리가 종교적 중심부에서 방사 형태로 뻗어나갔다. 하지만 브리브는 주변부(경계를 짓는 성벽들)에서 내부로 향하는 게 아니라 중심에서 바깥으로 성장한다는 점에서 진정한 이상도시에서 벗어났다.[10]

1150~1350년에 다수의 요새 도시들(요새로 둘러싼 프랑스의 마을이나 도시)이, 특히 남프랑스 지방에 건설되었다. 알비파(12~13세기에 걸쳐 프랑스 남부의 알비 지방에서 일어난 이단종파―옮긴이)와의 전쟁과 장미전쟁을 치르며 방어용으로 필요했기 때문이었다. 치안뿐 아니라 자유 계약이라는 이점도 시골 사람들을 중심부로 끌어들였다. 다양한 요새 도시는 중세 유럽의 계획 도시였다. 대부분 격자 형태였으나 방사형이나 일정한 규칙이 없는 도시도 있었다. 방사형 도시에서 구성원들은 대개 교회나 개방된 공간 등의 중심 요소 주위로 모여들었다. 신도시('빌 노이브스')는 '신의 휴전'(1027년 툴루즈 종교회의에서 수요일 저녁부터 월요일 아침까지 전투를 금한 바 있다―옮긴이)으로 보호받는 성역이었는데도 우주론적 상징성은 결핍되어 있다. 하지만 도시의 경계선은 지역의 네 지점에 십자가 네 개로 표시하는 관습이 있었으며 이후의 거주지는 땅에 남은 흔적에 따랐다.[11]

중세보다도 르네상스 시대와 바로크 시대에 이상도시 설계는 훨씬 멀리까지 나아갔다.[12] 이런 움직임은 알베르티(1452~1460), 필라레테(1460~1464), 카타네오(1554~1567) 같은 이들의 작품에서 보듯이 이탈리아에서 시작되어 이후에 프랑스와 독일로 이어졌다. 원과 사각형은 완벽함을 상징했다. 이상을 실현하려는 도시 설계안에서 원형과 사각형의 결합은 두드러졌다. 예를 들어 필라레테의 이상적 요새 도시 스포르진다의 기본 설계는 원 하나와 사각형 두 개로 구성되었다. 바깥의 원형 성벽 내부는 사각형 두 개가 겹쳐진 팔각 별 모양이며, 한 사각형은 동서남북으로 정향되고 다른 사각형은 4우점으로 정향되었다. 교회와 시청, 공공건물은 중심에 자리 잡았다. 거리는 중심부 건축물 단지에서 별 모양의 바깥쪽 변곡점을 향해 방사형으로 뻗어나갔다. 조르조 마르티니(15세기 중엽), 지롤라모 매기(1589), 그리고 독일 건축가 다니엘 스페클린(1589)의 이상도시는 모두 팔각의 원형에 가까운 방사형 설계였다. 빈센초 스카모치가 1615년에 설계한 이상형에 가까운 도시는 열두 개의 꼭짓점이 있는 둥근 외곽선을 형성했으나 요새 내부는 격자 형태를 따랐다.

르네상스 시대에는 원형 설계 도안들이 실제로 세워지는 일은 드물었다. 이상을 현실에 구현한 사례로 베네치아 공화국의 지배를 받는 요새도시 팔마노바를 보자. 건축은 1593년에 시작되었다. 9등변의 기본 다각형에 삼각형 돌출식 요새가 덧붙여지면서 복잡한 별 모양 외곽선을 형성하게 되었다. 탑을 세운 중심부의 시장은 육각형이었고, 거리는 동심원구조에 방사형이었다. 팔마노바의 설계는 필라레테의 스포르진다에 많이 빚졌다. 스카모치가 그곳의 건축가였을 것이다. 알베르티의 시대 이후로 르네상스 시대 설계자들은 원형 요새와, 내부에는 다각형이 들어서고 외곽선이 둥근 이상도시를 선호했다. 이런 경향은 비트루비우스(로마의 건축가. 카이사르와 아우구스투스 황제 시대인 기원전 1세기에 활동했다—옮긴이)와 플라톤에 대한 관심이 되살아나면서 다시 강화되었다. 하지만 건축과정에서 방사상에 원형이라는 패러다임은 격자 형태 거리와 장방형에 외곽선이 불규칙한 도시에 맞는 좀더 단순한 설계에 주도권을 내주었다.

닫힌 원은 완벽함과 온전함을 시사한다. 하나의 원에서 개방된 부채꼴은 무한한 연장 가능성을 시사한다. 17~18세기 초반에 바로크 양식과 동일시되었던 두 가지 설계 요소를 도입했으니, 방사형 부채꼴과 초점이다. 두 요소는 과시에 대한 애호, 구속되지 않은 기운이라는 시대적 이데올로기, 정치의 중앙 집중화 움직임을 표현하는 데 적합했다.[13] 부채꼴 설계안으로는 교외로 무제한 뻗어나갈 수 있었다. 그것은 혼잡한 도시의 외곽에만 적용될 수 있었다. 베르사유와 카를스루에는 바로크 시대의 권능과 장엄한 감각을 표현한 주거와 궁전 도시의 뛰어난 사례다. 베르사유의 곧은 가로수길 세 갈래는 왕궁 정면에 위치한 '플라스 다르메'로 수렴되었다. 카를스루에의 서른두 개 방사형 축들은 마르크그라프[변경백(邊境伯)]의 성 앞에서 만났다. 하지만 아홉 개의 축만이 거리 기능을 했다. 나머지 스물세 개 축으로 이루어진 부채꼴은 바깥을 에워싸는 넓은 숲으로 뻗어나갔다. 요새 도시의 심장부에는 궁전이 자리 잡고 있었다. 공공건물은 마르크그라프 거주지 앞의 광장을 둘러싸고 세워졌다. 귀족계급의 2층 저택들이 '이네레 지르켈'에 모여 있었고, 그 너머에는 민중들의 단층 주택들이 늘어서 있었다.

중세 파리의 중심부는 동심원 형상이었고 초점은 시테 섬에 세워진 노트르담 대성당이었다. 루이 15세가 수도의 인구 밀집 지역에 왕족의 특권을 과시하려 했을 때 현존하는 중세의 모형 위에 왕 자신을 중심으로 하는 동심원적 방사형 설계를 부과할 수가 없었던 것이다. 루이 15세가 열망했던 것은—M. 파테의 1746년도 수상작 설계도가 보여주듯이—파리 시내에 열아홉 군데의 '왕족 공간'을 조성하는 것이었다. 원형이나 사각형 공간에서 방사상으로 퍼져나가는 거리들인데 각 별의 중심에 '신성 군주' 조각상을 세운다는 계획이었다. 하지만 설계 단계에서조차 별들이 뿜어내는 광채가 그다지 멀리까지 뻗어나갈 수 없다는 것은 분명해 보였다. 교외에 자리 잡은 거주용 왕궁 도시의 부채꼴로 뻗어나가는 가로수길과 다르게, 파리의 가로수길은 보행로와 맞닥뜨려 갑자기 끊기

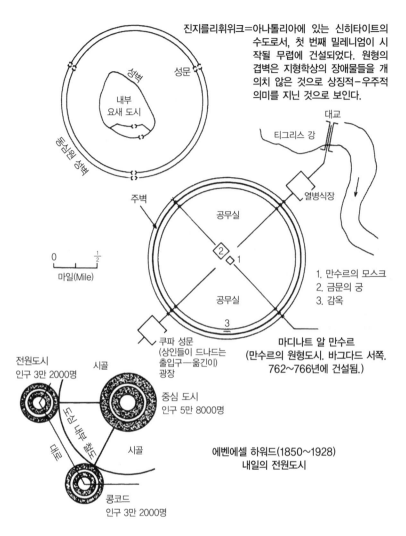

진지를리휘위크=아나톨리아에 있는 신히타이트의 수도로서, 첫 번째 밀레니엄이 시작될 무렵에 건설되었다. 원형의 겹벽은 지형학상의 장애물들을 개의치 않은 것으로 상징적-우주적 의미를 지닌 것으로 보인다.

성벽

성문

내부 요새 도시

티그리스 강

대교

열병식장

주벽

공무실

공무실

0 ½
마일(Mile)

쿠파 성문
(상인들이 드나드는 출입구—옮긴이)
광장

1. 만수르의 모스크
2. 금문의 궁
3. 감옥

마디나트 알 만수르
(만수르의 원형도시. 바그다드 서쪽.
762~766년에 건설됨.)

전원도시
인구 3만 2000명

시골

중심 도시
인구 5만 8000명

시골

도심 내부 철도

대로

콩코드
인구 3만 2000명

에벤에셀 하워드(1850~1928)
내일의 전원도시

그림 12 공간의 조직화: 원형의 이상도시들

곤 했기 때문이다.[14]

수도는 국가의 자존심과 열망의 상징이다. 중요한 도시나 수도를 건설할 때, 설계자들은 아름다움을 과시하기에 적절하기 때문에 바로크 식 원형, 광장, 방사상 가로수길 같은 요소를 선호했다. 워싱턴과 오스트레일리아의 캔버라가 잘 알려진 두 사례다. 축적을 줄여서 다른 사회적 이상향을 반영한 예가 바로 20세기 신도시들이다. 신도시 역시 원형 모형을 채택했을 텐데, 일부는 에벤에셀 하워드의 1898년도 설계에서 영감을 받았다. 전원도시라는 하워드의 설계도안은 동심원-방사형이다.(그림 12) 원형의 전원도시를 둘러싼 공공건물들을 중심부에 두고 거주지와 공원은 더 먼 곳에 배치했다. 공동체 생활을 위한 이런 현대적 설계는 바로크 시대의 과시적인 수도는 물론이고 고대 메디아 제국의 수도인 엑바타나의 마술적이고 우주적인 상징성과는 한참 동떨어져 있었다. 하지만 다들 원형이라는 기준에는 동의한 셈이며, 궁극적으로 천구에 아로새겨질 사회적, 공간적 질서의 이미지를 동경한 것이다.

장방형 이상형

원과 결합한 사각형은 완벽함과 우주를 상징한다. 그중 하나만으로는 의미가 불분명하다.(그림 13과 14 참조) 앞서 시사했듯이 사각형은 원으로 재현된 우주의 잔해를 의미한다. 천상의 원형질서가 지상으로 내려오면 사변이 동서남북으로 정향된 직사각형 모양을 취한다. 그러나 땅을 구획하는 가장 간단한 방식은 격자무늬의 체를 대고 측량하는 것이라는 사실 또한 우리는 알고 있다. 이런 이유로 중앙정부에서 신도시와 새로운 경지 계획안의 기초를 세울 때 정사각형 모눈망을 채택하고 적용한다. 그렇다고 장방형의 존재 자체가 우주론적 중요성을 지녔다는 해석을 뒷받침하는 근거가 되지는 않는다. 심지어 상징성이 인간의 사고 유형에 훨씬 깊이 스며들었던 고대라 해도 마찬가지다. 고대 이집트에서 흔하던 정사각형 형태의 직공 취락과 요새 도시, 고대 그리스의 히포다무스 (도시설계의 아버지라고 불리는 고대 그리스의 건축가—옮긴이) 식으로 도시를 계획한 장방형 설계, 로마의 100년 보유 토지, 격자 형태로 구획된 중세 도시들(요새 도시)은 오로지 편의와 경제적 용도라는 시각으로만 설명할 수 있을 것 같다.

하지만 우리는 과거 다른 문화와 다른 시기에 장방형이 우주를 대변했음을 알고 있다. 적어도 이상적으로 조직화된 사회에 적합한 틀로 받아들여졌던 것이다. 가령 구약성서에 따르면 하느님은 예언자 에스겔에게 다음과 같이 이야기한다. "도시 내부에 2만 5000제곱큐빗의 공간을 거룩한 성소로 따로 떼어두어라." 도시의 네 경계선, 즉 동서남북(노던, 이스턴, 서던, 웨스턴)은 각각 이스라엘 부족들의 이름을 땄으며 경계선 하나에 각각 세 군데의 출입구가 나 있었다. "도시의 주변은 1만 8000큐빗(고대 이집트, 바빌로니아 등지에서 썼던 길이 단위. 1큐빗은 약 45.7센티미터—옮긴이)이며, 도시 명은 지금부터 영구히 '여호와 삼마'(현존하시는 분—옮긴이)가 될 것이다." 요한계시록에서는 지복의 도시 예루살렘의 등축성과 직교성이 강조되었다. 그곳은 "정사각형으로 건설되어 폭이 길이와 같았다. 그의 지팡이로 재어보니 1만 2000펄롱(1펄롱은 약 201미터—옮긴이)에 길이와 폭, 높이가 모두 똑같았다". 에스겔에게 예언한 대로 예루살렘에서 도시의 성벽 출입구가 열둘인 것을 요한이 확인했다.

선왕조 시대 이집트의 주거지는 원형 성벽으로 요새화되었다. 하지만 수메르와 달리 나일 강 유역은 의문의 여지가 없는 유일 권위 아래 통합되어 자율적인 도시국가로 성장할 여지가 거의 없었다. 고대 이집트의 도시 설계의 경우 유적을 확인하기가 어려운데 대부분 소멸되는 자재들로 지어졌기 때문이다. 매장품에는 석재를 사용한 반면 주거지, 심지어 왕궁도 진흙 벽돌과 목재로 지었다. 신왕국 시대 이집트 수도의 하나인 아케타톤의 설계도(옛 수도였던 아케타톤에서 고대의 외교서신 문서 한 묶음이 발견된 것—옮긴이)는 잘 알려진 편이다. 기원전 1396~기원전 1354년에 '시초부터'(ex novo) 재건한 아케타톤은 일부가 장방형이다. 도시 중심부에 있는 왕궁은 '왕도'와 남북 방향으로 병렬을 이루고 있어 설계의 조짐이 보인다. 하지만 아케타톤에서 도시를 설계했다는 다른 증거가 없다. 중요 인사들은 주도로 주위의 넓은 부지에 정착했고 다음으로 더 빈약한 생계수단을 소유한 이들이 정착했으며 빈민들은 빈틈을 찾아 자신들의 집을 지었다.[15]

이집트에서 우주적인 원칙에 근거한 직교성의 도시 설계는 산 자가 아니라 죽은 자를 섬기려고 건축한 복합단지에 나타났다. 장방형의 피라미드 형상을 띤 거대한 매장 유물군의 최초 사례는 기원전 2700년경 파라오 조세르의 신전 도시였으며, 그토록 위풍당당한 성취는 현재 이집트의 사카라 지역에 남아 있다. 고왕국과 중왕국 시대에 피라미드와 신전이 들어선 신전 단지에 인접한 도시들은 피라미드를 건설하는 수많은 노동자와 석공들의 거주지로 왕실의 허가를 받아 세워졌다. 인접 도시들은 피라미드 완성 이후에, 기념비적 건조물을 유지하고 제의를 거행하는 데 필요한 세수를 끌어내려고 따로 마련된 토지에서 일하는 농부와 노동자뿐 아니라 왕족의 장례 제의를 거행하는 사제들을 수용했다. 피라미드의 직교성과 정향성에 따라서, 인접 도시의 설계도 엄격한 직교성은 물론이고 남북 방향으로 일직선을 이루었다. 현재 알려진 피라미드 도시 가운데 가장 규모가 큰 라훈은 세누서트 2세(기원전 1897~기원전 1879)의 피라미드를 섬기며 일하는 사제와 노동자들을 수용하기 위해 건설되었다. 하지만 주거용 도시에 인접한 노동자촌 역시 장방형에 성벽을 쌓아 올려서, 가령 라훈보다 500여 년 뒤에 건설한 아케타톤 동쪽의 노동자촌과 유사하다. 라훈의 거리와 마찬가지로 아크타톤 촌락의 거리도 북-남으로 이어졌다. 다시금 우리는 상징성과 현실성 양쪽의 요구에 응답하는 장방형 설계도의 해석 문제에 직면하게 되었다.[16]

기원전 첫 밀레니엄에 아시리아의 도시 설계는 직교성이 특징이었다.(그림 13) 이것은 수메르보다는 이집트의 영향을 받은 듯하다. 수메르의 고대 도시들은 불규칙적이거나 타원형이고, 주택과 거리의 내부 양식을 설계했다는 표식이 거의 없기 때문이다. 아시리아의 제2도시인 니므롯은 기원전 9세기 전반부에 대규모로 건설되었다. 360헥타르에 이르는 장방형 지구를 진흙 벽돌담으로 에워싼 것이다. 요새화한 내부 도시는 티그리스 강 연안에 자리 잡았다. 내부에는 왕궁, 사원, 공공 건축물, 부자들의 거주지가 있었다. 외부 지구는 개방된 평야, 공원, 동물원, 유원지뿐 아니라 모든 사람에게 허용된 공간이 들어섰다. 여기서 중요한 점은 장방형 공간에 벽을 쌓아 신성하고 공식적인 구역과 대중을 위한 외부 단지로 명확히 구분했다는 것이다. 코르사바드, 즉 사르곤 2세(기원전 721~기원전 705)의 미완성 수도는 완벽에 가까운 정사각형이며 사각형의 네 꼭짓점이 정방향을 이루고 있었다. 강고한 성벽은 300헥타르에 가까운 공간을 에워쌌다. 이 도시의 설계도에서 의문시되는 특징은 방비를 강화한 요새와 지구라트, 사원, 왕궁이 포함된 방어벽을 갖춘 요새의 위치였다. 요새는 중앙이 아니라 북서쪽 성벽에 기대어 (정렬에서 돌출한) 있었다.

메소포타미아 남부의 바빌론과 보르시파는 아시리아 북부의 좀더 오래된 도시들에 비해 형태와 정향성, 공간의 조직화에서 동일한 특성들을 보여준다. 헤로도토스는 바빌론을 다음과 같이 간략하게 서술한다.

세부는 다소 부정확하지만 생생하면서도 본질적으로는 정확한 묘사이다.

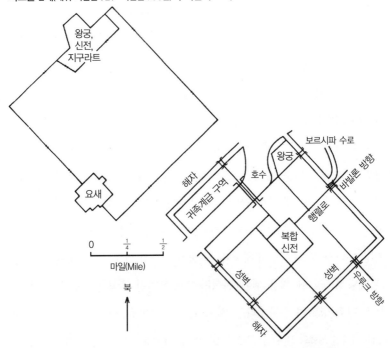

두르 샤루킨(코르사바드)
사르곤 2세(재위 기원전 721~기원전 705년)의 미완의 도시

왕궁,
신전,
지구라트

요새

보르시파 수로

왕궁

해자

귀족계급 구역

호수

바빌론 방향

복합
신전

행렬로

성벽

성벽

유프라테스 방향

해자

0   1/4   1/2
마일(Mile)

북

보르시파(비르스 님로드)
최종 형태는 네부카드네자르 2세(재위 기원전 604~기원전 561년)의 영향을 받았다.

그림 13 공간 구성: 네 모서리가 동서남북으로 정향된 장방형의 이상도시

헤로도토스는 이렇게 말한다. 바빌론은 넓은 평야에 세워졌으며 정사각형
이다. 웅장함에서는 바빌론에 필적할 도시가 없다. 도시는 폭이 넓고도 깊
으며 유량이 풍부한 해자에 둘러싸여 있고 그 뒤로는 성벽이 솟아 있다. 성
벽을 따라서 탑의 형태로 뚫린 100군데 출입문은 모두 황동으로 만들어졌
다. 도시는 유폭이 넓고 물살이 급한 강인 유프라테스로 구획지어진다. 주
택은 대부분 3~4층 높이고, 그 사이의 거리는 일직선을 이룬다.[17]

네부카드네자르 2세(기원전 604~기원전 561)의 창조물인 바빌론은 정사각형보다는 직사각형에 가까웠다. 하지만 모서리들은 대략 기본 방위를 향해 있었다. 수많은 탑으로 방비를 강화한 이중 성벽은 405헥타르가 넘는 구역을 에워쌌다. 주도로 체계는 여덟 개의 정문으로 이어졌다. 성벽 단지의 중심과 유프라테스 강 동쪽에는 복합 신전 에사길라가 자리 잡았다. 신전 내부에는 바빌론의 주요 성소인 마르둑 사당과 '바벨탑', 즉 '천국과 지상의 근간'이 서 있었다. 보르시파 역시 최종 건축물과 설계를 네부카드네자르 2세에게 빚졌다. 바빌론과 비교하면 보르시파의 형상은 정사각형에 가까우며 좀더 정연했다. 바빌론처럼 그곳의 모서리들은 기본 방위로 향했고, 정사각형의 복합 신당은 도심 성벽 경계선의 가운데 놓여 있었다.[18]

근동 지역에서 고대와 중세 도시의 우주론적 의미는 형상과 정향성, 성벽 단지 공간의 위계적인 구축 과정, 건축 유형, 당대의 사회 조직과 신앙에 대한 우리의 지식으로 짐작할 수 있다. 도시 설계의 의미를 명료하게 해주는 당대의 문헌들은 빈약하다. 중국이라면 문헌 자료를 좀더 쉽사리 활용할 수 있으므로 전통 도시의 사회우주학적 이상형의 해석을 확신해도 좋다.

중국 도시의 전통적인 형식과 배치는 중국인들이 바라본 우주의 이미지, 즉 흙으로 육중한 울타리를 쌓아 우연적 세계와는 분리해놓은 정연하고 성화된 세계의 이미지다. 고대 상왕조(기원전 1200년경)에서는 도시의 부지와 건물을 신성화하려면 동물이나 사람을 희생시키는 제의가 필요했다. 주나라 초기(기원전 1000~기원전 500년경)에는 특별한 복장을 한 도시의 시조가 땅의 흙점을 보고 귀갑점을 쳤다. 틀림없이 중심부와 원주 형태의 외곽선이 뚜렷이 설정되고 신성화되었을 것이다. 성벽과 지상의

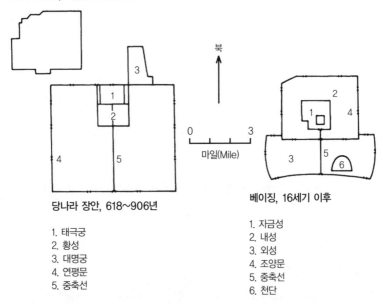

한나라 장안, 기원전 3세기 말

북

0   3
마일(Mile)

당나라 장안, 618~906년

1. 태극궁
2. 황성
3. 대명궁
4. 연평문
5. 중축선

베이징, 16세기 이후

1. 자금성
2. 내성
3. 외성
4. 조양문
5. 중축선
6. 천단

그림 14 공간의 구성: 장방형의 이상도시이며 기본 방위로 정향되었다.

제단, 조상의 사당은 도시에서 첫 번째로 건설해야 했다. 제단의 형상은 땅과 마찬가지로 정사각형이었다.

10~11세기에 사회경제적인 대규모 변화가 일어날 때까지 중국 도시의 구도는 고대의 상징성을 상당히 유지하고 있었다. 3~6세기, 정치적으로 분열된 시기와 북중국 야만족의 침입도 도시 건설의 기본이 되는 관례를 어쩌지는 못했던 것 같다. 처음에는 수나라로, 이후에는 당나라로 통일된 제국의 수도였던 장안의 건설을 살펴보면 기능성과 상징성이 모두 중요했음을 알 수 있다.

상징성의 요건은 무엇이었을까?[19] 제의 관련 책자에 나오는 규정들과 전해 내려오는 방식에 따르면 황실의 도시는 다음 특성들을 지녀야 한다. 기본 방위로의 정향. 정사각형으로 에워싸는 성벽. 열두 달을 표시하는 열두 군데 출입문. 황족 주거지와 접견실을 포함하는 경내 내부. 외곽성 북쪽의 일반 시장. 궁궐 남문에서 도시 외곽의 중앙 남문까지 뻗어 있는 중도. 황실 선조의 사당과 대지의 제단이라는 신성한 장소 두 군데는 대로 양옆에 위치해 있다. 이런 구도의 의미는 명백하다. 중심에 위치한 궁궐이 도시를 지배하고 상징적으로 세계를 지배한다는 뜻이다. 궁궐은 세속적인 활동의 중심지인 시장과 종교 의식의 중심지를 분리한다. 통치자는 신하들을 만나고 공적인 사무를 수행하는 접견실에서 남쪽을 바라본다. 황제는 시장 쪽을 말 그대로 등지고 있다. 이토록 이상적인 설계는 건축의 완벽한 표현형을 결코 찾아내지 못했다. 어떤 요소들은 아주 오래되었다. 바로 올바른 정향성이다. 다른 요소들은 상대적으로 최근에 생겼으며, 경계가 분명한 공간이 이에 해당한다. 시장과 황족이 아닌 이들의 주거공간에서 떨어진 곳에 마련된 내부 궁궐 도시가 최초로 만들어진 시기는 북위(495~534)의 수도인 뤄양이 건설된 이후인 듯하다.[20]

장안이라는 웅장한 도시는 이상적인 양식에 엄격하게 따르지 않았다. 당대의 도시는 동서로 6마일, 남북으로 5마일에 이르는 거대한 직사각형 모양이었다. 도시는 적당한 정향성을 보였으며 성벽의 삼면에 각각 하나씩 성문이 셋 있었다. 동쪽의 제단과 황실 선조의 사당은 정확히 북남 방향의 중심축에 있었다. 하지만 궁궐은 중심부에 자리 잡지 않았으며 북쪽 성벽을 등졌다. 처음부터 이렇게 배치된 덕분에 공식적인 시장이 들어설 공간이 확보되었고, 시장으로 인해서 당의 장안은 둘로 나뉘어 도시의 동부와 서부가 확립되었다.

쿠블라이 칸의 캄발룩(베이징의 옛 이름)이라는 수도는 아랍 건축가의 감독으로 건설되었다. 하지만 설계는 전통적인 중국 도시의 정전들을 빈틈없이 따랐다. 1273년 마르코 폴로가 캄발룩을 방문했을 때 도시는 외곽 성벽 세 군데에 하나씩 성문을 낸 정사각형 형태로 보였다. 길은 곧고 넓었으며 체스판처럼 정사각형으로 구획되었다. 외벽 구역 내부에는 성벽으로 둘러싼 전용 구역이 두 군데 있었고 맨 안쪽 건물은 칸의 궁궐이었다. 명나라 황제들은 베이징의 성벽을 조금 남쪽으로 옮겼다. 그리하여 성벽의 형태는 정사각형에서 직사각형으로 바뀌었지만 경내는 중심에 더 가까워졌다. 남쪽 벽 외부에 성장한 교외 구역은 간소한 원형에서 점점 더 멀어졌다. 그럼에도 불구하고 베이징은 전통적인 중국 도시 설계의 인상적인 표본으로 남아 있다.

도시의 구도 가운데 나타나는 우주적인 상징화는 다른 어떤 문명보다 중국문명에서 좀더 명시적으로 표현되었을 것이다. 중국의 황실 수도는 우주의 도해였다. 왕궁과 북남 방향으로 주축이 잡힌 형태는 북극성과 자오선을 의미했다. 궁궐 내부에서 황제는 남쪽으로 향하는 인간의 세계를 훑어보았다. 베이징의 자금성에서는 중심 출입구인 오문(午門: '자오선의 문'—옮긴이)이 남쪽 성벽을 관통했다. 황제만이 오문을 통과해서 자금성으로 들어갈 수 있었던 반면에 관료와 장수는 동화문과 서화문으로 출입했다. 천상의 원개에서 '사분의'(四分儀)는 지상의 격자에서 '사방위' 혹은 '사계'가 되었다. 정사각형의 네 변은 각각 태양의 일간 적소(適所)나 사계 중의 한 철과 동일하게 취급될 것이다. 청룡으로 상징되는 동쪽은 일출의 장소이자 봄의 활동지였다. 남쪽은 정오의 태양과 여름에 상응했으며 양기가 우세한 붉은색 불사조로 상징되었다. 서쪽의 백호는 가을, 황혼, 무기, 전쟁을 상징했다. 북쪽의 서늘한 영역은 사람의 등 뒤 방향이었고, 동면하는 파충류, 검은색, 물 같은 음의 요소를 상징했다.[21]

우주를 빗댄 이러한 지상의 모형은 귀족과 농민계급을 포용했다. 지상의 모형이 농민층에게 의미가 있었으므로 달력과 급수시설의 경우 중심이 되는 권위에 따랐다. 하지만 상인층은 말할 것도 없고, 장인들의 일은 자연의 순환에 구애받지 않았으므로 이러한 지상의 모델은 별 의미가 없었다. 이런 직업군은 사회적 위계의 하층에 있었다. 이상도시는 거래라는 개념과는 거리가 먼 천상의 모형으로 직조되었다. 이상도시는 안정성을 상징한 반면 상업은 성장과 변화를 향해 갔다. 세월이 흐를수록 이상도시의 틀은 경제와 인구 성장의 압력에 굴복했다. 천상의 법칙보다는 시장 법칙을 반영하는 새로운 형상을 취하게 되었던 것이다. 중국에서 이상향의 모형은 과거에 여러 차례 무너졌다. 하지만 중국식 도시화에서 변별적인 사실 하나는 '우주화된' 도시라는 설계의 패러다임이 줄곧 지속되었다는 것이다.

아대륙 인도에서는 선사시대 인더스 강가에 도시가 활발하게 건설되었다. 건축된 유적들과 하라판(인더스 문명의 최초 도시들─옮긴이) 문명의 도시들은 크기와 기술 진보라는 면에서 메소포타미아 남부의 도시와 어울렸다. 자연환경을 지나치게 착취했던 탓일 텐데, 인더스 강가의 도시전통은 쇠락해갔고 결국 자신들보다 세련되지 못한 아리아인의 침공을 받아 붕괴되고 말았다. 새 입주자들은 대개 자부할 만한 건축 유산이 전무한 농부와 목축업자들이었다. 브라만 중심인 카스트제도에서는 건축가와 노무자의 사회 등급이 낮은 편이었다. 하지만 이후 아리아인들은 피정복민이 발달시켰던 도시의 가치를 흡수한 결과, 도시 설계와 건축에 몰두하게 되었다. '실파샤스트라스'(힌두의 조각, 건축 등에서 활용되는 힌두 종교 예술의 도상 문헌─옮긴이)에서 건축이라는 직업을 매우 높이 평가하는 방향으로 신성한 전통이 확장되었다. 굽타 시대(320~480) 초기, 어쩌면 그보다 더 일찍 상층에 오른 힌두인 명장들은 브라만 계급과 영적인 평

등을 주장했다.[22]

인도에서는 성직자와 경전 권위자에게 도시 설계의 권리가 부여되었다. 실제 건축물에서 세부 조성물의 수치만이 아니라 건물이 들어설 장소 하나하나까지 엄격하게 지시를 받았다. 전체는 천상의 도시계획에 따라 틀 지어졌다. 왕은 건물을 지어야 할 때 왕실 건축가를 불러 이렇게 말했다. "신들의 도시로 가서 신전 도면을 입수한 다음, 같은 것으로 지으라."[23] 마우리아 왕조 이후에 나타난 이상도시 설계도에는 기본 방위로 정향된 직사각형이나 정사각형 도시가 필요했다. 또 하나같이 출입문은 네 갈래 대로가 중심에 위치한 궁궐로 수렴되었다. 《만사라》(인도의 도시계획서—옮긴이)에 따르면 계급과 직업에 어울리는 주거지를 구분하기 위해 거리를 설계도안에 포함시켰다. 그래서 인도의 이상도시 설계도는 다른 고대문명의 설계도와 유사했다.[24] 반면에 건축 유산을 읽어내는 눈만 있다면, 우주에 관한 인도인의 관점은 도시 복합체의 배치에서보다는 사당과 사원의 구도에서 명백한 표현형을 찾아낼 수 있다. 마우리아 왕조 시대에 사람의 취락지가 소우주를 재현한다는 생각은 벽돌과 석회 반죽보다는 문헌에 자주 드러났다.

초월의 건축적 상징

도시계획이 원래 우주를 표본으로 삼아 2차원으로 풀어낸 것이었다고는 해도, 단지(段地), 탑, 기둥, 지구라트, 홍예, 원개처럼 수직성의 상징을 건축 형태로 만들어 천상과 연결을 강화해야 했다. 수메르의 도시들은 이상도시 설계도에서 기하학적 단순성을 거의 보여주지 않았다. 도시들은 원형도 정사각형도 아니었다. 중요한 개별 건물들은 대칭과 균형에 대한 건축가의 관심을 보여주었지만 확장된 배치의 일부로 보이지는 않았다. 기본 방위는 설계에 별다른 영향을 끼치지 않았다. 궁전과 요새는 흔히 도시의 북서쪽에 자리 잡았지만 이는 분명 쾌적한 풍향에 따른 것이었다. 도시의 우주적 상징화는 도시계획보다는 무엇보다 신성한 구성요소인 복합 신전이 외떨어져 고도가 높아진다는 사실과 관련돼 있다. 기원전 네 번째 밀레니엄에 복합 신전은 신도들에게 개방되어 있었다. 성소로 통하는 출입구는 다수였다. 수메르 형성기이자 원시문자 시대에 접어들면서 서서히 신전과 대중의 거리가 벌어졌다. 처음에는 두세 계단이 도입되더니 이윽고 기원전 3세기에는 알 우케르와 우루크에서처럼 덧단을 설치하게 되었다. 이런 경향이 정점에 이른 사례가 기원전 2000년경에 나타난 지구라트였다. 우르(유프라테스 강 부근에 위치한 수메르의 도시국가—옮긴이) 지역의 지구라트는 세 단의 높이만 70피트였다. 신전은 산꼭대기에 지어졌지만 늘 그렇진 않았다. 때로는 짐승의 뿔 한 쌍만으로도 희생 제단 기능을 했다. 지구라트에는 여러 상징적 의미가 있었다. 이는 혼돈에서 출몰한 견고한 암석이자 우주의 중심을 재현하는 산, 신들이 앉는 지상의 왕좌, 하늘에 이르는 사다리였던 것이다.[25]

이집트 피라미드의 위대한 시기는 고작 두어 세기 유지되었을 뿐이다. 이와 상반되게 지구라트는 기원전 538년 신바빌로니아 제국이 멸망할 때까지 메소포타미아의 지배적인 건축 양식으로 남았다. 기원전 1000년대에 코르사바드(두르샤루킨) 같은 메소포타미아의 도시들과 바빌론은 모서리가 북남 방향과 동서 방향을 가리키는 정사각형에 가까운 형상이었다. 내부 공간 조직화 또한 기원전 3000년대 수메르의 도시와는 다르게 분화되고 구조화되었다. 게다가 신바빌로니아의 도시에는 초월적인 본성을 상기시켜주는 수직적인 건축 구성요소들이 많았다. 바빌론의 유명한 '바벨탑'은 높이 200피트까지 솟아오른 거대한 지구라트였으며 '에테멘안키', 즉 '천지의 근본 신전'에는 두 개의 수직적 기념비가 있었는데, 바로 지구라트와 성벽을 내려다보는 50피트 높이의 단 위에 세워진 궁전이다.

중국에서 전한의 수도 장안은 장방형 형태는 아니었다. 대략 기본 방향으로 정향되긴 했지만 특히 북서쪽 모퉁이의 성벽은 곳곳에 굴곡진 돌연변이 형태를 취했다. 이런 형태는 수도를 남과 북의 '두성(斗星)들' 무늬에 맞추려 했으리라 추측하는 학자들에게 영감을 불어넣었다. 좀더 설득력 있는 해석은 굴곡이 지형의 불규칙성에 적응한 결과라는 것이다. 성벽으로 에워싼 단지 내부에서 미앙궁(未央宮)의 위상을 보증해주는 것은 중심이라는 위치보다는 높이였다. 미앙궁은 흙다짐 공법으로 쌓아올린 오단구 위에 평지에서 50피트 높이까지 솟아 있었다.[26] 높이와 하늘의 연관성을 강조하려고 다층의 단과 높은 단구를 활용하는 건축술은 이후에 쇠퇴했다. 중심성이 높이를 상징했던 것이다. 베이징에 있는 황제의 궁궐과 관청들은 성벽으로 둘러싼 몇 겹의 단지에서 중심지였다. '접견실'의 왕좌에 앉은 황제는 남쪽을 '내려다보았다'. 반대로, 연속되는 성문들을 통과해 궁궐로 이어지는 남쪽 대로는 내부 방향만이 아니라 상향을 의미하기도 했다.

수직성의 상징은 다른 형태를 취한다.(218쪽 그림 10a 참조) 방첨탑, 첨탑, 원개같이 끝이 뾰족한 구조물은 하나의 방향을 강조한다. 원은 하늘을 2차원인 땅에 옮겨놓은 것이다. 원개는 하늘의 3차원적 상징이다. 중앙아시아의 대초원 지대에 있는 유목민의 천막, (청기와 지붕을 얹은) 베이징의 천단, 콘스탄티노플에 있는 성 소피아 성당이나 런던의 세인트 폴 대성당이 그럴 것이다. 이들은 모두 천상 원개의 이미지들이다. 목재나 석재로 만든 원개는 기술적인 이유로 일정한 크기를 초과할 수 없었다. 미래에는 지구 모양의('지오데 식'이라는 용어로 통용된다—옮긴이) 투명한 원개로 전 도시를 뒤덮을 수 있을지도 모르는데, 이는 하늘에 관심을 두게 하지 않고 천상을 배제하기 위해서일 것이다.[27]

조상의 안식처가 우주적인 집을 재현한다는 믿음은 세계 곳곳에서 찾아볼 수 있다. 몇몇 고대문명에서는 하늘을 가장 우러러 공경할 안식처인 천장과 연관 지었다. 그래서 별이 빛나는 푸른 천장은 이집트의 묘지와 바빌로니아의 궁전에서 전통이 되었으며, 별을 박아 넣은 함이 그리스와 로마의 사원에서 줄곧 이용되었다. 천막, 특히 영매의 천막은 중앙아시아 전통에서 우주의 집이었다. 페르시아 아케메네스 제국의 왕들은 나무와 벽돌, 암석으로 건축한 궁전에서 생애 대부분을 보내긴 했지만 우주적인 천막에서 접견식과 축제를 열었다. 헬레니즘 시대의 왕들은 페르시아에서 신성한 천막이라는 착상을 얻었다. 이슬람이 전파되기 이전의 아랍인과 어쩌면 유대인들 모두는 원개 모양의 가죽 소재 안식처가 신성하다고 믿었다. 원개는 기독교인들에게 대단히 중요했다. 최초의 몇 세기 동안 시리아 성직자들은, 고대 그리스와 로마의 웅장한 묘와 기념비, 온천탕의 상부에 건축된 원개를 일부 흉내 내어 순교자 유적과 침례실에 원개를 도입했다. 5~6세기에 원개는 일반 교회에서 점차 자주 사용되었다. 건축물에 원개를 올리는 비잔틴 전통과 교회를 땅 위에 구현된 천상으로 해석하는 것은 시리아의 영향이었고, 시리아는 이란과 인도, 팔레스타인, 그리고 이교도의 고전적인 세계에서 영향을 받았다. 비잔틴 시대는 물론이고 15세기에 이를 때까지도 신학자들은 교회를 우주의 이미지라고 여겼다. 둥근 천장은 하늘이었고 바닥은 지상 낙원이었다. 비잔틴 시대와 르네상스 시대 건축가들은 로마의 건축에 대한 존경

심과 더불어 우주적 상징성에 대한 깨달음으로 원개를 중요시하여 작품에 구현했다.[28]

브라질리아: 현대의 이상도시

이상도시의 종교적 토대와 우주적 상징성을 간략히 묘사함으로써 우리는 현대적인 가치 및 관심사와는 전적으로 이질적인 가치의 세계를 탐구하는 듯하다. 하지만 사실은 그렇지 않다. 현대의 도시가 '무에서' 세워질 때는, 우주에서 사람의 위치에 대한 고대인의 개념을 일부 보유하게 된다. 드 메이라 페냐가 근래 지적했던 것처럼 전통 도시 베이징뿐 아니라 미래 지향적인 브라질리아는, 땅에 질서를 부여하려는 욕망뿐 아니라 지상 공간을 원개로 뒤덮인 하늘과 확고히 연계하려는 뿌리 깊은 욕망을 표현하는 상징들로 가득하다.[29]

　정치적으로 브라질리아는, 브라질 문명에 대한 바다의 장악력을 분쇄하고 농업과 농민들에게 걸맞은 위상을 부여하며 내륙의 황무지와 광물 자원을 개발하고 시민들에게 브라질이 무한한 잠재력을 지닌 대륙 국가라는 정체성을 주입시키려고 내륙에 건설했다. 수도는 한 국가의 집단 '자아'를 상징한다. '자아'에 대한 이런 새로운 깨달음은 브라질의 빽빽하고 짙푸른 야생지에서 급성장할 것이다. 수도의 위치는 이미 신화의 영향을 받았다. 19세기 마지막 사반세기에 브라질 전역을 여행하는 동안 돈 주앙 보스코는 예언적 비전의 세례를 받았다. 그는 "열다섯 번째와 스무 번째 위도 사이에 있는 호수 기슭에 인접한 고원에서 솟아나는 위대한 문명 하나"를 보고 있다고 보고했다. 주앙 보스코는 가톨릭교회에서 성인 명단에 올렸던 이탈리아의 교육자였다. 그 성인은 도시의 막연한 위치뿐 아니라 호수 옆이라고 부지까지 정확하게 예언한 듯하다. 사실 호수는 존재하지 않았다. 수도에 용수뿐 아니라 쾌적한 배경을 제공하려고 인위적으로 만든 것이다. 호수는 도시보다 먼저 계획되었다.[30]

고대 도시의 설립자들은 점성가와 흙점술가에게 의뢰했다. 그들은 '우주를 만드는' 모험에서 경제는 거의 염두에 두지 않았다. 이런 전통을 따랐기 때문에 재정과 경제 현실에 대한 합리적 판단이 브라질리아의 창조에서 결정적인 역할을 하지 않았다. 쿠비체크 대통령은 자신의 환영을 좋아 비용과 예산 문제는 제쳐두었다. 대통령은 절대주의 시대의 제왕이 아니기 때문에 사업을 서두름으로써 엄청난 논란을 불러일으켰다. 건축가 루시오 코스타 역시 지역을 주의 깊게 연구하고 소통을 위한 수단들을 서서히 마련한 후에야 새 수도를 건설할 수 있다는 견해를 거부하여 비판받았다. 루시오 코스타에게 인위적 수도는 땅에서 서서히 성장하는 유기체가 아니라 토지에 얹어두도록 온전히 착상시킨 하나의 세계였다. 그는 이렇게 쓴다. 도시 건설은 "사려 깊은 소유 행위이자 야생지를 길들이는 개척자의 식민 전통에 속하는 행위다".

코스타의 브라질리아 설계안은 단순한 십자가다. 한편으로, 새로 발견한 국가에 대해서 자신들의 소유권을 날인하고자 '십자가'를 들어올린 최초의 포르투갈 식민주의자들이 떠오른다. 구세주인 '우주의 창조자'가 혼란을 잠재웠다는 것이다. 다른 한편으로, 기본 방위의 두 교차선으로 땅을 분할하는 오래되고 신성한 전통도 떠오른다.

브라질리아의 여러 축 가운데 하나는 굽어졌다. 그래서 도시의 도안은 새나 비행기의 형상과 비교되곤 했다. 북측과 남측 날개는 취락 구역이고 기념비와 같은 동-서 축은 몸통인 셈이다. 브라질리아는 땅에 내려앉은 새이자 하느님이 천국에서 보내신 새 예루살렘이다. 융의 심리학에서 새는 구원의 상징이자 영화의 표시다. 브라질 내륙이라는 녹색 잠재성을 지닌 야생지에서 사람의 영혼이 하늘을 향해 날아오르는 것이다. 브라질의 도시 설계를 이렇게 독해하는 것은 무리일까? 그렇다면 좀 더 명백한 초월의 상징인 니마이어가 건축한 대성당을 살펴보자. 대성당은 투명한 천장을 지탱하는 열여섯 개의 포물면 버팀벽들이 비상하는 구조다. 대성당에 들어서면 예배자는 먼저 바닥이 오목한 구역을 거쳐 가야 하는데, 상징적으로 '죽음의 그늘진 골짜기'를 통과하는 것이다. 안에 들어서면 예배자는 밖에서 쏟아져 들어오는 빛의 세례를 받으며 눈길은 빛과 은혜의 근원인 버팀벽의 큰 파도를 따라 이끌려간다.

물리적 배경과 도시적 삶의 양식

12

대다수 도시는 기념비나 분수, 광장이나 평균 교통량에 필요한 정도보다 넓은 가로수 길을 닦아 초월성을 지향한다는 뜻을 내비친다. 르네상스 시대 이후의 서구 세계에서 이런 상징물들은 도시가 무작위로 성장하는 탓에 중요성을 상실하는 경향을 보였다. 강력한 통치자라면 장엄미를 과시하는 기하학적 규칙성을 여기저기에 부과할 수도 있겠지만, 그런 장엄미는 미로 같은 골목길과 낡은 주택들로 이루어진 '변두리 벽돌집'에 삼켜지기 십상이다.

환경과 삶의 양식

한 민족의 삶의 양식은 경제, 사회, 세속적 세계를 넘어선 활동의 총체이며 공간 모형을 빚어낸다. 말하자면 건물 형태와 물리적 배경을 필요조건으로 하는 공간 모형은 행위의 모형화에 영향을 미친다. 이상향은 총체적인 삶의 양식에서 한 단면을 이룬다. 이상향에 대해서 우리는 익히 알고 있다. 왜냐하면 자주 언급되었으며 가끔은 오래 남도록 작업을 하여 실체로 만들기 때문이다. 경제나 사회적 영향력은 삶의 양식을 형성하는 데 압도적으로 기여하지만, 이상향을 향한 충동과는 달리 거기에는 깨달음이 결여돼 있다. 삶의 양식은 말로 표현되는 일이 드물고 의식적인 행위에 나타난다. 대개 일상의 행동이 일어나는 자연환경의 성격과 일상 행동이 축적된 증거를 통해서만 한 민족의 삶의 양식을 얼마간 이해할 수 있다. 문맹인 민족들의 태도를 그려내려 하면서, 자연 배경과 거기서 벌어지는 행위들뿐 아니라 전설과 우주론까지 주목한 바 있다. 옛 도시 사람들의 환경 가치들은 다른 방식으로는 알 도리가 없다. 여기저기서 표현된 이상향과 사람들이 도시의 생활 반경에서 일하고 놀이하는 일상의 모형을 근거로 추측할 수 있을 뿐이다. 강력하고도 통합된 공동체의 이상형은 대규모 물질적 표현을 찾아낸다. 이것이 앞선 11장의 주제였다. 여기서 우리는 자신들이 살아가는 세계를 바꿀 능력이 제한된 평범한 시민들의 태도와 삶의 양식에 주목한다.

대도시는 여러 유형의 물질적 환경을 제공한다. 거리 풍경에 초점을 맞춰보자. 거리는 특수한 유형의 물질적 환경으로 보이지만 사실상 성격이며 용도가 엄청나게 다양하다. 한쪽 극단에서는 포장이 안 돼 있거나 자갈로 포장한 구불구불하고 비좁은 골목길에 밀려드는 사람들과 손수레로 북적대며 소음과 냄새, 색깔들이 맹공격을 퍼붓는다. 반대편에는 넓고 곧은 가로수길에 나무나 빈 벽으로 뚜렷하게 경계 지어 거의 활기가 느껴지지 않는 위압적인 공간이 들어서 있다.

사람들이 거리 풍경에 반응하는 방식은 여러 요인에 달려 있다. 보행자의 이동수단은 중요하다. 최근 들어 자동차가 대중화되기 전까지 대다수 사람들은 걸어다녔다. 부유한 사람은 언제라도 가외의 이동 경비를 충당할 수 있어서 말이나 의자 가마, 인력거 같은 사적인 교통수단을 이용하는 유리한 입장에서 도시생활을 바라볼 수 있었으나, 부자는 드물었다. 유럽에서는 19세기 중반부터 중간계급과 노동계급 사람들도 처음에는 말이 끄는 합승마차를 이용하다가 나중에는 전차를 탔고 후반부 50여 년 동안 차츰 버스와 자가용을 이용하게 되었다. 보행과 다른 이동수단 사이의 균형에 다음과 같은 변화가 일어난다. 중세에는 부자건 빈자건 보행자들은 혼잡한 샛길에서 서로 떠밀며 통행했다. 사회적 위계질서는 완고했지만 사람이 살아가는 장소나 움직이는 방식에서 질서 잡힌 공간 표현은 찾아볼 수 없었다. 17세기 이후부터 부자들이 마차를 많이 이용하면서 사람들 사이의 사회적 분리뿐 아니라 공간적 분리도 일어났다. 거리와 시장에서 사회적 위계가 뒤섞이는 경우는 점차 드물어졌다. 중앙 차도와 분리해 말뚝으로 표시해둔 보행로, 즉 인도는 영국에서 18세기에 처음으로 등장했다. 인도는 규칙에 따르지 않는 교통 흐름에서 보행자를 보호하기 위해 만들어졌다. 하지만 빅토리아 시대에 들어선 후에도 마차보다는 보행자들이 거리 풍경을 지배했다. 점원, 상인, 노동자들은 런던 중심부에서 출퇴근하면서 인도로 쏟아져 나왔다. 하루 10만에 가까운 사람들이 통행요금이 무료인 런던 브리지를 걸어서 템스강을 건넜고 7만 5000명 정도가 통행요금 없는 블랙프라이어 브리지를 통과했다.[1] 19세기 후반에 갖가지 탈것으로 런던의 도로는 체증을 피할 길이 없었지만, 전체 교통 인구에서 소수만 수송수단에 의지했다. 현대 미국의 넓은 가로수길과는 상반된 현상이다. 로스앤젤레스의 도로는 자동차로 교통체증을 빚을지는 몰라도 인도는 비교적 한산하다. 심지어 20세기 중반까지 로스앤젤레스의 지역에는 인도도 없었다. 중세 골목길에서처럼 현대의 넓은 가로수길에서도 삶의 지위가 다른 사람들이 자유롭게 섞였으나, 현대의 주요 도로에서는 사람들이 저마다 (혹은 소규모의 사람들은) 엔진을 장착한 금속 상자 안에 들어앉아서 접촉이 없다.

　우리가 도시의 거리를 이용하는 시간대는 거리를 지각하고 평가하는 데 영향을 준다. 전통적인 도시의 시각적 화려함에 비해 현대의 건물이 빼곡한 지역의 미학적 빈곤함은 그동안 충분히 논의되었다. 하지만 밤거리는 어떻게 판단할 것인가? 19세기 후반에 접어들기 이전, 가스등이 설치되지도 않았던 시절에 도시는 (햇빛을 받으면 제아무리 다채롭다 해도) 일몰이 지나면 음울함에 빠져들었다. 낮이면 시끄럽긴 하지만 우호적이던 거리와 시장의 광장은 위험한 장소가 되었다. 중세에는 어두워지면 통행금지령이 내려지곤 했다. 평화를 보장하기 위해 출입구와 문은 잠겼고 공공장소에는 사람이 없었다. 도시에서 생활 리듬은 태양의 움직임으로 결정되었다. 농부처럼 도시인은 일찍 일어났다가 어둠이 깔리면 조명 사정이 열악한 집으로 물러났다. 이는 당나라의 장안이나 로마 제국에도 공히 해당되는 일이었다. 조지 왕조의 런던에서 그랬던 것처럼 르네상스 시대 피렌체도 마찬가지였다. 로마 황실은 반드시 해가 뜬 낮 시간에 대중들에게 볼거리를 제공했다. 사적인 연회는 밤까지 지속되어도 좋았지만—페트로니우스가 보여줬던 것처럼—집으로 돌아가는 취객들은 사람 없는 거리의 칠흑 같은 어둠 속에서 길 잃을 위험을 무릅써야 했다. 주목할 만한 대조점이라면, 요즘 사람들의 상상력에서 도시의 삶은 밤의 삶과 거의 동등하다는 것이다. 현대 도시생활은 어둠이 깔리면 더욱 어지럽게 돌아간다. 특징 없는 '먹자' 공간, 주유소, 중고차 판매소가 즐비한 칙칙한 도시의 거리들조차 가스등 시대의 도시인들을 틀림없이 놀래켰을 빛과 색으로 화려하게 넘실댄다. 도시의 다양한 삶의 양식을 좀더 자세히 살펴보자.

장안과 항저우

전통적인 중국 도시들은 주로 두 가지 유형에 속했다. 정치 도시와 상업 도시다. 정치 중심지는 본래 집중된 행정에 필요한 정치철학에 대응해 생겨났고 상업 중심지는 시장경제의 요구에 대응해 만들어졌다. 우주적 차원으로 사람과 사회에 참여하는 고대인의 관점들은 정치 도시에 흔적이 남아 있다. 도시의 기하학과 공간의 위계가 우주론적 신앙에 순응한 방식은 이미 살펴보았다. 주안점은 질서였다. 상업 도시에는 사회적 질서와 공간적 질서가 모두 결여돼 있었다. 건축의 화려함보다는 생생한 도시의 삶이 이를 더 두드러지게 했다. 정치 도시는 이상화된 모형을 따라서 신속히 건설되었다. 이와는 반대로 상업 도시는 늘어나는 인구를 수용하기 위해서 서서히 성장했다. 경제활동이 활성화되고 인구가 늘어남에 따라서 정치 도시는 장방형의 단순한 기하학에서 멀어졌다. 도시의 성벽 내부에 있던 상점들이 할당된 구역을 넘어서면서 밖으로 밀려나왔다. 도시의 출구를 벗어난 신생 시장과 교외 지역이 두드러지게 성장해갔으며 이 와중에 설계된 대칭성이라는 초기 중핵을 잠식하게 된다. 상업 도시는 이에 따라 행정 중심지나 심지어 제국의 수도로 선택되었다. 하지만 도시 골격은 큰 변화 없이 현상을 유지했다.

한조(기원전 202~기원후 220)에 정치 도시이자 이상도시는 성벽으로 둘러싸인 장방형이라는 특징이 있었다. 도시의 구내에서 취락지는 구(區)로 나뉘었으며, 구의 개수는 도심의 크기에 따라서 달랐다. 한조의 장안에는 160개 구들이 있어서 이들 사이는 성벽과 내부의 거리들로 구분되었다. 한조 당시에 각각의 구에서 거리로 개방된 통로는 하나뿐이었으며, 각 구는 100여 가구를 수용했으나 가구마다 담을 쌓았다. 가구별 대문 밖으로 아주 좁은 통로가 나 있었다. 도심을 벗어나려면 거주민들은 주택의 대문, 구의 출입문, 그리고 도시의 성문을 차례로 통과해야 했을 것이다. 모든 출입구는 경계병이 지키고 있었고 밤이 되면 닫혔다. 도시는 거대한 교도소 같기도 했다. 당조(618~907)에 도시생활을 통제하는 엄격한 규율은 다소 완화되었다. 구에는 단독 성문 대신에 네 군데 출입문이 설치되었고 18세기 후반에는 시장의 경우 야간까지 열어둘 수 있었다.[2]

당조에 장안은 거대했다. 도시의 성벽은 30제곱마일에 가까운 지역을 에워쌌으며 남북으로 뻗은 열한 개의 길과 동서로 열네 개의 드넓은 길들이 격자무늬를 형성했다. 성벽 내부에는 100여 개가 넘는 구역들이 교차로 사이에 자리 잡았다. 100만에 가까운 인구가 성벽 내부에서 거주했다. 도시 내부는 기능에 따라 구분되었다. 중심부와 북부의 사무 관리 구역, 도심의 동부와 서부 지역의 수요를 충족시켰던 공식 지정된 시장 둘, 그리고 거주 구역은 담장과 넓은 대로로 각각 분리되었던 것이다. 한나라 시대에 그랬듯이 담벼락이 도처에 세워졌다. 성문과 출입문은 해가 지면 닫히고 해가 뜨면 열렸다. 유복한 계층의 사적인 삶은 실로 은밀했다. 방은 내부에 있는 안뜰과 정원으로만 개방되었다. 아름다운 것은 타인의 눈을 벗어나 숨겨졌고 골목길과 거리에서는 빈 벽만 보일 뿐이었다. 사적인 주거지라는 한계 내부의 거주자라면 온갖 감각의 심미적인 기쁨을 마음속에 그려볼 수 있었다. 인간관계의 친밀감, 세계 바깥과는 하늘 방향으로만 뚫린 개인 정원의 은밀함, 그리고 충만한 침묵과 정적은 집 안의 미세한 소리와 향기를 증폭시켜 감지하게 해주었다. 이런 것들은 문과 담 너머 바깥에서 흘러 들어오기도 한다. 반대로 시장은 국제적인 도시의 요구와 생기를 반영했다. 동부보다 번성했던 서부 시장에는 바쁘고 소란스럽고 여러 언어가 통하는 잡화 시장과 보세 창고가 있었다. 사람들은 물건을 살 뿐 아니라 친구를 만나 뜬소문을 나누었고, 학생들은 철학과 정치를 논했다. 게다가 방문객과 고객들은 이야기꾼과 배우, 곡예사를 구경했을 뿐 아니라 온갖 국적의 요술과 환상을 즐겼다.

시장은 늘 들썩였다. 넓은 대로는 정성들여 관리하긴 했어도 조용했다. 인도와 도랑, 과일 나무들이 마차가 다니는 주도로 옆을 따라 늘어서 있었고 폭은 450피트(뉴욕 5번가의 네 배에 달하는 폭이다)에 이르렀다. 하지만 거대한 상업 중심지가 없었으니 전체 인구는 많았지만 교통량은 그리 대단치 않았다. 이런 대로는 우리가 통상 마음으로 떠올리는 '거리'와 달리 신기하게 생겼다. 도시의 다른 지역에서 각자 떨어져 있는 사람들을 이어주는 통로라기보다는 서로 멀어지게 하는 공간에 가까웠다. 이 대로의 교통량은 낮에도 많지 않으나 어둠이 깔린 후에는 아예 인적이 없어졌다. 출입문이 폐쇄되면서 삶은 친밀한 가정집 안으로 물러났다.[3]

장안이라는 정치 도시는 귀족문화의 이상향을 반영했다. 당나라 왕조 후반부에 부르주아계급의 세력과 이상향이 부흥하면서 귀족문화는 쇠퇴했다. 사회적 행위를 다스리는 규칙은 느슨해졌다. 바쁘게 돌아가는 서부의 시장은 한계 구역을 벗어나서 이웃한 주택 지역까지 파고들었다. 밤에도 출입문은 열려 있었다. 찻집과 술집이 늘어나면서 공창도 부상하는 상인계급에 편입된 젊은이들의 요구에 영합했다. 화폐경제로의 변화 과정은 지속되었으며 송대(960~1279) 내내 가속화되었다. 남송의 수도가 항저우에 건립되었으며, 항저우는 황제 도시라는 드높은 정치적 지위를 획득하기 전에 중요한 상업 도시이기도 했다. 장안과 항저우는 인구밀도가 높은 중심 도시지만 도시의 삶에서 대척이 되는 양상을 보여주었다. 한쪽은 금욕적이고 위엄 있는 반면 다른 쪽은 소란스럽고 현란했다. 차이점은 인구밀도의 대조로 시사되는데, 장안 인구는 1에이커당 평균 55명이었는데 항저우는 200명이었다.

남송의 도시에 촘촘하게 건물이 들어선 영역에서 당나라 수도의 형식주의는 거의 눈에 띄지 않는다. 항저우의 성벽은 불규칙한 형상이었다. 성문은 열두 군데가 아니라 열세 군데에 띄엄띄엄 나 있었다. 황제의 거주지가 아니라 주요 돼지 시장이 도시의 중심지를 차지했다. 궁전 구역은 남쪽에 있었다. 장안의 대로들은 드물게 이용되었으나 항저우의 대로는 보행자, 인력거를 탄 행인, 말과 가마를 탄 사람들로 붐볐다. 길 외에도 도시는 운하 덕분에 쌀을 실은 거룻배와 석탄, 벽돌, 기와, 소금 부대를 실은 짐배들로 대규모 교통량을 감당했다. 100개가 넘는 다리가 성벽 도시 내의 운하에 설치되었고, 쉴 새 없이 분주한 간선 교량들이 접속되는 곳에서는 짐수레, 말, 나귀, 짐꾼의 무리가 들끓어 매우 혼잡스러웠다. 장안의 거리들은 가로수와 주거지의 빈 담으로 구획된 반면 항저우의 거리에는 통행인이 자유롭게 드나들도록 개방된 가게와 거처들이 즐비하게 늘어섰다. 황도(皇道)를 벗어나면 인구밀도는 1에이커당 325명을 초과했다. 토지 부족으로 건물은 3~5층으로 높아졌다. 상업 행위가 도시와 교외 전역에 스며들었다. 방문객은 국수와 과일, 실과 향, 초와 기름, 간장, 신선한 생선과 염장 생선, 돼지고기, 쌀을 판매하는 가게들을 도처에서 볼 수 있었다. 황도에 들어선 일부 찻집들은 고객에게 여흥을 제공하는 기녀들로 악명 높은 떠들썩한 집이었다. 돼지 시장은 주요 간선도로에서 그다지 멀지 않았다. 도살장에서는 수백 마리의 짐승이 매일 도축되었고, 자정 직후에 개장해서 여명 무렵에 폐장했다. 몽골 점령

군이 야간 통행금지령을 내릴 때까지 송나라 항저우에서 도시생활은 늦은 밤까지 활기를 띠고 흥청거렸다. 공공 조명은 없었을 테지만 다채로운 색상의 불빛이 식당 출입구와 뒤뜰, 선술집, 찻집을 밝혔다.[4]

아테네와 로마

500년 간격을 두고 당조의 장안과 송대의 항저우는 각각 발전의 정점에 이르렀다. 양쪽은 모두 거대한 수도였으나, 도시생활이나 물질적 골격 면에서 공통점이 거의 없었다. 페리클레스 시대 아테네와 아우구스투스 시대 로마의 시간차는 1000년의 절반에 이른다. 500년이 지나는 동안에 사회 경제적으로 중요한 변화가 일어나 자연과 인공 환경에 대한 사람들의 지각과 행위에 커다란 영향을 미쳤다. 첫째로 제국의 수도인 로마는 그리스의 아테네보다 인구가 열 배는 많았을 것이다. 하지만 신기원을 이룬 도시들의 기본 특징은 동일해서, 미로처럼 구불구불한 거리야말로 명백한 공통점이었다. 이런 면에서 아테네는 히포다무스 식 격자무늬를 채택한 고대 그리스의 도시들보다는 오히려 로마와 유사했다. 다른 공통 특징은 아고라나 포럼, 즉 아테네와 로마의 시민들이 집단을 이루어 더 큰 세계의 상징과 실재에 참여하면서 삶의 확장을 경험한 공적인 제도와 시장이 중요했다는 점이다.

그리스인은 공적인 삶을 찬양했으며 위업이 없는 유기적인 자연의 주기에 갇히는 것이라며 사적인 삶의 가치를 폄하했다. 가정이라는 사적인 영역에 관련된 활동이 생존과 복지에 필수라는 점을 인정하긴 했지만, 그리스인은 자신의 관점에서 품위가 결여된 사람들에게 가정생활을 맡기는 편이었다. 어린이, 여성, 노예에게 말이다. 삶에 대한 일반적인 태도는 그 옛날 그리스 도시국가의 건축물에 반영되어 있었다. 공공 건축물은 웅장했으나 사적인 구역은 수수해서 양자는 뚜렷하게 대조되었던 것이다.[5] 거리는 좁고 구불구불했으며 대부분 비포장길이었다. 심지어 히포다무스 식 신도시의 직선 통로들도 폭이 불과 몇 야드를 초과하는 경우가 드물었으며, 5세기 아테네의 거리 대다수는 더 좁았다. 교통량이 많은 거리 곳곳과 구정물이 넘쳐서 부식이 일어나려는 곳은 포장을 했을 터였다. 인도는 없었다. 비온 뒤에 비포장길을 걷는 일은 틀림없이 고역이었을 것이다. 아리스토파네스는 좁은 골목길에서 진흙탕에 투덜거리며 더듬듯 걸어가는 근시안의 노인이 어떤 모습일지 우리에게 일러준다. 아테네인의 공중위생 문제는 애매하게 묻혀 있다. 4세기 이전에는 공중질서란 찾아보기 어려웠을 것이다. "물러나세요"라고 행인들에게 마지못해 경고를 보내며 비위생적인 구정물과 쓰레기를 기꺼이 투척했을 것이다. 품위 있게 걸어가기란 매우 어려웠을 것이다. 하지만 아테네인들은 '몰래 접근'하거나 어슬렁거리지 말아야 한다고 배웠다. 말하자면 거리에서 눈동자를 마음대로 굴린다고 해서 품위 없는 행위는 아니었을 터이다.

어슬렁거리려는 유혹이 대단할 리는 없었을 것이다. 볼거리는 거의 없었다. 안쪽을 향한 주택의 여백 같은 담이 시선을 가로막았고, 그것은 경계선이기 일쑤였으며, 2층 건물임을 자랑하는 높은 창문만이 갈라진 틈이었다. 하지만 한길가 일부에선 행인들의 걸음을 늦출 만큼 유혹적인 특별한 행위들이 벌어졌다. 수납장 장인과 도공, 두상이나 토르소 상 조각가들이 아우성치며 행인들의 주의를 끌었다. 아테네인들이 도시생활의 충만한 풍미를 즐겼던 곳은 시장이다. 다들 흰옷 차림은 아니었기 때문에 군중 자체가 색채감을 더해주었다. 튜닉(군인, 경찰관 등이 입는 몸에 붙는 짧은 상의—옮긴이)과 망토는 대개 흰색이었지만 젊은이들은 자주, 빨강, 연두, 검정 의복을 즐겼다. 여성만이 황색 옷을 입을 수 있었다. 하지만 부유층 여성은 시장에 나오는 일이 드물었는데, 남성이나 노예가 장을 보면서 아고라의 갖가지 재미를 누렸기 때문이다. 모든 종류의 생산품에는 고유한 영업장소가 있어서 아테네인은 '생선 가게'나 '푸른 치즈 가게' 혹은 '무화과 가게'에서 친구와 약속을 잡을 수 있었다. 사고파는 것은 소란스러운 일이었다. 사람들은 값을 깎으려고 실랑이했다. 행상들은 물건 이름을 소리쳐 알렸다. 시장 중심부를 둘러싸면서 이발사, 향수 제조자, 구두쟁이, 마구장이, 포도주 상인들의 가게들이 늘어서 있었다. 근처에는 가로수들이 그늘을 드리웠다. 장을 보고 나서 유쾌하고 느긋해진 이들은 그날의 소식과 정치, 추상적인 문제를 토론하려고 친구를 만났다. 이발소에서, 진료소 대기실에서, 혹은 가게에서 토론이 벌어져 그곳은 집회실이나 교실로 바뀌었다. 점심 식사 후에 시민들은 운동을 하거나 대화를 이어가려고 체육관을 방문했을 것이다. 부유하든 가난하든 아테네인은 새벽에 일어났고 일찍 퇴근했다. 밤에는 조용했으며 연구를 하거나 일을 끝내려는 이들은 밤늦게까지 깨어 조명 아래서 일했다. 데모스테네스(고대 아테네의 정치가이자 웅변가—옮긴이)는 어둠이 깔린 후에 거의 모든 연설문을 준비했다.[6]

2세기에 로마 제국은 널따란 공공장소와 100만 명도 넘는 거대한 인구 집단의 극도로 지저분한 삶의 조건이 공존하는 곳이었다.[7] 좁고 어두컴컴한 골목길과 허술한 재료로 지은 사육장 같은 주택들로 빽빽하고 발달하지 못한 모체 내부에 눈부신 기념비들이 진주처럼 붙박여 있었다. 현대인이 생각하는 기념비적 건축물은, 드넓은 대로에 수직으로 눈부시게 빛나는 전망이다. 그러나 로마는 도로에 늘어선 건물들로 명성을 얻었지만 교통 요구량을 충당하고 기념비의 규모에 어울리는 대로는 없었다. 촘촘한 그물망 같은 로마 거리에서 오래된 '공화국의 벽' 내부에는 두 군데만이 두 대의 수레가 엇갈리며 지나칠 수 있는 폭이 확보돼 있어서 '비아'(via: '거쳐서'라는 뜻의 전치사로 로마의 도로를 가리키는 명칭─옮긴이)라는 이름을 얻었다.

이탈리아에서 로마 바깥으로 이어진, '비아 아피아'와 '비아 라티나' 같은 도로는 폭이 16~20피트까지 다양했다. 평범한 도시의 거리는 폭이 훨씬 좁았다. 많은 길은 통로나 행로에 불과했다. 길이 좁기 때문에 양쪽에 늘어선 높은 집들이 두드러졌던 탓에 햇빛이 많이 차단되었으므로 거리는 음침한 터널 비슷하게 변했다. 어쩌면 그림 같은 생생함을 더해줄 수 있겠지만 분명 편리하지 않았으니, 이들 골목길은 끝도 없이 굽이졌고 '일곱 언덕'은 오르막과 내리막이 가파르게 이어졌다. 소로나 보도는 드물었다. 폼페이와 다르게 로마 제국의 거리는 대체로 비포장길이었다. 인접한 가정집에서 나오는 오물과 쓰레기로 길은 언제나 불결했다. 달빛 없는 밤이면 거리는 어둠과 위험에 빠져들었다. 사람들은 급히 집으로 들어가 대문을 걸어 잠갔다. 하지만 아테네와 다르게 로마의 거리는 밤에 아주 소란스럽기도 했다. 이유를 따지자면 카이사르 시대까지 거슬러 올라가야 하는데, 로마의 엄청난 교통 혼잡을 완화하려고 미명부터 어스름에 가까울 때까지 이동용 수레의 통행을 금지하는 법령을 정했던 것이다. 이는 밤이 다가오면 온갖 종류의 바퀴 달린 수레가 도시로 몰려들어 도심이 시끌벅적해졌다는 뜻이다. 유베날리스에 따르면, 야간 교통 흐름으로 소음이 끊일 새 없어 예민한 로마인들은 불면증이라는 형벌에 처해졌다.

혼잡이 심해지면서 길은 좁아지고 주택은 높아졌다. 로마의 주거지는 기본적으로 두 가지 유형이었다. 고대 그리스 건축의 영향을 받은 부자들의 수평식 주택과 가난한 이들의 아파트식 연립주택(인술라이: 고대 로마의 집단 주택—옮긴이)이다. 개인 주택(도무스)은 통째로 둘러친 담장이 거리에 인접한 반면 '인술라이'는 바깥으로 개방되었다. 아파트와 개인 주택의 비율은 26대 1이어서 높고 재질이 약한 구조물이 거리 풍경을 지배했는데, 5~6층 높이의 아파트는 자주 허물어졌다. 좀더 좋은 길을 내려고 건물을 허물거나 파괴하는 탓에 도시는 1년 내내 웅웅댔다. 화재는 빈번한 위협이어서 부자건 빈자건 늘 두려워했다.

높은 주택에는 큰 창문이 무수히 많았지만 거의 아무런 역할을 하지 않았다. 우리는 유리창 덕에 편안히 바깥세상을 볼 수 있게 되면서 세상에 대한 우리의 통제력이 얼마나 확장되었는지 잊고 있다. 개폐식 철제문은 추위와 비, 한여름의 열기나 항만의 겨울바람을 막아준 반면, 빛이라면 한 줄기도 들이지 않았다. 편안함 대신 세계를 배제하는 결과를 초래한 것이다. 아파트 내부는 좁고 어두우며 불편하고 비위생적이었다. 하지만 거리에서 바라보면 매력적이었을지도 모르겠다. 20세기 초반에 로마인은 '인술라이' 덕분에 내부 영역이 된 널찍한 거리에서 편안함을 느꼈을 뿐 아니라, 빈곤한 구역에서 바라볼 법한 것에 비해 자기네 건물의 '정면'에서 우월감을 느꼈다. '인술라이'의 외관은 거리에서 보면 퍽 단일한 표면이었다. 건물의 창문과 문은 현대식 '카조니'(고대에 사냥과 고기잡이를 위한 공간에 짚으로 지은 나무집—옮긴이)보다는 넓었다. 도로 폭이 충분히 넓은 곳에 위치한 아파트의 파사드는, 발코니와 주랑 현관에 얹힌 로지아(한쪽에 벽이 없는 트인 복도—옮긴이), 거기 세워진 기둥과 식물 화분을 매달아놓은 철제 난간 등이 다채롭게 배치되어 단조로움을 덜어주었다. 좀더 나은 연립주택의 1층은 임대료를 지불하는 사람이 차지했고, 이 임대인은 '도무스'의 지위를 획득했다. 그보다 초라한 '인술라이'의 1층은 거리로 개방된 가게와 칸막이를 한 작은 공간으로 나뉘었을 것이다.

로마의 규모 및 사회의 계층화, 빈부격차의 증대에도 불구하고 도시에는 사회적 지위와 직업에 따른 구획짓기가 없었다. 카이사르 시대의 로마에는 '점잖은 구역'이라는 개념이 없었다. 그러니까 귀족과 평민은 어디에서나 어깨를 스쳤던 것이다. 심지어 수공업과 산업도 널리 흩어졌다. 노동자들은 도시의 구석 어디에나 흩어져 살았다. 허술한 재질의 아파트와 사치스러운 고급 주택들이 보세 창고, 노동자들의 거처, 작업장과 기이하게 뒤섞여 있었다. 일꾼들의 연장에서 쩽쩽거리는 소음과 부산한 움직임, 외침과 욕지거리가 귀가 멍멍할 정도로 울리면서 도시의 소음은 증폭되었다. 카르코피노는, 노점상들이 영업을 위해 개점했을 때 여명 이후 로마의 거리마다 넘쳐흐르던 강렬한 생기를 생생히 묘사했다.

이곳 이발사들은 통로 한가운데서 고객들을 이발했다. 거기서 트란스티베리나(Transtiberina) 출신 매잡이들이 유황 성냥갑들을 가지고 유리 장신구 등속으로 물물교환하며 지나갔다. 어떤 곳에서는 요릿집 주인이 목쉰 소리로 마이동풍 격인 손님들을 외쳐 부르며 스튜 냄비에 든 소시지들을 내보였다. 학교 선생과 학생들은 허공에 대고 목이 쉬도록 외쳤다. 한쪽에서는 환전상이 구질구질한 탁자 위에서 (……) 동전 소리를 냈고, 다른 쪽에선 사금쟁이가 낡은 돌덩이 위에서 반질반질한 나무망치로 사금을 두들겨댔다. 교차로에서는 한량들 한 무리가 살모사를 조련하는 사람의 주위를 에워싸고 입을 딱 벌린 채로 바라보고 있었다. 사방에서 울리는 수리공의 망치소리가 대기를 메웠고 걸인들이 전쟁의 여신 벨로나의 이름에 호소하거나 행인들의 마음을 움직이려고 자신들의 기담과 불운을 낱낱이 읊어대는 떨리

는 목소리들이 들렸다.[8]

황혼녘이라고 해서 고요하지 않았던 까닭은, 일몰 무렵에 도심으로 수 레들이 입성하기 시작했기 때문이다. 로마인은 도대체 어디서 은둔과 고요를 누릴 수 있었을까? 부자는 교외의 주택과 정원으로 물러날 수 있 었는데, 이로 인해 2세기경에는 도시 중심부 주위로 일종의 '그린벨트' 가 형성됐다. 보통 사람들은 로마의 심장부에 있는 비교적 고요한 장소 를 이용했다. 예를 들어, 재판을 방청하고 난 후의 공공 광장과 대성당(바 실리카), 공중의 접근을 허용했던 황제의 정원이 있었다. 캄포 마르초(군 대의 훈련장으로 쓰이던 로마의 들판—옮긴이)의 대리석으로 지은 사입타(고대 로마의 투표소 건물—옮긴이)가 햇빛과 비바람을 피할 만한 은신처를 제공했 으며, 가장 비참한 이들도 예술작품 사이에서 휴식을 취할 수 있었던 신 성한 회당과 주랑 현관도 있다. 목욕은 휴식을 비롯해 다양한 쾌락을 부 자와 빈자에게 제공했다. 1세기 무렵에는 온천이 1000여 군데에 이르렀 다. 좀더 화려한 온천탕에는 가게와 울타리를 쳐놓은 정원, 산책로, 체육 관과 마사지실, 심지어 도서관과 박물관, 갖가지 유형의 욕조도 갖춰놓 고 있었다. 도시인의 상당수는 비참할 정도로 가난했다. 그러나 농민들 의 피할 길 없는 노동과 단조로운 삶에 비하면 도시인은 로마의 독특한 다채로움, 흥분, 한가함을 즐겼다. 심지어 비참한 상황에 놓인 서민들마 저 도시에서는 '팔레스트라'(고대 그리스의 체육관—옮긴이)의 생기, 온천의 따스함, 공중 연회의 즐거움, 부유한 이들의 의연금, 공공의 화려한 볼거 리들에 접근할 수 있었다.[9]

중세 도시

크고 중요한 중세 도시에서, 거리의 삶은 고대 로마와 비슷한 분위기를 풍겼다. 즉 과밀함, 소요, 소음, 냄새, 그리고 오늘날 아프리카와 동양의 일부 도심지 상점가에서나 혼란스러움과 활기를 불러일으킬 법한 색채가 그것이다. 공식적인 화려한 구경거리를 선호하는 것도 공통점이라 할 수 있다. 중세 도시는 로마 제국의 웅장한 볼거리에 비할 수는 없었지만, 신성하든 세속적이든 경축할 거리가 생기면 하나도 놓치지 않고 활용했다. 기회는 많았다. 예컨대 런던에서는 '시장의 날'도 축하하고 부활절이나 성령강림절, 하지나 만성절도 되풀이해서 경축했다. 왕족이 방문하면 행사가 열렸지만, 죄수를 다른 감방으로 옮기는 것조차 화려한 볼거리였다.[10] 대성당은 장대한 구경거리와 가장 행렬의 중심지였다. 용적과 높이에서 탁월하다는 사실과는 별개로 중세 성당은 (고대 그리스 사원처럼) 희다는 점에서 걸출했으며, 백색은 밝게 채색한 장식성 석조물과 조각상에 대비되어 더욱 두드러졌다. 일상적인 건축물과 주택 내외부에 비치하는 가구는 대개 화려한 색조를 뽐냈고 남녀의 의복도 그러했다. 축제가 열리는 중세의 거리는 삶의 강렬함을 발산했고, 이는 현대인은 상상할 수도 없을 감각의 축제였다.

장안, 항저우, 로마, 바그다드 등의 8세기와 비교하면 중세 도시들은 난쟁이와 같았다. 중세 독일은 3000여 개의 도시(말하자면 군주에게서 '도시권'을 하사받은 거주지)를 자랑하겠지만, 이 가운데 2800여 개 도시는 인구가 고작 1000명도 안 되는 규모였다. 15개 도시만 인구가 1만 명을 넘었다. 1400년 즈음에 가장 큰 도시인 쾰른은 인구가 3만에 이르렀고 뤼베크는 2만 5000명가량이었다. 영국의 경우 런던만이 1만 명을 넘어섰고, 흑사병이 돌던 시기에는 5만 명을 넘어서는 인구를 유지했다. 파리는 더 많았을 테지만 유럽의 중세 도시 어느 곳도 고대와 동방의 거대도시에 이르지 못했다. 공통점은 밀집한 사람들 무리와 다양한 직업에서 비롯한 활기차고 다채로운 삶의 양식이었다.[11]

중세 거주지들은 제각기 독특했다. 형태론적이고 건축적인 공통점도 있었다. 예컨대 중세 도시의 물리적 배치에서 지배적인 경향은 요새화하는 축성법이었는데, 유럽 대륙 쪽에서는 특히 더했다. 방문객이 도시에 접근하면 멀리서부터 탑과 망루의 윤곽선이 눈에 띌 것이다. 더 가까이 가면 육중한 성벽, 정면에 흐르는 해자, 일정한 간격으로 세워진 돌출형 보초탑들을 마주 볼 것이다. 12세기에만 해도 가장 규모가 큰 도시의 성벽도 단순했다. 이후에 성벽은 점차 정교하고 높아져서 높이가 25~30피트에 이르렀다. 성문이 드물었던 까닭은 보초가 필요하기 때문이었다.[12] 15~16세기에 성벽과 성문은 방어 가치를 잃었고 상징적인 가치를 획득했다. 고위 성직자의 방문에 대비하여 도시마다 앞을 다투어 예술적으로 성문을 장식했다. 성벽 내부에는 교회와 성, (좀더 이후에) 시청이 도시의 경관을 지배했다. 초서 시대의 런던은 하늘을 찌르는 갖가지 첨탑이 숲을 이룰 정도였다. 전체 1제곱마일에도 이르지 못하는 영역을 에워싼 누벽 내에만 아흔아홉 개의 교구 교회들이 위치했다.[13] 시청은 도시 기능이 확장되면서 중요성해졌다. 13세기까지 모직물 제조업자의 주택이 비종교적인 공공건물 가운데 가장 중요한 곳이었다. 자치 도시에서 거주민의 힘이 증대되자 시청, 무역청, 곡물 창고, 병기고, 교량 같은 공공건물이 웅장하게 건축되었다.

중세 도시에서 지나친 인구 밀집은 흔히 공터나 공용 공간 문제와 맞물려 있었다. 근래에 성벽을 확장한 도시들이라면 성벽 부근의 포도원과 벗나무 과수원, 채소와 화훼 정원을 성 안으로 들였을 것이다. 중세 런던에서는, 주택과 가게들이 길가 양옆에 빼곡히 들어섰다. 폭이 10~11피트에 세로는 17피트 정도에 불과한 건물도 있었다. 그러나 집 뒤뜰에 작은 정원을 가꿀 수 있었고, 가게들이 연이어 들어선 경우에 공동 정원을 조성해 세입자들의 필요에 부응할 수 있었다. 중세 도시의 중심부에 넓고 개방된 공간은 교회 건물 주위에 할당되었다. 거기에는 공동묘지에 더해 시장을 수용할 만한 여지가 있었다. 수많은 런던의 교구들은 면적이 2~4에이커였으며, 여기에는 아주 넓은 면적의 개방된 공간이 포함되었다. 고속도로들은 좁아서 골목길보다 그다지 폭이 넓지 않은 정도였다. 파리처럼 대도시에도 주요 거리들은 폭 17~19피트였고 다른 도시들에서는 절반에 불과했다. 반면 중세 초기에는 거리 폭이 반드시 좁지만은 않았다. 런던의 칩사이드는 헨리 8세 시대까지 거리에서 경기를 치를 정도로 넓었다. 하지만 13세기부터 점차 늘어난 상인들에 때문에 도로는 점차 좁아지는 경향을 보였다.

중세 거리는 대체로 수축되고 구불구불한 데다 불결하기까지 했다. 15세기에 들어서야 글로스터, 엑시터, 캔터베리, 사우스햄튼, 브리스틀 같은 중요 도시들에서 도로를 포장하기 시작했다.[14] 비가 내리면 일부 거리는 진흙탕 물길로 바뀌어 사람들은 철심을 박은 나막신이나 나무를 덧댄 신을 신어야 했다. 포장된 인도는 없었으며 포장된 거리의 지표면은 자갈이 깔려 있었고 한가운데에는 도랑이 생겼다. 폭이 좀더 넓은 도로에서 나란히 흘러가는 두 군데 도랑에는 인근 푸주한에서 흘러나온 피와 고기 찌꺼기들을 포함한 갖은 쓰레기들이 떠내려갔다. 런던의 도살장들은 늘상 골칫거리였다. 도살된 가축에서 나온 것들을 비롯해 각종 쓰레기가 플리트 하수구에서 떠내려갔다. 손수레로 오물을 내다 버리는 바람에 악취가 대로에 인접한 거주자들의 코를 찔렀다. 항의해도 별 수 없었다. 중세 거리의 혼란과 불결함은 찌꺼기를 사료 삼도록 풀어 키우는 것이 허용됐던 돼지와 닭 떼로 인해 한층 악화되었다.[15]

현대의 거대한 광고물들이 갓길 쪽에 요란스레 버티고 서서 전망을 방해할 뿐만 아니라 도로를 달리는 운전자의 주의를 분산시켜 생명을 위태롭게 한다는 사실은 이미 알려져 있다. 중세의 런던에서도 공격적인 광고 행위가 문제였다. 당시에는 헤아릴 수 없을 정도로 가게들이 많았기 때문에 주인들은 자신들의 상점에 관심이 쏠리도록 표지판을 활용했다. 거리로 돌출된 막대기에 간판을 걸어두었던 것이다. 상업 경쟁이 가중되면서 상점 주인들은 광고판의 크기를 엄청나게 확대했으며, 그렇지 않아도 가게가 몰려서 줄어든 도로의 폭이 한층 좁아졌다. 1375년에는 표지판의 길이가 7피트를 초과할 수 없도록 제한하는 법령이 포고되었다.[16]

소음은 새벽부터 황혼까지 중세 도시의 거리마다 스며들었다. 피렌체에서는 새벽 미사에 참석하려는 사람들을 깨우는 떠들썩한 종소리에 시민들이 잠에서 깨어났다. 런던에서는 종소리가 끊임없이 울렸다. 거리 어디에나 호경꾼들이 하루 종일 쉬지 않고 자신의 업무를 수행했다. 13세기 파리에서 새벽에 호객꾼이 "목욕탕이 문을 열고 물을 데웠다고 소리쳤다. 이윽고 다른 호객꾼들이 나타나서 연달아 생선, 고기, 꿀, 양파, 치즈, 헌옷가지, 꽃, 후추, 석탄과 다른 상품들을 소리쳐 불렀다. 탁발하는 수도사들과 자선품을 구하는 다른 교단의 일원들도 도처에서 출몰했다. 공익 호경꾼은 사망 소식을 비롯해 무슨 소식이건 소리쳐 알렸다".[17] 각종 산업들도 불협화음에 한몫을 했다. 전해지는 바에 따르면 예나에서 "자정까지 깨어 있는 데 익숙한 어느 통 수선인이 통에 두르는 테두리를 만드느라 시끄럽게 쨍쨍거리는 통에 오랫동안 불면에 시달린 이웃들의 건강이 위험에 처했다"고 한다. 공부를 해야 하는 학생들이 불평하면 소음을 내는 대장장이나 직공을 가게에서 몰아내는 데 성공하는 일도 이따금 있었다.[18] 하지만 소음은 도시에 생기를 더해주었다. 도시에 사는 친척을 방문한 시골 사람들에게 도시생활의 격렬함은 불쾌했으나 동시에 매력적이었다.

조지 왕조 시대와 빅토리아 시대의 거리 풍경

중세 후반부터 18세기 말까지 거리의 삶은 질적으로 변화했지만 감각자극의 분출이라는 점에서는 본질적으로는 달라지지 않았다. 혁신 가운데 가장 중요한 것은 가게 창문을 유리판으로 사용한 것과 거리 조명이었다. 그리하여 도시민의 시야는 상당히 확장되었다. 또 다른 주요 변화는 차륜 교통의 도입이었고, 인도의 경계를 정하려고 말뚝을 설치하기에 이르렀다. 중세에 생산품을 시장으로 옮기는 데 이용했던 사륜마차와 이륜마차는 무리하게 도시 중심부로 지나려 하지 않았다. 사회적 지위가 다른 사람들은 거리와 광장에서 서로 어깨를 부딪혔다. 하지만 17세기 이후에는 이런 광경이 줄어들었다. 부자들은 외출할 때마다 마차를 탄 채로 시민들이 무리지어 걸어가는 거리 한가운데로 이동했던 것이다. 거리를 걸어가는 것은 건강에 해롭다고들 생각했다. 존 버니가 1685년에 표현했던 것처럼, "런던 거리를 걷노라면 거친 상황에 맞닥뜨린다. 서로 부딪치고 법석을 떨며 소란스러워서 몸은 지치고 현기증이 나며 머리는 멍해진다".

18세기에 런던의 거리는 포장되었으니 중세에 비해서는 나아진 셈이다. 1800년경에 번화가는 납작한 암석으로 포장한 반면 좁은 골목길은 자갈을 박아 넣은 옛 모습을 유지했다. 조금 넓은 대로에는 기둥으로 표시하여 보호해주는 인도가 있었지만 덜 중요한 거리에는 기둥이 없어서 보행자들은 늘 마차에 치일 위험에 처해 있었다. 중세처럼 배수로가 도로 한가운데를 차지하고 있어서 때로는 탁해지면서 막혔고 때로는 급물살을 일으켜 이륜마차나 사륜마차가 지날 때 구정물이 튀어서 신사들의 의복을 더럽히기도 했다. 미화원들이 거리 상태를 정리 정돈하기도 했지만, 런던 내부와 외곽의 공용 공간에 쌓인 먼지와 오물 더미들은 방치되었다. 방목형 돼지무리가 찌꺼기 더미를 뒤적이며 먹어치웠고, 시장의 정원사를 비롯한 이들에게 쓰레기가 팔려나가기도 했다.[19]

번잡한 거리에서 행인들은 급히 나아갈 수도 유유자적할 수도 없었다. 행인은 출입문 앞에 돌출한 계단이나 인도의 많은 부분을 차지하는 기둥들에 주의해야만 했다. 포석에 드문드문 자갈이 빠진 빈 구멍에는 흙탕물이나 오물이 차 있었다. 행인들은 지하실로 추락할 위험도 감수했다. 거의 모든 집에 지하실이 있었으며 지하실 출입구는 석탄이나 물건들을 들여놓느라 항상 열려 있는 상태였기 때문이다. 그리고 가게 정면에 바깥으로 설치한 달개집 위에는 꽃 화분을 얹어두기도 했다. 달개집은 거리를 다채롭게 했지만 인도로 튀어나와 있어서 행인들은 둘러가야 했다. 주인들은 가게 밖에서 소리 질러 호객하는 소년을 두는 오래된 관습에 의존했다. 그들은 뜨내기 행상들과 경쟁해야 했다.

사과 행상 여인과 타르트 노점상이 마음에 드는 곳에 가판대를 설치했고, 판지 상자 두 개가 매달린 막대를 어깨에 걸멘 행상인 사내는 좁은 골목길을 다급하게 뛰어다녔으며, 풀무 수리공과 의자 수선사는 보도 위에서 일을 했다. 행상하는 남녀는 타페티 타르트, 벽돌 가루, 바닥용 깔개, 물냉이, 따끈한 양념 생강빵, 푸른 하스테드(올배) 등의 상품 이름을 외치면서 걸어

다니며 팔았다. 불행한 재주넘이 짐승을 데려가는 곰 조련사가 덜거덕거리며 거리 아래로 내려갔다. 조련사가 거리 모퉁이에 종종 멈춰서 길을 가로막는 통에 말들을 놀래키면서 볼거리를 제공했다. 꼭두각시 인형극사도 인형극과 어릿광대 놀음을 하면서 사람들이 모여들 만한 곳에 무대를 마련할 것이다.[20]

거리를 더 혼란스럽고 생기 있게 만든 것은 거주자의 이름을 내건 간판이었다. 1750년경에 거리는 이미 기괴하리만치 비대해졌으며 건물 밖으로 끌려나온 철 세공품으로 너무나 육중했다. 세공품들이 바람에 둔중하게 흔들리며 빚어내는 잡음은 소음을 증폭시켰다.[21] 무법적인 상황이 조성되고 늘어난 위험 요소로 인해 도시의 삶은 더 극적이고 흥미로워졌다. 존슨 박사는 런던을 좋아했는데, 틀림없이 런던 거리의 무례함에는 눈을 감았으리라. 그는 언제나 튼튼한 곤봉을 소지하고 산책했다. 많은 시민들은 무장한 채 외출했으며 분별 있는 남성이라면 어둠이 깔린 후에 감히 혼자 외출하는 일은 드물었다.

거리의 조명은 18세기가 지나는 동안 서서히 개선되었다. 1716년 런던에서 거리나 골목길에 접한 주택의 소유자는 초를 준비하여 문밖에 걸어두고 오후 6시에 켰다가 11시가 되어서야 꺼야 했다. 11시가 지나면 도시는 어둠에 빠져들었다. 초를 켜두는 시기는 미카엘 축일(9월 29일)에서 성모 수태고지 축일(3월 25일) 사이였다. 점등 시간은 연간 600시간에 지나지 않았다. 한해의 247일 동안 도시의 밤에는 사실상 아무런 조명이 없었다. 1736년에 석유램프가 초를 대체했고 연간 점등 시간은 600시간에서 5000시간으로 늘었다. 석유램프는 촛불보다 그리 밝지 않았다. 100피트마다 어렴풋한 빛이 어둠 속에서 명멸했다. 당시에 밤에 이동하는 이들은 걷든 마차를 타든 횃불잡이 소년과 동행했다. 하지만 런던의 야간 불빛이 인상적일 정도로 밝다고 느꼈던 여행객도 있었다. 버밍엄의 윌리엄 허튼은 1780년 런던 여행 기록에서 거리의 밝은 조명을 일러, 거리에는 일정한 간격을 두고 석유램프가 보일 뿐 아니라 가게마다 창문은 촛불로 빛난다고 서술했다.[22] 1775년에 게오르크 크리스토프 리히텐베르크(독일의 물리학자, 계몽사상가—옮긴이)는 어두워진 후에 칩사이드와 플리트 스트리트가 어떻게 보이는지 묘사했다. 판유리 창문이 달린 높은 주택들이 거리에 늘어서 있었다. "1층은 모두 가게 매장이어서, 전체가 유리로 만들어진 것처럼 보인다. 수천 개의 초들이 은식기, 조각품, 서적, 시계, 컵, 우승컵, 그림, 여성용 장식품 (……) 금, 보석, 철제품, 게다가 끝없이 늘어선 커피하우스와 복권방을 밝히고 있다. 거리는 축제라도 되는 양 불을 밝혀두었다."[23] 여행객들은 과도하게 열중했거나 도시의 일부 얼굴만을 익혔을 것이다. 조지 왕조의 런던은 일몰 이후로 어둡고 위험한 곳이었다. 대다수 가게들은 창가에 초를 한두 개 켜놓고 계산대에도 한두 개 켜놓았을 것이다. 선술집에는 탁자마다 초 하나가 희미하게 불을 밝혔다. 겨울이면 도시는 음울함에 휩싸였는데 이는 추위 때문이라기보다는 오랜 시간 어두웠던 탓이었다. 빅토리아 시대 초기에 가스등을 설치하면서 도시의 조명은 개선되었다. 가스등은 1807년 런던 거리에 처음으로 등장했다. 런던에는 1833년까지 215마일에 이르는 거리를 밝혀주는 가스등 3만 9500여 개가 설치되었다.[24]

18세기 후반부와 빅토리아 시대에 거리 풍경을 관찰한 이들은 교통이 혼잡하다고들 했다. 당시의 거리는 현대의 도로처럼 차량들로 혼잡하지는 않았다. 가게 점원과 수공업 노동자들은 도심부 가까이 살면서 여전히 걸어서 출근했다. 하지만 사람들에게 차량 교통은 인상적이었던 듯하다. 무엇보다 19세기에 차량은 새로운 물건이었으며, 특히 10여 년 주기로 새로운 유형의 탈것이 등장했다. 교통 규제는 최소한이었던 데다 아무렇게나 시행되어, 런던의 어떤 교차로에서는 마차들이 적정 대수를 넘어 혼란을 빚었다. 소음 또한 극심해 오토바이와 비행기 소음도를 감안해도 현대 도시에 못지않았을 것이다. 1913년 쉰 살의 스티븐 콜리지는 이렇게 적었다.

> 런던은 내가 어릴 적보다 아주 많이 변했다. 주요 거리는 모두 암석 보도블럭으로 포장됐는데, 인도산 고무 타이어가 없었기 때문에 소음으로 귀가 먹먹해졌다. 레전트 파크나 하이드 파크 한가운데 있더라도 교통 소음이 사방에서 굉음처럼 울렸고, 옥스포드 가에 위치한 가게는 어디든 문만 열어도 다시 문이 닫힐 때까지 자기 목소리가 귀에 들리지 않을 정도였다.[25]

해크니 코치(자동차가 등장하기 전에 운행하던 택시)는 17세기에 런던에 등장했다. 탈것 때문에 가게 유리창이 가려지며, 자기네 장인의 작품을 강매하려고 행인들에게 말을 걸려는 끈질긴 견습생들을 고객들이 피해갈 수 있었기 때문에 소매상인에게는 인기가 없었다. 초기의 마차는 육중했고 창문용으로 철제 덧문에 구멍을 뚫었다. 이후에 철제 덧문을 벗겨내고 광택을 칠한 창문으로 대체하자, 마차는 유리 마차라고 불릴 만큼 충분한 매력을 발산하게 되었다. 1771년에 런던의 해크니 코치는 1000여 대에 이르렀고, 1862년에는 6000여 대 이상이 대도시 거리를 정기적으로 왕복할 수 있는 면허증을 취득했다. 1855년에 런던 거리에는 시민을 대상으로 말이 끄는 합승마차 800여 대가 시속 5~6마일 속도로 운행했다. 1857년 7월경에 버스가 96개 노선을 운행했다. 빅토리아 시대가 저물 무렵에는 매일 4만 8000여 명 이상이 합승마차를 타고 오전 8시 반 무렵까지 런던 중심부로 이동했다.[26]

자동차 도시: 로스앤젤레스

산업 시대 이전에 도시의 거리는 사람들로 가득했다. 거주나 제의적인 특성을 지닌 도시가 아니라면 말이다. 17세기 이후로는 바퀴 달린 탈것이 점차 늘어났다. 하지만 이동 형식이 도보가 아니라 차량으로 대체되던 시기, 그리고 신호등의 규칙적인 명멸에 맞추어 스타카토 형식으로 움직이는 자동차 내부에서 거리 풍경을 바라보게 된 시기는 20세기 초반 10년 즈음이었다.

자동차는 도시의 성격이며 도시 환경에 대한 사람의 관계를 변형시켰다. 로스앤젤레스는 최고의 자동차 도시다. 제2차 세계대전 이후, 로스앤젤레스의 독특한 특징은 미국의 여러 도시에서 작은 규모로 재생산되었다. 다른 도시 공동체와 비교하면 로스앤젤레스의 주거 지역은(약 1930) 훨씬 넓게 분산되었고 비즈니스 현장은 도심에서 멀어져 전철은 급속히 파산 상태에 이르렀고 승용차는 수송 부문에서 엄청난 몫을 처리했다.[27]

다른 어떤 도시보다 로스앤젤레스는 자유로 체계가 특징이라 하겠다. 1938년에 특별 교통 연구를 통해 주정부의 법률이 입안되었다. 자유로라는 명칭의 '논스톱 교통로'를 건설하는 내용이었다. 자유로는 일반 도로보다 높은 데서 달리는 구간이 훨씬 길기 때문에, 병목 현상을 낳는 도로에서 속도계의 눈금이 '0'을 가리킬 때부터 쭉 뻗은 도로에서 시속 60마일로 달릴 때까지 여하한 속도에서도 운전자는 상층에서 도시를 조망할수 있었다. 자유로를 운전하면 방향감각을 잃을 수 있다. 예컨대 좌측 마지막 차선을 향하도록 지시하는 표지판의 목표 차선이 현재 차도의 오른쪽에 확연히 눈에 띄는 경우가 있다. 그러나 방향 지각의 증거보다는 그 표지판을 따라야 하는 것이다.[28]

자동차 시대는 길고 곧은 상점가를 형성시킨다. '벤투라 불르바르'(불르바르는 넓은 가로수길을 가리키지만 고유 지명이므로 음역한다—옮긴이)는 '산페르난도 밸리' 남쪽 가장자리를 따라 15마일 뻗어 있다. '윌셔이어 불르바르'의 길이도 비슷한데 도시 중심부에서 서쪽으로 바다를 향해 뻗어 있다. 1949년에 이 도로는 열한 개 공동체의 주요 대로였으며, 200개가 넘는 거리들과 갖가지 장소, 차로, 길, 대로, '불르바르'들이 주 대로를 교차하며 연결되었다. 자동차의 출현으로 도로 길이에 새로운 개념이 나타났다. '불르바르'에서 여러 구역마다 따라붙었던 갖가지 도로 명에 단일한 명칭이, 말하자면 아무것도 존재하지 않았던 토지의 이용에 단일성을 함축하는 명칭이 부여된 것이다.[29]

상업적인 거리의 특성은 시간이 지나면서 변해갔다. 초기의 특색은 길이에 비해서 상업적인 토대가 희소하다는 점이었다. 1954년에 '벤투라 불르바르'의 15마일에 이르는 거리 전면에는 1420여 개의 가게가 자리 잡고 있었다.[30] 1949년 '윌셔이어 불르바르'에는 개발된 부지보다 비어 있는 부지가 여전히 많았다. 다른 특징으로는 모텔, 호텔, 자동차와 외지 방문객들의 필요에 부합하는 다양한 식당뿐 아니라 주차장과 주유소, 창고, 자동차 대리점이 상대적으로 중요해졌다는 점이었다. 갖가지 종류의 사무실도 주목을 끌었다. 당연히 부동산 사무실이 다른 사무실보다 월등히 많았다. 낯선 타지에서 헤매는 자동차 소유자의 주목을 끌려고 상인들은 광고 행위에 몰두했다. 그들은 거대한 게시판뿐 아니라 자기네 상품을 널리 알릴 만한 화려한 건축물도 이용했다. 가령 '데어리

퀸'이 거대한 아이스크림콘 형태에 담겨 있었고 즉석 음식점은 핫도그 모양으로 지어졌다. '윌샤이어 불르바르'에서는 비어 있는 부지 일부와 낮은 건축물의 지붕에 게시판을 설치해 연간 3만~5만 달러의 수입을 올렸다. 울타리로 경계선을 설치한 녹색 잔디밭에 설치된 여러 게시판은 그 자체로 당당한 구조물이었다. 이후 게시판은 점차 가게로 바뀌었으며, 일부는 상품의 우수함을 광고하는 기능을 수행했다. 중요한 사실은 판매 자체라기보다는 '윌샤이어 불르바르'에 있다는 특권 및 값비싼 내부 장식을 했다는 데서 비롯하는 상업적인 위신을 천명하는 것이었다.

　로스앤젤레스 같은 자동차 도시에서 행인은 거의 고려 대상이 되지 않는다. 심지어 1970년대에도 일부 거리에는 인도가 없었다. 많은 도로들이 자동차 규정 속도를 표시한 긴 간선도로였던 것이다. 어떤 구역에서는 행인들이 부랑자로 단속될 위험도 있었다. 거리는 시끄러웠다. 자동차의 낮은 소음과 육중한 트럭의 덜컹거림, 오토바이의 굉음, 경찰차의 확성기 소리와 교통사고 현장을 찾는 구급차 사이렌 소리로 행인의 고막은 고문을 당한다. 소음 중에서 사람의 목소리는 거의 없다. 실제로 사람은 별로 눈에 띄지도 않는다. '윌서 불르바르'와 '미라클 마일'의 가장 혼잡하고 명성 높은 쇼핑 거리의 양쪽을 오가면서 가게 출입구로 들어가거나 나오는 사람이 가게 안에서 북적대는 사람에 비해 상대적으로 드물다는 사실을 목격하는 것은 흥미로운 경험이다. 행동은 뒤에서 일어나는데, 행위와 장식에 쓰인 재료라는 측면에서 보자면 실제로는 거기가 앞이다. 거기, 자동차가 끝임없이 밀려 들어가고, 쇼핑객이 하차하면 가게 종업원이 대신해서 주차장에 자동차를 주차해주는 거기 말이다.[31]

미국의 도시: 상징성, 집합적 이미지, 지각

13

거대도시 시민이라면 훤히 꿰고 있는 영역은 사실 도시 전체 풍경에서 극히 일부에 불과하다. 자신의 좁은 세상에서 자족하는 사람에게는 도시 전체에 대한 정신적 지도를 보유하거나 이미지화할 필요가 없다. 그러나 도시 거주자에게는 환경에 대한 총체적 이미지 가운데 근린이 어디인지 파악하려는 욕구가 있는 듯하다. 하나의 도시에 대한 지식은 각양각색이다. 대다수 사람들은 도시를 두 개의 명칭으로 지칭할 수 있다. 바로 통칭으로서의 도시 명과 거주지 통반 명이다. 이와 반대로 듣는 즉시 동네 이름이 무엇인지 근린이 어딘지 떠오르지 않는 중간 지명은 모호하게 느껴진다. 양극의 지명은 매우 이질적인 생각의 층위에 머무르게 마련인 사람들의 공통 성향을 표현해주는 듯하다. 고도의 추상과 구체적 반응 말이다. 고도로 추상화한 층위에서, 도시의 엄청난 복잡성은 로마 같은 지명 자체로 요약되거나 기념물(에펠탑)이나 뉴욕의 유명한 스카이라인 같은 실루엣, 혹은 '서부의 여왕 도시'처럼 별칭이나 표어식 명칭으로 요약될 것이다. 구체적 반응 차원에서는, 일상생활 가운데 주위 환경에서 한 사람이 획득하는 풍성한 이미지와 태도가 이에 해당된다.

11~12장에서는 먼저 이상향으로서의 도시를 논한 다음 일상의 교류로 지각되는 도시를 검토했다. 어느 도시의 이상향이나 상징성은 문헌 기록이나 해당 도시민들의 종교에 대한 지식, 공간의 조직화와 건축에서 반영되는 우주론을 통해서 알게 된다. 도시인이 도시 환경에서 무엇을 보고 어떻게 반응하는지, 과거의 도시에서는 직접 파악할 수 없다. 과거 도시의 경우 답사나 면담, 심층 조사를 행할 수 없기 때문이다. 하지만 세계와 그 세계 내에서 진화한 각종 삶의 물리적 특성에서 조금씩 주위 모으면 뭔가 찾아낼 수는 있다. 마지막 장에서 결과의 일부를 요약하겠다. 여기서는 미국 도시들에 초점을 맞추는데, 이상화된 개념(문명이 성취할 수 있는 무언가에 대한 상징이나 은유)으로서 미국 도시에서 시작하여 거주와 익숙함을 통해 획득한 특정 근린에 대한 사람들의 태도로 옮겨간다.

상징과 은유

미국을 지배하는 신화는 도시적이라기보다 흔히 반도시적이다. 지상 낙원 '신세계'라는 이미지는 유럽의 세련됨과 부패에 저항해서 형성된 것이다. 언제부터인가 신세계 내부에서 남성적이고 민주적인 서부를 무력하고 전제적이며 배금주의적인 동부와 비교하는 경향이 나타났다. 미국의 운명을 지배적인 공간 은유로 나타내면, 특히 19세기 미국은 정원, 서부, 변경, 야생지였다. 반대로 도시는 세속적 유혹과 불공정함을 상징한다. 제퍼슨부터 시작해서 지식인 대다수는 도시 출신이면서도 자신들의 학식과 고상함을 함양한 환경이 손실되자 농업 신화를 끈질기게 역설했다. 당연히 농민들이 기뻐했다. 농부와 지식인이 바라보듯이, 미국인은 도시를 부정, 무신론, 반미국, 비개인적, 파괴적인 바빌론의 소굴로 여기게 되었다.

새 예루살렘이라는 도시 이미지, 기념비성과 명예를 갖춘 도시는 세계의 사회와 우주의 상징이라는 관념은 대체 어떻게 형성된 것일까? 구세계에서 초월의 상징으로서 도시라는 관념이 얼마나 중요했는지 이미 살펴보았다. 그런 관념은 신세계로는 일체 전해지지 않았을까? 사실은 미국에도 뿌리를 내리긴 내렸지만, 파급력이 뛰어난 농업 신화에 의해 방해를 받았다. 미국의 도시들은 19세기에 대도시로서의 지위와 세계적인 도시의 특징을 획득했지만, 당시 유럽에서는 도시의 초월적 상징성뿐 아니라 볼테르, 애덤 스미스, 피히테 같은 계몽주의자들의 도시에 대한 열정이 사그라든 지 이미 오래였다. 햇살이 비치는 시골의 경관에 대비되어 고딕적인 도시의 공포를 상기시키는 낭만주의가 지식인들 사이에서 유행했던 것이다. 미국의 낭만주의는 유럽의 낭만주의에 비해 도시에 엄청난 존경심을 보여주었다.

미국 도시의 이상상(理想像)은 특히 성경에서 차용된 것이다. 아우구스투스, 단테, 그리고 번연의 작품들 또한 영향을 끼쳤다. 청교도들에게 도시는 이상적인 공동체, 즉 새 예루살렘에 대한 은유로 기능했다. 존 윈스롭의 표현처럼, "우리는 '언덕 위의 도시'가 될 것이라고, 모든 사람들의 눈이 우리를 향할 것이라고 생각해야만 한다". 청교도들은 도시는 사람들이 시선을 보내는 공동체의 모형이 될 뿐 아니라, 성자들이 모든 이들을 내려다볼 수 있는 공동체라고 생각했다. 도시는 모범사례일 뿐만이 아니라 세계에 대한 전망으로 건설되었던 것이다.[1] 하지만 청교도들의 도시는 우주적인 상징화를 열망하지 않았다. 요한계시록에 나오는 새 예루살렘의 기하학적 질서와 원초적인 순수함을 가장하려고 애쓰지 않았다. 고대의 우주적 도시들은 시골에 대한 우주적 믿음을 공유했는데, 도시에 기념비적 건축물을 세우고 사제왕의 의식을 거행하면서 그런 믿음을 눈부시게 드러냈다. 이는 초기 청교도의 야망이나 19세기에 도시를 건설한 후손들의 야망이 아니었다. 처음부터 청교도의 '언덕 위의 도시'는 농민의 가치를 공유했고 농민의 우주를 수용했다. 이런 가치들을 도시 삶의 양식과 구도로 옮긴다면 이는 청교도의 정신과는 동떨어진 것이다.

하지만 미국에서 도시의 이미지가 오로지 나쁘기만 했다고 생각한다면 착각이다. 구세계 못지않게 신세계에서 도시는 인간의 영웅적 성취를 상징했다. 지식인들이 모두 도시를 고발했던 것도 아니었다. 일부 시인과 학자들은 도시의 생동감과 창의성을 찬양했다. 더욱이 일부 미국 도시는 열광적인 지지를 받기도 했는데, 신시내티, 세인트루이스, 시카고 같은 곳은 정착민들의 경쟁으로 급속히 성장했던 19세기 중반에 특히 더했다.[2]

이미지가 어떻든 미국 도시들은 국가 발전에 결정적인 역할을 했다. 사실은 사학자 콘스탄스 그린의 표현처럼 "동부 항만 도시 상인들의 무역 경쟁으로 새로운 주들이 해체되어버려 연방헌법의 초안이 작성되고 연방체가 형성되지 않을까 하는 견해가 있었다".[3] 사람들이 물건뿐 아니라 생각도 교환하는 도시의 중심부라는 곳은 17세기에 이미 형성되기 시작했다. 독립전쟁과 열세 개 주를 거느린 연방의 부상은 미국의 도시가 촉진한 사건이었다. 당시 도시들의 규모는 매우 작아서 거주 인구는 전체의 3퍼센트에도 이르지 못했다. 하지만 19세기에 접어들자 시골 지역 이외의 인구는 가파르게 늘어났다. 시골과 비시골의 거주 인구는 1810년부터 1820년 사이에 엇비슷한 비율로 증가했다. 도시의 우세는, 경제적·정치적인 실체를 지닌 도시의 그늘에 가려 해당 주의 개성이 미약하던 서부에서 특히 인상적이었다. 예컨대 1880년에 덴버는 콜로라도 주보다 훨씬 성장해서 지역의 거대도시가 되었다. 반경 500마일 이내에 견줄 만한 대도시가 없었다. 덴버 시의 주도권 획득에서 엿볼 수 있듯이 주보다는 도시가 신생 국가의 발전에 결정적이었다.

남북전쟁 이후로 헌신의 대상으로서 주의 중요성은 하락하는 듯했다. 주된 원인은 두 가지였다. 남북전쟁으로 인해 미국은 하나의 국가라는 의식이 대단히 높아졌다. 둘째로, 19세기의 마지막 10년 동안 도시의 세력이 성장한 점을 들 수 있다. 남북전쟁 이전에 성인이 되었던 미국인은 자신들을 사우스캐롤라이나, 매사추세츠, 오하이오 같은 주의 시민이라 생각했다. 1870~1880년대에 그들은 처음에는 자신을 미국인으로, 이후에는 보스턴인, 필라델피아인, 신시내티인으로 여겼다. '찰스토니언'(찰스턴 시민)과 '시카고언'(시카고 시민)은 처음부터 자신을 도시인으로 인식했다. 19세기 중반까지 찰스턴 시는 본질적으로 사우스캐롤라이나 주와 동일했던 만큼, 한 세기가 지난 후에도 여전히 찰스턴 시 외에 사우스캐롤라이나 주의 면허가 자동차 번호판에 필요하다는 사실을 주립 공무원이 나이가 지긋한 찰스턴 시민에게 설득하기 곤란할 때가 허다했을 정도였다.[4]

일급 작가들은 종종 도시에 조소를 퍼부었다. 다음과 같은 호손의 논평은 흔히 찾아볼 수 있다. "모든 도시는 50년마다 화재나 부패로 정화될 수 있도록 조성해야 한다." 혹은 휘트먼의 "밋밋하고 메마른 사하라 사막 같은" 뉴욕과 브루클린에 대한 고발도 생각난다. 실상 시인들의 태도는 모순적이었다. 예를 들어 휘트먼은 지명을 처리하듯 도시를 취급하기도 했지만, 더 괜찮은 시에서는 도시를 "활주하는 경이로움"을 언급하며 우아한 미래상을 제시했다. 휘트먼에게는 맨해튼이 늘상 기이하게 덧없는 곳으로 보였다.("천상의 구름은 나의 도시에 고운 아지랑이로 차양을 내리고") 휘트먼은 고발을 찬사로 상쇄시킨다. 어느 곳에서는 뉴욕과 브루클린을 사하라 사막에 비유할 테지만 다른 곳에서 다음과 같이 도시를 찬미할 것이다. "대도시들의 이 장관, 그림 같음, 대양 같은 넓이, 세찬 흐름"은 "분별 있는 영웅적 삶"을 약속했다.(《민주적 전망》) 목가적인 시인들과 다르게, 자연과 도시 양쪽에 인간이 연관되어 있다고 단언할 때 휘트먼은 서정성의 정점에 이른다. 뉴욕과 무수한 뉴욕 사람들을 대양과 조수에 견주었던 것이다.(《실험실(Specimen Days)》) 호손 역시 도시와 자연 사이에서 하나의 유추를 보았다. "거리의 거친 삶은 한때 거리에 완전히 흡수됐던 이들에게는 숲이나 대평원의 생활처럼 잊을 수 없는 매력을 지닐 것이다." 심지어 소로도 조금은 신비롭게 이렇게 언급했다. "내게 도시는 여느 때처럼 그리 매력적이지 않지만, 그래도 도시와 음침한 습지가 예전만큼 상반된 대상으로 여겨지지는 않는다."[5]

아메리칸 드림은 심오하게 애매하고 심지어 모순적인 요소들로 혼합되어 있다. 이런 꿈의 이분법이 가장 명백하게 나타나는 대목은 19세기의 도시 제국과 농경 국가의 대조적인 이미지를 결합하려는 욕망이다. 에머슨의 1844년의 탄식은 미국인들의 사고에 자리 잡은 깊은 불안을 요약해주었다. 그는 이렇게 썼다. "나는 내 아이들을 위해서 시골의 힘과 종교를 바란다. (……) 그리고 도시의 편의시설과 세련됨도 바란다. 둘 다 가질 수 없으니 원망스럽다." 그렇지만 에머슨은 고도의 문명이라는 관념과 손대지 않은 자연이라는 관념, 즉 제국이 정원과 융화되기를 고집스레 갈구했다. 에머슨의 유토피아는 서로 다른 세계에서 비롯한 최고의 요소를 혼합하려 했다. 하지만 종합적인 유토피아에서 자연보다는 도시가 중심 상징의 자리를 떠맡았다. 청년 시절부터 에머슨은 코네티컷 주의 삼림 지대에서 살아가는 선한 사람들이라 해도 자연을 존중하지 않는다는 사실을 인식했다. 자연을 존중하는 이들은 시골에 왔다는 사실에 도취된 도시인이었다. 여러 해가 지난 후에 에머슨은 '도시 소년'이 '식림지 소유자'보다 일반적으로 '더욱 섬세하게 지각'한다고 주장했다. 시골과 도시를 조화시키려는 충동은 '고귀한 야만인'보다는 '서부의 대도시인'에게서 비롯되었다. 에머슨에게 주요 은유는 '서부 도시'였는데, 이는 도시와 서부라는 대상을 결합한 것이다. 청교도 분리주의자의 '언덕 위의 도시'와 다르게 에머슨의 도시는 개방된 곳, 철저한 평등과 신적인 넉넉함이 깃든 공간이었다. "아 신의 도시여! 그대의 문은 언제나 열려 있네, 다가오는 이들 모두에게……."

에머슨에게 그랬듯이 청교도들에게도 '도시'라는 용어는 무엇보다 인간 공동체의 자질을 뜻했다. 물리적 틀의 중요성은 그에 버금가는 것에 불과했다. 물리적 틀에 대한 에머슨의 시야는 광활한 서부에 비견될 정도로 광범위했다. 광활한 배후 지역으로 인해 도시가 확장되면서 도시의 경계선만이 아니라 내부 구성요소의 기준까지 확장되었다. 에머슨은 강연 여행을 통해 급속히 성장하는 내륙 신도시들을 방문할 수 있었다. 에머슨은 세인트루이스의 "너른 광장과 확장할 만한 넉넉한 여유지"에 깊은 인상을 받았다. 또한 신시내티와 필라델피아의 '웅장한' 호텔들을 칭찬했고 워싱턴의 고상한 건축물들과 드넓은 전망을 즐거이 관찰했다. 광대한 도시 규모로 인해 미국이 무엇인지 말할 수 있다는 사실을 기뻐했다. 에머슨은 "끝없이 펼쳐진 광장들"을 불평했다. 이는 공간의 규모가 아니라 측정에 실패한 인간에게 이의를 제기하는 것이었다.[6] 휘트먼 역시 사람의 작업을 찬양할 수 있었으면서도 사람은 무언가 결여된 존재라고 생각한다. 휘트먼은 뉴욕을 경험하자 이렇게 깨달았다. "자유와 열린 대기의 평원에서 자연만이 위대하다. (……) 하지만 인위적인 것, 사람의 일 역시 마찬가지로 위대하다." 휘트먼은 이렇게 느꼈지만 성가신 질문은 여전히 남아 있다. "진정, 여기에 그 이름만큼 가치 있는 '사람'이 존재하는가?"

도시 특유의 상징

도시 자체가 하나의 기념비가 될 수도 있다. 페르세폴리스, 원형 도시인 바그다드, 팔리타나, 베이징은 기념비다. 도시의 물리적 배치, 기하학적 구조, 형태를 위계적으로 정리함으로써 우주와 사회의 이상형을 표현할 수 있는 것이다. 미국인은 워싱턴을 이념형의 상징이라 여긴다. 우주가 아니라 국가의 위대함이라는 이미지가 도시의 창립과 구상에 영감을 제공했다. 도시 설계자 피에르 랑팡은 아름답고 웅장한 도시를 창조해내려 했다. 1791년의 설계는 기념비성과 상징성을 강조했다. 그리하여 웅장한 분수 다섯 개와 주요한 기념비를 세 개 세우려 했다. 후자 중에 하나는 말을 탄 워싱턴의 모습이며, 국회의사당과 대통령 관저의 두 축이 교차하는 지점에 위치하도록 설계했다. 다른 기념비로 해군 순방 기념탑은 포토맥 강을 바라보는 트인 공간에 세울 계획이었고, 세 번째는 대륙 어디든 그곳까지의 거리를 계산하는 기점이 되는 역사적인 기둥 형태의 탑이었다.[7] 이 같은 설계는 절대 군주의 영광을 드높이려 할 때 나타난다. 역사학자들은 민주주의 원칙 아래 건설된 나라에 이렇듯 웅대한 설계를 적용하는 반어적인 상황에 대해 논평하곤 했지만, 공화주의의 원대한 감각에 도취된 젊은 국가의 지도자들은 아랑곳하지 않았다. 제퍼슨조차도 반대하지 않았다. 제퍼슨의 농업과 민주주의에 대한 신념은 수도에 대한 야망과 갈등하지 않는 듯했다. 워싱턴이라는 척도가 되는 도시는 제퍼슨에게 많은 것을 빚졌다. "초기의 가장 뛰어난 건축가 가운 데 한 명인 벤저민 헨리 러트로브를 공공 건축 감독관으로 지목한 사람 은 제퍼슨이었다. 국회의사당을 이탈리아인 조각가 주세페 프란조니에 게 의뢰한 이도 제퍼슨이었다. 도시의 개선에 예산을 할당하고, '펜실베 이니아 애비뉴'를 파리의 가로수 길 같은 양식으로 설계하는 데 예산의 3분의 1을 쓰도록 의회를 설득한 이도 그였다."[8]

워싱턴은 예외다. 미국의 대다수 도시 형태는 조사망(survey grid)의 편 의와 수송선을 따라서 성장하는 경제로 결정되었다. 종교적이고 시민적 인 포부는 도시에서 분리된 건축 요소를 통해 뚜렷이 드러났다. 19세기 의 마지막 사분기에 이를 때까지만 해도 대도시의 스카이라인에서도 뚜 렷한 교회 첨탑들은 지배적일 정도는 아니라 해도 볼거리는 될 정도였 다. 트리니티 교회의 첨탑은 맨해튼 남부에서 우뚝 솟아 있으며, 월스트 리트 초입에 솟아오른 마천루들이 어둠의 세력으로서 교회를 위협했던 때는 1890년대뿐이었다. '하느님의 집'은 뉴욕 시에 여러 군데였으며, 브 루클린은 전 영역이 '교회의 구'라고 알려져 있었다. 1830년대 신시내티 에는 스물네 곳에 교회가 있었고, 필라델피아에는 96군데, 뉴욕엔 100군 데에 있었는데, 어디든 시민 1000명에 신의 집 하나가 할당되었다. 뉴욕 의 교회에 대해서 제임스 페니모어 쿠퍼는 이렇게 썼다. "건축 중인 교 회를 열 개도 넘게 보았는데, 상당히 규모 있는 거리 중에 교회가 없는 곳이 드물다."[9] 1940년대까지 교회의 첨탑들이 찰스턴 시의 스카이라인 을 점령했으며, 20세기 후반에도 종종 미국 전역의 소규모 공동체에서 가장 독단적인 건축 요소가 되었다.

교회 외에도 미국 도시에는 미국의 비경제적 열망으로 두드러진 건축 상징이 있었으니, 바로 '정부 사원'이다. 정부 건축물은 공적인 궁전 형태를 취했으며, 흔히 웅장한 아메리칸-로만 양식으로 지어졌다. 물론 워싱턴에도 장대한 공공 관저가 있었지만, 인상적인 표본이라면 주의 중심 도시들에서 찾아볼 수 있다. 또 적당한 크기의 카운티(주 바로 아래의 행정 단위─옮긴이) 소재지 몇 군데에서도 찾아볼 수 있다. 건축역사학자 두 사람의 말을 들어보자.

미국인들은 화려함에 대한 욕망을 대체로 공공 관저에 표현했으니, 우리 시를 찾는 방문객은 주정부 관저와 우체국, 법원에 들러서 다른 어느 나라에서도 볼 수 없는 벽화와 조각상, 장식품들을 찾아보아야 합니다. 정부의 예술 후원이 지속적이지 않다는 사실을 인정한다 해도 이조차 없었다면, 왕과 교황 못지않게 공화국 시민에게 필요한 (게다가 우리에게 지금까지 필요한) 시민적이고 국가적인 자존의 상징물 건립이라는 요구를 충족하기 위해서 우리 공동체는 아주 멀리 돌아갔을 것입니다.[10]

도시의 상징은 교량처럼 실용적인 구조물일 수도 있고 세인트루이스 홍예처럼 비실용적인 대건축물이나 보스턴 커먼(1634년에 조성되어 미국에서 가장 오래된 공원─옮긴이) 같은 땅이 될 수도 있다. 교량은 실용적 도구이자 한 장소에서 다음 장소, 한 세계에서 다른 세계로의 전이 혹은 연결에 대한 상징이다. '퐁스'(pons)는 교량과 사제의 라틴어 어근이다. 미국에서 가장 유명한 교량은 '브루클린 브리지'일 것이다. 건설될 때부터 '브루클린 브리지'는 교통 편의라는 기능을 훌쩍 뛰어넘는 관심을 불러일으켰다. 물리적인 차원도 교량의 전설에 공헌했다. 1600피트에 달하는 전장을 지탱하는 우아한 케이블의 촘촘한 철망은 지상에서 가장 무거운 것에 도전한 듯했다. 1890년대 맨해튼에 마천루가 솟아오르기 전까지 '브루클린 브리지'의 고딕 양식 탑들이 도시의 스카이라인을 지배했다. 개통부터 통행량이 엄청났다는 사실 또한 대중의 의식에 교량의 인상을 심어주는 데 기여했다. 1883년 공식 개통 당시, 다리가 이어주는 두 도시의 인구는 이미 100만 명가량이었다. 철학자 겸 공학자이자 헤겔주의자인 건축가 존 레블링을 둘러싼 전설이 생겨났다. 건축가는 자신의 작품에서 서부로 향하는 움직임이라는 미국적 이상향과 동부와 서부의 연결을 구현해 보였다. '유니언 퍼시픽 레일로드'(대륙횡단철도의 하나—옮긴이)라는 인도로 향하는 서부행 최종 연결로는 콜럼버스가 그렸던 미래상에서 비롯되었으므로 당연히 환호받았다. 하지만 '브루클린 브리지'가 이에 상응할 정도로 환호를 받은 것은 다른 문제다. 미국 대통령이 참석한 교량 개통식에서는 공식 연극 한 편이 상연되었는데, 이러한 성취에 자부심을 느끼는 인민과 지도자들의 연합을 상징하는 내용이었다. 1883년 수많은 미국인들에게 '브루클린 브리지'는 미국이 남북전쟁의 상처에서 치유되어 평화로운 방식으로 자연을 지배하는 진정한 행로에 다시금 들어설 수 있음을 증명해 보였다. 구조물로 인해 분출된 감정은 개통식이 끝난 후에도 사라지지 않았다. 사실에서 상징으로 가는 '브루클린 브리지'라는 번역은, 다리를 건넜고 교량이 자아내는 분위기에서 움직였던 사람들의 경험 속에, 언론인과 건축역사학자의 반응 속에, 그리고 화가나 시인 같은 신화 생산자들의 작품 속에 살아남아 지속되었다. 1964년 '브루클린 브리지'는 국가 기념물로 지정되었다.[11]

교량은 상징이 될 수도 있고 그렇지 않을 수도 있는 하나의 사실이다. 세인트루이스 홍예 같은 기념비는 상징물(내부의 품위에 대한 외부적 기표라는)로 설계되었으며, 서부로 향하는 관문으로서 세인트루이스 시의 역사적인 역할은 이런 차원에서 기능한다. 1933년에, 미국의 미래상을 미시시피 강이라는 경계선에서 서쪽으로 태평양까지 확장한 '루이지애나 퍼처스'(1776년 미국이 프랑스와 맺은 토지 매매계약—옮긴이)를 기념하기 위해 세인트루이스의 기원이 되는 촌락 부지를 공원으로 용도 변경하려는 계획은 이미 수립되어 있었다. 트루먼 대통령이 1950년에 부지를 헌납했지만 기념 공원의 주된 전시품인 게이트웨이 홍예는 1965년에야 완공되었다. 강철을 씌운 이 번쩍이는 곡선은 현수선의 기품을 자랑하며 630피트까지, 즉 관광 안내원과 지역 주민이 자랑스레 소개하는 것처럼 워싱턴 기념탑보다 75피트 높이 솟아오른다. 홍예의 의미는 고대 전통에서 비롯한다. 원개처럼 홍예는 천국을 상징하고 양쪽 기둥은 시선을 모아 둥근 만곡부를 타고 정점에 이르도록 이끌어준다. 도시나 궁전의 기념비적 출입구로 유추해보면 홍예는 약속의 땅으로 들어서도록 여행자에게 제왕처럼 지시한다. 역사적으로 새로운 변경 지역으로의 여행은 세인트루이스에서 시작되었다. 세인트루이스의 상업은 총, 안장, 마차, 연장, 건축 자재, 약재, 식품을 서부 여행자들에게 공급하고 산사람들이 공급해주는 모피를 내다 팔면서 시작되었다. 오늘날 시설을 관리하는 공무원은 관광객에게 산타페와 오레곤의 오솔길을 따라 서쪽으로 좀더 가서 고난까지는 아니라도 미국인 선조의 자연환경이나마 경험해보라고 친절하게 권한다. 기념물을 관리하는 국립공원 관리국에서는 대중에게 다음 사실을 상기시키려 한다. "게이트웨이 홍예는 다른 위대한 기념물에 못지않게 위엄 있고 웅장한 국립 기념탑인 데다 점차 세인트루이스 시의 상징물이 되고 있으니 광고와 전시, 만화 등으로 실용화할 경우에는 주의해야 한다." 홍예를 활용할 때면 누구나 이런 질문을 던져야 한다. "이렇게 활용하면 경박하거나 과시하는 태도로 보이는가? (……) 게이트웨이 홍예가 다른 건축물과 비교해 적절한 크기로 나타나는가? 다른 구조물에 종속되는 역할로 등장하지 않아야 하는데 그 까닭은 홍예가 기념공원의 주요 전시물일 뿐 아니라 세인트루이스 시 내부에서도 그렇기 때문이다."[12] 지역 시민들에게는 그렇지 않다고 해도, 일반 국민에게 세인트루이스의 이 탁월한 상징물이 '이즈 브리지'(미주리 주의 세인트루이스와 일리노이 주의 이스트 세인트루이스를 잇는 교량―옮긴이)나 '올드 코트하우스'(뒤로 홍예가 솟아 있으며, 노예 해리엇의 해방 재판이 치러진 법원 건물―옮긴이)처럼 오래된 지표까지는 아니라 해도 어떤 실용적 목적에도 봉사하지 않도록 건설되어 솟구쳐 오르는 홍예가 되리라는 것은 분명해 보인다.

게이트웨이 홍예는 무엇보다 널리 퍼진 역사적 정서를 포착하려고 설계한 것이다. 적절한 상징물이기도 하지만 참신함과 크기를 통해 대중의 상상력을 사로잡아야 역사적 정서를 포착할 수 있다. 워싱턴의 녹지대에는 미국의 가장 거대한 기념비들이 일부 위치해 있다. 이 기념비들은 성스러운 장소로 계획되고 창조되었다. 성공을 염두에 두고 얼마간 화려함에 기대는 이러한 상징들에 상반되게도, '보스턴 커먼'의 위상은 본래의 물리적인 특징 때문이 아니라 공동체의 다수가 느끼는 진정한 역사적 정서를 탁월하게 상징하고 드러내기 때문에 성공했다 할 수 있다. 월터 피레이는 '보스턴 커먼'의 상징성이 공원 이외 지역의 생태적 구성에 어떻게 영향력을 행사했는지 분명히 보여주었다. '커먼'은 주변 비즈니스 지역의 심장부에 곧장 끼어들어 심각한 경련을 초래한 48에이커 굵기의 대지 관(管)인 셈이다.

대다수 도시의 넓은 백화점과는 달리 보스턴 지역 백화점들은 비좁은 지역

내에서 압박받는 경우가 흔해서 배면이나 인접한 건물들을 통해 우회하는 식으로 확장해야 했다. 보스턴의 도심 교통은 말 그대로 포화 상태에 이르렀다. (……) 전미도로건설연합은 보스턴 지역에 교통 지연으로 매일 8만 1000달러의 손실이 발생한다고 산정했다.[13]

'커먼'을 가로지르는 내부 간선도로를 확장해서 교통체증을 해소하자는 제안이 많았다. 하지만 경제적 합리성으로는 대지 관에 권한을 부여한 영향력 있는 보스턴 시민과 미국인들의 정서와 싸울 수 없었다. '커먼'은 '신성한' 대상이 되었다. '커먼'의 완전성에 대해서 법적인 안정망도 다수 확보되었다. 도시 헌장을 설립하여 '커먼', 혹은 그 일부의 처분을 영구히 금지한 것이다. 주에서는 한 걸음 더 나아가, 일부 좁은 제한구역 외에는 시에서 '커먼'에 건축하는 것을 금지하는 법률을 제정했다.

선전용 이미지: 도시의 별명

도시민의 자부심과 경제적 경쟁은 흔히 도시에 분류표를 붙여주는 결과를 낳는다. 덕분에 어떤 도시에서 독특한 차별성을 지녔다고 선포하는 별명이나 형용어구가 도시 명에 따라붙는다. 별명은 시각 상징을 보충해줄 것이다. 그래서 피렌체는 두오모 혹은 '피아자 델라 시뇨리아'(피렌체 광장)이지만 또한 '라 피오렌테'(la Fiorente)이기도 하다. 뉴욕은 유명한 스카이라인이자 '제국의 도시'이자 형용어구 수십 개가 경쟁하며 따라붙는 도시이다.

미국 도시들은 유난히 별명이 풍부하다. 이런 이유는 경쟁자들의 주장에 반대해 자기네 개성과 독특한 미덕을 광고할 필요성을 감지한 젊은 정착자들이 서로 경쟁을 벌였기 때문이다. 상공회의소 임직원, 도심의 지도자, 경영인, 언론인, 예술가들은 각별한 인상을 부각시켜 자기네 도시의 명성을 드높이려고 노력해왔다. 찬미는 종종 환멸을 느낀 예술가와 경쟁 도시 방문객들의 비판적인 목소리와 결합되었다. 그 결과 양립 불가능한 이미지들이 풍성하게 혼재되었다. 별명들이 우호적인 원천에서 비롯될 때조차 예상치 못한 모순과 반어가 발생할지 모른다. 예를 들어 포트워스는 '민주주의의 무기고'일 뿐 아니라 '소의 도시'이자 '표범 도시'이다. 뉴욕은 대립하는 문구들이 뒤범벅돼 있다. '큰 사과'이자 '미국 경영의 사무총국'이자 '휴가의 도시'이자 '바빌론의 대소동'이자 '세계의 수도'이고 기타 등등이다. 도시의 성격이 바뀌면 별명들도 바뀐다. 그래서 시카고는 한때 숲이라는 우아한 이미지를 산출하는 '전원도시'였으나 대화재 이전에는 사실과 동떨어졌다. 이후 성장과 번영이 이어지면서 시카고는 '어깨들의 도시'이자 '범죄의 수도'로 전락하고 말았다.

시간이 흐르면서 도시에 자연스럽게 따라붙는 난삽한 별명들은 대도시의 복잡성을 효과적으로 환기시킨다. 대도시 중심부에는 다양한 관심사들이 존재하며 각자 목적에 어울리는 분류표를 요구할 것이다. 조잡한 형용어구는 시인의 정제된 은유와 닮은 구석이 거의 없지만 거리를 오가는 사람들의 수사법에 더욱 충실할 것이다. 조지프 케인과 제러드 알렉산더는 미국의 도시와 별칭들의 목록을 수집해왔다. 이 목록은 체계적이거나 철저하진 않을지 몰라도 선전문구에 사용된 도시 분류표의 지리학을 보여주는 데 충분한 정보를 제공한다.[14]

대도시들은 하나같이 수많은 별명을 지니며 비슷한 것들은 단조로운 규칙성을 보인다는 사실에도 불구하고 지역적인 차이점은 뚜렷이 구분된다. 예를 들면 가장 별명이 많은 네 도시 가운데 뉴욕은 세계적인 지위를 자랑하며 워싱턴은 정치적인 우월성을 뽐낸다. 시카고는 남성다움을 샌프란시스코는 우아함을 투사한다. 시카고와 샌프란시스코의 이미지는 언급할 만한 유사성과 차이점을 드러낸다. 둘 다 '서부'라는 지리적 입지에서 나름의 권리를 주장한다. 시카고는 '서부의 중심 도시'이며 샌프란시스코는 '서부의 여왕 도시'다. 시카고는 '호수의 도시'이자 '대초원의 보석'이며 샌프란시스코는 '항만 도시'이자 '언덕을 100개 가진 도시'다. 샌프란시스코는 세계주의와 우아함을 주장하며, '여왕 도시'이자 '미국의 파리'이자 '세계주의 도시'인 것이다. 이와는 반대로 시카고는 지역의 부와 미국 내에서의 중심성을 연관 지어 강조한다. 시카고는 '호고폴리스'이자 '코노폴리스'이며 '미국 상업화의 중추이자 전국 최대의 철도 중심지'다. 시카고가 초기에 주장했던 고상함을 반영하며 '전원도시'와 '대평원의 보석'으로 알려져 있기는 하지만, 사람들이 열심히 일하고 일이 벌어지는 정력적인 장소로서 시카고의 이미지는 훨씬 유명해졌다. 시카고는 우아함에 특별한 야심을 두지 않는다. '어깨들의 도시'가 더불어 '여왕의 도시'가 되기를 열망할 순 없는 노릇이다.

지리 배경이 특별히 독특하고도 매력적이라면 도시의 꼬리표에서 이를 인지할 수 있다. 뉴멕시코의 칼스배드처럼 소도시에서 유명세를 떨칠 이름표는 석회암 동굴뿐이기 때문이다. 그곳은 '동굴의 도시'일 수밖에 없다. 넓은 도시라면 지형적인 속성은 사소해진다. 어떤 도시들은 '언덕', '호수', '절벽'이나 '산'이 있다는 것을 인정한다. 샌프란시스코는 응당 '만의 도시'이고 휴스턴은 당연히 '강어귀 도시'다. 하지만 지리 배경이 바람직하지 않은 듯하면 무시된다. 케인과 알렉산더의 미국 도시 별칭 목록에는 '사막'이라는 단어가 여섯 차례만 등장한다. 캘리포니아 주의 팜스프링스와 인디오는 예외적으로 사막이라는 환경을 선전한다. 인디오 시는 '사막의 이상한 나라'라거나 '남부 캘리포니아의 사막 운동장'이라고 칭한다. 팜스프링스는 '미국 최고의 사막 리조트'라거나 '사막의 오아시스'라고 주장한다. 네바다 주와 애리조나 주의 경우 (그 주의 도시들이 스스로 부여한 이미지들을 우리가 신용한다면) 수자원 문제를 불평할 까닭이 전혀 없는 것이다. (케인-알렉산더의 목록표에 나온 대로) 각 주에서 '사막'이라는 단어가 나타나는 도시는 하나뿐이며, 그 밖에는 온갖 별명들에 둘러싸여 감정이 넘치는 형용어구들이 뒤섞여 있다. 라스베이거스는 '전부를 위해 전부를 갖춘 도시'이자 언제든지 '사시사철 환상적인 날씨로 축복받은 곳'이다.

도시의 별명은 미국의 기본 가치와 신화가 반영되면서 과장된다. 산업의 위업에서 자부심을 느끼는 국가라면 당연히 온갖 장소를 산업과 생산품에 동일시하려 노력할 것이다. '자동차 도시', '맥주의 도시', '현금 등록기의 도시', '프레첼의 도시', '보험의 도시', 무엇보다 '구두의 도시'가 있다. 반면에 (첫 번째 유형보다는 수가 훨씬 적지만) 식물과 목가적 형용어구도 존재하는데 이를테면 동백, 잔디, 참나무, 나무 그늘, 야자수, 플라타너스가 있다. 미국 역사에서 가장 위대한 서사는 서부로의 이주다. 케인-알렉산더의 목록에서 183개 도시들이 '관문'이나 '통로'라는 칭호를 자랑한다. 두세 군데는 뚜렷이 '관문'이라고 하진 않지만 그래도 길이나 노선의 성격을 강조한다. 이를테면 캘리포니아의 모데스토 시는 '시에라 산이나 바다까지 2시간이면 가는 도시'로 선전한다. 일부 소도시들은 지역 관광객이 자주 찾는 곳이나 경치 좋은 곳으로 관심을 끌기 위해 '관문'이라는 단어를 쓴다. 그래서 미네소타 주의 그랜드 포티지는 '아일 로열 국립공원으로 가는 통로'다. '서부로 가는 통로'는 아홉 군데,

'남부로 가는 통로'는 넷이지만 북쪽이나 동쪽은 없다. 서쪽으로 계속해서 나아가면 동쪽에 이르는 것은 당연한 이치다. 그래서 샌프란시스코는 '극동으로 가는 통로'다. 금문교를 지나면 낙원이 펼쳐지는 것이다. 하와이의 자칭 별명처럼 말이다. 하지만 제국의 행로는 더 이상 서쪽을 가리키지 않는다. 티투스빌(플로리다 주) 같은 곳은 '은하수로 가는 통로'라고 주장하면서 미래를 당장 현금화하려 한다.

우리는 보통 도시를 집중되는 중심지라고 생각한다. 하지만 대륙을 횡단하며 달리는 자동차 운전자에게 도시가 반드시 목적지는 아니다. 단지 연료를 충전하거나 식사를 하거나 하룻밤 유숙하는 장소일 것이다. 심지어 지역민도 자기 고향이 스쳐 지나가는 장소에 불과하다는 듯이 '통로'라고 자랑스럽게 선언한다. 하지만 이렇듯 겸손한 표명은 자기 고장이 어떤 의미에서는 세계의 중심이라고 광고하려는 시민들의 욕망을 거스른다. 그래서 183개의 '통로'가 있다면, 최소한 240개의 갖가지 별칭에는 '수도'라는 단어가 나타난다. '중추', '고향', '중심', '심장', '요람', '교차로', '출생지'도 포함한다면 그 수는 몇 배로 늘어난다. 수많은 도시들은 중심성(도시가 달성한 것과 지리적인 이점에서 비롯할 만한 지위)과 통로 위치를 함께 강조하는데 이는 미래를 약속한다. 세인트루이스는 '서부로 가는 통로'일 뿐 아니라 '내륙 항해의 중추'다.

이미지화 가능성

선전 문구는 우호적인 이미지를 창조하려 하기에 복잡한 진실은 도외시한다. 하지만 이미지의 효율을 높이려면 어떻게든 사실을 토대로 해야한다. 강력한 특징은 온전한 개성을 대변하면서 생성된다. 이미 살펴본 것처럼 '이것은 무엇이다'라는 구호는, 도시 내부의 실제 차이에 따라 다를 뿐 아니라 대중의 주목을 받으려는 집단의 특별한 관심에 따라서도 다르다. 형용어구나 기발한 문구는 특정한 이미지를 제공한다. 하지만 '전원도시'나 '교량 도시', '바람 불어오는 도시', '사막의 브로드웨이' 같은 호칭에서처럼 묘사를 시도할 때조차 명료한 시각적 이미지를 투영할 수 없다. 목적은 같을지라도 접근법이 다른 시도는 특수한 장면이나 그림으로 어떤 장소의 성격을 포착하려는 것이다. 다시 한번 말하자면 맨해튼의 스카이라인을 뉴욕의 상징으로 효율적으로 지시할 수 있다. 안셀름 스트라우스는 뉴욕에 있는 현장을 영화의 한 장면으로 설정하려면 유명한 마천루의 윤곽이 잠시라도 영상으로 나타나야 한다고 지적한다.[15] 수많은 유럽의 도시들은 상대적으로 강력한 시각적 상징물을 자랑한다. 런던은 피카딜리 서커스나 템스 강이 흐르는 국회의사당의 경치로, 파리는 센 강 연안의 헌책 노점들로, 모스크바는 겨울의 붉은광장으로 수월하게 인식된다. 미국의 도시들에는 시각적 정체성이 결여되어 있다. 뉴욕이나 샌프란시스코 혹은 뉴올리언스 같은 터무니없는 예외들은 다른 대도시의 잿빛 이미지를 훨씬 더 뚜렷하게 상기시킨다. 하지만 소도시들은 주요 거리나 공원, 기념물들이 가치 있다는 신념을 드러내는 그림엽서를 판매한다. 그림엽서에는 명예를 드높인다고 여기는 도시의 여러 면모들이 담겨 있다. 이따금 전형적인 거리 장면을 보여주지만, 그보다는 이미지화 가능성을 갖춘 중요한 볼거리, 주의를 끌 만한 부분 등을 강조하는 엽서들이 더 흔하다.

　그림엽서는 이미지화 가능성에 대해서 무언가를 말해주는데 이는 지역 비즈니스의 가치를 반영할 것이다. 케빈 린치의 《도시 이미지》가 1960년에 출간될 때까지 도시 거주자의 정신적 지도에 대해서는 알려진 바가 거의 없었다. 린치는 보스턴, 저지시티, 로스앤젤레스라는 세 도시의 중심 구역에 대한 대중의 이미지를 소개한다.[16] 연구 목적 때문에 전문직과 관리직 계층이 대중을 구성한다. 보스턴과 저지시티에서는 시험과 면담 대상이었던 표본 집단이 중심 구역 거주자다. 로스앤젤레스에서는 중산층 가운데 중심지 거주자가 드물어서 시내에서 일하지만 집은 멀리 있는 이들로 표본 집단을 구성해야 했다. 이들 도시를 스쳐가면서 안면을 익힌 사람이라면 누구나, 보스턴의 시각적 개성이 상당히 강한 편이라고 말할 것이다. 로스앤젤레스의 중심가에 대해서는 특성이 약하고 저지시티는 막연하다 할 것이다. 그런 인상은 해당 지역 거주자들에게서 굳어진다. 거주자들의 지각은 당연히 더 명확하다. 그들은 저지시티에 대해서도 무심한 방문객이 짐작할 법한 내용에 비해 형태와 모형을 잘 지각한다. 말할 것도 없이 더 생동감이 넘친다.

린치가 면담했던 사람들에게 보스턴은 역사성 있고, 붉은 벽돌 건물들과 구불구불하고 혼잡한 골목길이라는 이질적인 장면들로 이루어진 다소 칙칙한 도시다. 선호하는 전망은 대개 물의 느낌과 공간 감각을 전해주는 원거리 파노라마들이다. 거주자들은 찰스 강이 형성하는 뚜렷한 경계선과 동쪽으로는 커먼과 쇼핑 지구로 이어지는 강가에 인접한 백베이 지역의 평행선식 거리들을 중심으로 보스턴의 광범위한 공간 구조를 제대로 파악한다. 백베이 지역의 정연한 격자 형태 구성은 미국 어느 도시에서나 찾아볼 수 있지만 보스턴의 다른 지역에서 나타나는 불규칙한 격자무늬와 대조되면서 유난히 두드러진다. 대다수 사람들에게 각별히 생생한 장소들은 커먼, 비컨 힐, 찰스 강, 코먼웰스 애비뉴다. 많은 이들에게 이들 장소가 보스턴 중심가에 대한 이미지의 핵심을 형성한다.

저지시티는 뉴어크와 뉴욕 시 사이에 자리 잡았으며, 철로와 고가 고

속도로가 이 도시에서 교차된다. 경쟁이 도시의 중심 기능을 퇴색시켰다. 도시는 거주가 아니라 통과하는 공간에 가까워 보인다. "미국의 어느 도시건 황폐한 지역의 특징으로 이질적인 구조와 공간의 일상적인 무정형을 드는데, 조화를 이루지 못하는 도로 체계 때문에 빚어지는 혼란도 한몫한다."[17] 거주자들이 길잡이로 생각할 만한 공간이 거의 없다. 저지시티에 대한 거주자들의 정신적 지도는 일관성이 없으며 공백이 넓다. 인상적인 상징물이 무엇이냐는 질문에 저지시티 내의 무엇이 아니라 강을 가로지르는 뉴욕의 스카이라인이라고 대답하는 이들이 가장 많다. 저지시티가 다른 지역의 변두리에 불과하다고 판단하는 것이다. 한 시민이 꼽은 두 가지 상징을 들자면 뉴욕의 스카이라인과 뉴어크를 상징하는 풀라스키 스카이웨이라는 교량이다. 저지시티 시민들은 자기네 자연환경에 무심한 듯하다. 거리들은 서로 닮은꼴이어서 어느 거리를 선택하느냐의 문제는 시간이 남아돌 때 아무 길이나 선택하는 것이나 마찬가지다.

대도시의 중핵이라 할 만한 로스앤젤레스의 중심부는 각종 의미와 활동이 들어차 자극적이다. 건물들은 거대하고 위풍당당하며 거리의 패턴도 매우 규칙적이다. 이 대도시의 지역 방위는 한쪽으로는 산과 언덕의 도움을 받고, 다른 쪽으로는 산 페르난도 밸리와 베벌리힐스처럼 유명한 지역을, 자유로와 가로수길을, 마지막으로는 건축양식과 연속 동심원으로 성장하는 구조에서 인지 가능한 차이점들을 참고하면 어렵지 않게 파악할 수 있을 듯하다. 차별적인 식물군도 로스앤젤레스 중심부의 특성이다. 하지만 그 이미지는 보스턴에 비하면 덜 선명하다. 한 가지 이유는 로스앤젤레스 중심부에 '다운타운'이라는 칭호가 따라다니는데 쇼핑의 집중도와 사업상 용적에서 다른 핵심부와 경쟁 관계에 있기 때문에 이런 식으로 습관처럼 정중하게 부르는 것이다. 다른 이유로는 중심부의 활동들이 주위로 확장되고 옮겨가면 파급력이 떨어진다는 것이다. 하지만 로스앤젤레스 중심부 이미지는 저지시티와는 다르다. 로스앤젤레스라는 정신적 지도는 더 정확하고 상세하다. 지도의 복합적 이미지 구조는 쇼핑가 두 곳과 브로드웨이, 그리고 7번가로 형성된 L-자형 굴곡부에 둥지를 튼 '퍼싱 스퀘어'를 중심으로 한다. 현저한 다른 특징들로는 브로드웨이 끄트머리에 위치한 시민 센터와 플라자-올베라 스트리트라는 유서 깊은 구간들이다. 몇 군데 건축물 지표들을 인지할 수 있지만 세부 특징이라고 해도 검은색과 금색인 리치필드 빌딩과 시청의 피라미드 식 상부 두 가지에 불과하다. 로스앤젤레스의 오래된 구역, 특히 플라자-올베라 스트리트라는 짧은 구간에 대한 애착 정도는 예상과 달리 강하다. 두어 차례의 면담 내용에 기초한다면, 보수적인 보스턴 시민들이 자신의 도시에서 오래된 것을 대할 때의 애착보다 훨씬 강하다. 린치가 면담한 로스앤젤레스의 중산층은 통근을 하고 있었다. 그들은 자신들의 거주지에 대해서 생생한 인상을 유지하고 있으며 차를 몰고 그곳을 벗어나면서도 거리와 훌륭한 주택, 화단들을 줄곧 인지하고 있었다. 하지만 시내로 향하면서 도시 환경에 대한 감수성은 쇠퇴하는데, 이들 통근자들의 정신 지도에서 로스앤젤레스 중심부는 회색 공간으로 둘러싸인 시각적 섬이기 때문이다. 이런 연구에서 교훈적인 결론이라면 자동차 이용자의 도시 이미지의 창고에는 경험을 통해 무언가 쌓이지 않기도 한다는 것이다.[18] 규칙적으로 통근하는 사람과 이따금 들르는 승객은 늘 대하는 시각적 단서들에 투박하게 반응한다.

이미지, 경험, 계급

유복한 보스턴 시민들에게 시각 요소로 매우 중요한 찰스 강은, 정작 강둑을 애용하는 웨스트엔드 지역의 저임금 거주자들의 대화에서는 거의 등장하지 않는다. 그러므로 린치의 작업에서 주어진 도시 이미지들이 하나의 사회계급에서 비롯한다고 다시 언급해야겠다. 말하자면 활동적인 성인 집단에서 표본 추출한 집단인데, 이들은 규모에 비해 도시생활에 상대적으로 훨씬 큰 영향력을 행사할 것이다. 극빈자, 대부호, 적절한 임금을 받지만 교육을 덜 받은 사람들보다 훨씬 광범위한 인적, 물적 배경을 경험할 것이다. 활동적인 성인으로서 이들의 세계는 어린아이나 연약한 노인의 세계보다 훨씬 넓을 것이다. 도시 이미지의 범위와 드넓은 도시에 대한 태도를 바르게 평가하려면 사회과학의 깔끔하게 정리된 정전이 아닌 다른 작업물에서 조언을 구해야 한다. 스터즈 터클의《구획된 거리: 미국》이 그런 책이다.[19] 터클은 시카고의 다른 지역에서 다양한 인생을 살아가는 이들을 비공식 면담했다. 택시 기사, 경찰관, 술집 판매대의 여급, 교사, 집주인, 수녀, 하녀, 창유리 미화원, 회사 부사장, 재력 있는 부인 등 딱히 자신의 의견을 글로 표현하지 않는 사람들이 대다수였다. 대학 교수와 글을 쓰는 계층의 일원들은 자신들의 관점이 비교적 풍부할뿐더러 접근하기도 수월하기 때문에 고려 대상이 아니었다. 터클이 면담한 이들은 면담자와 녹음기를 앞에 두고 속내를 기꺼이 털어놓은 듯했다. 결과는 중서부 대도시 사람들의 지각, 태도, 열망에 대한 엄청나게 풍성한 기록이 나왔다. 기록에 남은 면담 대상자들의 일관되지 않은 언급에서 손쉬운 분류를 무색케 하는 풍부한 도시 이미지들을 추출해낼 수 있다.

어느 거대도시든 임금과 사회적 지위가 다른 사람들은 분리된 지역에서 살아간다. 부유층은 냉난방 시설을 갖춘 리무진을 타고 빈민가를 탐방할지는 몰라도 빈곤 지역을 거의 볼 일이 없다. 도시에 대해 명확한 정신 지도를 갖고 있을지는 모르겠지만 대부분 추상적인 지식에 불과하다. 부유층 거주 구역에 대해서 속속들이 파악하는 부유층은 부로 인해서 자신들의 배타적인 거주단지 내에 격리되어 있다. 빈곤층이 빈민가와 특정 인종이 몰린 게토 내에 차폐된 것과 마찬가지다. 빈민층은 자기네 구역 바깥의 대도시에 대해서는 거의 알지 못한다. 그들은 수많은 도시의 해악으로 고통받지만 보상을 주는 오락 시설에서 별다른 즐거움을 누리지 못하는 도시의 촌락민이다. 하지만 외부 세계로 드나드는 '쪽문'은 빈곤층이 매일 경험하는 현실이다. 병이 들면 무료 진료나 저렴한 비용을 지불하는 치료를 받으러 병원까지 장거리를 오갈 것이며, 법을 위반했을 때는 먼 지역의 감화소나 교도소에서 시간을 보낼 것이다. 그래서 빈곤층은 낯선 장소를 위협적으로 여기며, 심지어 병원처럼 제도적으로 친절이 목적인 곳에서도 그러할 것이다. 이렇듯 경각심을 불러일으키는 외부 세계로 비자발적인 여정을 오가는 빈곤층은 근린의 정체성을 더 잘 감지하게 될지도 모른다. 가난한 여성은 도우미로서 유복한 거주 지역을 파악하면서 자신의 고용인과는 아주 다르게 부유한 세계를 바라보게 될 것이다. 중간계급 거주지의 전면과 배면은 하층계급의 주택 구조와 아주 딴판이다. 전면은 깔끔하고 공식적인 경향을 띠지만 배면은 호감을 주지 못한다. 주류계급은 앞문으로 출입하는 반면 사회적인 주변부계급(도우미, 배달기사, 어린아이)은 뒷문으로 출입한다. 중간계급과 하층계급이 뒤섞인 직업의 세계에서, 미화원과 청소부는 행정직과 깔끔하게 차려입은 수행원들과는 상당히 다른 환경에서 일하고 지각한다. 작업복 차림의 노동자는 회사 뒤편으로 통하는 쪽문들을 지각한다. 그들은 상업적인 건물의 지하 창고와 보일러실에서 노출되는 건물의 '배짱' 냄새를 맡는다. 때 묻은 청소도구와 큼직한 현장 물품, 자기네 동선이 그리는 세속적인 전달 체계를 확실히 깨닫는다.[20]

중상류층과 상류층 백인 남성 미국인은 숲이 가까운 교외 지역에 살면서 시내에 자리 잡은 철강과 유리로 세운 고층 건물에서 일한다. 매일 오가는 경로는 자유로 혹은 형편이 좋은 거주지역과 상업지역으로 통하는 길이다. 그들이 몸소 경험하는 도시의 제한된 구역들(결절점과 연결 경로)의 성격은 본질적으로 동일하다. 사업상 다른 도시로 출장을 가기도 하지만 방문 장소의 물리적 · 사회적 성격은 동일하다. 유럽으로 휴가를 가면 다른 도시 환경에 접근하지만 동일한 사회경제적 계층의 지역을 줄곧 둘러본다면 근본적인 차이는 없다. 진실로 새로운 것은 불쾌감을 줄뿐만 아니라 심지어 고통스럽기까지 하다. 유쾌한 휴가는 익숙한 안전함을 단순한 모험 기념품과 결합시킨 것에 불과하다. 유복한 계층의 진실은 아마도 덜 부유한 중간계급이나 중하위계급에도 진실일 것이다. 그들이 경험하는 도시는 물리적으로 아무리 달라진다 해도 엇비슷한 사회적 처지와 연관된 장소에 한정된다. 하층계급 지역으로 하강은 좀처럼 드문데, 예컨대 색다른 식품을 구입하거나 외국 음식점에서 식사할 때다. 여기서 강조할 점은 대다수 도시 거주자들의 경험은 극히 한정돼 있다는 것이다. 일가족이 새 도시로 이사를 가면 장을 보는 구역들의 위치를 파악하고 집에서 일터 사이의 최단거리이자 가장 쾌적한 경로를 결정하려고 더 넓은 환경으로 잠시 탐색을 나간다. 하지만 이내 틀에 박힌 일과가 형성되어 1~2주쯤이면 일탈은 드문 일이 된다.

전문직종의 중간계급(의사, 변호사, 언론인)이라면 극히 부유하거나 극빈한 문화와 환경을 폭넓게 경험할 기회가 훨씬 많을 것이다. 윌리엄 스트링펠로는 이러한 예기치 않았던 보너스에 놀라워하며 자유에 주목했다. 하버드 대학 법학대학원의 젊은 대학원생 시절에 그는 할렘 지역에 거주하면서 변호사로 일하고 근린 정치에 참여하며 평신도로 지역 교회에 다녔다. 그는 빈민가에 살았지만 교육받은 백인으로서 환경에 속박되지 않았다. 교외 지역에서라면 장소의 관습에 순종했겠지만 할렘에서는 자유로웠고 사람들을 분리시켰을 장벽들을 초월할 수 있었다. 하루 사이에, 아침은 중독자들과 법정에서 보내고 점심은 컬럼비아 대학에서 법학 교수와 식사하면서 "그날 오후에는 100번가로 돌아가서 고객을 면담하고, 125번가의 '프랭크스 촙하우스'에서 할렘 공동체의 지도자 몇몇과 음료를 든 다음, 중간 지역의 어느 식당에서 목사 친구나 동료 교구민과 저녁을 먹고, 법학 전공생들과 자유 토론회장에 잠시 들르거나 할렘 인근의 친구들과 한담을 하며 저녁 시간을 보낸다". 아니면 "아파트로 돌아가서 책을 읽거나 글을 쓰고, 종종 그곳을 재건하는 일을 조금 한 다음 〈타임스〉지를 사러 외출하고 사람들과 함께 그 거리를 방문한다".[21]

세인트 클레어 드레이크와 호레이스 케이튼의 시카고 흑인 게토 연구는 '음지의 상류층' 또한 예외적일만큼 폭넓은 삶의 양식을 경험한다는 것을 시사한다. 음지의 상류층은 공동체 내에서 부와 사회적 지위를 획득한 부유한 흑인들이지만, 예컨대 복권과 도박 영역을 관할하면서 범죄 집단 등을 동원하기도 하는 공동체의 상류층을 가리킨다. 음지의 상류층은, 불법 행위를 위장하기 위해 혹은 존경할 만한 시민이라고 승인받기 위해 게토 내에서 합법적인 사업체를 운영한다. 흑인이기 때문에 백인 공동체에서 배척당하는 음지의 상류층은 감정적으로는 게토의 빈민과 동일시할 수 있다. 그들은 빈민들에게 '같은 인종'으로, 말하자면 흑인 대의의 후원자로서 인정받는다. 음지 지향이기 때문에 당연히 지하

세계에 익숙하다. 부유하기 때문에 부자 특유의 생활을 하며 공식 만찬, 경마 관람, 승마 같은 사회적인 의례로 바쁘다. 음지의 상류층은 여행을 즐기며 시카고와 뉴욕 사이를 끊임없이 왕복한다. 그들은 서부 연안의 친구들을 방문한다. 미시간 주와 북부 일리노이의 호숫가에 여름 별장을 두고 휴가는 유럽에서 보낸다. 그들은 폭넓은 환경에서 살고 일하면서 수많은 사회적 경계선을 초월할 수 있다. 오직 인종적 경계선만이, 제2차 세계대전 이전 시기 그들의 이동성을 속박했다.[22]

도시의 근린

인정

'근린'과 '공동체'는 도시 설계자와 사회사업가에게 인기 있는 개념이다. 두 개념은 도시의 복잡한 인간생태학을 다루기 쉬운 하위 분야로 정리하는 데 필요한 체계를 제공한다. 또 사회의 건강이 이웃과 어울리는 행위 빈도와 공동체의 일원이라는 감각에 달려 있다는 신념에 영양분을 제공하는 사회적 이상향이기도 하다. 그러나 수전 켈러는 근린이라는 개념이 조금도 단순하지 않다는 점을 입증했다.[23] 도시 설계자의 근린 관념은 거주자의 관념과 일치하는 경우가 드물다. 물질적으로 확실히 경계 지어지고 도시계획상의 명칭을 부여받는 구역이란 지역 주민에게는 아무런 현실성도 없을 것이다. '근린'과 '구역'이라는 단어는 외부인의 마음에 단순한 기하학적 형상이라는 이미지를 불러일으킬 터인데, 근린을 정의하는 이웃 간의 행위라는 통로는 복잡하게 뒤얽혀 있으며 인접 소집단별로 너무나 다양하다. 더욱이 지각된 근린의 범위란 이웃 간의 정다운 왕래가 자아낼 법한 관계망과 반드시 부합하진 않는다. '근린'은 이웃 간의 생활에 본질적이지는 않은 정신적인 구성물일 것이다. 근린을 인정하고 수용하느냐는 외부 세계에 대한 지식에 달려 있다. 이런 역설은 달리 말하면 이렇게 표현될 수 있다. 실제로 근린에 거주하는 이들은 인접한 영역을 경험하지 못하면 자기 영역의 범위와 독특함을 알아보지 못한다. 하지만 외부 세계를 더 알고 경험할수록 거주자에게 고유의 세계에서의 생활, 그러니까 근린과 관계를 맺는 정도는 줄어든다. 따라서 점차 근린이 아니게 된다.

차별적인 근린에서는 그곳 거주민과 도회적 삶을 영위하는 주류 사이에 명확한 경계선이 생긴다. 그들은 경제, 사회, 문화적인 이유로 고립된다. 극도로 부유한 구역과 극빈한 구역, 배타적인 교외 지역과 빈민가, 인종적 게토와 이민자 게토는 도시라는 모자이크에서 두드러진다. 하지만 이런 현장에 거주하는 이들은 자신들만의 독특함을 서로 다른 정도로 인정한다. 어마어마한 부유층은 자기네 세계의 경계선을 잘 깨닫고 있다. "우리는 남과 어울리지 않습니다." 중산층 교외 지역 거주자는 부유층에 비하면 자기 영역의 통합성에 훨씬 예민하고, '건방진' 외부인의 영역 침범에 더 취약하다. 유색인종 게토 거주자는 경계를 넘어서면 틀림없이 적대적인 대접을 받기 때문에 자신의 근거지를 자각해야 하는 상황에 처해 있다. 반면에 빈민가 주민과 백인 게토(가령 근래 형성된 유럽 이민자들의 구역) 거주자는 자신들이 한계가 뚜렷하고 특별한 성격의 경계선 내부 구역을 점유하고 있다는 사실을 거의 이해하지 못할 것이다. 이런 일반화를 더 자세히 살펴보자.

보스턴의 비컨힐은 상류층 근린지역으로 유명한 곳이다. 오랫동안 이곳은 전통과 문화, 사회적 처지와 경제력에서 인접 지역들과는 구별되는 자치 세계였다. 자신만의 영역을 예리하게 자각하는데 이는 외부인들도 널리 인정하는 주장이다. 자기 인식이라는 면과, 문화와 전통에 근거한 공동체라는 의미에서 비컨힐은 특정 인종 지역에 상응할 것이다. 하지만 심리적인 차이점은 대단히 큰 편이어서, 어떤 이들은 우월하다는 확신을 통해 고립을 구하려는 반면 다른 이들은 위협에 대처하는 최선의 방법으로 고립을 선택하기 때문이다. 신중산층으로 구성된 교외 지역 공동체들은 비컨힐의 배타성에 해당하는 것을 구하려 한다. 하지만 역사와 전통의 뒷받침을 받지 못하므로 경제적인 울타리나 인종 편견에 기대어 바람직하지 않은 요소들을 배격해야 한다. 하지만 비컨힐은 교외 지역에서 시작되었다. 독립전쟁 이후에 상류층 가족들이 당시에는 시골이자 외딴 곳이던 비컨힐 지역으로 향했다. 더욱이 비컨힐은 단순하게 성장한 지역이 아니라 지위와 수단을 갖춘 사람들을 위한 상류층 구역으로 계획되었다. 인근에는 밀려드는 가난한 이민자들을 수용하기 위한 노동자계급 구역(웨스트엔드)이 급성장했는데도, 한 세기 반 동안 높은 지위를 유지할 수 있었다. 비컨힐 스스로 쌓아올린 울타리는 단순히 경제적인 것은 아니었다. 건전한 배경의 가난한 인척들과 빈곤한 학생들이 함께 살아갈 수 있었지만 높은 소득을 올리는 사업체들과 배타적인 아파트 식 호텔은 환영받지 못했다. 차츰 비컨힐은 부동산업자의 매물을 훨씬 능가하는 지역이 되었다. 그곳은 오래된 집안, 저명한 거주자, 고풍스러운 가족 주택, 고색창연함, 존경할 만한 근린 전통을 불길하게 속삭여주는 원숙한 세계의 상징인 것이다. 20세기 중반에도 비컨힐은 효율적인 상징이었으며, 그렇지 않았다면 들어오지 않았을 상류층 가족들이 계속 생활하고 있다. 비컨힐의 주택들은 유명인사 소유로 명성을 유지한다. 걸출한 과거의 유령 같은 현존이 스며 있는 그런 거주지들은 현재의 거주자에게 즉각 지위를 부여할 수 있다.

비컨힐 거주자는 근린의 정체성을 뚜렷이 자각하고 있다. 비컨힐은 풍부한 문헌 유산을 보유하고 있어서 창작에 필요한 어떤 힘이 팸플릿 집필로 전환된 듯하다. 이곳 거주자는 비컨힐의 매력과 신성함을 격찬하는 팸플릿과 논설문을 무수히 작성했다. 신설된 공동체도 그런 광고를 바라겠지만 자기 확신의 목소리를 낳는 역사적인 실재의 결핍으로 조금은 요란해지는 경향이 있다. 비컨힐의 역사라는 주제는 아무 학자나 표명할 수 있는 객관적인 사실에 그치지 않으며 거주자의 마음에 살아 있다. 공식, 비공식 제도가 근린의 연대에 공헌한다. 공식 단체로는 비컨힐연합이 있어 지역 전체의 특수한 이익을 대변한다. 연합이 선언한 목적은 "바람직하지 못한 사업과 생활 조건이 힐에 영향을 미치지 않도록 보호한다"는 것이다. 1922년 12월 5일에 형성된 연합 기구는 비컨힐 지역의 성격을 유지하는 데 비공식적인 수단이 적합하지 않았다는 사실을 시사한다. 하지만 근린 지역에 활기를 불어넣은 것은 비공식 기구다. 비컨힐에서 비공식 기구들은 주로 친척 관계나 서로 왕래하는 관계를 중심으로 형성된다. 일과적이지 않고 친근성도 모자란 성격을 띤 것으로는 비컨힐의 연중행사들이 있다. 주요 의식은 크리스마스이브에 거행하는데 캐럴 부르기와 촛불 켜기 등이 포함되어 있다. 오랜 관습이던 이 의례는 남북전쟁 때는 유예되었다가 20세기에 재개되었다. 마침내 시 전체와 수많은 외부인들의 이목을 집중시키면서 크리스마스이브가 되면 비컨힐에 가서 구경하려는 인파가 모여들었다. 1939년 7만 5000여 명이 캐럴을 함께 불렀고 거주자 대부분이 집에 초를 켰다. 이런 행사는 지역의 자의식을 강조했으며 근린에 대한 공적 이미지를 풍요롭게 해주었다.[24]

비컨힐은 거주자와 외부인이 이 지역의 본질적인 성격과 한계에 대체로 동의하는 장소다. 지역민 스스로 외부자의 시선으로 지역을 조망하는 관찰자 역할을 하는데, 역사적인 연속성과 특유한 문화, 공식·비공식 기관으로 형성된 근린의 실재가 관찰된 이미지의 근원이 된다. 비컨힐이 하나의 공동체라고 할 때의 의미에 해당하는 공동체를 도시 내에서 찾아보기는 어렵다. 흔히 내부인과 외부인에게 박힌 이미지는 일치하지 않는다. 거주자가 근린으로 지각하는 영역은 종종 외부인이 지각하는 동질적인 사회 공간의 파편에 불과하다. 웨스트 필라델피아에 대한 연구에서 연구자들은 사회복지사와 정보 제공자에게 익숙한 지명이 정작 거주자에게는 널리 알려지지 않았으며, 대다수(70퍼센트)는 거주 구역을 단순히 웨스트 필라델피아 전체의 일부로만 여긴다는 사실을 파악했다. 지명이 널리 알려지지 않았다는 점이 원인이었을 것이다. 동일한 도시 내에 다인종 구역 거주자들은 인접 구역이 더 유명했다면 그곳의 구역명을 익혔을 것이기 때문이다.[25] 근린 개념은 남부의 어느 도시 시민에게도 모호한 관념 같다. '도시에서 여기'가 '정확한 구획선이나 경계가 있다'고 여기는 사람은 응답자 가운데 10퍼센트 이하에 불과했다. 하지만 표본 집단의 29퍼센트는 다음 질문에 대해서 근린과 유사한 용어로 답했다. "그린스보로 외의 지역에서 만난 사람이 당신에게 어디에 사느냐고 묻는다면 어떻게 말할 것인가?" 통반이 어떻다고 대답하는 비율도 비슷했지만 근린까지 말해달라는 요구를 받을 때만 그런 응답을 했다.[26]

보스턴의 웨스트엔드는 근린 개념의 다면성과 (흔히는) 모호성을 예시한다. 웨스트엔드는 이탈리아 이민 1~2세대가 예전에 지역 전체에서 우위를 차지했던 아일랜드와 유대인 이민들과 섞여 형성한 노동자계급 거주 지역이었다. 연방정부의 재개발 계획에 따라서 파괴되기 전까지 웨스트엔드는 환경적 특성과 삶의 양식 모두가 이웃한 상류층 비컨힐과 흥미로운 대조를 보여주었다. 경제와 사회, 문화적 관점에서 웨스트엔드와 비컨힐은 경계가 뚜렷한 근린이다. 하지만 비컨힐 거주자가 고유의 문화와 지리를 고도로 의식하는 반면에 웨스트엔드인은 반드시 그렇진 않은 듯하다. 웨스트엔드 특유의 장면들을 관찰한 연구자들은 얼핏 모순으로 보이는 결론에 이른다. 프라이드와 글라이처는 "웨스트엔드 주민들은 이곳을 하나의 '산지 지역'(local region), 다시 말해 사회적 관계망(을 포함할 수는 있다 해도)으로 맺어진 곳 이상의 공간적 정체성을 지닌 지역으로 지각한다"고 밝힌다. "웨스트엔드에 있는 당신의 집을 지역 근린의 일부라고 생각하는가?"라는 질문에 81퍼센트가 긍정으로 답했다.[27] 이와 상반되는 것으로, 허버트 갠스는 다음에 주목한다. "웨스트엔드가 근린이라는 개념은 정작 웨스트엔드 지역민들에게는 낯설었다. 오랫동안 웨스트엔드로 알려지기는 했지만 거주민은 이곳을 여러 '하위 지역'으로 구분했다. 구분 기준은 어느 동네에 사는 세입자들이 다른 동네를 이용할 기회 혹은 그럴 이유에 일부 달려 있었다."[28] 노동자계급 구역의 거주자는 '근린'이라는 용어를 결코 사용하지 않았다. 재개발될 수도 있다는 퇴거 명령으로 위협받기 전까지, 근린으로서 웨스트엔드는 그들에게 중요하지 않았다. 그들은 물리적 혹은 사회적 단위로서 근린에 별 관심을 기울이지 않았다. 근린을 언급할 때는 정서가 거의 묻어나지 않았다. 재개발이 임박하자 사람들은 공간적이고 문화적인 실체로서 웨스트엔드의 존재를 깨달았지만, 재개발에 항의한 사람은 드물었다. 어떤 이들에게는 철거 마지막까지도 총체적인 웨스트엔드는 온존하며 자기네 거리만 보존되지 않을 뿐이라는 느낌이 확고했다.[29]

공간적 경험과 관심의 정도

웨스트엔드 주민의 근린 인식에 대해 명백하게 대립되는 관점들은 공간 경험과 관심의 정도를 인정한다면 조화될 수 있다. 중간계급의 주택 소유자는 자신의 집을 친밀하게 경험한다. 동시에 주택의 시장 가치에 직접 영향을 미치는 부동산의 일부로서 근린에 대해서 추상적이긴 하지만 강한 관심을 갖는다. 경제적인 고려를 넘어서 주택 소유자는 근린을 가치 있게 여기며 온전한 상태를 유지하려 할 것이다. 그런 태도가 바람직한 삶의 방식을 나타내기 때문이다. 중간계급의 주택 소유자와 마찬가지로 예술가나 지식인은 자기 지역의 특별한 성격을 분명히 의식하고 있으며 권리 침해에 맞서 방어할 것이다. 하지만 재산이 많지는 않을 것이며 미학적이고 감성적인 이유로 근린의 가치에 집착하는 경향이 더하다. 허버트 갠스는 웨스트엔드를 구하자는 운동에 참여한 이탈리아계 미국인이 소수의 예술가와 지식인에 불과하다는 사실을 알게 되었다.[30] 예술가와 작가들은 웨스트엔드에서 동년배와 친족 모임에도 여러모로 참여했지만 재능과 경력 때문에 심리적으로 소외되었다. 더 큰 세계의 무언가를 알아나가면서 그들은 웨스트엔드를 하나의 전체로 이해하고 독특한 특징을 소중하게 여기게 되었다.

웨스트엔드의 주민 대다수는 노동자계급이다. 그들이 깨닫는 근린은 자신의 경험에 따라 차등을 두는 동심원 지대들인 듯하다. 이런 인식은 집과 거리 또는 거리의 한 부분을 중심으로 형성된다. 이렇게 작은 현장에서 웨스트엔드의 노동자계급은 자주 격의 없는 사교 활동을 유지하면서, 중간계급 공동체에서는 거의 도달하지 못하는 장소에 대한 따뜻한 느낌을 세월과 더불어 구축해간다. 본거지 외에도 노동계급 사람들에게는 집에서 걸어갈 수 있는 거리에 확고한 일체감을 느끼는 장소가 두어 군데 있을 것이다. 말하자면 기분을 전환하는 장소나 동네 술집, 혹은 교육기관일 것이다. 이렇게 흐릿하게 구획된 영역들과 짧은 이동망 전체에 대해서 무뚝뚝하고 비언어적인 감정이라 할지라도 진실하고 넘쳐나는 정서를 보여준다. 대조적으로 중간계급 도시인은 공간 이용에서 선택의 폭이 넓고 익숙한 영역의 범위는 훨씬 더 넓다. 무엇보다 집이라는 느낌에서 두 계급의 차이는 뚜렷했다. 중간계급에게 집은 세금을 내는 집 앞 잔디밭이나 정원까지 해당하겠지만 그 너머 공간은 상관없는 곳이다. 그가 거리에 발을 내딛는 순간 거의 소속감을 느끼지 못하는 공적인 경기장에 들어선 것이다. 노동계급 사람에게 자신의 주택과 인접한 환경 사이의 경계선은 투과성이 있다. 주택과 환경 사이의 모든 통로, 예컨대 열어둔 창문과 닫은 창문, 복도, 심지어 벽과 바닥 등도 내부와 외부를 잇는 다리 역할을 한다. 관찰자가 주목한 면도 여기다.

사회적인 삶은 아파트와 거리 사이에 연속적인 흐름을 형성한다. 아이들은 거리로 내보내 놀게 하고 엄마들은 창가에 기대어 바라보며 거리 활동에 참여한다. 여자들은 친구들과 얘기하러 '거리로 나가고' 남자들과 소년들은 밤이면 한쪽 구석에 모여들고, 날씨가 따뜻한 밤이면 가족들은 계단에 앉아서 이웃과 얘기를 나눈다.[31]

보스턴의 웨스트엔드에서는 영역의 경계가 사람에 따라 달라진다. 대다수 거주자에게 그 영역은 상당히 좁다. 주거 단위와 거리의 경계는 유동적이겠지만 공적인 영역의 많은 부분을 사적인 공간에 과감히 포함하는 이들은 드물다. 거리는 근린 정서의 공통 단위이며 정치가는 이 사실을 인지한다. 그래서 선거운동 시에 거리마다 고유한 열정에 호소하려고 연설문을 고치기도 한다. 근린으로 지각하는 범위가 웨스트엔드의 폭넓은 친족과 친교망하고는 거의 관련이 없다는 사실은 교훈적이다. 대인관계의 만족도는 장소와 연관된 정서에 강한 영향을 받지만 이것이 사회적 관계망에 전적으로 의존하지 않는다는 결론을 내릴 수 있을 것이다.

근린은 우리가 집처럼 '느끼는' 구역이다. 또 다른 추상적인 근린 감각의 경우는, 직접 경험도 하고 소문도 들어서 올바르게 잘 아는 구역을 말한다. 웨스트엔드 주민 대다수는 웨스트엔드의 대부분 혹은 넓은 부분에 익숙하다고 주장한다. 근접한 영역들을 파악하는 이도 많다. 피면담자의 4분의 1이 멀다고 할 만한 보스턴 지역의 선형(扇形) 지구에 익숙하다고 답한다. 달리 말하면 다수의 거주자가 비교적 적대적인 외부 세계에 둘러싸인 웨스트엔드의 내부 세계를 잘 파악하고 있다는 뜻이다. 웨스트엔드 주민이 지도에서 구획선을 명확히 그을 수 있으리라 기대해서는 곤란하며 그들의 내부 세계가 대부분 동일하리라는 예상도 하지 말아야 한다. 그들은 자기 세계와 그 너머에 펼쳐진 것 사이의 차이점을 경험해왔고, 이런 차이에 대한 그들의 의식은, 외부 세계를 부유하고 힘 있으며 차갑고 고독할 뿐 아니라 위협적인 곳으로 지각하면서 강화된다. 1950년대 중반에 위협감이라는 모호한 감각은 재개발 계획이 선언되면서 현실로 바뀌었다. 한동안 웨스트엔드 주민들은 자기 구역의 개성을 충분히 의식하게 되었지만, (이미 주목했던 것처럼) 웨스트엔드의 생존을 위해 나름대로 항거한 이들은 일부 지식인과 예술가라는 예외적인 존재였다.

근린에 대한 만족감

사람들은 대체로 자신의 거주 영역에 만족한다. 수년 동안 한 장소에 살아온 사람들은 익숙한 환경에 애착을 갖게 마련이다. 주거지를 옮긴 이들은 불만을 토로하곤 하지만, 한편으로는 (실제로 그렇게 느끼지 않을지라도) 새로운 근린에 만족감을 표할지도 모른다. 경제적 이득 때문에 이사해서 웃음거리가 된 상황을 인정하기 어렵기 때문이다. 주로 고소득자가 만족감을 표하는데, 스스로 선택해서 현재 지역에 자리 잡았고 근린을 향상시킬 수단을 갖고 있음을 감안하면 그리 놀랄 일은 아니다. 부유하지 못한 사람은 그러한 열정도 적다. 그들이 거주 영역을 좋아하는 이유는 일반적이고 추상적이지만, 싫어하는 이유는 특수하고 구체적이다. 만족감은 어딘지 불충분한 단어다. 항상 짜증스럽진 않다는 정도의 의미일지도 모른다.

 '애호'나 '애착'을 어떻게 해석할지 파악하기는 종종 어렵다. 특정 지역이 좋다고 해서 거기에만 머무른다거나 특정 편의시설과 서비스만 단골로 거래한다는 뜻은 아니다. 켈러는 다음과 같이 쓴다.

> 인종이 혼재된 필라델피아 어느 지역 백인과 흑인 거주자들은 그곳의 청결함, 조용함, 편리한 위치, 잘 관리될 시설, 심지어 상냥한 사람들에게도 감사했다. 하지만 백인 거주자는 장을 보거나 기분 전환을 하려고 외부로 나갔고 하나뿐인 공동체 조직에 참여하기를 거부했다. 그러니 몸은 지역에 머물지만 마음은 두지 않았던 것이다.[32]

만족감은 강한 애착을 뜻하지 않는다. 웨스트 필라델피아의 거주 영역 연구에서 피면담자 대다수는 자기 지역이 살기에 '상당히 좋은' 장소라고 여겼지만 4분의 3에 달하는 응답자는 다른 곳에서의 생활을 상상했다. 재개발 이전에 보스턴의 웨스트엔드 거주자의 75퍼센트는 해당 지역을 애호했거나 매우 애호했다고 답했고 적어도 71퍼센트가 자신들의 진짜 고향으로 웨스트엔드를 거명했다. 하지만 상당수 응답자에게 고향으로서의 웨스트엔드는 세계로 나아갔다가 돌아오는 만족스러운 고향이라는 의미에 지나지 않았던 듯하다. 실로 많은 이들은 고향 자체보다는 다른 곳까지의 접근성이 좋은 고향에 무척이나 만족스러워했다.[33] 빽빽하게 들어선 주택들이며 주위 사람들의 모습과 소리에 노출되는 점까지도 마음에 든다고 주장하면서도, 수많은 웨스트엔드 주민은 두 가지만 충족되면 교외 지역의 새 집으로 기꺼이 이사할 듯했다. 보스턴시 부근의 오래된 교외 지역에, 이웃들이 함께 이사 가서 오랜 친목 관계와 사회적 분위기를 유지한다는 조건이었다.

도시 거주자는 주택의 질이나 도시의 편리성보다는 근린의 자질에 높은 가치를 둔다. 두 남부 도시(더럼과 그린스보로, 노스캐롤라이나 주)에 대한 연구에 따르면, 중심지에서 변두리 지역까지 고임금 집단에서 저임금 집단까지, 거주자 대다수가 살기 좋은 곳이라고 만족을 표했다. 게다가 도시에 대한 태도는 근린에 대한 태도와 일치하는 경향이 있다. 하지만 근린에 대한 견해를 거리낌 없이 표출했으며, 도시의 전반적인 환경보다 근린에 훨씬 비판적이었다. 논의에서 도시가 중심일 때 거주민은 도로와 거리, 이동성에 많은 관심을 보였다. 그러나 '매우 좋지만 불편한 장소인 근린'과 '바람직하지 못하지만 편리한 장소인 근린' 사이에서 선택해야 했을 때, 좋은 근린을 선호하는 거주민은 3분의 1이었다. 즉 도시의 다른 부분에 비해 접근성은 덜 중요했다. 그린스보로와 더럼 모두 주택보다 근린에 높은 가치를 두었다. '바람직하지 못한 근린에 좋은 주택'과 '좋은 근린에 바람직하지 못한 주택'에서 선택할 때 피면담자의 6분의 1이 주택보다는 근린을 지지했다.[34] 중간계급 거주자는 좋은 주택을 바라지만 대다수는 좋은 근린의 특권에 더해 현실적인 이익까지 얻을 수 있다면 주택의 질이 조금 떨어지는 곳에도 정착했을 것이다. 노동자계급 사람들은 주거지보다는 좋은 근린에 훨씬 중요성을 부여했지만 조금 다른 이유에서 그러했다. 무엇보다 저임금 노동자계급은 '매우 좋은 집'과 '덜 바람직한 집' 사이에서 선택하는 호사를 거의 누리지 못했다. 그들은 자신들의 지위를 높이려고 의식적으로 노력하는 중하층계급 일원에 비해서 교외 지역의 상징적인 지위에 관심을 거의 보이지 않았다. 노동자계급의 선호도 척도에서는 상대적인 불만 상태를 가리키는 음수 지표들이 필요하다. 예를 들어 뉴욕의 푸에르토리코 이민자의 절반은 생활하는 숙소에 불만이었지만, 근린에 불만인 이들은 26퍼센트에 불과했다.[35] 이런 태도는 노동자계급에게서 흔히 관찰되는 성향과 양립할 수 있다. 중간계급의 습속에서 흔히 볼 수 있듯, 사회적 삶의 공간을 가장 가까운 주거지로만 제한하지 않으며, 사적인 공간을 공적인 공간과 그처럼 첨예하게 구별 짓지 않는 성향 말이다.

근린에 대한 만족감은 거주지의 물리적 특성보다는 이웃(의 친절함과 점잖음)에 대한 만족감과 더 관련이 깊다. 불충분한 주택 공급과 안전하지 못한 거리는 이웃의 습관과 규범에 대한 불만으로 드러나는 경우가 많다. 사회적인 관계가, 한 민족이 거주지나 공공 재화의 적절함에 어떻게 대응하는지를 결정하는 듯하다. 즉 거기에 머무를지 아니면 이주할지, 혹은 과밀한 상태를 비롯한 불편함에 어떻게 대응할지를 결정한다는 뜻이다. 보스턴의 웨스트엔드 주민은 함께 떠나거나 과거의 사회 환경을 유지할 수만 있다면 기꺼이 이주하려 했다. 웨스트엔드 주민은 친근한 집단 경험을 애호했기에 자신이 사는 지역에 만족했고 그곳을 빈민가라고 여기지 않았으며 도시에서 그런 식으로 낙인찍는 것에 분개했다. 노스캐롤라이나 주의 그린스보로에서 도시생활에 대한 만족은 교회 활동에 얼마나 참여하느냐와 관련이 있다. 교회와 관련해 매우 만족하는 사람의 비율은 교회와 관련 없이 매우 만족스러운 사람의 비율보다 12퍼센트나 높았으며 여성은 차이가 20퍼센트에 이르렀다. 유사한 결과는 더럼에서도 나타났다. 전체 표본의 10퍼센트가 빈한한 구매처와 교통수단을 불평했지만, 만족한 이들과 불만족한 이들을 구분하는 주요 경계선은 경제가 아니라 사회적인 관계였다. 불만족한 이들은 친구와의 연락이 끊기고 교회에 출석하지 않는 사람들인데, 관계 맺은 사람들의 유형에 만족한 이들보다 최소한 두 배는 자주 괴로워했다. 예측할 수 있듯이 여성들은 남성보다 친근하고 죽이 맞는 이웃에 더 가치를 두었다. 여성들은 근린에 더 애착을 지녔고 그곳을 떠날 정도의 엄청난 혐오감도 보였다. 남성과 여성 모두 일반적인 만족감은 기대의 좌절이나 충족과 관련이 있었다. 그래서 고등교육을 받지 못한 사람들은 그렇지 않은 사람에 비해 열망이나 불만이 거의 없었다. 대학 졸업자는 커다란 열망을 지녔지만 이를 상당한 수준으로 충족할 수 있었다. 그들 역시 근린에 만족하는 경향이 있다. 불만은 고등학교 졸업자에게서 최고조에 이르렀다. 그들은 자신만의 견해를 지녔지만 적절한 정도까지 성취할 수단을 결여했던 것이다.[36]

아래로부터의 전망

아래에서는 협소하고 황량하며 위협적인 세계를 전망할 뿐이다. 활력이 넘치는 (대체로 청년층인데) 이들은 공상으로의 도피나 폭력적인 행동으로 그런 암울한 전망을 상쇄하려 한다. 빈민의 삶의 양식은 (극심한 가난 속에서 노동하며 살아간다는 사실에도 불구하고) 부유층의 삶의 양식보다 더하지는 않겠지만 그만큼은 다양하다. 유복한 계층은 국제적인 양식이라는 화려함으로 지역적인 차이를 은폐하는 경향이 있다. 반면 빈민층은 특이하거나 민족적인 전통, 빈곤층에게 강요되는 다양한 사회경제적인 조건에 강한 영향을 받는다. 차이나타운과 흑인 게토, '스키드로'(부랑자들이 모이는 하층 사회의 주거지—옮긴이)는 가난과 낮은 사회적 지위를 공유하는 이질적인 세계다. 여기서는 할렘과 '스키드로'에 거주하는 빈민 특유의 지각을 대략 묘사한다. 할렘과 관련한 기존의 지평은 주로 청년 문제다. 아무리 분열되었다 해도 가족의 존재는 할렘을 스키드로와 구분하는 중요한 요인이다. 흑인 게토와 스키드로 게토 주민은 모두 빈곤의 하중을 견디며 쇠락해가는 환경에서 살아가지만 삶의 공통점은 거의 발견할 수 없다. 교도소와 집단 수용소를 제외하면 외로운 스키드로 거주민의 삶이야말로 바닥일 텐데, 게토 빈민들과 달리 스키드로 거주민은 청년의 동물적인 기개에서도 자식을 돌보는 어미의 여성적 이타주의에서도 아무런 위안을 얻지 못하며, 심지어 환상과 폭력에서도 그렇기 때문이다.

1950년대의 할렘처럼 게토가 추하다는 사실, 즉 지저분한 상태가 방치된다는 사실이 외부인들에게는 무엇보다 놀라운 면이다. "여기저기 가게 벽들은 칠이 벗겨졌고 창문은 얼룩진 데다 서비스는 건성이며 상품 재고는 빈약하다. 공원은 관리가 되지 않아 불결하다. 거리는 사람들과 쓰레기로 혼잡하다."[37] 흥미로운 불일치가 나타난다. 할렘은 지저분한데 수많은 영업장들이 미화와 정돈의 요구에 영합한다는 것이다. 할렘 중심가를 걷는 방문객이라면 이발소와 세탁소가 늘어서 있다는 인상을 받을 것이다. 사람들은 영양 상태가 부실하지만 음식과 음주에 관련된 업종(제과점, 출장연회업, 부식 가게, 주류 판매소, 간이식당, 음식점, 술집, 선술집)은 풍부해서 거리 풍경의 일부나마 좌우한다. 일요일 아침이면 할렘 거주자들은 교회에 가려고 성장을 하므로 주말 행사의 차분한 풍경이 연출될 테고 토사물과 혈흔만이 토요일 밤의 분노와 좌절을 증거할 것이다. 흑인은 예술가라는 상투적인 이미지에도 불구하고 공적인 교화소인 박물관, 미술관, 예술학교를 갖고 있지 않다. 다섯 군데 도서관이 얼마간 정신적 풍요에 공헌하지만, 수백 개의 술집과 거리에 면한 수백 군데 교회들, 숱한 점집들이 환상에 영합한다. 1950년대 할렘에서 영업했던 아흔세 군데에 이르는 장의사는 조잡하고 비생산적인 인생들은 너무 이르게 끝맺는다는 냉혹한 사실을 천명한다. 그러나 장의사가 창궐했다는 것은 사람들이 죽음을 무릅쓰고 꿈을 꾸어야 했음을 입증한다.

거리는 볼품없고 위험했지만 여름이면 비좁고 숨 막히는 방보다는 할렘 거주자들에게 훨씬 큰 매력을 선사했다. 서른다섯 살 남성은 이렇게 말한다.

그 경찰관이 말했다. "자자, 다들 거리에서 물러나 안으로 들어가세요!" 이렇게 더운데. 이 동네 집 치고 냉방이 되는 아파트가 없으니, 거리에서 물러나면 어디로 가겠나? 숨 막히는 집으로 들어갈 수는 없다. 그러니 길거리 화단에 앉거나 인도든 현관 계단이든 지금처럼 서서, 이른 새벽까지 버티는 것이다.[38]

내 집은 무엇일까? 중간계급에게 내 집의 전형적인 이미지는 공공의 세계인 거리와 분리해주는 잔디밭으로 에워싸인 주택 한 채다. 클로드 브라운은 자전 소설에서 이렇게 쓴다. "나는 언제나 할렘을 내 집이라 생각했지만, 집에 머물러 있으면서 할렘에서 산다고 생각해본 적은 한번도 없다. 내게 집은 거리였다. 그렇게 느끼는 사람이 많았을 거라고 추측한다." 특히 흥분하는 거리 아이들 덕분에 집은 지루하고 음울해 보인 다. "아주 꼬마 적에 (……) 나는 언제까지나 현관 계단에 앉아 있어도 좋았다. 엄마가 나와 캐럴에게 꼼짝 말고 문 앞의 현관 계단에 앉아 있으라고 얘기하셨던 기억이 난다. 시간이 되어 캐럴이 올라가서 밥을 먹자며 소매를 잡아당길 때조차 못마땅했던 이유는 바깥 거리가 훨씬 대단하기 때문이었다."[39]

아이들은 자기네 환경이 불결하다는 것을 잘 알고 있었다. 그런데 물리적인 부패보다 부랑자와 마약 중독자가 훨씬 위협적이라는 사실을 감지했다. 거리는 흥분을 제공할지 모르지만 흥분과 공포를 구분하는 막은 얇았다. "나는 일평생 할렘에 있는 것이 두려웠다"고 브라운은 회상한다. "아무런 두려움도 없다고 확신하던 사람들이 미쳤다며 수군대던 일들을 하면서도 나는 거의 모든 것이 두려웠다."[40] 할렘 지역 학교에 다니는 6학년 아이들은 자신의 동네에 대한 인상을 표현해보라고 하자 이렇게 대답했다. "우리 동네는 더러운 부스러기 동네예요." "우리 동네는 꾸질꾸질하고 냄새가 지독해요. (……) 바깥에 내다버린 물건들이랑 냄비가 길에 굴러다니고 음식 찌끄러기가 땅에 떨어져 있고요." "우리 동네는 돌아다녀도 인도에 나무도 하나 없어요. 밖에 공원 같은 데는 있는데……." 스스로 동네를 어떻게 개선할 수 있을지 묻자 열한 살과 열두 살짜리 아이들은, 마약쟁이와 부랑자들을 몰아내고 '매일' 온수가 나오는 새 집을 짓고 나무를 심고 거리에서 건달들을 몰아내고 주차된 자동차를 치워서 놀 수 있는 공간으로 바꾸는 방법을 제시했다.[41] 사생활 보호는 중간계급 특유의 가치라는 믿음이 널리 퍼져 있다. 노동계급은 사람들 무리에 더 관용적이며, 공간 구별 없이 친지들과 가까운 친구들과 격의 없이 섞이는 것을 즐거이 여기기까지 한다. 하지만 어느 정도의 사생활은 인간의 근본적인 요구인데, 할렘의 혼잡한 방에서는 그조차 허용되지 않는다. 심지어 아이들도 사생활이 지나치게 침해받으면 예민해진다. 예컨대 허버트 콜은 여섯 명의 할렘 어린이를 데리고 하버드 대학을 방문했다. 그들은 브레틀 인에 숙박했다. 즉각 꼬마들은 하버드 대학에 관심을 거의 보이지 않게 되었다. 그들은 사생활과 조용함, 개인 침대라는 사치를 누리려고 방에 머무르고 싶어 했다.[42]

할렘에 사는 십대와 아이들은 외부 세계를 거의 알지 못한다. 환상이 현실을 대체한다. 십대들 가운데 일부는 반(半)범죄자들을 본뜨거나 일부는 대학생들을 따라서 알지 못하는 세계를 아는 체하며 연기를 한다. 지도자가 없는 무분별한 행위와 폭력은 무기력과 절망으로 대체된다. 1960년대에 십대들의 공통된 분위기는 사회복지사와 19세 청년의 다음 한담에서 드러난다.

이곳 상태는 어떤 것 같니?

몰라요.

모른다니, 무슨 말이야? 매일 여기 나오잖아.

내가 살아남으면 되지 다른 사람은 무슨 상관이람, 참.

여기 바깥 거리에서 살아남으려고 하는 게 힘들어?

그럼요. 왜 있잖아요. 살아남으려고 뭔가 하는 거. 그거 신경 안 쓰면 힘들죠.[43]

할렘 너머 뉴욕 시에 대한 지식은 매우 제한되어 있다. 허버트 콜의 학급 아이들은 교실 창밖으로 뻔히 보이는 데도 컬럼비아 대학이 존재한다는 것을 몰랐다. 할렘 너머 시내로 가는 경험은 당혹스러웠다. 지하철에서 지상으로 올라온 청년들은 장관을 이루는 '파크 애비뉴'의 호사스러운 아파트와 경비원, 깔끔한 인도를, 자기네가 알고 있던 '파크 애비뉴'와 연결 짓기 어려워했다. "차선은 어디죠? 쓰레기통은 어디 있어요?" 클로드 브라운은 자전 소설에서 "예전에는 플랫부시에 가본 적이 없었다. 뉴욕 안에 그렇게 산뜻한 곳이 있는 줄은 미처 몰랐다. 봄이 와서 사방에 꽃이 만발하면 거기에 가야 했다. 뭐든지 그렇게 깨끗한 장소에 있다는 게 좋았다. 그러면 내가 나처럼 느껴졌다".[44]

스키드로 주민은 서구사회의 지위 서열에서 최하위를 차지한다. '바우어리가의 부랑자'(뉴욕의 싸구려 술집과 하숙이 즐비한 골목―옮긴이)들만큼 점잖은 인사들의 언어도단이라 할 경멸을 받아온 사람은 없을 것이다. 나면서부터 스키드로 주민처럼 사는 사람은 아무도 없으므로 누구라도 거기로 이사 갔다면 아마도 모든 지위를 상실한 상태일 것이다. 그곳은 아래로 내달리는 구렁텅이인 것이다. 스키드로는 노숙인의 생태 환경으로 1870년대 초반에 미국 대도시에 나타나기 시작했다. 세기 전환기에 급성장했고 30년 후 인구 150만이 노숙인이 되었던 대공황기에 정점에 도달했다. 제2차 세계대전 이후로 스키드로 인구는 급감했다. 1950년대 미국 도시에서 스키드로 주민의 수는 10만 명으로 추산된다.

스키드로는 척 보면 알 수 있다. 거의 모든 대도시의 사업 지구 중심부나 교통량이 포화 상태인 편의시설 소재지 근처에 표준 이하의 호텔과 하숙용 주택들이 칙칙하게 모자이크 식으로 늘어선 곳이다. 선술집, 싸구려 식당, 중고품 가게와 전당포, 비숙련 구직자를 위한 직업소개소와 구빈활동을 하고 무료 식사를 제공하는 자선단체들, 전자오락실이나 쓰레기통 근처에서 무리지어 서 있거나 어슬렁대는 무심한 사내들을 발견할 수 있다. 그들의 삶의 양식은 보통의 시민들에게는 너무나 기괴해서 대단위의 스키드로는 관광객을 유인한다. 일부는 태평한 삶이라며 낭만적으로 바라보지만 대부분은 그곳을 인생 막장으로 여긴다. 미담을 찾는 언론인이라면 박사학위 소지자 스키드로 주민과의 만남을 기대해도 되겠다. 환경적인 원인을 가설로 삼는 사회학자는 가정이 파괴된 알코올 중독자와 여지없이 마주칠 것이다.[45] 경계인은 자각한 바를 말로 표현하지 않는다. 그들은 외부인이 자신에 대해 편견을 품어 이를 견고하게 만들어도 상관이 없는 듯하다. 연구를 통해 더 낭만적인 이미지가 기각되곤 한다. 보그는 스키드로 주민의 삶이 두 가지 묘사로 가장 잘 상징될 수 있다고 생각한다.

첫째는 칸막이식 호텔 로비에 앉아 결코 오지 않을 누군가를 기다리기나 하는 듯 허공을 우두커니 바라보는 중년이나 노년 사내의 모습이다. 두 번째는 육체노동자나 막노동 일꾼들이 술집에서 일당을 써버리고 바에서 취한 채로 엎드려 있다가, 경찰관에게 검문 받는 일 없이 호텔까지 돌아갈 만큼 기력을 끌어모으려는 모습이다.[46]

거리의 삶은 풍부하지만 잿빛으로 얼룩져 있다. 이른 새벽 도시의 사람들이 아직 잠들어 있는 동안에 인도는 사람들로 채워지기 시작한다. 거리를 오가는 인파는 밤 9시에서 10시까지 이어진다. 토요일과 일요일에는 행인과 서성이는 사람들로 인도가 북적인다. 가게들을 구경하며 사교 생활을 하려는 것이다. 사람들은 진열장을 들여다보면서 여러 시간을 보낼 것이다. 메뉴판을 읽고 식사할 장소를 선택하는 것이 그날의 임무이다. 호텔 출입구로, 거리 모퉁이로, 단골 선술집 근처로, 교제하려는 사람들이 삼삼오오 모여들어 흔히 선술집으로 가게 된다. 많은 이들이 담벼락에 기대어 그런 장면들을 지켜본다. 스키드로 주민에게 남는 것은 시간인데, 그건 또 한편 짐이기도 하다. 해가 저물면 가장 인기 있는 활동은 텔레비전 시청이다. 선술집에서 술 마시기는 두 번째로 빈도가 높다. 북부의 어느 도시라면 겨울은 생존에 따라붙는 도전이라 하겠다. 사람들을 더욱더 고립시키기 때문이다. 바람이 휩쓸고 간 오싹한 거리 때문에 따뜻할 때면 스키드로 주민의 전체 시간에서 엄청난 분량을 은혜롭게도 소비해주는 일종의 활동은 중단된다. 추운 날에 텔레비전은 몸과 마음을 끌어당기며 훨씬 중요해진다. 스키드로 주민은 도서관 열람실의 온기를 찾아 나서거나 두어 시간의 온기와 무료 식사를 위해서 자선단체에서 자신들의 영혼을 구제할 것이다. 음식 다음으로 잠을 잘 장소(일박)는 유랑자에게 가장 골치 아픈 문제다. 점잖은 시민에게 수면은 침실만을 시사하거나 예외라 해도 소파나 침낭에 해당할 것이다. 하지만 스키드로라는 도시 유랑자에게는 가능한 100여 가지 일박 장소 중의 하나를 의미한다. 기계실, 포장마차 위, 계단이나 층계참, 쓰레기통, 골조만 남은 주택, 호텔 화장실, 전자오락실, 교회, 선박 하적장 등이다.[47]

우리는 토포필리아에 대해서 말할 수 있는가? 시카고의 스키드로 주민 대다수는 그들의 환경을 싫어하지만, 대규모 소수자, 아마도 4분의 1쯤은 이를 선호한다고 주장한다. 하지만 '선호'하는 사람 대다수는 생존의 필요에 적응한 것에 불과하다. 스키드로는 익명성, 저렴한 거주비, 복지단체와 구빈원에 가깝다는 이점을 제공한다. 일부 주민들은 그 지역에 대해서 더 긍정적으로 응답한다. 거기에서 '집 같은 느낌'을 받고 "여기서 인생이 재미있거나 흥분"되거나 자기 자신이 될 수 있으며 "자신이 원하는 대로 할 수 있기" 때문에 승인하는 것이다. 스키드로 주민들이 싫어하는 것에 대해 말하자면, 다음 사실은 중요하다. 그들은 지역의 노

쇠한 물질적 배경에 비해서 그곳 사람들, 그들의 취한 상태와 낮은 지위를 훨씬 강하게 거부한다.[48]

요약

13장에서 우리는 도시의 가치평가가 어떻게 달라질 수 있는지를 살펴보았다. 추상적인 차원에서 도시는 단일한 특징, 즉 돼지고기 소시지나 햇빛 따위에 주목하라고 호소하며 이를 자랑하는 단순한 형용어구로 정체성을 표현할 수 있다. 그것은 탐욕과 퇴폐의 상징이지만 사람이 이루어낸 최고의 성취를 은유하기도 한다. 생생한 경험의 층위에서, 구시대 귀족정 공동체와, 중하급과 중간계급에서 상승을 지향하는 청년 공동체의 환경에 대한 태도는 거의 공통점이 없다. 통근하는 기업 임원과 빈민가 화단에 앉아 있는 아이들, 혹은 시간이 많지만 수중에 든 것은 거의 없는 부랑자의 도시에 대한 이미지는 각기 다를 수밖에 없다. 어떤 일반화를 도출해낼 수 있을까? 네 가지는 주목할 가치가 있다. (1) 근린은 매우 파악하기 어려운 관념이다. 친밀한 공간은—유복한 교외 지역 정착자들보다 노동계급에게 더 넓을지는 몰라도—언제나 제한돼 있다. 후자에게는 친밀한 공간이 거리의 일부이며, 그들은 거리 모퉁이나 안뜰 등을 근린이라 느낀다. 중간계급의 교외 거주자에게 친밀한 공간은 자기 집과 잔디밭을 넘어가지 않을 것이다. 하지만 개념으로서 근린은 노동계급의 가난한 이들의 정신에서보다 화이트칼라 경영자들의 정신에서 훨씬 넓은 영역을 포괄할 것이다. (2) 경제적 계급과 문화를 개의치 않는 사람들은 근린의 물리적인 조건보다는 이웃의 바람직한 특성에서 환경의 질을 판단하는 경향이 있다. (3) 얼마나 선명하고 많은 이미지가 지각되어 마음속에 쌓이는가라는 차원에서 본다면, 도시 이미지의 지각에는 많은 경험이 필요하지 않다. (4) 대도시는 두 가지 층위에서 파악되곤 한다. 고도의 추상적인 층위와 구체적 경험의 층위다. 한쪽 극단에서 도시는, 누구든지 순응할 수 있는 상징이거나 이미지(그림엽서나 형용어구에 나타나는)이다. 다른 극단에서 도시는 친밀하게 경험하는 근린이다.

교외와 신도시: 새로운 환경의 추구

14

교외란 하나의 이상향이다. 발전된 서구 국가에서 평균 수준 임금을 받는 이들에게 이 말은 시골의 이점과 도시생활이 흠결 없이 결합된 총체적인 삶의 방식을 시사한다. 반면에 최근에 생겨난 단어인 '변두리'는 이러한 이상향을 조롱하는 듯하다. 교양 있고 세련된 이들 사이에서 근교 생활에 대한 태도는 다의적이다. 문학 교수라면 컬러 텔레비전이 있다고 인정할 때와 같은 정도로 소심하게 그린에이커 지역의 주소를 인정할 것이다.

지금까지 저술된 책과 논문들은 교외의 '신화와 현실'을 중심으로 다루었다. 미국인의 3분의 1이 넘게 거주하는 환경이 가끔은 신기하리만치 요령부득으로 여겨지는 것이다. 도시라면 요령부득은 해당사항이 없다. 도시에 대해서라면 어떻게 생각하건 이건 현실이다. 낭만주의를 털어버리면 부분적으로 해명되는 이런 태도는, 도시 중심부에서 연상되는 특질들, 그러니까 아무리 견고하고 완고하며 상업적이고 우둔하다 해도 그것들을 현실로 인정하라고 설득한다. 다른 이유는 도시의 경험이 우선하기 때문이다. 교외 이미지는 도시 이미지에 대응해서 발생한다. 도시가 우주적인 패러다임이나 정중함과 자유로움의 중심부로 여겨질 때 도시 너머(교외)의 생활은 경계 너머, 그러니까 사람이 원숙한 인간성에 다다를 수 없는 불명확한 지역에 머무르는 것이다. 반면에 도시를 '죄악의 소음'이라고 혐오스럽게 묘사한다면, 교외는 거룩하지는 않다 해도 낭만적으로 조명된다. 어느 경우든 도시와 관련해 교외는 현실과 그리 부합하지 않는다. 교외는 또한 유토피아적('바라던 곳'과 '없는 장소'라는 모순적인 의미에서)이라고도 여겨지는데, 작가들이 도시 밖으로의 이주를 자유로운 시도로 그려내곤 하기 때문이다. 사회학자들은 19세기의 시골-도시 이주를 경제 악화의 결과로 여기지만, 20세기에 교외로의 대탈출은 '더 좋은 환경 추구'라는 관념으로 설명되는 것이다. 14장에서는 교외에 대한 공통 반응을 도시 이미지와 현실의 변증법적 관계라는 측면에서 기술한다.

교외, '벽 너머에'

이미 살펴봤던 것처럼 전통 도시에는 우주적인 배음이 깔려 있다. 세속의 세계와는 담을 쌓아 격리한 신성하고 정돈된 세계인 것이다. 중세 도시의 시민이 "도시의 공기는 우리를 자유롭게 한다"고 자랑스레 말했을 때 그들은 도시의 성벽 너머에선 자유가 박탈된다는 사실을 인정했다. 지위가 낮은 교역인은 성문 바깥에 모여들었고 시골에서는 소작농과 노예들이 불침번을 서느라 과중한 부담을 졌다. 중세 신학자 알랭 드 릴은 우주를 하나의 도시에 비유했다. 중심부 성곽인 '엠피리언'〔고대 우주론에서 다섯 층의 하늘 중에 최고천(最高天)을 가리킨다—옮긴이)에 황제의 왕좌가 마련되어 있었다. 천사에 해당하는 기사단은 낮은 층위의 천국에 거주했던 반면 인간은 가장자리의 피조물이어서 도시 성벽 바깥에 거주했다. C. S. 루이스는, 우리를 순전한 교외인으로 만듦으로써 인간 종에게서 추방된 자들의 비극적인 위엄조차 거절했던 알랭의 절묘한 필법에 대해 논평한다.[1] 현대 세계에서 도시의 '핵심' 성격은 프랑스의 여러 도시의 경계선에 세워놓은 도로 표지판이 시사한다. '상트레-빌 에 투 이렉시웅스.'(모든 방향으로 뻗어가는 중심 도시—옮긴이)

도시(City)는 정중함(civility)의 표시다. '문명'(civilization)이라는 단어는 18세기 중반에 생겨났고, 처음에는 단순히 도시 거주자와 함께 있으면 발견할 법한 공손함과 도시화를 뜻했다. 교외인이 된다는 것이 투박한 시골 사람에 가까워진다는 뜻은 아니지만 그야말로 도시보다 못하게 될 뿐 아니라 덜 도시적이어서 그다지 정중하지 않고 온전히 문명화되지 않았다는 뜻이다. 이런 관점에는 사실 어떤 토대가 있었다. 사회에서 특권이 적은 요소와 추방자들은 전통적인 도시의 경계선 바깥에 자리 잡았다. 《캔터베리 이야기》(1386)에 나오는 대화에서 동시대인들의 교외에 대한 태도 한 자락이 드러난다.

'어디 사세요? 말할 만한 데라면.'
'어느 도시 교외요.' 그러면서 다음 시구를 읊었다.
'은밀하고 두려운 주거지라서
모퉁이 너머와 막다른 골목마다
온갖 도둑과 강도들이 숨어 있지요.'[2]

대륙처럼 영국에서도 교외 지역은 도시 주변부 군상들의 정착지로 출발했다. 16세기에 프랑스에는 독특한 '포부르'('가짜'-도시)가 생겨났다. 영국에 '포어-스트리트'가 있었던 것처럼 말이다. 둘은 어떤 특징을 공유했다. 먼저, 여인숙, 오락 장소, 소규모 제조업, 비누 제조나 무두질처럼 불쾌한 직종은 도시의 경계 바깥에 들어섰다.[3] 영국의 빈민은 교외로 모여들었고, 도시의 장인연합과 경쟁하는 제조업체를 세운 외국 이민자들도 마찬가지였다. 튜더 왕조 시대에 런던 근교에서는 법과 질서를 강화하기 어려웠다. 프랑스어 '포부르'(foubourg)의 어근 '포'(four)는 민간 어원적 해석에 따르면 '가짜'(faux), 즉 '모방'이나 '위조'라는 뜻이었다. '포부르'라는 단어가 지녔던 빈민 구역에 대한 연관성은 사라졌지만 '포부리앵'(faubourien)이라는 단어(교외 지역 거주자)는 여전히 애초의 뜻을 고수하고 있다.

고양된 중심에서 낮은 가장자리로 미끄러진다는 위계적인 경사도 개념은 고대 제국 메디아의 수도 엑바타나에서 이상화되었다. 20세기에도 가치의 경사도에 해당하는 무언가가 거대한 대도시의 동심원 지대라는 형태로 보존되어 있다. 리처드 세네트는 이렇게 말한다. "도시는 사회경제적 부유함의 순차적 고리들로 배열되어 있었다. 도시 외곽에는 공장들이, 다음으로 노동자용 교외 혹은 숙소가 이어지고, 도시 중심부에 가까울수록 점차 부유한 주택지구들이 배치되었다."[4] 중심에는 행정기관, 상업, 예술 관련 기념비적인 건물들이 모여 있었다. 제2차 세계대전 시기까지 토리노, 빈, 파리 등 유럽의 도시들은 이런 패턴을 유지했다. 파리 최고의 거주지는 샤를 드골 광장과 불로뉴 숲 사이에 있었다. 부자는 대도시의 핵심부에 머무를 수 있었던 반면에 땅값이 치솟는 바람에 1870년 이후로 빈민은 교외로 나가야만 했다. 세련된 유럽인은 도시 중심부의 문화시설 근처에 사는 것을 선호했다. 1950년대 빈에 대한 연구에 따르면 표본 집단의 82퍼센트가 도시 중심지에 머무르려 했다고 한다. 미국에서 뉴욕, 보스턴, 시카고 같은 거대도시의 중심부는 20세기가 시작될 무렵에 전통적인 도시의 틀을 그럭저럭 갖추었다.

도시 중심부에 더 부유한 시민계층이 자리 잡아 그들의 문화적 지위가 유지되는 한, 교외는 은유적으로 성벽 바깥으로 남게 되었다. 하지만 산업혁명 시대부터 사회경제적 경사도는 점차 역전되었다. 유럽에서는 건실한 교양 기관이 없던 상업 도시와 공장 도시의 핵심 지역은 일터 가까이에 거주하는 빈민들로 혼잡했을 뿐 아니라 오염되었다. 핵심 지역의 외부로 향할수록 차츰 부유해지는 교외 지역이 이어졌다. 미국에서 특히나 오래되고, 대도시와 소도시의 중간 규모인 도시들의 도심지가 눈에 띄게 퇴락한 반면, 교외 지역과 소비의 중심지는 부와 매력을 획득했다. 대개 값싼 숙박시설과 음식점, 거기에 드나드는 쓸쓸해 보이는 고객들을 찾아볼 수 있는 지역은 낡은 기차역 다음으로 도시의 중심부다. 화려한 식당과 신장개업한 번쩍이는 간이 숙박시설이 도시 경계선 외곽에 서 있는 것이다. 교외에 거주하는 남성이 복층구조 2층 주택에 위엄 있게 자리 잡는 사이에 시청과 지방 관청들이 자리 잡은 도심부는 빈곤 상태로 가라앉는다.

교외: 도시에 대한 반작용

기원전 5세기에 아테네는 비좁고 굽이진 거리와 좁고 컴컴한 데다 환기 상태가 부실한 주택들이 밀집한 혼잡하고 비위생적인 도시였다. 아테네인은 도시 내에서 의미 있는 행동을 실행하도록 허락하는 공적인 인격,

그리고 공공장소를 높이 평가했다. 가정과 가족생활, 신체의 안락은 중요하지 않다고 여겼다. 하지만 이는 전체의 일부에 불과했는데, 여러 시민들이 시골에 농장을 소유해 적어도 한 해의 일부는 답답함과 소음, 도시생활의 강퍅함에서 벗어나 살았던 것이다. 그들은 도시의 성벽 너머에 체육관과 학술원을 세움으로써 시골의 미덕을 암묵적으로 인정했다. 로마 제국은 공개된 거대한 공공장소와 낡아빠진 주택, 좁고 지저분한 거리로 이루어진 비좁고 과밀한 주거단지가 결합된 곳이었다. 귀족계급의 집은 평민의 가옥과 섞여 있었는데, 악취를 풍기는 도시 공기에서 탈출하기 위해서 부유한 로마인은 교외에 고급 주택을 지었다. 로마의 귀족은 바다로 전망이 트인 응접실과 수영장을 여럿 갖춘 사치스러운 대저택을 애호했다. "초기의 로마 제국은 캘리포니아 지역과 닮은꼴이었다."[5]

도시의 중심은 공적인 업무의 각축장이었다. 압박과 긴장도 있었지만 도시의 삶은 야망 있는 남성에게 보상을 주었다. 더욱이 부유한 이들은 언제라도 철따라 도피할 수 있었다. 불결한 환경이 도시의 오락 시설이라는 상당한 매력을 압도하는 시기라면 산업혁명의 초기 몇 십 년을 들 수 있을 것이다. 교외 지역으로 도피하는 행위는 19세기 후반 교통수단의 향상과 임금 상승으로 가능해졌는데, 이는 도시 핵심부의 지위 하락과 연관 지어 이해할 필요가 있다. 통제할 수 없는 산업공해, 여러 노동자와 가족들을 터무니없이 마구 밀어 넣은 비참하고 오염된 주거지 때문에 지위가 하락한 것이다. 디킨스는 코크타운(《어려운 시절》에서 19세기 영국의 가상 도시―옮긴이)을 잊혀지지 않는 이미지로 제시했다. 공무 보고서에 사실을 나열하는 단순한 기교로도 웅변을 방불케 하는 호소력을 발휘했다. 어느 경찰서장은 글래스고에 있는 비천한 구역을 이렇게 그려냈다.

(빈민이) 사는 집은 돼지우리로도 적당하지 않다. 아파트마다 남자, 여자, 아이들 무리가 극도로 불결하고 더러운 상태로 떼지어 몰려 있다. 환풍기도 없는 가정이 대부분인데, 거주지 인근에는 대변 더미들이 널려 있고 하자가 많은 하수관에는 갖가지 오물이 계속해서 쌓인다. 이렇게 꺼림칙한 우리에는 도시에서 폐기된 인물들이 모여들고, 그들은 밤마다 거기에서 나와 질병을 퍼뜨릴 뿐 아니라 도시에 온갖 범죄와 혐오감을 쏟아낸다.[6]

루이스 멈포드가 말했던 대로, 이거야말로 '여자와 아이들 먼저'라는 익숙한 외침에 들어맞는, 난파선 같은 도시의 상황이었다. "산업주의와 상업주의라는 새로운 도시 환경에서 생명은 사실상 위험에 처하게 되었다. 분별력이 조금이라도 남았다면 달아나기를, 롯과 식솔이 소돔과 고모라라는 불지옥에서 달아났던 것처럼 (대신에 재화는 모조리 싸들고) 달아나라는 것이다."[7] 불행히도 돈이 있고 전문직에 종사하는 중간계급만이 이런 대탈출을 감행할 수 있었다. 중간계급은 이 도시의 불결함, 질병의 위협, "빈민의 유해함과 더러움이 두려워서" 빈민들 자체로부터 도망가고 있다고 1850년에 어느 작가는 썼던 것이다.

사람을 쫓아버리는 도시의 다른 면모는 무엇일까? 귀족과 중상류 계급도 겪는 비좁고 숨 막히는 지대들이다. 예컨대 뉴욕의 이스트 20번가 28번지의 집은 시어도어 루스벨트가 태어난 곳으로 다른 두 주택 사이에 끼어 있다. 그는 1층 가운데 방인 서재를 "창문이 없어서 밤에만 이용할 수 있는" 곳이라고 묘사했다. 도시 거주자는 질식할 듯한 관습과 도시 사회의 강요에서 도피하려 했다. 교외에서는 평상복 차림으로 자신만의 조그만 세계에서 내키는 대로 살 수 있었다. 이러한 이상향은 레온 바티스타 알베르티가 14세기에 이미 언급했지만, 익숙하고도 현대적인 울림을 선사한다. 또 다른 이유는 새로 유입된 이민자들로부터 도피하기 위해서였다. 미국에서는 아일랜드, 동유럽, 이탈리아 이주민들이 물밀듯이 밀려들어 19세기 후반 도시에서 백인 미국인의 기운을 희석시켰다. 장기 거주자의 관점에서 신입 이민자는 빈곤과 낯설음이라는 결함을 가진 쌍두마차로서, 받아들일 수 없는 풍습을 몰고 오는 괴로운 존재였다. 최근에는 푸에르토리코인과 흑인이 북부 연안의 여러 대도시에 쇄도하였다. 다시금 중간계급의 백인은 가능하면 도피하는 것으로 반응했다. 내놓고 그렇다고 표현하지 않을 뿐이다. 새로 입주한 교외의 거주자는 긍정적이고 점잖은 이유들을 즐겨 강조한다. 그들은 '교외가 아이들 양육에 좋기' 때문에, 그리고 분명히 밝힌 바에 따르면 '같은 부류 사람들과' 사는 편을 선호해서 이사했던 것이다.

과거든 현재든, 도시에서 도피하는 일반적인 이유는 압도당할지 모른다는 모호한 두려움, 도시생활의 혼란과 풍성함에 대한 두려움 때문이다. 데이비드 리즈먼이 묘사한 바에 따르면, 시카고 어느 교외에서 알게된 매우 유능한 이들 몇몇은 도심에 위치한 사업장과 변호사 사무실에서 활동적으로 일하면서도 근교 생활의 단순함과 사소함을 즐기는 것처럼 보인다. 그들은 작디작은 것에 헌신적인 듯하며, "강아지의 목줄을 매야하는지, 주차 요금 정산기를 쇼핑가에 설치해야 하는지, 그리고 지구제등의 하찮은 문제들에 대해 토론하며 시간을 보낼 것이다. 이 사람들은 대도시의 거대한 문제들(어쩌면 국가적인 문제)에서 즉시 통제할 수 있는 지엽적인 문제로 후퇴했던 것이다".[8]

교외의 성장

교외라는 이미지는 중상류·중간계급의 안락한 거주 환경에 좌우된다. 하지만 교외는 거주자의 사회경제적 지위, 산업체의 유치 여부, 거주자들의 나이(교외는 보통 시골에서 도시라는 삶의 양식으로 전환하는 하나의 단계이기 때문이다)를 반영하는 다양한 유형이 있다. 교외의 가치와 그에 대한 태도를 이해하려면 교외의 성장을 짧게나마 설명해야 한다. 역사적으로 개괄하면 '교외'라는 용어의 범위를 올바로 이해하는 데 도움이 된다.

고고학적인 증거가 시사하는 바는 기원전 2000년경에 이미 우르 시의 성벽 바깥으로 사람들이 밀려났다. 이것이 교외의 최초 성장 사례일 것이다. 교외를 단순히 도시 외곽의 성장으로 생각한다면, 현재까지 거듭 나타난 현상이다. 도시가 외곽 지역으로 급속히 뻗어나갈 때마다 사실상 그랬다. 하지만 문헌 증거가 없어서 오래전에 먼지로 변해버린 도시의 빈 터에 '도시'와 '교외'의 구분을 적용할 수 있는지에 대해서는 말할 수 없다. 일부나마 남아 있는 성벽을 수단으로 구분선을 그을 수밖에 없다. 성벽은 도시를 건설한 이들이 영토를 어떻게 구획했는지 명확히 알려주는 표지였다. 고대 중국에는 대다수 도시에 성벽이 있었다. 동심원 형태의 성벽들은 교외 공동체들을 도시권역에 포함하는 연속되는 단계들을 구획하는 기능을 했다. 상인과 수공업자가 도시의 성문 바깥에 모여들었고, 얼마 지나지 않아서 인구는 성벽을 쌓아서 보호해야 할 정도로 늘었다. 교외 지역의 성장은 급속했다. 예컨대 베이징의 성벽이 1420년 대에 완공된 이후 수십 년 만에, 가족 단위로 정착한 인구 10만 이상의 대규모 교외 지역이 남쪽 성벽 외부에 출현한 셈이었다. 제국의 전역과 외국으로 뿔뿔이 흩어졌던 상인들은 거기에 가게를 열고 집을 지었다. 16세기(1552년경) 중반에, '도시의 근교' 혹은 '남부 도시'를 형성하며 뻗어나간 교외 지역에 새로이 성벽이 들어섰다. 동심원의 성벽들은 파리에서처럼 구도시들을 에워싸며 건설되었고, 중세 후반 이후로 연속형 성벽으로 한계선들을 그으면서 지속적으로 확장해갔다.

교외는 상인, 장인, 여인숙 주인, 외국인을 포함하여 더 빈곤한 인구를 수용했지만, 부유한 이들은 거기서도 제 몫을 발견했다. 예컨대 이탈리아의 일부 도시에는 작은 별장과 넉넉한 정원을 갖춘 고급 주택이 들어선 성 밖의 변두리 지역이 13세기에 이미 형성된 상태였다. 피렌체 주위에 폭 3마일의 띠 모양으로 에워싼 지역의 토지는 값비싼 대저택을 갖춘 부호의 사유지들이었다. 베네치아의 가문들이 브렌타에 고급 주택을 소유했던 것이다. 멈포드의 관찰에 따르면 교외는 "(공원 내부의 집이나) 시골집들이 모여 있는 도시의 형태로 묘사될 법하다". 교외 삶의 방식은 "봉건제로 확실히 뿌리내렸던 거칠고 호전적이며 맹렬한 존재로부터 출현한 태평하고 유쾌하며 재화 소비적인 귀족적 삶의 한 양상이다".[9]

18세기가 시작될 무렵에 영국에서는 규칙적으로 통근하는 사람들이 등장했다. 엡섬 같은 시는 시골 시장 도시와 온천 도시일 뿐만 아니라 런던에서 15마일 떨어진 교외 지역이었다. 직장인들이 가족들과 함께 엡섬 시에 둥지를 틀고 매일 도시로 출퇴근했다. 이는 교외에 새로운 의미를 더해주었다. 과거에는 귀족들이 교외에서 한철 머무를 대저택을 보존했던 반면 16세기경에 중간계급 상인들은 교외에 눌러 살면서 도심에서 일을 할 수 있었다. 교통수단의 발달로 통근이 가능했던 것이다. 1700년 이전에 교외는 두 가지 극단적 삶의 양식을 포함했다. 교외에 살면서 일하는 빈민층과 기력을 회복하려고 시골 사유지에서 여름 한철을 보내는 유한계급 부유층의 삶의 방식이었다. 여정에 소비하는 시간은 매우 짧았다. 도로와 수송 수단이 향상되면서 대저택과 여름 별장은 도시와의 접근성에 상관없이 경치 좋은 곳에 세워졌고, 그사이 매일 통근자를 수용하는 교외 지역은 상업 중심지에서 적절한 거리 내의 가장자리까지 뻗어나갔다. 거주지로서 교외는 사회적 지위뿐 아니라 자만심을 가질 만한 명성과 시골 판타지에 대한 기호까지 획득하여 1782년에 이미 윌리엄 쿠퍼가 자신의 운문에서 이를 조롱할 정도였다.

> 큰길 쪽으로 물러난 근교의 대저택,
> 우리의 거리가 뻗어나가면 잠식될까 두려워하네
> 한꺼번에 내리꽂는 7월 햇살 속에
> 깔끔하게 창틀을 한 빽빽한 상자들 눈부시게 빛나자
> 거기서 먼지 구름 들이마시고 시골의 공기라고 부르며
> 헐떡이는 시민들 기쁨에 차네.[10]

18세기 중반경에 런던은 아주 빨리 성장하여 토비아스 스몰레트의 소설 속 인물이 (1771년에) 이런 말을 할 정도였다. "런던은 도시 밖으로 나갔다." 번창하는 교외는 또한 영국의 훨씬 부유한 상업 · 제조업 도시들의 융성에 부응하며 줄기차게 뻗어나갔다. 예컨대 버컨헤드는 나폴레옹 전쟁 이후에 탄생한 곳으로 리버풀의 부유층 상인들의 거주지였으며, 상인 가문은 "쾌적한 시골 풍경, 깨끗한 강변 전망, 도시의 부산함에서 시골의 고요함으로 놀랄 만큼 수월하게 이동할 수 있어서"[11] 매료되었던 것이다. 사우스포트도 리버풀의 또 하나의 위성도시가 되었고, 1848년 철도 개통 이후 전성기를 맞이했다. 도시의 성장이 18세기와 19세기 초에 급속도로 진행되었다고는 해도 후기 빅토리아 시대와 그 이후에 거대한 대도시가 시골 지역까지 '폭발적으로' 팽창한 것에는 대적할 수 없다.

교통수단에서 두 가지 주요한 혁신이 이에 기여했다. 바로 철도와 자동차다.

철도와 대중교통이 성장하여 경제적으로 더 폭넓은 계층의 시민들이 시골로 이주할 수 있게 되었다. 중간계급은 사회적으로 뛰어난 이들을 따라 대탈출을 감행했다. 도시에서 방사상으로 퍼져나가는 철도는 교외의 확장 방향에 영향을 끼쳤다. 기차역 주변마다 깔끔하게 모여 있던 신 주택지는 3~5마일 떨어진 곳까지 자리를 옮겨갔다. 이들 초기의 교외 유형은 좁은 편이어서 1만 명을 수용하는 경우가 드물었다. 말과 마차를 소유한 부유층이 아니라면, 접근성이란 기차역까지 도보로 수월하게 이동할 만한 거리에 달려 있었기 때문이다. 중상류·중간계급의 거주용 교외는 철길을 따라서 구슬 형태로 배열되어 있었다. 교외 주변은 시골 녹지로 에워싸여 있었다. 주택 자체는 가구별로 넉넉한 터에 위치해 넓었으며, 1850년대 이후로 집과 거리 양쪽의 설계에서는 예전의 직선으로 된 도시 형상을 피하게 되었다. 주거지는 낭만적 편심형을 띠었으며, 거리는 자연스레 굽은 선이 선호되는 경향이 나타났다. 이렇게 부유한 교외 지역은 사회적 책임에서 벗어난 자들의 피난처로 비판받았지만 환경적으로 엄청나게 호소력 있는 장소였다. 철로와 시가 전차로 역시 노동자와 가족들이 도시 중심부에서 이주할 수 있게 한 요소였다. 불행히도, 도시 외곽에 그들을 위해 건축된 집들은 예전에 비우고 나왔던 혼잡한 숙박시설에 비해 별로 나을 것도 없었다. 교외의 공기는 더 맑았지만, 대량생산된 주택은 황량하고 너무 넓어서 종종 도심에 집중되어 지낼 때만큼이나 자연과는 소외돼 있다는 느낌이 들었고 노동자계급은 이런 곳에서 살았던 것이다. 교외 생활의 이면에 깔린 관념은 건강한 환경이었다. 현실적으로 시골의 맑은 공기라는 이점은 도시 경계선 너머의 허술한 건물, 형편없는 하수시설, 부족한 수도 공급을 염두에 두면 상쇄되는 정도였다.

철도 시대에 시작된 대도시의 팽창은 현상을 유지하다가 자동차의 대량생산과 더불어 가속화되었다. 처음에는 부자의 장난감이었던 모터 달린 차는 3세기 이내에 서민들도 이용 가능한 주요 교통수단이 되었다. 무엇보다 이는 미국식 성공담이었다. 미국의 자동차 수는 1920년에 900만 대에서 1930년대에 2650만 대였다가 1950년대는 4000만 대로 증가했다. 1930년대 대공황이라는 재앙을 겪었지만 자동차산업은 전반적으로 호황을 누렸을 뿐 아니라 사람들의 이동에 커다란 기여를 했음을 이 수치로 알 수 있다. 후기 빅토리아 시대 영국의 노동계급에게는 철도뿐만이 아니라 안정된 직장, 단축된 출퇴근 시간, 높은 임금, 달리 말하면 경제적인 수단이라는 것도 교외로 이사할 때 중요한 고려 사항이 되었다. 이와 유사하게 20세기 미국에서, 특히 1920년대와 제2차 세계대전 시기에 폭발적인 교외의 성장은 경제 호황 국면에 일어났다.

오늘날 대도시의 팽창에서 무엇보다 독특한 점은 속도와 규모다. 교외는 '하룻밤 새에' 등장했다. 교외의 특성은 '쇄도'에 있었다. 토론토를 생각해보자.[12] 1941년 에토비코크, 스카보로, 노스 요크의 외딴 세 군구의 총 인구는 6만 6244명이었다. 1956년에는 41만 3475명이었다. 5년 뒤에는 64만 3280명에 이르렀다. 합해봐야 시골집 서너 채 서 있던 데 불과하던 지역이 1년 뒤에 500~1000개의 교외주택으로 뒤덮였을 만한 수치다. 1961년에 거대해진 토론토는 인구가 200만으로 늘었으며 그 가운데 절반 이상은 도시 경계선 외부에서 거주했다. 1961년에 옛 시가지의 주소에 살던 모든 이에게, 15년도 채 안되어 거주자가 한 사람씩 늘어난 셈이었다. 교외 지역의 극적인 성장을 다룬 통계 수치는 진부하며, 교외의 '스프롤'(불규칙하게 넓어짐—옮긴이) 현상처럼 너무나 공격적으로 뻗어나가는 현상에 대해서 숫자로 호소할 필요도 없다. '스프롤'이라는 단어 자체가 상황을 말해준다. 깔끔하게 계획된 중상류계급 공동체와는 반대로 중하층과 새로이 부유해진 노동계급의 교외는 시작 지점과 끝 지점이 명확하지 않는 획일적인 집들과 가로 블록, 그리고 분양지의 바다 같은 곳이다. 부유층과 고소득 전문직 종사자의 근교 부지는 중심 도시를 둘러싸는 광대한 벽돌 건물 외곽에 자리 잡은 유토피아로, 고립된 섬이라 할 수 있다.

외관 그리고 외관의 변화

북미에 사는 대부분의 사람들에게 '교외'라는 단어는 굽이진 길들과 세발자전거로 혼잡한 인도, 깔끔하게 손질한 잔디밭, 점점이 심어놓은 나무들을 배경으로 위치한 복층구조 2층 주택을 상기시킨다. 현실의 교외 지역은 초기 상황과 주택 가격, 규모, 영속성, 규정의 복잡함, 거주자의 임금, 교육 수준, 삶의 양식에서 상당한 차이가 난다. 교외 지역의 외관이 이런 차이들을 반영한다. 지리학적 사실들, 예컨대 도심지와의 거리와 부지의 자연이 숲으로 이루어진 산등성이인지 평지의 농장형 시골인지는 중요하다. 교외는 원래 도시인들이 점령해서 양도받은 촌락이거나, 현대적인 기술을 사용하는 거대 기업의 건축업자가 옥수수밭을 개간해서 만들어낸 새로운 지역일 수도 있고, 고색창연한 나무들과 진기하고 특화된 상점 두어 군데를 갖추고 상대적으로 좁은 부지에 넓은 주택들이 자리 잡았으며 시내에서 가깝고 비교적 오래된 주거 지역일 수도 있다. 혹은 도시 주변부에 개발된 중상류계급의 새로운 지역사회로서 넓은 농장식 주택과 정돈된 넓은 잔디밭이 있고, 폭넓은 인도와 거대한 쇼핑 단지를 갖춘 곳일 수도 있다. 교외는 '1에이커 부지'에 세운 격조 높은 거주지일 수도 있고 구조가 흡사한 집들을 찍어내듯 건축한 지역일 수도 있다.

일반적으로 교외는 도시화 과정에서 나타나는데, 머지않아 쾌적한 분위기뿐 아니라 도시의 바람직한 특성까지 획득한다. 부유한 교외 지역 주민은 이런 과정을 꿰고 있다. 그들은 지역사회(그들의 작은 유토피아)를 대체로 성공적이었던 자신들의 조직과 부에 기대어 변화 세력으로부터 보호하려고 최선을 다한다. 교외 지역 거주자들에게 변화는 불가피하다. 많은 경우에 욕구를 충동해서 계획적으로 변화를 일궈내는데, 편의시설을 완벽하게 갖춘 새로운 사유지로 이사할 수 있는 고소득자와 다르게 중간계급은 흔히 거친 '개발지'를 점유해야 한다. 이런 곳은 마무리가 미흡한 환경으로 인한 갖가지 불이익이 새로움과 청결함이라는 장점을 무색케 할 만한 장소이다. 좋든 나쁘든 교외의 외관에서 중요한 변화는 불과 10여 년 만에 나타날 것이다. 여기서 윌리엄 도브리너가 롱아일랜드의 레비타운을 생생히 묘사한 바를 인용한다. 전자는 레비타운이 신생 지역이던 1950년대 이야기이고 후자는 12년 이후 이야기다.

1950년대 봄에 레비타운 거리를 걸어 내려가노라면 그곳의 온갖 새로움과 맞닥뜨리게 된다. 새로 페인트칠을 한 서부산 소나무로 마감된 주택들, 간이 차고까지 이어진 47년산 셰비와 포드 자동차의 바큇자국, 집 한 채당 세 그루씩 비스듬한 인도의 경계선을 따라 당황한 보초처럼 서 있는 앙상한 묘목. 자전거와 사륜차, 유모차에서 나는 소음. 아이들로 번잡한 유아용 놀이틀 옆 잔디밭에 앉아 있는 주부들 한 무리. 집을 들락날락하며 비명을 질러대고 킬킬대는 서너 살 먹은 아이들. 일부러 가속 페달을 밟아서 거리를 달려 내려가는 우유 배달 트럭. 이제 주부들은 수다를 멈춘 채로, 차를 주차한 다음 107번지가 어디인지 알아보려는 외판원의 행로를 유심히 살핀다. 무엇보다 하늘은 정돈되어 있어서, 광대하고 깨끗하며 파란 것이 레비타운 전역으로 내려앉는다. 맑고 환한 날에 레비타운은 청색과 녹색으로 찬란하게 조각되어 있고 하늘과 가깝다. 집만이 하늘을 향해서 뻗어 있다. 모든 것이 젊고 성장하는 중이며 땅에 가깝다.[13]

10여 년 후에는 새로움이 차츰 빛이 바랬다. 묘목들은 많이 죽었다. 어떤 거리는 나무가 사라지다시피 한 반면 다른 곳은 푸릇푸릇하여 교외 이미지를 풍긴다. 외부 관찰자로서 도브리너에게는 미숙하게 개선하려는 노력이 그다지 인상적이지 않았던 듯하다. 하지만 우리는 변화가 뿌리내리지 않았다는 사실을 문장의 행간에서 읽어내고 추측할 것이다. 그러니까 외려 거주자들은 도시 내에서 거부당했던 혁신의 자유를 표현했다는 사실 말이다. 도브리너는 이렇게 쓰고 있다.

하나의 집단으로서 케이프 코드는 낡아버린 듯하다. 새것, 그것들은 진기하고 매력적이었다. 레비트의 화가와 전문가들은 근린 전체를 주의 깊고 균형 있게 채색하려 했다. 지금은 개인주의, 무관심, 무시, 취향의 좋고 나쁨이 균형을 무너뜨렸다. 손수 페인트칠한 자리들, 선홍색, 청록색, 연두색, 심청색, 분홍색 장식들. 지붕 위에 갈짓자로 어지러이 날림으로 지은 지붕 창들. 고미다락은 다들 넉넉하게 넓혀놓았다. 눈을 돌리면 반쯤 지어놓은 간이 차고, 누덕누덕 때운 콘크리트 자국, 부서져 내리는 석면 지붕널, 먼지 투성이에 아이들 손때 묻은, 바닥 칠이 벗겨지는 연청색 문짝, 동강 난 말뚝

울타리, 말라죽은 관목, 진흙투성이 잔디밭······.[14]

주거용 교외는 경제와 문화에서 도시에 기생적이다. 어떤 공동체는 토지를 다양하게 이용하고 문화적인 제도를 확립하여 어느 정도 독립을 성취하려 노력했다. 그들은 일자리를 만들어내고 교육세 부담을 경감하려고 청정 산업들을 기꺼이 받아들인다. 미니애폴리스의 두 교외 지역인 홉킨스와 골든 밸리는 지역 인구로 감당할 수 있는 것보다 많은 일자리를 제공하는 산업을 유치한 일을 자랑스러워한다.[15] 하지만 자원을 공유하지 않는다면 부유한 공동체에서도 문화의 지속을 기대하기 힘들다. 뉴욕 지역의 웨스트체스터 카운티는 타운에서 카운티의 하층민 절반에 이르기까지 회원과 청중을 끌어모아 심포니 오케스트라 세 군데를 후원했다. 롱아일랜드에서도 교외 지역 공동체들은 문화 정보, 체계적인 기술, 심지어 청중까지 서로 공유하려고 친밀한 접촉을 넓혀가고 있었다.[16]

교외 지역의 성격은 여러 가지 이유로 변화한다. 다른 지역의 상업이나 산업의 침투로 변화가 일어날 수도 있고, 일부는 그런 것들을 유치하기도 한다. 소수 집단의 유입으로 피해를 입는가 하면 그들을 환영하기도 한다. 또 공공도서관이며 문화의 상징물을 개선하려고 열심히 노력할 수도 있다. 모두가 더 도시적인 삶의 방식을 지향하는 움직임이며, 마지못해서든 의도적인 행동이든 도시의 세력과 가치에 무조건 항복하는 것이다.

교외의 가치와 이상향

교외로 이사하는 다양한 동기 가운데 가장 오래된 것은 건강한 환경과 형식을 차리지 않는 삶의 양식에 대한 추구다. 자연과 시골길에 대한 동경이 도시생활의 압박감으로 어떻게 촉진되는지 지금까지 되풀이해서 주목했다. 도시 환경은 유혹적인 동시에 신경을 산란하게 하고 아름다운 동시에 불결하다. 넉넉하고 재력 있는 사람들은 시골 사유지로 도피해서 위안을 얻을 수 있었다. 서구 사회에서 자연에 대한 정서는 18세기와 19세기 낭만주의 운동에서 최고조에 이르렀다. 시골 생활을 낭만적으로 동경하는 태도에서는 무엇보다 건강과 신체적 안녕의 추구가 두드러졌지만 낭만주의 운동에서 중심은 무엇보다 미덕의 이념이었다. (농부의) 자연환경과 생계수단이 도덕적인 의미를 떠안았던 것이다. 도시는 부패와 불모를 상징했다. 남자들이 권력과 헛된 명예를 위해 투쟁하지만 사소한 사회적 관습에 굴복했던 장소였다. 시골은 생명을 상징했다. 토양의 산물에서, 만물을 성장시키는 푸르름에서, 맑은 물과 깨끗한 공기에서, 건강한 가족에서, 인위적인 정치와 사회적 구속을 벗은 자유에서 엿보이는 생명이었던 것이다.

교외 지역은 시골의 가치 일부를 이미 획득했다. 현재 교외 생활의 이상향이라는 이미지는 자연과 건강, 가족, 자신만의 삶을 조직하는 자유에 초점이 맞춰진다. 유럽과 미국은 낭만주의 전통을 공유하고 두 대륙의 교외 가치에는 공통점이 많다. 영국에서는 귀족정으로 인해 야심이 더한 중간계급 일원들 사이에서 취향의 속물근성이 더 두드러졌다. 올바른 위치에 상류계급의 시골 저택을 흉내 낸 집을 소유하는 것은 미국의 부르주아보다 영국의 부르주아들에게 중요했다. 빅토리아 시대 초기에 일부 런던 교외 지역의 주소는, 디오스의 표현에 따르면 '벌링턴, 몬태규, 멜버른, 데본셔, 베드포드 등 단조롭지만 의미심장한 디브렛의 낭송'처럼 들렸다. 중간계급의 교외 거주민들 또한 적어도 장식적인 세부

사항에서는 건축물을 모방하려고 시도했다.[17] 그와 대조적으로 미국의 오래된 상류계급 교외 지역에는 웨스트포트, 셰이커 하이츠, 그로스 포인트, 화이트피시 베이, 에디나처럼 허세 부리지 않는 지명들이 붙었다. 중간계급의 신생 부지들은 이상적이고 향수 어린 시골을 상기시키는 경향이 있다. 지역 공동체들은 파인우드, 골든 밸리, 컨트리 빌리지, 코드베리 놀, 스위트할로, 페어로운, 그린 맨션, 빅토리안 우즈 등으로 불린다.

미국에서 교외 지역 이미지는 전통과 이 나라에 독특한 가치로 인해 풍성해진다. 예컨대 독립적인 가족 농장으로 대표되는 제퍼슨 시대의 우상으로 거슬러가서 전원의 이상향을 제시할 수 있다. 소도시 민주주의 개념과 개인주의, 인간 대 자연, 도움이 필요할 때 이웃의 유용함 같은 온갖 요소들이 뒤섞인 서부 변경 지역에서 전해 내려오는 말들로 이를 묘사할 수 있다.

교외 지역에 붙는 인기 있는 지명은 자연이나 시골의 어떤 면모를 환기시킨다. 이는 시골길에 대한 미국식 향수의 증거로 채택될 만하다. 앞쪽 잔디밭과 뒤쪽 정원은 농장을 대신하며, 애완동물은 가축을 대신한다. 다른 생활양식의 징표가 되는 잔디밭과 애완동물은 시골 생활을 전혀 경험하지 못한 도시인에게 기쁨보다는 부담에 가까울 수도 있다. 잔디밭과 정원은 특히 도시인이 결코 경험하지 못한 것에 근거하는 희미한 신념의 표상들이다. 그것들은 상당한 시간과 공을 들여야 유지되는데, 교외 지역의 가족은 이웃에게 공통의 신념을 지지한다는 신호를 그런 식으로 보낼 수가 있다. 미국식 농장은 한 가족이 운영하기 때문에 가족이 교외생활의 중심이 된다. 변두리 지역 특유의 편의시설들은 가족의 필요와 기능을 충족할 목적으로 정착된 것이다. 학교, 교회, 쇼핑-오락 센터는 이런 경관에서 두드러지는 유사 표지들이다. 지금까지 교외 지역으로 이사하는 가장 공통적인 이유는 육아이다. 가족 구성원이 늘어나면 공간이 부족한 도시의 아파트는 물론이고 도시 자체가 위험투성이로 여겨지는 것이다. 부모들은 아이가 거리에 있거나 시야에서 벗어나면 불안을 느낀다. 이와 반대로 교외 주택은 어린아이들의 안식처다. 가족이라는 품과 건전한 환경에서 아이들은 건강하고 품위 있는 시민으로 성장할 수밖에 없다.

교외 지역은 소도시 민주주의라는 이미지를 갖고 있다. 대도시의 자치정부는 가망 없을 만큼 복잡하고 부패했다는 인식이 널리 퍼진다. 이런 관점은 시골에서 올라온 사람들과 외국 이민자가 함께 대도시의 중심지로 밀려들었던 19세기의 마지막 몇 십 년 사이에 미국식 민담의 일부가 되었다. 인구수가 요동치는 사이에 사람들의 열정과 필요는 갈등을 일으켰고, 덕분에 자치정부의 원칙과 실행의 괴리가 극심해져서 정부의 존재 이유를 조롱거리로 만들 정도였다. 경계심을 풀지 않는 젊은 시민층이 줄어들면서 소도시의 건강한 정치는 쇠퇴하고, 소규모 반(半)자율성 교외 지역에서만 참여 민주주의의 이상향 비슷한 것이 유지될 수 있었다. 데이비드 리즈먼이 지적했던 것처럼, 성공한 도시 변호사 혹은 기업인은 지방정부의 자질구레한 문제 해결에 기꺼이 역량을 바칠 것이다. 교외 지역을 합병해 대도시 문화에 포함하려는 시도들은 강한 저항에 부딪혔다. 중상류와 상류계급 교외 지역은 법적인 자율성과 안락한 정치학의 가치를 중요하게 여겼다. 교외 지역의 자치는 나날이 확산되었다. 1954년까지 뉴욕 지역은 무려 1071개의 사법 관할 지역으로 구분되었다. 시카고 960개, 필라델피아 702개, 세인트루이스는 420개였으니, 당시 미국의 지역정부 가운데 14퍼센트가 고스란히 대도시에 있었던 것이다.[18]

교외는 팽창하는 대도시의 변경에 있다. 그곳은 생겨나는 중인 사회, 변화를 겪고 있는 사회, 도시문화의 끝에 자리한 곳이다. 이렇듯 신생의 교외 지역은 개척 중인 특성이 드러나게 마련이다. 형식은 결여되어 있고 사회적으로 구별 짓는 구조가 부재하며 생활의 전반적인 조건은 허술한 상태다. 진흙투성이 거리, 믿기 어려운 수도 사정, 원시적인 하수도와 쓰레기 처리, 부족하거나 아예 없는 학교, 빈약한 교통시설, 고립감을 주는 장소.[19] 가족 모두가 시골에 (거의 하룻밤 사이에) 조성된 저소득층 분양지로 이주할 때면 모든 일을 스스로 해결하는 개척 정신은 필수이다. 더불어 비슷하게 궁지에 몰린 이웃과의 협동정신이 요구된다. 빈곤한 교외 지역 주민들은 흔히 제 도구로 제 집을 짓는다. 그들은 개척자 만물박사의 기술을 익혀야만 한다. 중간계급은 '완공된' 집으로 이주할 수도 있지만 잡역부 역할을 수행할 수밖에 없도록 남은 작업들이 많다. 그런 역할을 기꺼이 감당할 수도 있다. 가족을 부양하는 자라는 이미지를 강화하면서 아버지는 또 하나의 지위를 얻는다. 구조 변경을 하려면 집주인의 허가가 필수인 번잡한 도시의 아파트에서는 어떤 경우에도 채택할 수 없는 남성의 역할이다. 교외 주택에서 한 사람이 주위 환경을 변경하느라 사실상 할 수 있는 일은 거의 없지만, 연장을 모두 갖춘 창고가 상징하는 무언가가 있다. 협동정신은 변경과 교외 지역의 또 다른 특징이다. 공통의 필요성은 상호 조력을 낳는다. 승용차 함께 타기와 공동 양육은 자원 부족에 대응하는 방책들이다. 신교외 지역의 수영장 공동 건축은 초기의 헛간 짓기를 재현한 것이다. 교외 지역 사람들은 이제 수확기 대신에 잔디깎이를 교환한다.[20] 고소득자를 위한 일괄 계약 상품인 지역사회 그리고 오래된 교외 지역에서는, 변경인으로서의 삶이 현실보다는 관념에 가깝다. 가벼운 복장과 양식으로 상징되고, 뒤뜰에 설치한 땔감

용 보일러의 불판에 집안의 가장이 남자답게 고기를 굽는 기교를 발휘하는 그런 모습 말이다.

교외 지역은 물리적인 배경에서 엄청나게 차이가 난다. 거기서 살기로 한 사람들의 환경에 대한 가치와 태도도 마찬가지다. 교외 환경 자체와 관련해 이사한 사례는 거의 없을 것이다. S. D. 클라크는 한정된 수단을 보유한 젊은 층은 공동체적 배경보다는 집을 얻으려 한다는 사실에 주목한다. 그들에게 첫 번째 고려 사항은 예산 내에서 구할 수 있는 집이다. 교외 지역의 물리적 특성은 거의 중요하지 않다. 명백한 경계나 중심없이 거주 단위들이 무작위로 뻗어나가기 때문이다. 신혼인 젊은 층에게 도시를 떠난다는 것은 뭔가를 희생한다는 뜻이지만, 가족을 부양할 집이 없으니 도시에 거부당한다고 느끼는 것이다. 나이가 지긋한 전문직 중상류계급은 반대로 이미 교외 지역에 살고 있을 것이다. 그들은 더 배타적이고 쾌적한 즐거움을 더 많이 누리고 더 지위가 높은 교외 지역으로 이사를 갈 것이다. 그리고 주택보다는 지역과 '삶의 방식'에 더 중점을 둘 것이다. 예컨대 토론토의 손크레스트 빌리지는 고임금 집단을 위한 일괄 계약 공동체다. 빌리지에 거주하는 주민들에게 설문조사로 매력적인 특징들을 질문했는데, 주민들의 답변에서 주택의 품질은 무시되는 경향이 보였으며 보호구역 내에서 배타성, 조직적인 공동체 생활, 회원제, 조용한 시골 생활 같은 부지의 장점이 강조되었다.[21]

공동체의 '삶의 방식'을 조사해보면, 이에 대한 사람들의 이미지가 실제 행동 방식과 어울리지 않을 만큼 아주 강력하다. 리처드 세네트는 경험으로 인한 편견의 위력을 한 가지 사례를 들어 서술한다. 성공한 흑인 가족이 중서부의 어느 도시 외곽의 부유한 교외 지역으로 이사하려 했다. 이 교외 지역의 이혼율은 전국 평균 네 배에 이르며 청소년 범죄는 인근

도시에서 최악인 지역에 육박할 정도였고 감정 동요에 따른 빈번한 사건 사고는 입원 치료가 필요할 정도로 심각했다. 하지만 해당 지역 주민들은 자신들이 견실한 가족들의 공동체이고 행복하고 마음 편한 곳에서 강한 결속을 유지하고 있다고 주장하면서 흑인 가족의 입주를 배척했다.[22]

사람의 자기 망상 능력은 대단하다. 태도를 표현하는 언어 자체에서는 진실이 거의 드러나지 않는다. 빚에 허덕이고 외로우며 조악하고 서둘러 야바위로 마무리한 환경의 갖가지 불편함에 고통받는 가족이라 해도, 만일 그들의 새로운 환경에 무언가(대개는 주택 공간이) 옛날보다 넉넉하다면 교외 지역으로 이사한 것에 만족한다고 선포할 것이다. 집단적 이미지를 뒤쫓는 자의식 강한 공동체는 실제 경험한 현실을 서둘러 덮어버릴 것이다. 도시와 교외의 생활양식에서는 지식인도 기만과 편견에서 자유롭지 못하다. 한때 그들은 비인격성과 부패를 꼬집으며 대도시를 비난하고 공동체 감각과 자치 능력이라는 측면에서 소도시와 시골 생활을 찬미했다. 그러나 사람들이 소도시와 시골이라는 가치의 일부를 이해하려 할 때, 지식인들(허버트 갠스는 주목할 만한 예외이다)은 이에 만족해하지 않았다. 많은 이들은 교외 지역의 삶을 '도피주의', '향수 어린 무능함', 좋게 말해서 일종의 '슬픔', 혹은 '불쾌함'이라 표현하며 비난했다. 사람의 모든 창조물처럼 변두리 지역은 결점이 있으니 비판이 정당할 때도 있다. 그러나 교외란 하나의 이상향의 재현이었고 현재도 진실로 그러한데, 이제 그 이상향은 개발업자와 주택 거래인만이 푸지게 칭찬할 수 있을 뿐이다. 하지만 1925년에도 어느 학자는 이의를 제기할 수가 없었던지, 교외 지역의 한계를 인정하면서 따뜻한 희망을 표현했다. H. P. 더글러스는 이렇게 썼다.

과도하게 흐트러진 상황을 재정리해서 구성했기 때문에, 서로에게 까탈을 부리지 않고 협조할 만큼 취미가 맞는 사람들로 구성되었기 때문에, 여지가 많다는 환경의 이점 때문에, 한계에도 불구하고 교외는 도시 문명에서 가장 장래성 있는 공간이다. (……) 도시의 한 조각에서 형성된 교외 지역 사람들은 공동체 정서, 이웃 간의 우애와 평화의 공기를 호흡하기를 기다린다. 도시 문명에서 손상되지 않은 젊은 면모가 살아 있고, 사춘기의 환멸을 겪지 않았으며, 만일 그런 게 있다면, 물질적인 안녕만이 아니라 행복과 가치 있는 삶이 성취될 수 있을 곳 말이다.[23]

시범마을과 신도시

교외 지역은 환경을 찾아나서는 하나의 이상향을 상징한다. 시범마을과 신도시는 다른 이상향을 상징한다. 두 가지 이상향은 어떻게 다른가? 교외 지역의 명예를 실추시키는 논자들은 도시 사회의 도전과 문제(부의 획득)에 직면할 수 없는 사람들의 낭만적인 후퇴라고 모질게 말할 수 있다. 계획된 교외 지역에 동정적인 논자들은 자치와 느슨한 삶의 양식에 대한 그들의 열망을, 신도시에 대한 열망과 비슷하지만 (패트릭 게데스와 에벤에셀 하워드가 필수적이라고 생각했던) 끈질길 정도의 정치적·교육적 노력을 쏟지 않고 얻어냈다고 여길 것이다. 교외는 동일한 조형틀로 찍어내듯 만들어지지 않는다. 신도시도 마찬가지다. 대도시 외곽에서 얼마 안 되는 공공기관과 작업장만 갖춘 채 보급식으로 설립된 신도시가 교외 주거단지처럼 보이며 그렇게 기능한다는 것은 놀랄 일이 아니다. 그런 반면에 지역문화를 후원하고 공장의 유치를 권장하는 교외의 자치 공동체는 신도시계획의 기본 가치 일부를 흡수했다. 하지만 현실에서는 촌락과 전원도시 운동에 활기를 주는 이상적인 환경만이 아니라 사회적인 면에서도 차이가 난다. 교외 지역의 성장은 계획되지 않은 현상으로 대도시 확장의 한 단계다. 사람들은 살아갈 장소를 찾아 도시의 가장자리로 빠져나간다. 거주 이외의 목적으로 토지를 활용할 수도 있고 그렇지 않을 수도 있다. 이와는 반대로, 신도시 건설의 핵심부에는 도시계획이 있으며, 신도시계획은 거주지를 넘어서 사람들이 살아가며 일하며 기분 전환할 수 있는 총체적이고 통합적인 환경을 포함한다.

　(종종 신도시로 여겨지는) 전원도시의 선구적 사례는 19세기 중반, 영국 북부의 시범마을이었다. 환경오염이 심했던 섬유 도시 밖의 시골에 건조된 시범마을은, 신생 부유층인 산업가의 이상주의를 증명한다. 공장주는 자신이 거느린 노동자의 처참한 생활 조건에 양심의 가책을 받은 것이다. 새로이 부를 쌓아올린 사람에게 이상주의가 존재할 수 있는지 의문을 품을 것이다. 하지만 사실이 그랬다. 시범마을을 정착시키는 과정에서 산업가는 기업가 정신을 어느 정도 희생해야 했다. 현직 대지주라는 지위가 제공하는 강력한 의무감과 비국교도적 종교에서 수혈받은 사회적 양심, 자연과 중세 도시의 모형에 따른 공동체에 대한 낭만적인 믿음이 합해져서 요크셔 지역의 산업가인 티투스 솔트, 에드워드 애크로이드, 그리고 크로슬리 가는 시범마을 건설에 시간과 정력, 자원을 쏟아부었다. 이런 정착지는 공통점이 있으니, 부담을 느끼던 지도자들이 세운 마을이라는 점이다. 사람들이 살면서 일도 한다는 의미에서 자급자족적인 공동체로 구상했으며, 도시계획자는 교회와 문화 기관, 진료소와 병원도 포함했다. 환경이 건강과 도덕에 미치는 은혜로운 영향력에 대한 계획자들의 신념을 반영한 것이다. 이런 곳은 대개 시골이고 인구는 적었다.[24]

영국의 전원도시 운동은 19세기 말미에 에벤에셀 하워드의 착상으로 시작되었다. 전원도시는 무엇인가? 1919년 하워드의 말에 따르면 전원도시는 "건강한 생활과 산업을 위해 설계되었으며, 사회생활을 충분히 누릴 만한 넓이지만 그 이상은 아니며 주위를 시골 지역이 에워싸는 형태였고, 토지 전체는 공공 소유거나 공동체의 신탁이 보유했다".[25] 이런 정의에서 신도시 혹은 전원도시가 한편으로는 시범마을과 다른 한편으로는 교외 지역과 얼마나 다른지 알 수 있다. 공통점은 대도시에서 벗어나면 생활이 건강해진다는 신념에서 유래한다. 시범마을과 다르게 전원도시는 협동적인 기획이지, 전능하고 유일한 박애주의자의 꿈의 실현물은 아니다. 전원도시를 뒷받침하는 사회적인 이상향은 종교적인 영감과 낭만적 중세주의에서 한 걸음 나아간 것이다. 전원도시는 규모가 더 넓고 인구는 더 이질적이며 산업은 훨씬 다양하다. 그것은 중간계급과 부유한 노동자들을 염두에 두고 계획되었다. 더 이전 형태인 시범마을과 다르게 신도시는 녹지가 많고 개인에게 할당된 공간이 넓어서 19세기 말에 대중적으로 확산되었던 자연주의 양식의 조경을 반영한다. 교외 지역과 다르게 전원도시는 도시로 계획되었다. 도시계획자는 머릿속으로 토지 활용의 다중성과 다양한 인구의 수용을 도모한다. 신도시는 도시민의 사회경제적 배경이 동일해서가 아니라 각자 다른 삶의 행로를 걸어온 사람들이 서로의 도움이 필요해 형성한 공동체인 것이다. 중심이 있으며 공적 기능은 중심으로 모인다. 다른 도시들과는 녹지로 에워싸서 구분했으며 말하자면 대부분의 교외 지역과 달리 뚜렷한 가장자리가 있다.

최초의 전원도시 레치워스의 설립(1903~1905) 이후로 신도시 운동은 명예를 훼손당했다. 전원도시는 도시적 열망이 명백했음에도 집단 계약으로 추진되는 교외 지역과 혼동되었다. 여기에는 에벤에셀 하워드가 1에이커당 70명에서 100명으로 잡았던 상당히 고밀도의 거주 인구수도 한 몫을 했다. 레치워스 자체는 공적인 건축물과 전체 설계도의 일관성이 아니라 경관 조성과 넓은 주거 부지, 호별 주택의 품질에 막대한 관심을 기울인 탓에 비판을 초래했다. 전원도시의 '정원'이라는 측면을 강조한 결과 수목을 과도하게 조경했다. 나무들이 완전히 성장할 즈음이면 여름철마다 무성해지는 잎으로 햇살과 전망이 가로막혀 거주민들에게 부담이 될 수도 있다. 아스팔트 정글에서 기껏해야 온실로 이사 가는 대단치 않은 신분상승이었던 것이다. 오랫동안 영국 신도시 운동을 옹호했던 루이스 멈포드는 레치워스가 설계상의 대성공을 거두지는 않았으며 "현대화된 시골 마을과 세력을 확장해가는 현대 교외 지역의 중간쯤에 걸쳐 있는 것"[26]처럼 보인다고 토로한다. 15년쯤 이후에 지어진 웰윈 전원도시는 레치워스보다는 훨씬 일관돼 있지만, 거기에도 충분한 녹지와 공적인 기능, 초점이 되는 모임 장소들과 조밀하게 짜인 계획이라는 도시화 특성보다는 사생활이 지나치게 강조돼 있다. 이렇듯 개척자적인 과감성과는 상반되게, 제2차 세계대전 이후에 건설된 신도시는 녹지에 대한 매력이 감소하고 건축양식을 달성해내는 것에, 말하자면 고층 건물을 피하면서 도시의 직조 방식을 드러내는 것에 훨씬 관심을 기울였음을 보여준다. 글래스고 부근의 쿰버나드는 이런 새로운 경향을 예시한다.

하워드가 영감을 불어넣은 신도시는 F. J. 오스본의 말에 따르면, "전원 '안'에 있는 도시(아름다운 시골이 에워싸고 있으니)이자 전원 '의' 도시이기도 하다".[27] 신도시가 교외 이미지에서 벗어나 이상도시에 가까워지면서, 최근 수십 년 만에 도시계획에서 철학의 초점이 '전원'에서 '도시'로 옮겨간 듯하다. 물리적인 계획 수립에서 환경이라는 개념은 큰 몫을 차지한다. 특히 두 가지 관념이 터 잡기와 시범마을과 신도시계획을 이끌어왔다. 하나는 자연이 건강과 도덕에 은혜로운 영향력을 발휘한다는 관념이며, 두 번째는 건축적인 골격의 설계가 사회적 행태에 영향을 준다는 것이다. 영국에서 본빌과 포트 선라이트 같은 이후의 시범마을들과 초기 신도시들은 녹지를 강조하는 경향이 있다. 즉 사회의 질병을 다스리는 자연의 힘에 대한 도시설계자들의 믿음이 반영돼 있다. 최근 건축된 신도시는 자연을 무시하지 않는다는 사실이 그린벨트라는 개념에서 특히 드러나지만, 도시설계자가 건축의 영향력을 확신하고 있음이 설계에서 반영된다. 신도시의 건축 목적은 다양한데, 그중 하나는 사회통합을 북돋는 것이다. 이런 면에서 본다면 결과는 전적으로 성공이라고 하기 어렵다. 같은 계급 시민들이 스스로를 근린과 구분 짓는 경향을 보이기 때문이다. 설계자 관점에서 훨씬 당혹스러운 점은—중간계급의 일부 시민은 일하는 도시와 거주 도시가 다르기 때문에—자급자족적 공동체라는 성격, 사회경제적으로 배경이 서로 다른 사람들이 일하고 기분 전환하며 가족을 부양하는 곳이라는 신도시 개념이 훼손되는 것이다.

교외 지역과 신도시에서 보이는 환경에 대한 현대적 추구는 한 세기 이전에 나타났다. 도시의 부패로 건전한 삶에 대한 열망이 추진한 결과였다. 교외 지역보다는 그린벨트로 에워싸인 자급자족형 신도시가 도시 성장에 대한 더 유망한 해답이라고들 한다. 영국이 이 방면의 선구자였고[28] 다른 나라들이 뒤를 이어 성공을 이루었다. 취락지가 더 많이 건설되고 더 많은 국가들이 전원도시계획을 수용한 만큼, 신도시의 원래 이상과 목적 일부는 초점을 잃은 듯하다. 이런 측면에서 이채로운 것은 적절한 크기라는 개념이 변화하고 있다는 점이다. "도시에는 적절한 면적이 있는데, 도시 기능을 모두 망라할 만큼 커야 하지만 방해할 만큼 넓어도 곤란하다는 아리스토텔레스의 개념을 하워드가 현대적인 용어로 재서술했다. 그는 경험상 적절한 숫자를 3만 명이라고 규정했다."[29] 레치워스와 웰윈 전원도시 같은 초기의 전원도시들은 1970년에 인구 수가 4만 5000명에도 못 미쳤다. 과감하게 도전해서 성공을 거둔 경우는 많지 않았다. 헬싱키 인근의 타피올라는 거주민 1만 6000명이 1제곱마일에 불과한 토지에 거주한다. 하지만 요즘엔 거대화하는 경향이 보인다. 가령 프랑스에서 에브리 신도시(파리 동남쪽 18마일)는 1975년경에 인구 30만 명에서 최대 45만 명을 수용하려는 계획을 세웠다. 미국에서는 국가도시성장정책위원회가 평균 인구 10만 명의 공동체를 100여 개 만들고, 적어도 인구 100만 명의 새로운 공동체 10곳을 건설하자고 제안했다.[30]

모범이 될 만한 이상적인 사례는 드물다. 그런 이상향들이 역사의 다른 시대에 어딘가에서 다른 의상을 덧입어 다시 출현할까? 이상향으로서 안락한 신석기시대의 촌락은 오염되지 않은 우주적인 도시에 양도되었다. 대도시가 마구잡이로 확장되면서 자연에 근접한 시범마을과 적절한 규모의 신도시를 향한 열망이 생겨났다. 50만~100만 명의 인구를 수용하도록 설계할 때, 신도시는 고대의 사제왕이 행한 우주-건축 이상형에 근접할 듯하다.

요약과 결론

환경의 지각과 태도, 가치에 대한 연구는 막막할 정도로 복잡하다. 나로
서는 폭넓은 주제들을 건드렸지만, 이 글을 읽는 누구라도 내가 독자들
의 핵심 관심사에 해당하는 주제에 인색하게 굴거나 완전히 간과했음을
발견할 것이다. 하지만 이 책에서 제공하는 폭넓은 틀을 통해 독자 한 사
람 한 사람의 고유한 관심사를 파악하고 그것들이 토포필리아라는 다른
주제들과 어떻게 관련되는지 깨닫는다. 이런 개관의 동심원 내에서 내
가 고찰한 주된 요점은 아래와 같다.

1. 사람은 생물학적 유기체, 사회적 존재, 독특한 개인이다. 지각, 태도, 가
   치는 존재의 세 층위를 각각 반영한다. 사람은 광범위하게 배열된 환경
   자극을 입력하도록 생물학적으로 준비된 도구다. 사람들은 대개 지각력
   을 매우 제한적으로 사용하며 인생을 마감한다. 우세한 감각의 종류를
   결정짓는 것은 문화와 환경이다. 현대 세계에서 시각은 여타 감각, 무엇

보다 후각과 촉각을 희생하면서 강조되는 경향을 보인다. 두 감각은 근접성과 매우 느린 속도가 〔충족되어야〕 발휘되며 정서를 뒤흔들기 때문이다. 인간은 다양한 방식으로 환경에 반응하지만, 생물학에 근거하는 경우와 특정 문화를 초월하는 방식은 매우 드물다. 예컨대 사람들이 지각할 수 있고 정서적으로 연관 짓는 대상의 범위는 제한돼 있다. 인간은 시공간 연속체를 분할하려 한다. 생물학적인 자연에 대한 인간의 분류법을 살펴보면 기본적인 유사점이 나타난다. 사람의 정신은 실체를 한 쌍의 이율배반으로 정리하고 그 매개체를 찾아내는 경향이 있다. 자민족중심주의와 정서적 공간을 동심원으로 배열하는 것은 인간의 공통점이다. 일정한 색채, 특히 적색, 흑색, 백색은 문화적 경계선을 넘어서는 상징적 의미를 얻었다. 개인은 문화라는 침투성 영향력을 초월한다. 모든 사람은 공통의 관점과 태도를 공유하지만, 각자의 세계관은 독특하면서도 결코 사소하지 않다.

2. 한 사회의 문화적 표준을 드러내고 실행하는 집단은 구성원의 지각, 태도 환경 가치에 강력한 영향을 미친다. 문화는 사람들로 하여금 존재하지 않는 것을 보게 할 정도로 지각에 영향력을 발휘한다. 문화는 집단 환각을 초래할 수 있다. 성역할이 구분되는 곳에서 남성과 여성은 다른 가치를 몸에 익히고 환경의 다른 면들을 지각한다. 원주민과 방문객의 지각과 환경 판단이 중첩되지 않는 이유는 그들의 경험과 목적에 공통점이 거의 없기 때문이다. 자연환경이 동일한 유형인(뉴멕시코 북서부의 반건조성 고원과 메사) 다섯 집단의 사람들은 서로 근접해서 살아가면서 구분되는 세계관을 유지해왔다. 우리의 몇 가지 관점으로는 실재를 속속들이 파악할 수 없다. 비록 자원이라 부르는 실재의 면모는 많은 사람들이 그것을 자원이라고 지각하여 계발한다면 고갈된다는 점에서 예외가 없지

만. 환경에 대한 태도는 자연 정복이 증가하고 미의 개념이 바뀌면서 변화한다. 머지않아 유럽인은 산을 신이 주재하는 장소로 보았으며, 숭고한 자연, 풍경, 건강, 관광객 리조트를 지상이라는 매끄러운 본체에 붙은 군더더기라고 보게 되었다.

인공과 자연의 물리적 환경 자체는 지각에 영향을 미친다. '목공' 세계에서 살아가는 사람들은 직각이 결여된 환경에서 살아가는 사람들과 다른 종류의 환상에 감염되기 쉽다. 환경 특성들을 지각 편향과 관련지어 영향을 미치는 원인으로 삼을 수는 없을 것이다. 문화가 매개하기 때문이다. 환경과 지각의 관계에 대해서 간접적이고 부정확한 진술들은 할 수 있다. 환경의 생태적 성질은 시각적 정확성을 계발시키는 것과 관련이 있다고 할 것이다. 그래서 기크웨 족 부시먼은 건조한 계절에 개별 식물들을 알아보는 법을 배우는 반면 더 좋은 환경에서 살아가는 쿵 족 부시먼은 식물군의 위치만 익혀도 되는 것이다. 환경은 토착 우주지리학과 세계관에 따르는 건축물을 반드시 구획한다. 이집트인과 수메르인의 세계관에서 대조되는 점은 그들의 개별 환경에 기인한다.

3. 도시, 교외, 농장 가운데 삶의 장소에 대한 사람들의 선호도와 휴가 장소에 관한 개괄적 연구는 많지만, 상이한 환경에서 상이한 유형의 물리적 배경을 경험할 때 그 질과 범위에 대해서는 전반적으로 무지한 상태이다. 우리는 윌리엄 제임스의 《환경적 경험의 다양성》을 학습할 필요가 있다. 국립공원을 방문하는 인원이나 여름 별장을 구입하는 인구를 제시하는 통계학은 자연에 대한 사람의 실제 정서보다는 유행과 경제 상태를 제시하는 척도가 된다. 그런 자료에서는 사람들이 어떻게 자연환경에서 기회를 활용하는지 그것을 노출하는 데서 어떤 이득을 기대하는지 거의 파악할 수 없다. 토포필리아는 수많은 형태를 취하고 정서의 범위와 강

도 역시 무척 다양하다. 우선 그것을 묘사해야 한다. 덧없는 시각적 쾌락인지, 신체 접촉의 관능적 기쁨인지 묘사해야 한다. 익숙해서 혹은 고향이라서, 또는 과거를 구현해서, 창조주 혹은 소유주로서 자존심을 환기시켜서 특정 장소를 애호하는지 묘사해야 한다. 그도 아니면 동물적인 건강과 활력으로 인한 기쁨인지부터 묘사해야 한다.

일정한 자연환경은 사람의 이상적 세계라는 꿈속에서 두드러진다. 그것은 숲과 해변, 계곡과 섬이다. 이상향의 세계는 현실의 세계에서 결함을 제거하는 문제이다. 지리학이 토포필리아라는 정서에 내용을 제공하는 것은 필연이다. 낙원이란 현실에서 과도함(너무 덥거나 너무 춥거나 너무 습윤하거나 너무 건조한)을 제거한 곳이기 때문에 일종의 가족 유사성을 지닌다. 각종 동식물에는 사람에게 유용하고 친근한 것들로 가득하다. 낙원도 탁월한 면모들이라면 서로 다르다. 어떤 곳에는 목초지가 넓고 다른 곳에는 신비로운 숲이, 향긋한 섬이, 산골짜기 계곡이 그러하다.

4. 문맹인 전통사회의 세계관은 아무리 간접적이라고 해도 과학과 기술의 영향을 받은 현대인의 세계관과 중대한 차이를 보인다. 과학이 출현하기 전에 사람들은 자연에 순응했다. 하지만 지금은 자연을 지배하려 든다. 더 충실한 구분점이라면, 원시인과 전통사회의 여러 민족들이 수평적 세계, 선회적 세계, 상징이 풍부한 세계에 살았던 반면 현대인의 세계는 평면적이고 천장이 낮고 비선회적이며 미학적이고 세속적인 경향을 보인다는 것을 들 수 있다. 유럽에서는 1500년 이후로 점진적인 변화가 일어났으며, 이는 과학뿐 아니라 예술, 문학, 건축, 조경에도 영향을 미쳤다.

5. 고대 도시는 우주의 상징이었다. 사람은 성벽 내부에서, 시골 생활을 불안하게 했던 생물학적 필요와 자연의 변덕에서 자유로운 천상의 질서를 경험했다. 모든 도시는 권력과 영광의 이상을 (뚜렷한 가시성을 통해서) 집

중·강화하는 일종의 공적 상징을 포함한다. 현대의 대도시에서는 넓은 가로수길이나 광장, 위엄 있는 시청이나 도시의 역사와 정체성을 획득한 기념비가 상징이 될 것이다. 도시는 엄청나게 복잡하지만 단 하나의 이미지, 분명한 꼬리표가 붙는다. 뉴욕의 스카이라인과 샌프란시스코의 전차는 미국에서는 드문 사례에 속한다. 단 하나의 연극적인 건축물이라면 그늘에 가려졌던 오래된 역사적 상징을 제시하면서 대도시에 정체성을 부여할 수 있다. 파리(기념비가 풍부한 도시로 갑자기 등장한)의 에펠탑, 토론토의 시청, 세인트루이스의 게이트웨이 홍예가 그러하다.

인공물로서 도시는 사람의 목적을 반영한다. 하지만 대도시에서 살아가는 대다수 사람들에게 자연의 사실만큼이나 사람의 특수한 생리적 요구로 환원할 수 없는 주어진 조건은 환경이다. 사람들은 도시의 극히 일부에 대해서만 자신이 제어하고 있다는 느낌을 받는다. 그들의 집이 소유주의 개성을 표현하거나, 개인이 소유한 소규모 사업장의 경우 일터도 그러할 것이며, 어쩌면 허물없이 교제하는 장면이 연출되는 곳이라면 아마 근린의 거리도 마찬가지일 터이다. 삶의 양식은 거대도시라면 모두 가지각색이다. 사람들은 동일한 도시에, 심지어 도시의 동일한 지역에서 살아도 세계를 다르게 지각한다. 모든 도시 거주자에게 공통되는 점은 직장과 생명을 존속시키는 음식을 얻는 곳이 멀리 있다는 것이다.

6. 야생지와 시골을 대할 때의 태도는—말로 나타내 지식으로 만든 것에 한정한다면—환경에 대한 세련된 반응들로 나타나며 이런 반응은 도시에서 기원한다. 이는 환경 유형이 존재하고 인지되며 이 사이에서 얼마간 선택의 자유를 누린다는 점을 전제하고 있다. 환경의 세 가지 유형에 대한 태도는 출발 지점부터 대조적이다. 야생지는 혼란, 악마의 출몰, 그리고 순수를 의미한다. 정원과 농장은 이상적인 삶을 상징하지만, 에덴이

라 해도 거기에는 뱀이 있었다. 시골 부지는 우울함을 유발했으며, 농장은 소작인을 위한 곳이었다. 도시는 질서, 자유, 영광을 상징했지만 세속성, 자연적 미덕의 부패, 억압을 상징하기도 했다. 서구에서 18세기의 자연적 낭만주의 이후에는 산업혁명의 두려움이 뒤따랐다. 두 가지가 합해져서 시골의 대지와 풍경, 도시를 희생시키면서 자연의 장점을 강조하는 공적인 의견이 탄생했다. 이미지는 뒤바뀌어 야생지가 질서(생태적 질서)와 자유를 상징하는 반면 도시 중심부는 무질서하며 사회적 배척자들이 지배하는 밀림을 상징하게 되었다. 한때 빈민과 추악한 거래소로 인식되던 교외는 부패해가는 도시 중심부에 비해서 엄청난 위신을 지닌다. '핵심'과 '외곽', '중심'과 '가장자리' 같은 유서 깊은 의미들은 역전된다. 신도시로 이사하는 행위는 교외생활의 미덕을 중심이라는 관념과 결합하려는 시도다.

인간은 끈질기게 이상적인 환경을 찾아다녔다. 그 모양새는 문화마다 서로 다르겠지만 본질적으로 대조적인 두 가지 이미지로 수렴되는 듯하다. 순수의 정원과 우주이다. 지상의 과실은 안전을 제공하는데, 거기에 웅장함을 더한 조화로운 별자리도 마찬가지다. 그렇게 우리는 하나에서 다른 것으로 움직여 간다. 바오밥나무 그늘로부터 하늘 아래 신비의 원으로, 집에서 공공의 광장으로, 교외에서 도시로, 해변의 휴일에서 세련된 예술 향유로 향하면서 평정의 지점을 찾는 것이다. 이 세계에 속하지 않는 평정 말이다.

주

01 서론

1. 환경 지각에 대한 연구에서 나타나는 문제점들에 대한 최근 개관을 확인하려면 다음을 참조하면 된다. David Lowenthal, "Research in Environmental Perception and Behavior: Perspectives on Current Problems," *Environment and Behavior*, 4, No. 3 (1972년 9월), pp. 333-42.

2. 예를 들어, Kenneth Hewitt and Ian Burton, *The Hazardness of a Place: A Region Ecology of Damaging Events*, University of Toronto Department of Geography Research Publication No. 6 (1971년), 환경 위험을 다루는 다른 연구물의 서지 목록 참조.

3. Myra R. Schiff, "Some Theoretical Aspects of Attitudes and Perception," *Natural Hazard Research*, University of Toronto, Working Paper No. 15 (1970)

4. W. T. Jones, "World Views: Their Nature and Their Function," *Current Anthropology*, 13, No. 1 (1972년 2월), pp. 79-109.

02 지각의 공통 특징: 오감

1. Committee on Colorimetry, *The Science of Color* (Washington, D.C.: Optical Society of America, 1966), p. 219.

2. T. G. R. Bower, "The Visual World of Infants," *Scientific American*, 215, No. 6 (1966), p. 90.

3. Bernard Campbell, *Human Evolution: An Introduction to Man's Adaptations* (Chicago: Aldine-Atherton, 1966), pp. 161-62.

4. Lorus J. Milne and Margery Milne, *The Senses of Animals and Men* (New York: Atheneum, 1962), pp. 18-20; Owen Lowenstein, *The Senses* (Baltimore: Penguin, 1966).

5. G. M. Wyburn, R. W. Pickford, and R. J. Hirst, *Human Senses and Perception* (Edinburgh: Oliver and Boyd, 1964), p. 66.

6. Desmond Morris, *The Naked Ape* (London: Transworld Publisher, Corgi edition, 1968), pp. 95-96.

7. P. H. Knapp, "Emotional Aspects of Hearing Loss," *Psychomatic Medicine*, 10 (July/August 1948), pp. 203-22.

8. Edmund Carpenter, Frederick Varley, and Robert Flaherty, *Eskimo* (Toronto: University of Toronto Press, 1959), 쪽수 미기재.

9. Richard Neutra, *Survival Through Design* (New York: Oxford University Press, 1969), pp. 139-40.

03 공통된 심리 구조와 반응

1. Paul D. MacLean, "Contrasting Functions of Limbic and Neocortical Systems of the Brain and Their Relevance to Psychophysiological Aspects of Medicine," *American Journal of Medicine*, 25, No. 4 (1958), pp. 611-26.

2. Edmund R. Leach, *Claude Lévi-Strauss* (New York: Viking, 1970), pp. 16-20.

3. Edmund R. Leach, "Genesis as Myth," in John Middleton (ed.), *Myth and Cosmos* (Garden City, N. Y.: Natural History Press, 1967), p. 3.

4. H. Schwarzbaum, "The Overcrowded Earth," *Numen*, 4 (1957), pp. 59-74.

5. Aniele Jaffé, "Symbolism in the Visual Arts," in C. G. Jung (ed.), *Man and His Symbols* (New York: Dell, 1968), pp. 266-85; José and Miriam Argüelles, *Mandala* (Berkeley and London: Shambala, 1972).

6. Emile Durkheim and Marcel Mauss, *Primitive Classification*, trans. Rodney Needham (Chicago: University of Chicago Press, Phoenix Books, 1963), and Marcel Granet, *La Pensée Chinoise* (Paris: Albin Michel, 1934).

7. Justus M. van der Kroef, "Dualism and Symbolic Antithesis in Indonesian Society," *American Anthropologist*, 56 (1954), pp. 847-62.

8. Gaston Bachelard, The Psychoanalysis of Fire, trans. A. C. M. Ross (Boston: Beacon Press, 1968), and *L'eau et les Rêves* (Paris: José Corti, 1942).

9. Colin Turnbull, "The Mbuti Pygmies of the Congo," in James L. Gibbs (ed.), *Peoples of Africa* (New York: Holt, Rinehart & Winston, 1965), p. 310.

10. S. M. Newhall, "Warmth and Coolness of Colors," *Psychological Record*, 4 (1941), pp. 198-212.

11. Kenneth J. Gergen, "The Significance of Skin Color in Human Relations," *Daedalus* (Spring 1967), pp. 397-99.

12. Victor Turner, "Color Classification in Ndembu Ritual," in Michael Banton (ed.), *Anthropological Approaches to the Study of Religion*, A.S.A. Monograph No. 3 (London: Tavistock Publications, 1966), pp. 47-84.

13. B. J. Kouwer, *Colors and Their Character: A Psychological Study* (The Hague: Martinus Nijhoff), pp. 12-18.

14. Brent Berlin and Paul Kay, *Basic Color Terms: Their Universality and Evolution* (Berkeley and Los Angeles: University of California Press, 1969), pp. 7-45.

15. Yi-Fu Tuan, "Geography, Phenomenology, and the Study of Human Nature," *Canadian Geographer*, 15, No. 3 (1971), pp. 181-192.

16. Paul Shepard, Jr., "The Cross Valley Syndrome," *Landscape*, 10, No. 3 (1961), pp. 4-8.

17. Morse Peckham, *Man's Rage for Chaos* (New York: Schocken Books, 1967), pp. 168-84, 199.

18. Geoffrey Scott, *The Architecture of Humanism: A Study in the History of Taste* (New York: Scribner's, 1969), p. 159 (originally published in 1914); Max Rieser, "The Language of Shapes and Sizes in Architecture or On Morphic Semantics," *The Philosophical Review*, 55 (1946), pp. 152-73.

19. Susanne K. Langer, *Mind: An Essay on Human Feeling* (Baltimore: Johns Hopkins, 1967), p. 160.

20. J. S. Pierce, "Visual and Auditory Space in Baroque Rome," *Journal of Aesthetics and Art Criticism*, 18, No. 3 (1959), p. 66; Langer, *Human Feeling*.

04 자민족중심주의, 대칭, 공간

1. Herodotus, *History*, trans. G. Rawlinson, *The History of Herodotus* (New York: Tudor, 1932), p. 52.

2. Evon Z. Vogt and Ethel M. Albert, *The People of Rimrock* (Cambridge: Harvard University Press, 1966), p. 26.

3. U. Holmberg, "Siberian Mythology," in J. A. MacCulloch (ed.), *Mythology of All Races*, IV (Boston: Marshall Jones Co., 1927).

4. Leslie A. White, "The World of the Keresan Pueblo Indians," in Stanley Diamond (ed.), *Primitive View of the World* (New York: Columbia University Press, 1964), pp. 83-94.

5. E. S. Carpenter, "Space Concepts of the Aivilik Eskimos," *Explorations*, 5 (1955), pp. 131-45.

6. T. T. Waterman, "Yurok Geography," *University of California Publications in American Archaeology and Ethnography*, 16 (1920), pp. 182-200.

7. 하지만 로마 세계는 'Ta Ch'in'으로 중국인에게 알려졌다. 그러니까 '더 위대한 중국'이라는 매우 영예로운 용어인 반면 로마인들은 중국을 그저 'Seres'라며 비단의 민족으로 알고 있다. Joseph Needham, "The Fundamental Ideas of Chinese Science," in *Science and Civiliation in China*, II (Cambridge: Cambridge University Press, 1956), pp. 216-345; C. P. Fitzgerald, *The Chinese View of Their Place in the World* (London: Oxford University Press, 1964).

8. W. A. Heidel, *The Frame of Ancient Greek Maps* (New York: American Geographical Society, 1937); E. H. Bunbury, *A History of Ancient Geography Among the Greeks and Romans*, I (London: John Murray 1883).

9. C. Raymond Beazley, *The Dawn of Modern Geography*, II (New York: Peter Smith, 1949), pp. 549-642. (originally published in 1897)

10. Arnold Toynbee, "'Asia' and 'Europe'; Facts and Fantasies," in *A Study in History*, VIII (London: Oxford University Press, 1954), pp. 708-29.

11. John Steadman, "The Myth of Asia," *The American Scholar*, 25, No. 2 (Spring 1956), pp. 163-75; W. Gordon East and O. H. K. Spate, "Epilogue: The Unity of Asia?" in *The Changing Map of Asia: A Political Geography* (London: Methuen, 1961), pp. 408-24.

12. H. J. Mackinder, *Britain and the British Seas* (New York: D. Appleton & Co., 1902), p. 4. 필리프 부아슈(Philippe Buache)는 일찍이 1746년부터 대륙반구의 존재를 식별해냈다. Preston E. James, *All Possible Worlds* (Indianapolis: Bobbs-Merrill, 1972), p. 141 참조.

13. Basil Willey, *The Eighteenth Century Background* (London: Penguin Books, 1965), pp. 19-21.

05 사람의 세계: 개인차와 선호도

1. H. Kalmus, "The Worlds of the Colour Blind and the Tune Deaf," in J. M. Thoday and A. S. Parkes (eds.), *Genetic and Environmental Influences on Behaviour* (New York: Plenum Press, 1968), pp. 206-8.

2. Roger J. Williams, *You Are Extraordinary* (New York: Random House, 1967); H. J. Eysenck, "Genetics and Personality," in Thoday and Parkes, *Influences on Behavior*, pp. 163-79.

3. William H. Shedon, *The Varieties of Temperament* (New York: Harper & Row, 1942); Juan B. Cortés and Florence M. Gatti, "Physique and Propensity," *Psychology Today*, 4, No.5 (October 1970), pp. 42-44, 82-84.

4. Thoday and Parkes, *Influences on Behavior*, p. 111.

5. I. Macfarlane Smith, *Spatial Ability and Its Educational and Social Significance* (San Diego: Robert R. Knapp, 1964), pp. 236-37, 243, 257.

6. George Steiner, *Tolstoy or Dostoevsky: An Essay in Old Criticism* (New York: Vintage Books, 1961), pp. 74-75.

7. Steiner, *Tolstoy or Dostoevsky*, p. 199에서 인용.

8. 〈J. 앨프레드 프러프록의 연가〉, 〈서시〉, 〈바람 부는 밤의 광시곡〉, 〈황무지〉 같은 유명한 몇 편의 시에서 불결한 도시라는 이미지가 나타난다.

9. Barclay Jones, "Prolegomena to a Study of the Aesthetic Effect of Cities," *The Journal of Aesthetics and Art Criticism*, 18 (1960), pp. 419-29.

10. Virginia Woolf, *To the Lighthouse* (New York: Harcourt Brace Jovanovich, 1927), pp. 212-13.

11. Yi-Fu Tuan, "Attitudes toward Environment: Themes and Approaches," in David

Lowenthal (ed.), *Environmental Perception and Behavior* (University of Chicago Department of Geography Research Paper No. 109, 1967), pp. 4-17 참조.

12. T. E. Lawrence, *Seven Pillars of Wisdom* (Garden City, N. Y.: Doubleday, 1936), p. 29.

13. Albert Camus, *Lyrical and Critical Essays*, trans. E. C. Kennedy (New York: Knopf, 1968), pp. 7-8.

14. Kenneth Walker, *The Physiology of Sex and Its Social Implications* (London: Penguin Books, 1964).

15. 성차와 성별에 따른 행위에 대해서는 Walter Goldschmidt, *Comparative Functionalism* (Berkeley and Los Angeles: University of California Press, 1966), pp. 45-46 참조.

16. Erik H. Erikson, "Genital Modes and Spatial Modalities," in *Childhood and Society* (Harmondsmith: Penguin, 1965), pp. 91-102.

17. R. A. Spitz and K. M. Wolf, "The Smiling Response: A Contribution to the Ontogenesis of Social Relations," *Genetic Psychology Monographs*, 34 (1946), pp. 57-125.

18. Ann Van Nice Gale, *Children's Preferences for Color: Color Combinations and Color Arrangements* (Chicago: University of Chicago Press, 1933), pp. 54-55.

19. Jean Piaget, *The Child's Conception of Physical Causality* (New York: Humanities Press, 1951), p. 60.

20. Robert Beck, "Spatial Meaning, and the Properties of the Environment," in David Lowenthal (ed.), *Environmental Perception and Behavior* (University of Chicago Department of Geography Research Paper No, 109, 1967), pp. 20-26; Monique Laurendeau and Adrien Pinard, *The Development of the Concept of Space in the Child* (New York: International Universities Press, 1970); Yvonne Brackbill and George G. Thompson (eds.), *Behavior in Infancy and Early Childhood* (New York: Free Press, 1967), pp. 163-220.

21. Frank Conroy, *Stop-time* (New-York: Viking, 1967), p. 110.

06 문화, 경험, 환경에 대한 태도

1. A. Irving Hallowell, *Culture and Experience* (New York: Schocken Books, 1967),

p. 258.

2. Hallowell, *Culture and Experience*, p. 257.

3. Dorothy Eggan, "Hopi Dreams in Cultural Perspective," in G. E. von Grunebaum and Roger Caillois (eds.), *The Dream and Human Societies* (Berkeley and Los Angeles: University of California Press, 1966), p. 253.

4. C. S. Carpenter, F. Varley, and R. Flaherty, *Eskimo* (University of Toronto Press, 1959).

5. Joseph Sonnenfeld, "Environmental Perception and Adaptation Level in the Arctic," in David Lowenthal (ed.), *Environmental Perception and Behavior*, University of Chicago Department of Geography Research Paper No. 109 (1967), pp. 42-53.

6. Herbert J. Gans, *The Levittowners* (New York: Random House, Vintage Books edition, 1969), p. 38.

7. Mason Wade (ed.) *The Journal of Francis Parkman* (New York: 1947). Henry Nash Smith, *Virgin Land* (New York: Random House, Vintage Books edition, first published in 1950), p. 54에서 인용.

8. William James, "On a Certain Blindness in Human Beings," in *Talks to Teachers on Psychology: and to Students on Some of Life's Ideals* (New York: The Norton Library, 1958), pp. 150-52 (originally published in 1899). David Lowenthal, "Not Every Prospect Pleases," *Landscape*, 12, No. 2 (Winter 1962-1963), pp. 19-23 참조. 농부들을 저평가한 시인들의 견해에 대해서는 R. H. Walker, "The Poets Interpret the Frontier," *Mississippi Valley Historical Review*, 48, No. 4 (1961), pp. 622-23 참조.

9. Herbert J. Gans, *The Urban Villagers: Group and Class in the Life of Italian-Americans* (New York: Free Press, 1962).

10. Gans, *Urban Villagers*, pp. 149-50.

11. 이 부분은 이-푸 투안과 사이럴 E. 에버라드(Cyril E. Everard)의 다음 연구를 기초로 하고 있다. "New Mexico's Climate: The Appreciation of a Resource," *Natural Resources Journal*, 4, No. 2 (1964), pp. 268-308.

12. Evon Vogt and Ethel M. Albert (eds.), *People of Rimrock: A Study of Values in Five Cultures* (Cambridge, Mass.: Harvard University Press, 1966).

13. Evon Vogt, *Modern Homesteaders* (Cambridge, Mass.: Harvard University Press, 1955).

14. Vogt and Albert, *People of Rimrock*, pp. 282-83.

15. Mircea Eliade, *Patterns in Comparative Religion* (Cleveland: World Publishing Meridian, 1963) pp. 99-102.

16. W. W. Hyde, "The Ancient Appreciation of Mountain Scenery," *Classical Journal*, 11 (1915), pp. 70-85.

17. Edouard Chavannes, *Le T'ai chan: essai de monographie d'un culte Chinois* (Paris: Ernest Leroux, 1910).

18. J. D. Frodsham, "The Origins of Chinese Nature Poetry," *Asia Major*, 8 (1960-1961), pp. 68-103.

19. E. T. McLaughlin, "The Medieval Feeling for Nature," in *Studies in Medieval Life and Literature* (New York: Putnam's, 1894), pp. 1-33; Clarence J. Glacken, *Traces on the Rhodin Shore* (Berkeley: University of California Press, 1967), pp. 309-30.

20. Marjorie Hope Nicolson, *Mountain Gloom and Mountains Glory* (New York: Norton, 1962).

21. G. Rylands de Beer, *Early Travellers in the Alps* (London: Sidgwick & Jackson, Ltd., 1930), pp. 89-90.

22. Earl Pomeroy, *In Search of the Golden West: The Tourist in Western America* (New York: Knopf, 1957).

07 환경, 지각, 세계관

1. Marshall H. Segall, Donald T. Campbell, and Melville J. Herskovits, "Some Psychological Theory and Predictions of Cultural Differences," in *The Influence of Culture on Visual Perception* (Indianopolis: Bobbs-Merrill, 1966), pp. 69-97,

2. Richard B. Lee, "What Hunters Do for a Living, or How to Make Out on Scarce Resources," in Richard B. Lee and Irven DeVore, *Man the Hunter* (Chicago: Aldine-Atherton, 1968), p. 39.

3. Elizabeth M. Thomas, *The Harmless People* (New York: Knopf, Vintage edition, 1965), p. 13.

4. Laurens van der Post, *The Lost World of the Kalahari* (Baltimore: Penguin, 1962), p. 217.

5. Thomas, *The Harmless People*, p. 10.

6. Colin M. Turnbull, "Legends of the BaMbuiti," *Journal of the Royal Anthropological Institute*, 89 (1959), p. 45.

7. Colin M. Turnbull, "The Mbuti Pygmies: An Ethnographic Survey," *Anthropological Papers*, The American Museum of Natural History, 50, Part 3 (1965), p. 164.

8. Colin M. Turnbull, *The Forest People* (London: Chatto & Windus, 1961), p. 228.

9. Colin M. Turnbull, *Wayward Servants* (London: Eyre & Sottiswode, 1965), p. 255.

10. Leslie A. White, *The Pueblo of Santa Ana, New Mexico*, American Anthropological Association, Memoir 60, 44, No. 4 (1942), pp. 35-42, 80-84.

11. Leslie A. White, "The World of the Keresan Pueblo Indians," in Stanley Diamond (ed.), *Primitive View of the World* (New York: Columbia University Press, paperback edition, 1964), pp. 83-94.

12. Elsie Clews Parsons, *Pueblo Indian Religion* (Chicago: University of Chicago Press, 1939), Vol. 1.

13. Mary Douglas, "The Lele of Kasai," in Daryll Forde (ed.), *African Worlds: Studies in the Cosmological Ideas and Social Values of African Peoples* (London: Oxford University Press, 1954), pp. 1-26.

14. Ibid., p. 4.

15. J. H. Breasted, *Development of Religion and Thought in Ancient Egypt*, introduction by John A. Wilson, (New York: Harper & Row, 1959), p. 11.

16. Herodotus, *The History of Herodotus*, trans. George Rawlinson (Chicago: Encyclopaedia Britannica, Inc., 1952), Book II, chapters 13-14.

17. Henri Frankfort, H. A. Frankfort, John A. Wilson, and Thorkild Jacobsen, *Before Philosophy* (Baltimore: Penguin, 1951), pp. 45-46.

18. Breasted, *Ancient Egypt*, pp. 8-9.

19. Frankfort et al., *Before Philosophy*, pp. 52-57.

20. S. Giedion, *The Eternal Present: The Beginnings of Architecture* (New York: Pantheon, 1964), pp. 264-348.

21. Leonard Woolley, *The Beginnings of Civilization* (New York: Mentor, 1965), pp. 127-31.

22. Thorkild Jacobsen, "Mesopotamia: The Cosmos as a State," in Frankfort et al.,

Before Philosophy, pp. 184-85; "Early Political Development in Mesopotamia," Zeitschrift für Assyriologie, 18 (1957), pp. 91-140.

23. S. N. Kramer, The Sumerians (Chicago: University of Chicago Press, 1964), p. 118.

24. Jacobsen, "Mesopotamia," p. 139.

25. Frank Hole, "Investigating the Origins of Mesopotamian Civilization," Science, 153 (August 5, 1966), pp. 605-11.

08 토포필리아와 환경

1. H. Rushton Fairclough, The Attitude of the Greek Tragedians toward Nature (Toronto: Roswell & Hutchinson, 1897), p. 9에서 인용.

2. Kenneth Clark, Looking at Pictures (New York: Holt, Rinehart & Winston, 1960), pp. 16-17.

3. F. L. Lucas, The Greatest Problem and Other Essays (London: Cassell, 1960), p. 176.

4. Thomas De Quincey, "William Wordsworth," Literary Reminiscences (Boston, 1874), pp. 312-17. Newton P. Stallknecht, Strange Seas of Thought (Bloomington: Indiana University Press, 1958), p. 60에서 인용.

5. William McGovern, To Lhasa in Disguise (London: Grosset & Dunlap, 1924), p. 145.

6. Paul Shepard, "The Itinerant Eye," in Man in the Landscape (New York: Knopf, 1967), pp. 119-56; Daniel J. Boorstin, "From Traveler to Tourist," The Image (New York: Harper Colophon edition, 1964), pp. 77-117.

7. Vaughn Cornish, Scenery and the Sense of Sight (Cambridge: Cambridge University Press, 1935).

8. Simone Weil, Waiting for God, trans. Emma Craufurd (New York: Capricorn Books, 1959), pp. 131-32.

9. Robert Coles, Migrants, Sharecroppers, Mountaineers (Boston: Little, Brown, 1971), pp. 411, 527.

10. Thomas F. Saarinen, Perception of the Drought Hazard on the Great Plains, University of Chicago Department of Geography Research Paper No, 106 (1966), pp. 110-11.

11. William James, Varieties of Religious Experience (New York: Modern Library, 1902), p. 269.

12. T. G. H. Strehlow, *Aranda Traditions* (Carlton: Melbourne University Press, 1947), pp. 30-31.

13. C. J. H. Hayes, *Essays on Nationalism* (New York: Macmillan, 1928); Simone Weil, *The Need for Roots*, trans. Arthur Wills (Boston: Beacon Press, 195), pp. 103-84; Leonard Doob, *Patriotism and Nationalism: Their Psychological Foundations* (New Haven: Yale University Press, 1964).

14. Robert Payne (ed.), *The White Pony: An Anthology of Chinese Poetry* (New York: Mentor Books, 1960), p. 89.

15. Arthur Waley, "Life Under the Han Dynasty: Notes on Chinese Civilization in the First and Second Centuries A. D.," *History Today*, 3 (1953), p. 94.

16. Wolfram Eberhard, *Conquerors and Rulers: Social Forces in Medieval China*, 2nd ed. (Leiden: E. J. Brill, 1965), p. 45.

17. Theocritus, "The Harvest Song," trans. A. S. F. Gow, *The Greek Bucolic Poets* (Cambridge: Cambridge University Press, 1953).

18. Gilbert Highet, *Poets in a Landscape* (New York: Knopf, 1957).

19. George G. Williams, "The Beginnings of Nature Poetry in the Eighteenth Century," *Studies in Philology*, 27 (1930), pp. 538-608.

20. Cornelis Engelbertus de Haas, *Nature and the Country in English Poetry* (Amsterdam: H. J. Paris, 1928), p. 150.

21. Thomas Jefferson, *Notes on Virginia* . . . Query 19. 역사적으로 시골과 도시라는 사고방식이 생성되는 시기의 '시골다운 행위'를 소개한 책으로는 Pitirim A. Sorokin, Carle C. Zimmerman, and Charles J. Gilpin, *Systematic Source Book in Rural Sociology*, 3 vols. (Minneapolis: University of Minnesota Press, 1932) 참조.

22. Leo Marx, *The Machine in the Garden* (New York: Oxford University Press, 1964), p. 5.

23. George H. Williams, *Paradise and Wilderness in Christian Thought* (New York: Harper & Row, 1962).

24. Roderick Nash, *Wilderness and the American Mind* (New Haven: Yale University Press, 1967); David Lowenthal, "The American Scene," *Geographical Review*, 58 (1968), pp. 61-88; Robert C. Lucas, "Wilderness Perception and Use: The Example of the Boundary Waters Canoe Area," *Natural Resources Journal*, 3, No. 3 (1964),

pp. 394-411.

09 환경과 토포필리아

1. E. Evans-Pritchard, *The Nuer* (Oxford: Clarendon Press, 1940), p. 51.

2. Carl O. Sauer, "Seashore—Primitive Home of Man?" in John Leighly (ed.), *Land and Life* (Berkeley: University of California Press, 1963), p. 309.

3. J. Allan Patmore, *Land and Leisure in England and Wales* (Newton Abbot, Devon: David & Charles, 1970), p. 60.

4. E. W. Gilbert, "The Holiday Industry and Seaside Towns in England and Wales," *Festschrift Leopold G. Scheidl zum 60 Geburtstag* (Vienna, 1965), pp. 235-47.

5. Foster R. Dulles, *A History of Recreation: America Learns to Play*, 2nd ed. (New York: Appleton-Century-Crofts, 1965), pp. 152-53, 355-56.

6. Carl O. Sauer, *Northern Mists* (Berkeley and Los Angeles: University of California Press, 1968), pp. 167-68; W. H. Babcock, *Legendary Islands of the Atlantic: A Stury in Medieval Geography* (New York: American Geographical Society, 1992).

7. Howard Mumford Jones, *O Strange New World* (New York: Viking, 1964), p. 61.

8. Henri Jacquier, "Le mirage et l'exotisme Tahitien dans la littérature," *Bulletin de la Société des Oceaniennes*, 12, Nos. 146-147 (1964), pp. 357-69.

9. H. Rushton Fairclough, *Love of Nature Amoung the Greeks and Romans* (New York: Longmans, Green & Co., 1930).

10. F. E. Wallace, "Color in Homer and in Ancient Art," *Smith College Classical Studies*, No. 9 (December 1927), p. 4; Paolo Vivante, "On the Representation of Nature and Reality in Homer," *Arion*, 5, No. 2 (Summer 1966), pp. 149-90.

11. H. Rushton Fairclough, *The Attitude of the Greek Tragedians toward Nature* (Toronto: Roswell & Hutchison, 1897), pp. 18-19, 42.

12. Samuel H. Butcher, "Dawn of Romanticism in Greek Poetry," in *Some Aspects of the Greek Genius* (London and New York: Macmillan, 1916), p. 267.

13. *The Greek Anthology*, trans. W. R. Paton (New York: Putnam's, 1917), III, p. 15.

14. A. Richard Turner, *The Vision of Landscape in Renaissance Italy* (Princeton, N. J.: Princeton University Press, 1966), p. 11.

15. André Chastel (ed.), *The Genius of Leonardo da Vinci: Leonardo da Vinci on Art and the Artist* (New York: Orion Press, 1961) 참조.

16. Benjamin Rowland, Jr., *Art in East and West* (Boston: Beacon Press, 1964), p. 74.

17. Turner, *Vision of Landscape*, p. 60.

18. Kenneth Clark, "On the Painting of the English Landscape," *Proceedings of the British Academy*, 21 (1935), pp. 185-200.

19. Nikolaus Pevsner, *The Englishness of English Art* (New York: Praeger, 1956), pp. 149-50.

20. Kenneth Clark, *Landscape into Art* (London: John Murray, 1949).

21. Kurt Badt, *John Constable's Clouds*, trans. Stanley Godman (London: Routledge & Kegan Paul, 1950).

22. L. C. W. Bonacina, "John Constable's Centenary: His Position as a Painter of Weather)," *Quarterly Journal of the Royal Meteorological Society*, 63 (1937), pp. 483-90.

23. Tao Yuan-ming, "The Return," Robert Payne (ed.), *The White Pony: An Anthology of Chinese Poetry* (New York: Mentor, 1960), p. 144 참조.

24. Michael Sullivan, *The Birth of Landscape Painting in China* (Berkeley and Los Angeles: University of California Press, 1962).

25. Kuo Hsi, *An Essay on Landscape Painting*, trans. Shio Sakanishi. (London: John Murray, 1935), pp. 54-5.

26. Arthur de Carle Sowerby, *Nature in Chinese Art* (New York: John Day Company, 1940), pp. 153-68.

27. Joseph Needham, *Science and Civilization in China* (Cambridge: Cambridge University Press, 1959), III, pp. 592-98.

28. Conrad Malte-Brun, *A System of Universal Geography*, trans. J. G. Percival (Boston: Samuel Walker, 1834), I, p. 413.

10 우주에서 경관으로

1. Elizabeth M. Thomas, *The Harmless People* (New York: Vintage Books, 1965), p. 220.

2. Uno Holmberg, *Siberian Mythology*, IV, in J. A. MacCulloch (ed.), *Mythology of*

All Races (Boston: Marshall Jones Co., 1927); Schuyler Camman, *The Land of the Camel: Tents and Temples of Inner Mongolia* (New York: Ronald Press, 1951); Mircea Eliade, *Shamanism: Archaic Techniques of Ecstasy*, trans. W. R. Trask (New York: Pantheon, 1964).

3. C. S. Lewis, "Nature," in *Studies in Words* (Cambridge University Press, 1961), pp. 24-74.

4. J. B. Jackson, "The Meanings of 'Landscape'" *Saetryk af Kulturgeografi*, No. 88 (1964), pp. 47-50; M. W. Mikesell, "Landscape," in *International Encyclopaedia of the Social Sciences*, 8 (Macmillan and Free Press, 1968), pp. 575-80.

5. C. S. Lewis, *The Discarded Image* (Cambridge University Press, 1964), pp. 98-100.

6. Yi-Fu Tuan, *The Hydrologic Cycle and the Wisdom of God*, Department of Geography Research Publication No. 1, University of Toronto Press, 1968.

7. Lewis, *The Discarded Image*, pp. 101-2.

8. Marshall McLuhan and Harley Parker, *Through the Vanishing Point: Space in Poetry and Painting* (New York: Harper Colophon Books, 1969), p. 14.

9. D. W. Robertson, Jr., *A Preface to Chaucer: Studies in Medieval Perspectives* (Princeton, N.J.: Princeton University Press, 1962), p. 208.

10. Kenneth Clark, *Landscape into Art* (London: John Murray, 1947), pp. 14-15.

11. Richard T. Feller, "Esthetics of Asymmetry," *Science,* 167, No. 3926 (March 1970), p. 1669.

12. Nelson I. Wu, *Chinese and Indian Architecture: The City of Man, the Mountain of God, and the Realm of the Immortals* (New York: Braziller, 1963).

13. Julia S. Berrall, *The Garden* (New York: Viking, 1966), p. 96에서 인용.

14. Georgina Masson, *Italian Gardens* (New York: H. N. Abrams, 1961), pp. 15-16.

15. Edward Malins, *English Landscaping and Literature 1660-1840* (London: Oxford University Press, 1966), p. 8.

16. 동양의 정원 조경과 경관의 역사를 소개한 책으로 널리 알려진 사례는 다음과 같다. Richard Wright, *The Story of Gardening* (New York: Dover, 1963), and Derek Clifford, *A History of Garden Design* (London: Faber & Faber, 1966).

17. Owen Barfield, "Medieval Environment," in *Saving the Appearances* (New York: Harcourt Brace Jovanovich), pp. 71-78.

18. Paul Shepard, "The Image of the Garden," in *Man in the Landscape* (New York: Knopf, 1967), pp. 65-118.

19. Michael Sullivan, *The Birth of Landscape Painting in China* (Berkeley and Los Angeles: University of California Press, 1962), pp. 29-30.

20. Mircea Eliade, "Sacred Space and Making the World Sacred," in *The Sacred and the Profane* (New York: Harper Torchbook, 1961), pp. 20-65.

21. E. H. Schafer, "The Conservation of Nature under the T'ang dynasty," *Journal of the Economic and Social History of the Orient*, 5 (1962), pp. 280-81.

22. Vincent Scully, *The Earth, the Temple, and the Gods: Greek Sacred Architecture* (New Haven: Yale University Press, 1962).

23. Ernest Benz, "Die heilige Hohle in der alten Christenheit und in den ostlichorthdoxen Kirche," *Eranos-Jahrbuch* (1953), pp. 365-432.

11 이상도시와 초월의 상징

1. Paul Wheatley, "Proleptic Observations on the Origins of Urbanism," in *Liverpool Essays in Geography*, R. W. Steel and R. Lawton, eds. (London: Longmans, Green, 1967), p. 324.

2. Paul Wheatley, *The Pivot of the Four Quarters: A Preliminary Enquiry into the Origins and Character of the Ancient Chinese City* (Chicago: Aldine-Atherton, 1971).

3. Arthur Upham Pope, "Persepolis as a Ritual City," *Archaeology* 10, No. 2 (1957), pp. 123-30.

4. *Imperial Gazeteer of India*, XIX (Oxford: Clarendon Press, 1908), p. 363.

5. Werner Müller, *Die heilige Stadt: Roma Quadrata, himmlisches Jerusalem und die Mythe vom Weltnabel* (Stuttgart: Kohlhammer, 1961).

6. P. Lavedan, "Les Hittites et la cité circulaire," in *Histoire de l'Urbanisme*, I (Paris: Henri Laurens, 1926), pp. 56-63.

7. Herodotus, *History*, Book I, pp. 96-99.

8. Plato, *Critias*, pp. 113, 116; *Laws*, Book V, p. 745.

9. Guy Le Strange, *Baghdad during the Abbasid Caliphate from Contemporary Arabic and Persian Sources* (Oxford: Clarendon Press, 1924); Jacob Lassner, *The Topography*

of *Baghdad in the Early Middle Ages* (Detroit: Wayne State University Press, 1970).

10. E. A. Gutkind, *Urban Development in Western Europe: France and Belgium* (New York: Free Press, 1970), p. 41.

11. Joan Evans, *Life in Medieval France* (London: Phaidon Press, 1962), p. 43.

12. Helen Rosenau, *The Ideal City: In Its Architectural Revolution* (London: Routledge & Kegan Paul, 1959), pp. 33-68; R. E. Dickinson, *The West European City* (London: Routledge & Kegan Paul, 1961), pp. 417-45.

13. Lewis Mumford, *The City in History* (New York: Harcourt Brace Jovanovich, 1961), pp. 386-409.

14. Pierre Lavedan, *Histoire de l'urbanisme: Renaissance et temps modems*, II (Paris: Henri Laurens, 1941), pp. 358-63; Sibyl Moholy-Nagy, *Matrix of Man: An Illustrated History of Urban Environment* (New York: Praeger, 1968), pp. 72-73.

15. H. W. Fairman, "Town Planning in Pharaonic Egypt," *Town Planning Review*, 20 (1949), pp. 33-51.

16. Alexander Badawy, *A History of Egyptian Architecture* (Berkeley and Los Angeles: University of California Press, 1968).

17. Herodotus, *History*, Book I, pp. 178-80.

18. Parl Lampl, *Cities and Planning in the Ancient Near East* (New York: Braziller, 1968).

19. A. F. Wright, "Symbolism and Function: Reflections on Ch'ang-an and Other Great Cities," *Journal of Asian Studies*, 24 (1965), pp. 667-79.

20. Ho Ping-ti, "Lo-yang, A.D. 495-534: A Study of Physical and Socio-Economic Planning of a Metropolitan Area," *Harvard Journal of Asiatic Studies*, 26 (1966), pp. 52-101.

21. F. Ayscough, "Notes on the Symbolism of the Purple Forbidden City," *Journal of the Royal Asiatic Society*, North China Branch, 52 (1921), pp. 51-78; R. Heidenreich, "Beobachtungen zum Stadtplan von Peking," *Nachrichten der Gesellschaft für Natur und Volkerkunde Ostasiens*, 81 (1957), pp. 32-37; T. C. P'eng, "Chinesischer Stadtbau, unter besonderer Berücksichtigung der Stadt Peking," *Nachrichten der Gesellschaft*, No. 89/90 (1961), pp. 42-61.

22. Amita Ray, *Villages, Towns and Secular Buildings in Ancient India* (Calcutta: Firma

Mukhopadhyay, 1964).

23. A. K. Coomaraswamy, *The Arts and Crafts of India and Ceylon* (New York: Noonday Press, 1964), p. 106.

24. E. B. Havell, *The Ancient and Medieval Architecture of India: A study of Indo-Aryan Civilization* (London: John Murray, 1915), pp. 1-18.

25. S. Giedion, *The Eternal Present: The Beginnings of Architecture* (New York: Pantheon, 1964), pp. 215-41.

26. C. W. Bishop, "An Ancient Chinese Capital: Earthworks at Old Ch'ang-an," *Annual Report, Smithsonian Institution*, 12 (1938), pp. 68-78.

27. E. Baldwin Smith, *The Dome: A Study in the History of Ideas* (Princeton, N.J.: Princeton University Press, 1950).

28. Karl Lehmann, "The Dome of Heaven," *The Art Bulletin* (March 1945), pp. 1-27.

29. J. O. de Meira Penna, *Psychology and City-Planning: Peking and Brasilia* (Zurich, 1961), pp. 20-47.

30. Philippe Pinchemel, "Brasilia-ville symbole ou le mythe devenu réalité," *La Vie Urbaine*, 3 (1967), pp. 201-34.

12 물리적 배경과 도시적 삶의 양식

1. G. A. Sekon, *Locomotion in Victorian England* (London: Oxford University Press, 1938), p. 9.

2. Ichisada Miyazaki, "Les villes en Chine à l'époque des Hans," *Toung Pao*, 48 (1960), pp. 378-81.

3. E. H. Schafer, "The Last Years of Ch'ang-an," *Oriens Extremus*, 10 (1963), pp. 133-79.

4. J. Gernet, *Daily Life in China on the Eve of the Mongol Invasion 1250-1276* (London: Allen & Unwin, 1962).

5. G. Glotz, *The Greek City and Its Institutions* (London: Routledge & Kegan Paul, 1965), p. 302.

6. T. G. Tucker, *Life in Ancient Athens* (London: Macmillan, 1906); A. H. M. Jones, *The Greek City from Alexander to Justinian* (Oxford: Clarendon Press, 1940).

7. 이 부분은 Jérôme Carcopino, *Daily Life in Ancient Rome*, trans. E. O. Lorimer

(New Haven: Yale University Press, 1940)이라는 문헌에 근거한다.

8. Ibid., pp. 48-49.

9. J. P. V. D. Balsdon, *Life and Leisure in Ancient Rome* (New York: McGraw-Hill, 1969).

10. Charles Pendrill, *London Life in the 14th Century* (London: Allen & Unwin, 1925), pp. 47-48.

11. Fritz Rörig, *The Medieval Town* (Berkeley and Los Angeles: University of California Press, 1961), p. 112.

12. D. C. Munro and G. C. Sellery, *Medieval Civilization: Selected Studies from European Authors* (New York: The Century Co., 1910), pp. 358-61.

13. D. W. Robertson, Jr., *Chaucer's London* (New York: Wiley, 1968), p. 21.

14. J. J. Bagley, *Life in Medieval England* (London: B. T. Batsford, 1960), p. 48.

15. Robertson, *Chaucer's London*, pp. 23-24.

16. Pendrill, *London Life*, p. 11.

17. D. C. Munro and R. J. Sontag, *The Middle Ages* (New York: The Century Co., 1928), p. 345.

18. Marjorie Rawling, *Everyday Life in Medieval Times* (London: B. T. Batsford, 1968), pp. 68-69.

19. Walter Besant, *London in the Eighteenth Century* (London: Adams & Charles Black, 1903).

20. Rosamond Bayne-Powell, *Eighteenth-Century London Life* (London: John Murray, 1937), p. 14.

21. Besant, *London in the Eighteenth Century*, p. 89.

22. Conrad Gill, *History of Birmingham*, I (London: Oxford University Press, 1952), p. 156.

23. Georg Christoph Lichtenberg, *Visits to England* (January 10, 1775); Hugh and Pauline Massingham, *The London Anthology* (London: Phoenix House, 1950), p. 445 에서 인용.

24. Besant, *London in the Eighteenth Century*, pp. 91-94.

25. John Betjeman, *Victorian and Edwardian London* (London: B. T. Batsford, 1969), pp. ix-xi.

26. Sekon, *Locomotion in Victorian England*, pp. 35-37.

27. Robert M. Fogelson, *The Fragmented Metropolis: Los Angeles 1850-1930* (Cambridge, Mass.: Harvard University Press, 1967), p. 2.

28. Reyner Banham, *Los Angeles: The Architecture of Four Ecologies* (London: Penguin, 1971), p. 219.

29. Ralph Hancock, *Fabulous Boulevard* (New York: Funk & Wagnalls, 1949).

30. Gerard J. Foster and Howard J. Nelson, *Ventura Boulevard: A String Type Shopping Street* (Los Angeles: Bureau of Business and Economics Research, University of California, 1958).

31. Hancock, *Fabulous Boulevard*, p. 163.

13 미국의 도시: 상징성, 집합적 이미지, 지각

1. Michael S. Cowan, *City of the West: Emerson, America, and Urban Metaphor* (New Haven: Yale University Press, 1967), pp. 73-74.

2. Frank Freidel, "Boosters, Intellectuals, and the American City," in Oscar Handlin and John Burchard (eds.), *The Historian and The City* (Cambridge: M.I.T. Press, 1966), pp. 115-20; Arthur N. Schlesinger, "The City in American History," *Mississippi Valley Historical Review*, 27 (June 1940), pp. 43-66.

3. Constance M. Green, *American Cities in the Growth of the Nation* (London: Athlone Press, 1957), p. 1.

4. Ibid., pp. 19, 142.

5. David R. Weimer, *The City as Metaphor* (New York: Random House, 1966) 참조.

6. Cowan, *City of the West*, p. 215.

7. John W. Reps, *Monumental Washington* (Princeton, N.J.: Princeton University Press, 1967), pp. 18-20.

8. Christopher Tunnard and H, H, Reed, *American Skyline* (New York: New American Library, 1956), p. 28.

9. Christopher Tunnard, *The City of Man* (New York: Scribner's 1953), p. 13에서 인용.

10. Tunnard and Reed, *American Skyline*, p. 29.

11. Alan Trachtenberg, *Brooklyn Bridge: Fact and Symbol* (New York: Oxford University Press, 1965), pp. 8-9.

12. 국립공원관리국 산하 제퍼슨 국립 익스팬션 기념지에 대한 미국 내무부 전용 문서, May 25, 1970.

13. Walter Firey, *Land Use in Central Boston* (Cambridge, Mass.: Harvard University Press, 1947), p. 151.

14. 이 부분은 J. N. Kane and G. L. Alexander, *Nicknames of Cities and States of the United States* (New York: Scarecrow Press, 1965)에 나오는 자료에 기초한다.

15. Anselm L. Strauss, *Images of the American City* (New York: Free Press, 1961), p. 9.

16. Kevin Lynch, *The Image of the City* (Cambridge: M.I.T. Press, 1964).

17. Ibid., p. 25.

18. Stephen Carr and Dale Schissler, "The City as a Trip," *Environment and Behavior*, 1, No. 1 (1969), p. 24.

19. Studs Terkel, *Division Street: America* (New York: Avon Books-Random House, 1968).

20. Erving Goffman, *The Presentation of Self in Everyday Life* (Garden City, N.Y.: Doubleday, 1959), pp. 123-24.

21. William Stringfellow, *My People is the Enemy* (Garden City, N.Y.: Doubleday, 1966).

22. St. Clair Drake and Horace R. Cayton, *Black Metropolis*, II (New York: Harper & Row, 1962), p. 547.

23. Suzanne Keller, *The Urban Neighborhood* (New York: Random House, 1968).

24. Firey, *Land Use in Central Boston*, pp. 45-48, 87-88, 96.

25. Mary W. Herman, *Comparative Studies of Identification Areas in Philadelphia* (City of Philadelphia Community Renewal Program, Technical Report No. 9, April 1964, mimeographed); Keller, *Urban Neighborhood*, p. 98에서 인용.

26. Robert L. Wilson, "Liveability of the City: Attitudes and Urban Development," in F. Stuart Chapin, Jr. and Shirley F. Weiss (eds.), *Urban Growth Dynamics in a Regional Cluster of Cities* (New York: Wiley, 1962), p. 380.

27. Marc Fried and Peggy Gleicher, "Some Sources of Residential Satisfaction in an Urban Slum," *Journal of the American Institute of Planners*, 27, No.4 (1961), p. 308.

28. Herbert J. Gans, The Urban Villagers (New York: Free Press, 1962), p. 11.

29. Ibid., p. 104.

30. Ibid., p. 107.

31. Fried and Gleicher, "Residential Satisfaction," p. 312.

32. Keller, *Urban Neighborhood*, p. 110.

33. Fried and Gleicher, "Residential Satisfaction," p. 307.

34. Wilson, "Liveability of the City," pp. 380-81.

35. N. Glazer and D. McIntire, *Studies in Housing and Minority Groups* (Berkeley and Los Angeles, University of California Press, 1960), p. 163.

36. J. Gulick et al., "Newcomer Acculturation in the City: Attitudes and Participation," in Chapin and Weiss, *Urban Growth Dynamics*, pp. 324-27.

37. Kenneth B. Clark, *Dark Ghetto* (New York: Harper & Row, 1967), p. 27.

38. Ibid., p. 5.

39. Claude Brown, *Manchild in the Promised Land* (New York: New American Library), p. 428.

40. Ibid., p. 201.

41. Herbert Kohl, *36 Children* (New York: New American Library, 1968), pp. 47-49.

42. Ibid., p. 60.

43. Clark, Dark Ghetto, pp. 89-90.

44. Brown, *Manchild in the Promised Land*, p. 229.

45. Samuel E. Wallace, *Skid Row As a Way of Life* (New York: Harper & Row, 1968).

46. Donald J. Bogue, *Skid Row in American Cities* (Chicago: University of Chicago Press, 1963), p. 117.

47. James P. Spradley, *You Owe Yourself a Drunk: An Ethnography of Urban Nomads* (Boston: Little, Brown, 1970), pp. 99-109.

48. Bogue, *Skid Row*, 134-138.

14 교외와 신도시: 새로운 환경의 추구

1. C. S. Lewis, *The Discarded Image* (Cambridge: Cambridge University Press, 1964), p. 58.

2. H. J. Dyos, *Victorian Suburb: A Study of the Growth of Camberwell* (Leicester: Leicester University Press, 1961), p. 20에서 인용.

3. Ibid., p. 34.

4. Richard Sennett, *The Uses of Disorders: Personal Identity and City Life* (New York: Knopf, 1970), p. 68.

5. Gilbert Highet, *Poets in a Landscape* (New York: Knopf, 1957), p. 135.

6. William Ashworth, *The Genesis of Modern British Town Planning* (London: Routledge & Kegan Paul, 1954), p. 49에서 인용.

7. Lewis Mumford, *The City in History* (New York: Harcourt Brace Jovanovich, 1961), p. 492.

8. David Riesman, "The Suburban Sadness," in William M. Dobriner (ed.), *The Suburban Community* (New York: Putnam's, 1958), p. 383.

9. Mumford, *City in History*, p. 484.

10. Dyos, *Victorian Suburb*, p. 23에서 인용.

11. Ashworth, *British Town Planning*, p. 40.

12. S. D. Clark, *The Suburban Society* (Toronto: University of Toronto Press, 1965), pp. 9-11.

13. William M. Dobriner, *Class in Suburbia* (Englewood Cliffs, N.J.: Prentice-Hall, 1963), pp. 100-101.

14. Ibid., p. 105.

15. Scott Donaldson, *The Suburban Myth* (New York: Columbia University Press), p. 84.

16. Philip H. Ennis, "Leisure in the Suburbs: Research Prolegomenon," in Dobriner (ed.), *The Suburban Community*, p. 265.

17. Dyos, *Victorian Suburb*, p. 171.

18. Robert C. Wood, *Suburb: Its People and Their Politics* (Boston: Houghton Mifflin, 1958), p. 83.

19. Clark, *Suburban Society*, p. 14.

20. Wood, *Suburb*, p. 131.

21. Clark, *Suburban Socciety*, p. 74.

22. Sennett, *Uses of Disorder*, p. 34.

23. H. P. Douglass, *The Suburban Trend* (New York: The Century Co., 1925), pp. 36-37.

24. Walter L. Creese, *The Search for Environment: The Garden City Before and After* (New Haven: Yale University Press, 1966), pp. 13-60.
392 | 토포필리아

25. Ebenezer Howard, *Garden Cities of Tomorrow* (first published under this title in 1902), edited with a preface by F. J. Osborn, and an introduction by Lewis Mumford (London: Faber & Faber, 1965), p. 26.

26. Lewis Mumford, *The Urban Prospect* (New York: Harcourt Brace Jovanovich, 1968), p. 150.

27. Osborn, in his preface to *Garden Cities of Tomorrow*, p. 26.

28. Frank Schaffer, *The New Town Story* (London: MacGibbon & Kee, 1970).

29. Frederic J. Osborn and Arnold Whittick, *The New Towns: The Answer to Megalopolis* (London: Leonard Hall, 1969), p. 26.

30. Chester E. Smolski, "European New Towns," *Focus*, 22, No. 6 (1972).

찾아보기

〈로컬리티 번역총서〉를 펴내며

로컬리티의 인문학 연구단에서 번역총서를 내놓는다. 〈로컬리티 번역총서〉는 고전적 · 인문학적 사유를 비롯해서, 탈근대와 전지구화의 관점에서 해석되는 로컬리티에 대한 동서양의 다양한 논의를 담고 있다. 로컬리티 연구는 동서양을 막론하고 학문적 교차점, 접점, 소통성을 확보하는 것이 중요한 과제다. 이러한 의미에서 본 연구단에서는 장기적인 계획 아래, 로컬리티 연구와 관련한 중요 저작과 최근의 논의를 담은 동서양의 관련 서적 번역을 기획했다. 이를 통하여 로컬리티와 인문학 연구를 심화하고 동시에 이를 외부에 확산시킴으로써 로컬리티 연구의 저변을 확대하고자 한다.

우리가 로컬리티에 천착하게 된 것은 그동안 국가 중심의 사고 속에 로컬을 주변부로 규정하며 소홀히 여긴 데 대한 반성적 성찰의 요구 때문이기도 하다. 오늘날 로컬은 초국적 자본과 전 지구적 문화의 위세에 짓눌려 제1세계라는 중심에 의해 또다시 소외당하거나 배제됨으로써 고유의 정체성을 잃어가고 있다. 반면에, 전 지구화 시대를 맞아 국가성이 약화되면서 로컬은 또 새롭게 거듭나고 있다. 그동안 국가 중심주의의 그늘에 가려졌던 로컬 고유의 특성을 재발견하고 전 지구화에 능동적으로 대처하는, 이른바 로컬 주체의 형성과 로컬 이니셔티브(local initiative)의 실현을 위해 부단한 노력을 기울이는 모습들이 속속 드러나고 있다.

이제 로컬의 현상들을 파악하기 위해 기존의 지역 논의와 다른 새로운 사고가 절실히 필요하다. 지금까지 지역과 지역성 논의는 장소가 지닌 다양성과 고유성을 기존의 개념적 범주에 맞춤으로써 로컬의 본질을 왜곡하거나 내재된 복합성을 단순화하는 오류를 범했다. 이에 우리는 로컬을 새로운 인식과 공간의 단위로서 재정립해야 할 필요성을 다시 확인하며, 로컬의 역동성과 고유성을 드러내줄 로컬리티 연구를 희망한다.

〈로컬리티 번역총서〉는 현재 공간, 장소, 인간, 로컬 지식, 글로벌, 로컬, 경계, 혼종성, 이동성 등 아젠다와 관련한 주제를 일차적으로 포함했다. 향후 로컬리티 연구가 진행되면서 번역총서의 폭과 깊이는 더욱 넓어지고 깊어질 것이다. 번역이 태생적으로 안고 있는 잡종성이야말로 로컬의 속성과 닮아 있다. 이 잡종성은 이곳과 저곳, 그때와 이때, 나와 너의 목소리가 소통하는 가운데 새로운 생성의 지대를 탄생시킬 것이다.

우리가 번역총서를 기획하면서 염두에 둔 것이 바로 소통과 창생의 지대이다. 우리는 〈로컬리티 번역총서〉가 연구자들에게 로컬리티 연구에 대한 기반을 제공해줌으로써 학제간의 경계를 넘나드는 심화된 통섭적 연구가 이루어지고, 나아가 '로컬리티의인문학'(locality and humanities)의 이념이 널리 확산되기를 바란다.

부산대학교 한국민족문화연구소
(HK)로컬리티의인문학 연구단